台灣書房

台灣書房

100

走過百年

一次讀完台灣百年史

徐宗懋—著

1900-1970

20世紀台灣 精選版

500幅照片見證關鍵歷史

奮鬥的心影

「２０世紀台灣」是２０００年8月首次出版的６０本圖冊集，雖然時隔6年，但流傳很廣，尤其在一般讀者之外，許多媒體、傳播公司、出版社、研究單位等等，都把這套書當成百年台灣歷史的重要參考。

對此，我覺得很安慰，畢竟在千禧年的時候透過這種文字和影像的爬梳，我對自己出生和成長的島嶼能夠做出丁點的貢獻。其實，不僅是整理照片充滿了趣味，當時我撰寫每年的「焦點論壇」時，也是絞盡腦汁，全力以赴，因為我必須努力讓自己回到過往的時空環境，摸索當時的主流人心狀態，除了舖陳事實外，也體現時代的包容。整套書近３０萬字，陸陸續續在3年間寫完，有時在家裡、在辦公室、有時出差大陸期間，在旅館寫成的。現在回想起來，當時難免有點辛苦，現在卻感到溫馨，因為每一篇文章都代表社會奮鬥的心影。

現在「２０世紀台灣」精選版問世了，我自然感到高興，因為更多的讀者可以分享這一份努力，讓我們相濡以沫，共創美好的未來。

徐宗懋

1900～1970年〔光復篇〕

1971～2000年〔民主篇〕

1900 ▶1909 日本統治台灣之始

甲午戰敗清延割讓台澎 台民武裝抗暴功敗垂成

進入二十世紀的台灣，面臨了日本殖民統治手段最嚴酷的初期。明治維新以降，國力漸強的日本開始學習西方列強對外擴張，建立海外殖民地，而台灣成了日本第一個實驗區。台灣成為日本的殖民地源於１８９４年，中日甲午戰爭爆發，中國戰敗，日本大獲全勝。接下來的外交談判中，日本要求清廷支付巨額的賠款，並割讓遼東半島、台灣和澎湖。１８９５年初，日軍已實質占領遼東，並將軍事矛頭指向台灣，以取得談判桌上的絕對優勢。對於台灣朝野而言，情勢艱險異常，日艦已在澎湖外海，清廷又軟弱無力。４月間，台灣和中國大陸各省發出的電文如雪片般湧入北京，力陳割台之不可，字字血淚。相較遼東半島則是列強勢力的緩衝區，日本在列強的干預下最後放棄遼東，台

▲隨著甲午戰爭勝利，日軍也占領澎湖，以殖民者的姿態糾集當地民眾合影。

灣卻缺乏足夠的國際奧援，成為日本擴張的必取之地，割台漸成定局。5月10日，日本根據「馬關條約」任命海軍軍令部長樺山資紀為首任台灣總督，授予接收台灣、澎湖之訓令。

面對日本大軍將至，台灣朝野轉為武裝反抗、自救自保。此時的台灣經過劉銘傳、沈葆楨等人的經營，生產、建設和防務上均有一定的基礎。一周之內，丘逢甲等台灣仕紳發佈「台民布告」，表明台民自主意向。接著陳季同、丘逢甲等人發表「台灣民主國自主宣言」。接著，「台灣民主國」宣告成立，原台灣巡撫布政使唐景崧被推舉為總統，劉永福任大將軍，丘逢甲為全台團練使，林維源為議長，並定年號為「永清」，以藍地黃虎旗為國旗，同時明言事成後仍歸大清。面對台灣沸騰的人心，日本總督樺山資紀依然率文武官員駛向台灣。5月29日，近衛師團團長北白川宮能久親王率著浩浩蕩蕩的艦隊登陸，台灣保衛戰於焉爆發。由於這一年是乙未年，故又稱「乙未戰爭」。

面對強敵，台灣防務大致如下：北部以原駐守台灣的清兵為主，主幹是粵勇和淮勇，也包括了一部分的台勇；中南部則包括地方鄉勇組成的義軍、新楚軍以及劉永福指揮的黑旗軍等。由於缺乏近代軍隊的訓練與指揮協調，防務鬆散，指揮未能集中。5月29日，近衛師團於澳底登陸之後，唐景崧便匆匆內渡大陸。6月7日，日軍進入台北城，似乎印證日人「清國奴」不堪一擊的說法。

▲清廷於馬關條約中將台灣、澎湖割讓給日本，日軍登台後遭遇不少抵抗，日軍則以高壓手段強力鎮壓。圖為死守嘉義城的生員楊錫九、武舉劉步陞、營官馬練芳等陣亡後，日軍將其家屬扣戴枷鎖示眾。

▶日軍在澳底登陸，由北白川宮能久親王（左二坐者）指揮對台戰役，在營帳前留影。

▼日軍進入鄉間民屋，搜索抗日分子。

6月19日，近衛師團開始南下攻打新竹城，不斷遭到抗日義軍襲擊，尤其客永莊民驍勇善戰，使得孤軍深入的一支日軍中隊幾乎遭到被殲滅的窘境。另一方面，由於台北城陷落，中樞無人；台南仕紳數千人公推幫辦軍務的南澳鎮總兵劉永福繼任「台灣民主國」大總統，為劉氏所拒，但他誓與台民共存亡。自此，戰爭進入新階段，6月中旬到8月底整整兩個半月，近衛師團大抵上在桃竹苗地區與義軍周旋。8月28日，日軍穿過大肚溪，攻打八卦山和彰化城，此役為乙未戰爭中最慘烈的戰役，抗日軍雖戰敗，且死傷慘重，但也令日軍一改原來輕敵之心，決定暫停南進，全盤檢討作戰計畫。

9月初，日軍由本土大舉增兵，從陸、海兩路包圍台南城，其中包括近衛師團由屏東、枋寮登陸，從北、西、南三個方向夾攻台南城，另外日軍艦隊則砲轟安和打狗作為支援。相對而言，劉永福的軍事部署則陷入困境，軍費難以籌措，兵員不足，原來由大陸增援的計畫又未能實現。10月初起，日軍再啟攻勢，砲火連天；黑旗軍漸感不支。三路日軍節節推進，由嘉義至台南縣的交戰鄉鎮盡成焦土，台南成為大軍包圍下的孤城。10月19日，劉永福偕家人親信潛渡大陸，痛陳「內地諸公誤我，我誤台民」。日軍進入台南城，「台灣民主國」覆亡。

在這場戰爭中，日軍動用了兩個半師團約五萬兵力，超過其全國兵力的三分之一，近衛師團團長北白川宮能久親王因傷病故（另一說則指其受義軍伏擊身亡，日方因其皇族之故，不便公佈真相）。雖然日軍於11月宣告全島「平定」，但近衛師團剛撤走，各地武裝抗日活動又立刻湧現，尤其北部地區抗日力量迅速匯集，一度串聯宜蘭、北縣，準備進攻台北城。而在中南部，由於日軍南下時放火燒莊，殺戮甚重，激起地方百姓強烈的民族意識，因此在日軍守備稍懈時，各地均發動抗日事件。

對於台民的激烈反抗，總督府則厲行嚴酷的鎮壓政策，頒佈「台灣人民軍事犯處分令」、「台灣刑罰令」、「台灣住民治罪令」、「匪徒刑罰令」等，並在村里間設置基層統治組織，嚴厲鎮壓反抗活動。從１８９６年起十餘年間，較著名的抗日事件即有「芝山巖事件」、「簡大獅事件」、「雲林歸順式屠殺事件」、「林少貓事件」、「北埔事件」等。

另一方面，在以鐵腕控制殖民秩序的同時，日本亦開始對台灣進行墾殖。１８９７年，殖民當局實施鴉片專賣制度，一則獨占專賣利潤，二則藉此控制鴉片的生產和銷售，以便將鴉片煙癮者人數逐步遞減。同時殖民當局亦實施樟腦專賣制度，加強對山地的墾殖，並將專賣特權授予歸順仕紳作為獎賞，也作為攏絡人心的手段。但在墾殖山區的過程中，殖民當局時與世居於此的原住民部落爆發血腥衝突，造成原住民死傷慘重。

在經濟發展上，日人開始創立製糖工業，並設發電廠，１９０５年首次實施全島性的戶口調查。同年，全長四〇五公里的縱貫鐵路全線通車，這條鐵路分北、中、南三部分逐次施工，耗時近八年。打狗港（高雄港）也於這一年正式開工建港，共分三期工程，施工一直延續到台灣光復之後，使得高雄取代傳統的台南和基隆，成為台灣第一大港。

基於墾殖的需要，殖民當局將工作重點放在興建基礎設施，加強島上運輸能力，同時為了便於農業的發展，當局在雨量分佈不平均的台灣各地興建大量水利設施，為稻米和甘蔗的生產創造更為有利的條件。

在文化教育方面，１８９７年，殖民當局設立國語學校和國語傳習所，創立官方報紙「台灣日日新報」，並宣導剪去辮髮、禁止纏足。１９０１年，第一座神社於大直山落成，並透過年度盛大儀典，灌輸台民忠於日本天皇的思想。簡言之，日人開始透過近代化的教育設施，對台民施以殖民教育，降低其反抗意志，並培養台民效忠日本的觀念。

總之，日本殖民統治之始，一方面血腥鎮壓武裝抗日活動，另一方面則對全島進行全面墾殖工作，設立近代化的經濟、教育和文化設施，教育台民服從當局，視日本天皇為至高無上的象徵，以使台灣有效支援日本帝國的擴張任務。此一政策就其目標而言大致尚屬成功，此後數十年日本據台期間仍有許多反抗事件發生，但其統治大抵可謂穩定，將台灣資源做了廣泛開發與利用，並使台灣成為日本在二次大戰時重要的南進基地，對日本在近代的擴張扮演著重要的角色與支柱。

▼日軍占領新竹後，在廟宇召集民眾講話。

▲晚清中國的最高統治者慈禧太后乘轎出巡，標誌著這個帝國的末代景象。前為慈禧所寵信的總管太監李蓮英（右）及二總管崔玉貴（左）。

1900 ▶ 1909 義和團事件與晚清政治

誤信神術對外宣戰　釀成晚清最大國恥悲劇

義和團大約於清末咸豐、同治年間出現於山東，以保衛身家、練習拳棒為目的，往往趁商賈集市之場所，約期聚會比較拳勇。１８８７年山東發生教案，引發民、教互仇，義和團遂演變為仇教團體。

由於義和團自信得有神助，能避砲火，有「紅燈照」、「藍燈照」等法術。其思想出自民間神明信仰，以及演義小說《封神榜》、《西遊記》、《三國演義》、《七俠五義》等，如姜太公、張天師、孫行者、梨山老母、二郎神、哪吒等都是他們崇敬的人物，也是他們做法時常被附身的對象。這樣的組織原為地方農民組織，後卻以「扶清滅洋」的號召受到慈禧太后的肯定，迅速擴大，並於１９００年發生大規模的中外衝突事件，造成八國聯軍之役，成為中國喪權辱國之最。

義和團的興起主要是受清末國勢衰弱，而外國以其船堅砲利大舉向中國擴展帝國主義勢力，引發朝野上下盲目的排外、仇外心態所致。回溯至十七世紀，滿族入關建立大清朝時，曾經鼎盛一時，其征討之疆界除元代外達歷代之巔峰。然而在兩百年盛世後，國家逐漸耽溺於安逸、自大、閉鎖之中。尤其歐洲在工業革命之後無論在科學技術或典章制度上均有長足的進步，中國一如其他文明古國，因未能與時並進，便走向衰敗之路。

１８４０年的中英鴉片戰爭，１８６０年英法聯軍之役，中國被迫割地賠款，開放通商口岸，開啟近代國恥之始。然而真正的挑戰來自於思想的衝擊，中國領土遼闊、人口眾多、物產豐富，雖有改朝換代之間的混亂時期，但始終是「萬邦來朝」的大國。清末「西夷」入侵對中國人的自我認知形成一大挑戰，歐洲人不僅船堅砲利，更擁有先進的知識與管理觀念。對中國人而言，承認本身的落後並向過去自己不放在眼裡的小國學習是一段漫長的心路歷程，充滿著失敗的痛苦、不斷的摸索以及巨變中的覺醒。

英法聯軍之役後三十餘年間，清朝內有恭親王奕訢、文祥，外有曾國藩、左宗棠、李鴻章等開明政治家，眼見問題之嚴重，上下合作，推動洋務運動，以「師夷之長技以制夷」。他們引進西方的器械，試造輪船、購買軍火、聘用外國軍官，並以西法訓練新軍。洋務運動的初期恰值洪秀全率眾造反創建「太平天國」的高峰，清廷的開明作風使得太平天國漸處劣勢，終於被清廷消滅。

儘管如此，洋務運動僅僅是引進西方工具，並不足以使得中國走向真正的近代化，後者涉及更廣泛的改革內容，如政治體制、教育體制、文官體制、法律訓練、生產和分配機制，以及城鄉關係等等。這些事務實際上牽涉到整個政治、經濟社會的再造，領導階層需要有進步的觀念，並身先士卒，動用強大的組織力量始得以推動。然而此時的政治領導尚未有此覺悟，尤其掌握最高權力者是垂簾聽政的慈禧太后，結果轟轟烈烈進行了三十多年的洋務運動表面上雖堪稱壯舉，實際上卻未觸及中國社會的基本結構。

１８９５年，中日甲午戰爭爆發，中國慘敗，賠償兩萬萬兩黃金並割讓台灣澎湖，洋務運動宣告失敗。中國不僅敗於西方列強，甚至敗於同樣歷經維新運動的東方小國日本。這種現象激起知識分子空前的危機感，朝野菁英猛然覺醒，除了模仿西方的科技之外，更要效法西方的法政制度，不變法就必然亡國。

１８９８年，廣東舉人康有為七次上書要求變法，光緒皇帝深為感動，決心擺脫慈禧的羈絆，謂：「我不能為亡國之君！」６月１１日，光緒在一批知識分子的支持下，下詔定國是，發憤圖強，稱戊戌變法。不過一批以榮祿、徐桐為代表的守舊大臣卻對變法極為不滿，他們向慈禧告狀，對新政拖延塞責，不肯推行，甚至希望廢去光緒，新舊勢力遂進入攤牌時刻，雙方競相拉攏權臣，宮中暗現刀光劍影。維新派欲爭取袁世凱以武力除去守舊大臣，不料反遭袁出賣。９月２１日，慈禧復行垂簾聽政。幽禁光緒於瀛台，捕殺維新人士，並下詔停止一切新政，戊戌變法遂以悲劇告終。

戊戌變法的影響不僅於此，由於整個事件中，列強對維新派表現同情之意，使得慈禧對洋人更加憤恨，竟將報復的意圖寄託於義和團上。於是她下令直隸、山東、山西、奉天四省興辦團練，義和團遂成政府承認和鼓勵的合法團體，參加者愈來愈多。加以山東巡撫毓賢揣摩上意，准許其設壇至城內外，以「扶清滅洋」為號召，紛與教士教民為難。此舉引起列強公使反彈，清廷將毓賢調職，改以袁世凱為山東巡撫。

袁世凱對義和團採取取締措施使其無法在山東活動，竄向直隸，直隸總督裕祿最初反對，認為義和團裝神弄鬼，擾亂社會秩序，於是派兵進剿。不過慈禧卻相信了義和團的神術，不僅反對鎮壓，反而招其首領張德成、曹福田，待以上賓之禮。１９００年，義和團大隊在涿州、保定一帶拆鐵路、毀電線，局勢嚴重。朝中竟無人敢說真話，反而順慈禧之意編造義和團乃大助中國以滅洋人的謊言。於是，慈禧密召義和團入京，旬日之間竟達數萬人，旗書「奉旨義和團練」、「助清滅洋」、「替天行道」、「義和神拳」字樣。慈禧太后召見首領，加以獎勵，從此親貴爭相信從，廟宇府第，遍設壇場。其人出入宮禁，橫行無禁，大肆燒殺，稱洋人為大毛子、教士教民為二毛子、三毛子。凡用洋貨、讀洋書者，皆以毛子視之，有「十毛子」等名目，凡毛子皆在被殺之列。由於任何人只要用紅布或黃布一方包頭，即為團民，其中有王公卿相、無業遊民、土匪、人販、鹽梟、馬賊、乞丐以及紅燈照的少婦、花燈照的少婦、藍燈照的老太婆、黑燈照的寡婦、自稱「仙姑」的流娼、被尊為「黃蓮聖母」的鴇母等等，分子複雜，京城陷於混亂瘋狂之中。

５月間，慈禧召開四次御前會議，籌議和戰，其中慈禧、端親王載漪、協辦大學士剛毅及一批守舊大臣，力主對各國開戰，圍攻使館，盡殺使臣。然而光緒、吏部左侍郎許景澄、戶部尚書立山等卻力主萬萬不可，認為義和團縱有邪術，自古及今，斷無仗此成事者。不過這些理性的意見卻無法阻擋慈禧的懿旨，於是２５日慈禧正式下詔對外宣戰，清軍和義和團開始圍攻使館。相較於北方的對外宣戰，東南各省大臣對局勢的真偽卻心知肚明，眼見大難將至，兩廣總督李鴻章、兩江總督劉坤一、湖廣總督張之洞共扶危局。他們在上海與駐滬各國領事簽訂保護東南章程九條，使得東南免於兵災。

▲八國聯軍進入紫禁城，慈禧太后早已與光緒皇帝倉皇出走，經太原逃往西安。

▲慈禧太后意圖藉義和團扶清滅洋，卻一敗塗地，八國聯軍長驅直入紫禁城，造成清代最大的國恥。

▲八國聯軍進入北京之後，兩廣總督李鴻章（前坐左）從香港搭船赴北京調停。圖為李鴻章在香港期間與香港總督卜力（前坐右）合影。

▶八國聯軍中的日軍夥同清朝官員處決義和團的情景。

針對北京的亂局，俄、德、法、英、美、日、義、奧八國派出聯軍攻打北京，清兵一路退敗，裕祿自殺，義和團幾乎不堪一擊，所謂神術瞬間幻滅。7月20日，八國聯軍攻陷北京，慈禧偕光緒狼狽出奔，經懷來、大同逃往太原，後至西安。聯軍入京後，大肆燒殺淫掠，極盡暴行之能事。清廷命全權大臣李鴻章、慶親王奕劻負責與各國談判。1901年9月7日，雙方簽訂「辛丑條約」。中國不僅支付巨額賠款，更被迫接受各國在大城市劃定租界及強行駐兵，國家門戶洞開，主權盡失。約成，慈禧自西安取道河南回京，雖曾做若干補救措施，但已無法挽回義和團對中國造成的傷害。

以今日觀之，義和團事件為中國人不堪外人壓迫、群起反抗的民族排外運動，其情可憫，其行卻愚。經此事變，影響最大的是民族自信心，由上國天朝淪為次殖民地，由自尊自大，一變為懼外媚外。清廷對外更是完全屈服，此後任人宰割。這種現象使得中國局勢更為艱困，人心更加不滿，知識分子對溫和的變革失去信心，轉而支持激進的革命行動，為中國帶來徹底的變化與改頭換面。

1910
1919

辛亥革命，民國成立

武昌起義撼動清廷朝野
宣統退位開創中國嶄新時代

▲孫中山在東京成立「同盟會」時發表演說。

義和團事件之後，中國幾已淪為我不設防的國度，社會人心對清廷極度不滿，革命烽火已成燎原之勢，１９１１年辛亥雙十革命終使已陷於半癱瘓狀態的清朝土崩瓦解。

近代中國革命創始人孫中山，名文，字逸仙，廣東香山人，幼時喜聞太平天國軼事，稍長放洋就讀於檀香山，十分傾慕西方政教之修明。１８８７年，孫中山就讀於香港西醫書院，公開鼓吹革命，無所顧忌，並與陳少白、楊鶴齡、陸皓東等朝夕相處，高談革命。１８９４年，孫中山在檀香山創立興中會，成為第一個現代革命組織。隔年2月革命黨人計畫首度在廣州起義，並使用青天白日旗，結果事跡洩漏，陸皓東等人被逮就義，成為國民革命犧牲之第一人。

此後，孫中山流亡日本、美國和英國，滯英期間被誘囚於清使館中，後經其師康德黎的營救始獲釋。這年底，孫中山時至大英博物館從事研究，復考察各國政治與社會現況，深感僅政治革命不足以解決社會問題，思考對民生問題作一徹底解決，此乃「三民主義」醞釀成形之始，即「民族、民權、民生」，成為後來影響中國相當深遠的現代化理論。

１９０３年，孫中山在東京成立同盟會，吸引大批受現代法政專業訓練的中國留學生加入革命陣營，提出「驅除韃虜、恢復中華、創立民國、平均地權」四大綱領，此後黨人紛紛回到中國，或興學、或招募盟友、或策動武裝起義活動。從１９０６年至１９１０年先後發動多次起義，其中以黃花崗之役最為慘烈。１９１０年3月29日，另一重要革命領袖黃興率一百七十餘人進攻兩廣總督衙門，粵督張鳳岐聞風逃遁，水師提督李準則率兵圍攻，黨人戰歿或事後被處決者有林覺民、方聲洞等八十六人，其中七十二人葬於黃花崗，史稱「黃花崗七十二烈士」。

此役雖然失敗但予全國人心極大的震撼。孫中山論其事時曰：「吾黨菁華付之一炬，其損失可謂大矣！然是役也，碧血橫飛，浩氣四塞，草木為之含悲，風雲因而變色，全國久蟄人心，乃大興奮，怒憤所積，如怒濤排壑，不可遏抑…。」

同一時期，清廷政治則積弊難返，慈禧經義和團事件後以德宗名義宣佈變法，試圖恢復朝廷威信，然而慈禧年事已高，事事保守，雖倡言改革，實迫於環境，為籠絡人心之計，並無奮發圖強之意，朝臣敷衍了事，政治難見成效。１９０２年，逃亡日本的梁啟超提出君主立憲的主張，影響極大。加以此時革命黨人活躍於廣東，上海《蘇報》發表激烈言論，主張對滿人採暗殺手段，親貴不安，朝廷遂加快立憲的腳步，其動機皆在緩和革命聲浪，保障皇室權位。

１９０６年，清廷數度派員考察之後，宣佈預備立憲，１９０８年接著又頒佈憲法草案大綱，並規定預備立憲期限九年，然而其內容卻顯示君權太重、民權太輕，預備立憲年限太長，足見清廷對立憲毫無誠意，民心大失所望。這一年德宗、慈禧先後過世，

▼民國建立以後，孫中山（前排左五）率同志們在南京明孝陵前合影。

宣統嗣位。１９０９年，各省紛紛請願設立國會，後又主張內閣、國會從速同時成立，清廷不得已，同意預備立憲期限縮短。１９１１年５月，清廷頒佈內閣官制並任命內閣人事，結果以慶親王奕劻為內閣總理大臣，十三位大臣中，滿人占八位，皇族居五，有「皇族內閣」之稱，立憲派更要求另組內閣，卻遭清廷降旨駁斥，等於是毀了立憲派最後一線寄望，革命時機已然成熟。

１９１１年５月，清廷頒佈川漢、粵漢鐵路辦法，因剝削地方財政，損及仕商權益，激起川、鄂、湘、粵四省保路運動，各州縣成立保路同志會，成都開始罷課罷市，各地陸續響應，清廷派兵鎮壓，雙方爆發流血衝突，影響所及，川省各地隨之騷動，進而發展成全面的抗議行動。7月初，武漢革命黨人伺機而動，８月１８日因事跡洩漏，遂決定提前起義，１９日（陽曆１０月１０日），革命黨人熊秉坤率工程第八營同志發難於武昌城內楚望台附近，合蔡濟民、方維等部，攻占楚望台，開中和門，接南湖砲隊入城，湖廣總督瑞徵、第八鎮統制張彪逃離武昌。２０日正午，武昌遂以光復，同日光復漢陽，次日再取漢口。由於革命軍軍紀嚴明，對外人秋毫無犯，各國領事館承認革命軍為交戰團體。

▲慈禧太后過世後，清朝文武百官舉行盛大的出殯儀式，也象徵著大清帝國的沒落情景。

武昌起義事出突然，清廷緊急因應，時清朝皇帝溥儀年僅三歲，隆裕皇太后並不似慈禧太后一般專權獨斷，因此朝中意見莫衷一是。由於北洋陸軍多為袁世凱舊部，慶親王奕劻奏請重新任用袁世凱為湖廣總督，節制各路援軍，袁反而乘機勒索，向清廷提出各項條件，清廷迫於無奈，授袁氏為欽差大臣，率大軍攻打武漢，雙方激戰月餘，然而此時各省卻紛紛響應革命，尤其北洋軍控制力較弱的湖南、浙江、江西、福建、上海等地，包括革命黨人、新軍領袖、立憲派人士以及昔日疆吏等紛紛起義，擁護民國，形成北洋軍支持的清廷與擁護民國的南方各省之間的對峙局面。

對此，袁世凱展現個人野心，一面奏請清廷停止進攻，一面又派人與武昌軍政府議和。

▲武昌起義成功後革命軍進入漢口。

▲孫中山（前排右四）訪問日本時與日本友人合影。

１０月２８日，雙方代表於上海會商，結果傾向於以共和為國體。這年底，各省代表團在南京選舉臨時大總統，孫中山當選為中華民國臨時大總統，雖然各省代表多不屬同盟會，但以辛亥革命主要為同盟會所策動，因此尊孫中山為共同領袖。在隨後的就職典禮上，孫中山宣誓曰：「傾覆滿洲專制政府，鞏固中華民國，圖謀民生幸福，取民之公意……以忠為國，為眾服務……民國卓立於世界，為列邦所公認……。」同時，孫中山標舉行政五大方針，行「民族」、「領土」、「軍政」、「內政」和「財政」之統一，對外彰顯「大同」二字，持和平主義，與各友邦益增親睦。

自此中華民國政府宣告正式成立，革命黨人開始力促清帝退位，孫中山為了實現共和理想，甚至表示願讓出大總統一職給袁世凱，以結束帝制，促使南北統一。介於清廷與革命黨人之間的袁世凱採取兩面手法，一面同意促成清帝退位以換取個人權位，一面又唆使北洋將領段祺瑞、馮國璋等人通電維持君主立憲，並藉口軍費無著，榨取清室公帑。滿洲親貴載濤、良弼、溥偉等極力反對共和，阻撓和議進行，於是革命黨人揮軍北上，親貴大懼，袁世凱藉機逼迫清室，宣佈共和。

１９１２年元月，清廷數次御前會議，親貴多意氣沮喪，一無辦法。２６日，革命黨人彭家珍炸斃良弼，滿清親貴人人自危，相率走避青島、大連、天津等地，託庇於外人，不敢公開再作反對共和的主張。於是民國政府與袁世凱往返折衝多次之後，終於達成清帝退位，由袁世凱擔任民國大總統之協議。

１９１２年1月１２日，年僅三歲的清帝溥儀頒退位之詔。同日，民國政府公佈皇室待遇八條，包括中華民國以外國君主之禮相待，年供歲俸四百萬兩；清帝暫居宮禁，日後移頤和園；清帝之宗朝陵寢永遠奉祀，宮中各項值事人員可照常留用，惟以後不得再召閹人；原有禁衛軍歸中華民國陸軍部編制，俸餉仍如其舊。

於是，建都北京二百六十八年的滿清王朝覆亡了，也代表了中國五千年的帝制正式畫下了句點，中國成為亞洲第一個民主共和國。雖然中國革命的路程遙遠而艱辛，但已為中國開啟了嶄新的一頁，指引了一條新的道路與方向。

1910

1919

余清芳與焦吧哖事件

日治時期最大反抗事件　死傷慘重震驚輿論

▲從台南監獄到臨時法院出庭時，余清芳等人頭部均覆蓋簍子，隨後他們均遭日軍處決。

日本統治台灣中期，武裝抗爭事件仍然十分頻繁，其中規模最大、死傷最慘重的是１９１５年的「余清芳事件」，又稱「西來庵事件」。「余清芳事件」一方面延續日本治台初期的義軍抗日活動，一方面受到大陸辛亥革命成功的鼓舞，配合民間宗教組織發展，形成極為重大的抗日事件。

１９１５年，余清芳、羅俊和江定等三人率眾起義，余清芳以「大明慈悲大元帥」的名義下諭曰：「古今中華主國，四夷臣卿，邊界來朝，年年進貢。豈意日本小邦倭賊，背主欺君，拒獻貢禮，不尊王法，藐視中原川受犯疆土。實由滿清氣運衰頹，刀兵四起，干戈振動，可惜中原大國，變為夷狄之邦。嗟乎！狂瀾既倒，孰能挽回？彼時也天運未至，雖有英雄，無用武之地…聖神仙佛，下凡傳道，門徒萬千，變化無窮。今年乙卯五月，倭賊到台二十有年已滿，氣數為終，天地不容，神人共怒。我朝大明，國運初興，本帥奉天，舉義討賊，大會四海英雄，攻滅倭賊，安良鋤暴，解萬民之倒懸，救群生之生命，天兵到處，望風歸順，倒戈投降…。」此時，清朝已被推翻，民國初立，台灣人民受到中國局勢的衝擊，「復明」意識重燃，余清芳等人即以強烈的民族思想加上傳統民間宗教之神祕主義，在地方宗法社會中廣招門徒，追隨者頗眾，勢力擴展迅速。

余清芳出生於阿緱廳（今屏東市），後遷居於台南廳長治里二圖里後鄉庄（今高雄縣路竹鄉）。日軍侵台時，余清芳剛十七歲，即投入武裝抗日活動。１９０９年，余參加祕密結社，模仿漢朝勇士，因言行反日被日本警方逮捕管訓近三年。１９１４年，余清芳在台南市府東港街開設碾米廠，經常出入西來庵王爺廟，結識蘇有志和鄭利記等人，商討招募志士，發動抗日起義。除余清芳之外，羅俊生於嘉義縣，因參與抗日軍遭日軍追擊，逃往大陸，目睹國民革命，更堅定其光復台灣之決心。至於江定家族則世居台南廳竹頭崎庄（今台南縣南化鄉），１９００年，江定率四、五十名義民進行抗日游擊，後潛退入後掘仔山後，並重新集合甲仙埔及六甲一帶的抗日志士，築寨伺機，一待就是十多年，人數愈來愈多。１９１５年2月，余清芳與羅俊會面，商定余清芳在南部招募黨人，羅俊則負責北部。3月，余清芳再與江定會晤，決定余擔任起義主帥，江擔任副帥。

計畫既定，余清芳等人即在群眾中進行宣傳，批判日本政府欺壓台民，在各種政策上均歧視台民，動輒罵「清國奴」。並且說真命天子已經降臨，受神仙擁戴，新君將發動革命，並獲中國革命軍渡海支持，驅逐日人。此外，余清芳並提供黨人神符，佩之可免彈傷。

▲余清芳等人被捕後，由日軍從焦吧哖支廳解往台南監獄，此圖攝於台南火車站前，其中坐在黃包車上的便是余清芳烈士。

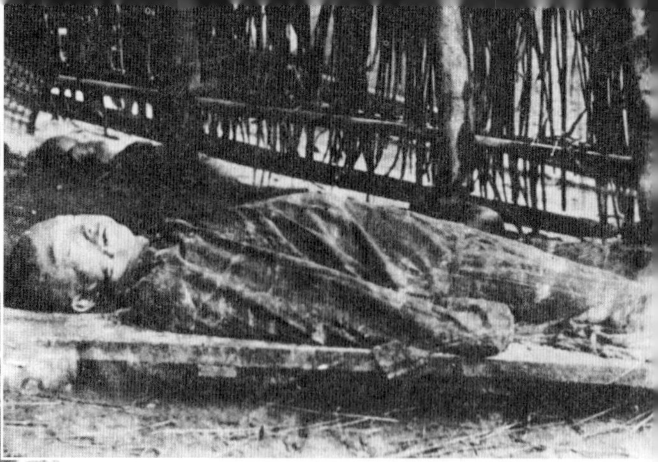

▲日本治台期間，民間抗日行動此起彼落，日方都以武力強制鎮壓。圖為另一為日方處決的高雄抗日英雄林少貓遺體。

◀羅福星烈士處絞於台北監獄的絞刑台。

4月，日警獲報，加緊查緝黨人行動，並得知余清芳等人將發動起義，於是便大舉逮捕黨人。羅俊逃至嘉義尖山坑時被逮，余清芳則奔向江定的根據地會合。7月6日，日軍首次與抗日軍在焦吧哖支廳北寮庄（今台南縣南化鄉北寮村）牛港嶺山中交鋒。抗日軍不敵，退入甲仙埔支廳方面，余清芳率黨人攻打甲仙埔（今高雄縣甲仙鄉），奪得一批槍枝彈藥。同時，江定亦率眾攻打鄰近各派出所，斬殺十餘名日警。

8月2日，余清芳又出奇兵，率三百餘眾襲擊南庄派出所，並放火燒屋，日警及眷屬多被燒死。5日，抗日軍又傾全力襲擊焦吧哖（今台南縣玉井鄉玉井村）支廳，並爆發起義中最大規模的戰役。由於抗日軍人有上千人，日警及武裝僑民才兩百多人，因此戰況不利於日方，不過6日下午日軍正規軍增援部隊到達，槍炮齊發，革命軍死傷慘重，無法再戰，潰退至山中。日軍乘勝追擊，入山大肆搜索，革命黨人或遭槍殺、或自殺、或被捕。日軍大燒民房，百姓紛紛走避。

戰敗後，余清芳餘黨人，逃往中央山脈，最後剩八人。8月22日，余清芳等人終於被捕，並於九月間被處死。另一方面，躲入深山的江定和部下巧妙地避開了日警的搜索，因此日警利用黨人的眷屬勸誘他們下山，但效果不彰，於是動員台南廳地方仕紳對黨人勸降，允諾給予投降者優渥條件。１９１６年4月１６日，江定率黨人下山，共計兩百七十餘人，然而日本政府很快就露出真面目。5月１８日，日本政府下令逮捕江定和所有歸順者，並在台南開設臨時法庭公開審理，最後有八六六人被判死刑，四五三人被判有期徒刑，八十六人無罪。由於死刑人數創下世界審判史的紀錄，引起日本國內輿論的責難，國會亦議論紛紛，不久碰上大正天皇登基大赦，除已被執行死刑的九十五名之外，其餘死刑犯均被減為無期徒刑。至於江定等三十七名主要抗日領導人則未獲減刑，全部被執行死刑。

余清芳事件雖以失敗告終，但對日本當局而言仍是一大震撼。蓋日本統治台灣二十年，雖極盡威脅利誘之能事，並不斷羞辱台灣人民的民族自尊心，但終不能屈服台民之反抗意志，余清芳事件所展現的強烈民族意識，以及台民對本身血緣和傳統的自豪與驕傲，令日人極度的不安，也重新思考如何更有效地統治台灣。

除了余清芳事件之外，由於受到辛亥革命的影響，１９１３年同盟會同志羅福星與革命黨人計畫在苗栗起義，但因事跡洩漏，革命黨人近三百人被捕，其中五名幹部被判死刑。１２月，羅福星在淡水準備偷渡回中國時被捕，並被搜出黨員名冊。１９１４年２月，第二批二四七名義士被判刑。３月２日，二十九歲的羅福星被處死刑，羅死前，留下豪語「殺頭相似風吹帽，敢在世中逞英雄」，深留人心，聞者莫不動容，為此時的台灣抗日運動留下感人的見證。

▲余清芳於焦吧哖戰敗後藏匿於山地偏僻處，日軍及警察乃圍山搜索，而且為了報復焦吧哖庄民袒護抗日軍，竟不分老幼，集體屠殺於郊野，死難者約有數千人之多。

1920 ▶1929

國民革命軍北伐

紀律嚴明戰鬥力強所向披靡 統一全國開展建設良機

國民革命軍於１９２６年7月1日由廣東誓師北伐，歷時一年多，在東北軍領袖張學良宣佈易幟歸順南京國民政府之後，終於１９２８年年底完成中國統一，結束民國初年軍閥混戰的紛擾局面。

民國成立之後，雖曰實行共和，實質上卻陷於軍閥長年的混戰。袁世凱稱帝失敗後，北洋政府承繼其位，主要軍閥依靠列強勢力各自盤據，孫中山領導的革命力量並未因此壯大，反而受困於廣東一隅，僅賴廣東百姓基於地域鄉親的支持。

１９１８年，俄國共產黨革命成功，以反對帝國主義、殖民主義，爭取社會平等為號召，對世界弱小民族形成強大的吸引力。１９１９年，因山東半島權益問題，中國代表顧維鈞在巴黎和會中拒絕向日本妥協，北京隨之爆發了「五四運動」，要求改革傳統，解放思想，廢除不平等條約。馬列主義在此文化蓬勃的時期進入中國，成為進步思想。而受困於大環境並苦思革命之道的孫中山亦受衝擊，認為俄國革命可師法之處甚多，亦即中國革命的失敗在於缺乏強大的中心思想，組織型態過於鬆散，以致遭致挫折時，黨員們常變得意志散渙，各謀私利，形同烏合之眾。因此中國革命應師法蘇聯，發展有堅強思想力量、組織紀律強大的革命團體。

１９１９年3月，共產國際派馬林初步與孫中山接觸。１９２１年，中國共產黨成立於上海，主要領導人為陳

▲國民革命軍誓師北伐，革命軍總司令蔣介石出發前發表演說。

獨秀、周佛海、李大釗等，共產國際判斷，中共應與孫中山合作始得迅速發展。１９２２年，廣東軍閥陳炯明叛變，革命運動陷入空前低潮，孫中山抵上海，與蘇聯代表越飛會談，正式確定雙方合作的重大政策。蘇聯將援助中國革命，國民黨則將仿效蘇聯改造組織，建立黨軍，並准許中共黨員以個人身分加入國民黨。

１９２４年１月，中國國民黨在廣州召開第一次全國代表大會，確立三民主義為黨的中心信仰，設立各級黨組織，以有效地領導和發動群眾。同時又改組軍政府，設立國民政府，將政府組織置於黨的領導之下。中國國民黨改造成列寧式的政黨實為中國外造政黨之發端。同年５月，黃埔軍校成立，由蔣介石擔任校長，訓練革命的軍事骨幹，９月，成立教導團，設各級黨代表，軍中行動接受黨代表的監督。中國國民黨正式擁有黨軍，由於信仰和組織力量增強，蘇聯復以軍援，戰鬥力因此大為提高。

１９２５年３月１２日，北上謀求南北統一的孫中山病逝，全國人民哀慟不已。在其死後，國民黨內部各派勢力開始浮動，左右兩派的權力與路線的矛盾有激化的趨勢。７月１日，國民政府正式成立，常務委員五人為汪兆銘（即汪精衛）、許崇智、胡漢民、譚延闓、林森，由汪兆銘任主席，接著又成立軍事委員會，復以汪兆銘為主席，下轄五個軍。其間前後，蔣介石曾率教導團掃蕩陳炯明各部並以東征軍總司令的身分指揮平定廣東，徹底剷除陳炯明的勢力，加上廣西李宗仁效忠國民政府，兩廣完成統一。由於軍

▲國民革命軍進入北平時，受到市民的熱烈歡呼。

功顯赫，蔣介石的政治聲勢上漲，在國民黨各派系的鬥爭整合中逐漸掌握實權，並且成為軍委會主席。

１９２６年6月4日，國民黨中央執委會通過出師北伐案，任軍委會主席蔣介石為國民革命軍總司令，率七個軍，加上新附唐生智所部編為第八軍，總計八萬餘兵力。此時北洋軍閥的兵力，吳佩孚所部號稱二十五萬人，據有河南、湖北、湖南、四川一帶。孫傳芳掌握二十萬人，據江蘇、浙江、安徽、福建、江西等，自號為五省聯防總司令。張作霖所部加上依附之直、魯軍約三十五萬人，據東北、熱河、察哈爾、河北、山東諸省。三個系統的軍閥兵力雖十倍於國民革命軍，但缺乏政治信念、軍紀鬆散，為老式的軍人政客，面對組織、紀律、思想均嚴密的革命軍，幾無招架之力。

7月1日，國民革命軍開始北伐，迅速攻克湖南長沙。8月，革命軍與吳佩孚所部精銳大戰於汀泗橋、賀勝橋一帶，戰況十分激烈，吳軍大敗。１０月革命軍攻下武昌，平定兩湖。然而，在國民革命軍攻下南昌、武昌之後，國民黨左右兩派的不和終於徹底浮上檯面，發生了分裂。親汪兆銘派系在武漢成立政府，並主張左傾農工革命路線，推翻蔣介石抑制共產黨發展的政策，重新啟用共黨人士擔任部長。事實上，孫中山逝世

▼國民革命軍由於紀律嚴明、訓練精良，使北伐進展迅速，圖為革命軍攻克華中城鎮。

後，國民黨內的共黨人士即與國民黨內的右派人士關係緊張，並介入國民黨內的派系鬥爭，在「廖仲愷案」、「西山會議」、「中山艦事件」等事件之後，國民黨內部有清除共黨人士之議，蔣介石更以廣州衛戍司令名義，逮捕共黨人士。國民革命軍北伐行動涉及中共的擴張前景，國共雙方關係更形緊張，瀕臨攤牌階段。

１９２７年初，革命軍在連克江西、福建，大敗孫傳芳、周蔭人之後，所向披靡，並繼續進攻杭州、上海，於三月底攻克南京，孫傳芳北退山東。４月１日，蔣介石決定清黨，自該月２１日起，以武力將中央、地方黨、政、軍、民眾團體中的共黨分子清除，範圍及於江蘇、安徽、浙江、兩廣及上海、南京等地，許多共黨人士遭到槍決，同時，中央政治會議在南京舉行，成立國民政府。國民黨正式出現南京、武漢兩個政府，是謂「寧漢分裂」。不過，武漢政府中的共黨人士採激進鬥爭地主的策略，形成赤色恐怖，復以許多革命軍軍官家屬在農村遭殺害，反共情緒強烈，武漢政府內部人心浮動，一部分軍人自行採取清共政策。同時汪兆銘也見到第三國際關於改組國民政府的文件，遂於７月亦實行清黨，自是中共全面轉入地下，在各地從事武裝暴動。

８月１２日，蔣介石總司令宣佈下野，以謀寧漢和解。１２月，寧漢開二屆四中全會預備會議於上海，蔣介石復職。１９２８年２月，二屆四中全會於南京召開，改組黨政軍，國民黨結束分裂，復告統一。在完成內部整合的同時，蔣介石重整北伐軍，編成四個集團軍，由蔣自兼第一集團軍總司令、馮玉祥為第二集團軍總司令、閻錫山為第三集團軍總司令、李宗仁為第四集團軍總司令。４月初革命軍發動全面攻擊。５月，第一集團軍進入山東，大破張宗昌、孫傳芳主力，此時日本藉口保僑，出兵山東，突襲濟南城外革命軍軍營，殺害交涉人員蔡公時等十餘人，史稱「五三慘案」。北伐軍為顧全大局，避免與日軍正面衝突，遂繞道北行，直逼北京。６月２日，張作霖棄北京乘車出關，因拒絕日本的威脅利誘，至皇姑屯為日人預埋炸彈炸斃。８月，革命軍進入北京、天津，華北大抵也歸革命軍所有。之後，張作霖之子張學良因憤於日人所為，宣佈效忠國民政府，年底易五色旗為青天白日滿地紅國旗，紛擾十七年的中華民國終告統一。

１９２８年８月４日，中國國民黨二屆五中全會在南京舉行，決定國民政府主席及各院人選。１０月１０日，南京國民政府正式成立，蔣介石宣誓為國民政府主席，中國進入南京政府時代，距離孫中山改組國民黨、召開第一次全國代表大會的時間大約四年半。另一方面，儘管北洋軍閥徹底失敗，但國民革命軍北伐的過程中仍吸納許多舊式的武裝勢力，成分複雜，加上中共進入農村建立革命根據地，中國仍未完全脫離再度分裂的危險因素。尤其為了整編軍隊與爭權奪利等問題，以蔣介石為主的中央軍與各地方派系更是經常征戰，在實質上仍是紛擾不寧的局面。

雖然如此，北伐成功仍使中國終於出現統一的全國政權組織，並得以在相對穩定的環境中利用抗戰前難得的十年統一時間，進行必要的發展與建設，這對於日後獲得抗日戰爭的最後勝利影響深遠。

1920 ▸ 1929 文化協會的鬥爭

軟性爭提倡民族意識
左右分裂日本鎮終告失敗

▲台灣留學生蔡惠如（第二排左四）等人於日本東京組織新民會，林獻堂（第二排左五）日後被公推為會長。

「患者：台灣……原籍：中華民國福建省台灣道。現住所：日本帝國台灣總督府。遺傳：明顯地具有黃帝、周公、孔子、孟子等血統。素質：為上述聖賢後裔，素質強健，天資聰穎。」

「既往症：幼年時（即鄭成功時代），身體頗為強壯，頭腦明晰，意志堅強，品行高尚，身手矯健。自入清朝，因受政策毒害，身體逐漸衰弱，意志薄弱，品行卑劣，節操低下。轉居日本帝國後，接受不完全的治療，稍具恢復唯因慢性中毒長達二百年之久，不易獲然而癒。現症：道德頹廢，人心澆漓，物慾旺盛，精神生活貧瘠，風俗醜陋，迷信深固，執迷不悟，罔顧衛生，智慮淺薄……意氣消沉，了無生氣。」「初步診斷：世界文化的低能兒。……療法：原因療法，即根本療法。處方：正規學校教育最大量、補習教育最大量、幼稚園最大量、圖書館最大量、讀報社最大量，若能調和上述各劑，迅速服用，可於二十年內根治。」

以上為台灣文化先驅蔣渭水在第一期《台灣文化協會會報》所撰「臨床講義」之摘要，因形式獨具一格，詞意精闢風趣，常為後世研究者所引述。１９２１年10月17

▲台灣議會設置請願運動開始之後，也吸引一些日本本土的有心人士來台進行考察，圖為台中火車站月台上的歡迎場面。圖中戴帽者為蔡培火，往左第二人即為林獻堂。(林獻堂照片、林博正收藏)

日，台灣文化協會在台北靜修女學校舉行成立大會，共有會員三百餘人出席，眾人推林獻堂為總理，楊吉臣為協理，蔣渭水為常務理事，協會成立宗旨在於協助提升台灣文化，其中卻隱含傳播中華民族意識，鼓舞民眾在文化教育上反抗日本統治，為日治時期台灣民間自發的最重要的一場文化啟蒙運動。

在林少貓、羅福星、余清芳等人武裝抗日的同時，以台中仕紳林獻堂為主的抗日力量則以軟性的方式與日本當局周旋，爭取台灣人民的平等權利。１９１４年，台灣同化會成立，推動台灣人民同化於日本，以取得與日本人民同等的公民權利，初期雖受到日本少數元老人士的支持，卻為在台日本人強烈反對，害怕失去殖民者的特權，隔年台灣總督佐久間左馬太下令解散同化會。１９２０年，林獻堂在東京成立「新民會」，並創刊《台灣青年》，推動民族自決觀念。此外，日本統治當局針對台灣有所謂的六三法，即指台灣具有「特殊性」，日本帝國的憲法不能及於台灣，因此台灣總督可發佈與法律同等效力的律法，此法等於剝奪台灣人民一切的參政權。林獻堂、施家本等人原擬推動撤廢六三法，然而林呈祿卻又指出，如果撤廢六三法等於否定了台灣的特殊性，無形中承認了台灣是日本國土的延伸，與追求台灣人民族解放的最終目標將發生衝突，因此他主張應利用日本人的論點，強調台灣的特殊性，要求設置民選的台灣特別議會以協助台灣的特殊立法與特別預算。

１９２１年，林獻堂等一百七十八位先覺者開始向日本議會提出「台灣議會設置請願書」，從此開啟了「台灣議會設置請願運動」，要求設立特別代議機關，不論是台灣人、日本人或「熟番」，都可公選代表，對根據台灣特殊環境所公佈的律令行使決議權，並對台灣總督府特別會計預算行使協贊權。儘管請願內容相當溫和，只是在承認日本的統治權下追求有限度的地方自治，不過卻被日本政府視為台灣本地菁英為台灣獨立鋪路的陰謀，日本帝國會議從不予以審議。

文化協會成立以後，立刻與請願運動相互結合，一方面教育台灣民眾認識自己的處境，提升本身的文化水準，另一方面又持續和平請願活動，對日本殖民當局政治施壓。文協的講習會主要由連雅堂、蔣渭水、林茂生、蔡式穀、王敏川、許天送、林野、連溫卿等人輪流演講，科目涵蓋多方面，包括台灣通史、通俗法律、通俗衛生等，此外文協還舉辦「文化講演」，不定期到全島各地巡迴演講，內容常涉及針砭時弊，並批評日警之暴戾。由於日警常恐嚇民眾不可前往聽講，民眾心懷恐懼，因此聽講者並不多，然而隨著恐嚇愈厲害，民眾逆反心理愈強，加上對日警的惡劣態度逐漸習慣，因此聽講人數日見增加。面對群眾抵抗意識的提高，１９２３年，日本當局頒行「治安警察法」，同年文協人士組織「台灣議會期成同盟會」，台灣總督府根據治警法第八條下令禁止同盟會的政治結社。於是林呈祿、蔡惠如、蔣渭水、蔡培火等人向日本早稻田警察署提出同樣的申請獲准，在東京成立「台灣議會期成同盟會」，並返回從事活動。１２月，台灣總督府

▲第六次台灣議會設置請願運動請願團於日本東京合影留念。
圖中銅像前第二排左三站立未戴帽者為林獻堂。

▲台灣文化協會活動寫真部一次合影留念，前排中為林獻堂，右二為蔡培火。

對全島進行大逮捕，1924年，蔣渭水、蔡培火等十三人被起訴判刑，成為轟動一時的「治警事件」，這是台灣總督府對台灣思想界的一大鎮壓，也促成台灣民眾民族意識的覺醒。

1925年以後，文協的文化講演出席聽眾踴躍，萬人空巷，文協不斷向民眾宣傳：「我們漢民族是擁有五千年光榮歷史的先進文明人，因此斷斷乎不能屈服於異族的統治，日本的台灣統治方針顯然在於抹殺漢民族的一切文化及傳統，使其成為日本的隸屬民族或被壓迫民族。因此我們必須喚起漢民族的民族自覺，務必雪恥去辱，為實現台灣為台灣人的台灣而團結鬥爭。」文協對台灣人民的影響極為深遠，不過隨著社會主義思潮在世界迅速蔓延，一批左傾的青年也進入了文協，使得文協出現一場激烈的路線鬥爭。

1927年1月，文協進行臨時總會，連溫卿、王敏川、林碧梧、鄭明祿、洪石柱、翁澤生等左傾人士出席、主導發言，並通過會章修改案，直指文協將結合無產階級大眾，推行階級鬥爭以達解放台灣的目的。這項修改案立刻使得左右兩派人士的鬥爭搬到檯面，兩方試圖整合，《台灣民報》也一再呼籲認清共同敵人，籲請左右雙方繼續合作，對抗共同敵人。雖然如此，左派決心推動無產階級革命，並將右派批判成日本當局的傀儡，舊幹部遂於同年7月退出文協，另行組織台灣民眾黨。新文協則走向左派的群眾鬥爭路線，結合工人和農民，不斷與日本當局發生衝突。1920年代末期，台灣共產黨的主要領導幹部謝雪紅、蔡孝乾等人進入文協，主導了文協的發展，文協質變為更徹底的左翼社會團體。

文協的分裂導致了台灣抗日社會力量的分散，分裂雙方時而相互攻擊，使得日本統治當局得以採取各個擊破的策略。1930年起殖民當局對抗日運動的左右兩翼同時進行鎮壓，台灣共產黨多名黨員被逮捕，文協式微，台灣民眾黨則持續原文協的路線，走體制內的鬥爭路線，繼續推動議會設置請願運動，但也遭台灣總督府下令解散。接著，中國與日本武裝衝突事件日增，全國戰爭氣氛濃厚，日本殖民當局為了防止台灣人民的抗日意識受到鼓舞，一方面採取空前的鎮壓行動，另一方面則調整策略，以強制和利誘並行方式推動「皇民化運動」，試圖將台灣人民同化於大和民族之中。

這樣使得文協與台灣民眾黨的活動空間更加縮小，終日本統治台灣之世，無法取得具體的成就。不過文協與台灣民眾黨這一場以社會與文化活動為主軸的抗日活動，仍相當程度地喚起台灣人的民族意識，沒有讓日本政府徹底同化台灣人，對台灣歷史、文化的傳承有著極大的影響與貢獻。

1930 ▸ 1944 中日戰爭全面爆發

七七事變引發八年抗戰
浴血犧牲獲得最後勝利

▲日本侵略中國由來已久，在中國朝野有主戰與主和的分別。七七事變之後，蔣介石領導對日抗戰，終於獲得勝利，被譽為民族英雄。另一國府要人汪精衛卻投靠日本另組傀儡政府，被指為頭號大漢奸，兩人政治評價天壤之別。圖為1931年，南京舉行元旦閱兵典禮，由蔣介石（中行軍禮者）主持，其右為汪精衛。

南京國民政府完成北伐，統一中國之後，逐步走向穩定發展之路，國力向上提升，加上1936年的「西安事變」促成第二次國共合作，中國全面抵抗帝國主義和殖民主義的侵略，爭取民族解放的時機已經來臨。而緊鄰中國的日本自不願看到中國再度強大，因此加緊其侵略中國的腳步，終於造成了中日戰爭的爆發。

1937年7月7日，駐華日軍在北平近郊宛平縣的蘆溝橋附近進行演習，因失蹤士兵一名，要求進城搜索，遭中國守軍嚴拒，日軍便向宛平縣砲擊，中國駐軍宋哲元所屬第二十九軍團長吉星文下令還擊。雙方槍砲齊發，「七七事變」（或稱「蘆溝橋事變」）於焉爆發，揭開了中日戰爭的序幕。

事變發生後，日軍立刻增兵華北，達十萬以上。此時中國最高統帥蔣介石委員長正

▲日軍在天津附近的農舍內拷問一名中國戰俘，隨後並將他殺害。

▲日軍在漢口附近俘獲一批中國隨軍護士，並圍著她們露出猙獰的笑容。在八年抗戰期間，有多達數十萬的中國婦女同胞遭到日軍強暴並殺害。

在廬山主持軍官訓練，接獲報告後即下令國軍全力禦敵，並動員部隊集結保定、滄縣一帶。7月17日，蔣介石委員長在廬山發表抗戰聲明：「我們希望和平，而不求苟安，準備應戰，而決不求戰。」「如果戰端一開，則地不分南北，年無分老幼，無論何人皆有守土抗戰之責任，皆應抱定犧牲一切之決心。」

中國人救亡圖存的時刻終於出現，中日戰爭全面爆發。這是1895年甲午戰爭以來，日本持續侵華政策，中國艱困奮起四十餘年之後，中日再度爆發全面戰爭。回溯日本侵華的歷史，首為馬關條約後，日本占領台灣、澎湖。義和團事件，日本亦出兵，正式加入列強行列。接著在日俄戰爭後，日本取得南滿權益。民國成立後，日本向袁世凱政府提出「二十一條」，露骨地顯示鯨吞中國之意圖，然而日本在謀取中國的同時，也與歐美列強的利益發生衝突，種下日後外交孤立的遠因。

1928年，日本出兵山東，攻擊北伐中的國民革命軍，以對中國新興勢力示威。1931年9月18日，日本關東軍將南滿鐵路柳條溝段炸毀，誣指中方所為，以藉此攻占整個東北，至1932年2月，東北完全淪入日軍之手，清代遜帝溥儀受日本扶植在東北成立「滿洲國」。中國失去大片土地，民心激憤，皆要求立刻對日宣戰。然而國民政府以中國軍事和經濟總體實力均無法與日本抗衡，主張忍辱負重，累積力量，以求最佳時機與日本進行決戰。因此，在1932年的「一二八淞滬事變」和1933年的「長城抗戰」中，日軍不斷得寸進尺，雖然中國軍隊奮勇作戰，全民抗敵志氣高昂，但終因顧全大局而被迫暫時隱忍妥協。

「七七事變」意味著中國的隱忍階段已完全結束，無論成敗，中國均將戰到最後一兵一卒。7、8月間，日軍分南北兩路入侵中國，最高增兵至六十萬人，中國亦出動主力部隊上百萬人全力抗擊，以粉碎日軍短期內征服中國的企圖。在上海一地，戰況持續三個月慘烈異常，中國強大的抵抗能力完全出乎日本的意料。１１月初，日軍一部分由杭州灣北岸登陸，中國軍隊腹背受敵，始全線撤退。於是日軍沿江南戰線大舉向南京挺進，於１２月１３日進入南京城，大肆燒殺姦淫，南京軍民受害者高達三十萬人，這場震撼國際社會的「南京大屠殺」成為一場永遠難以磨平的歷史烙印。

儘管日軍傷亡慘重，但仍未正視中國抗戰之決心，上海淪陷後，日本即向中國提出幾近招降的和談條件，但為中國所拒。１９３８年3月，南北日軍合擊位於華東的中國部隊，其中板垣師團自恃精銳，未得後援即孤軍深入，遭中國軍隊圍殲於魯南的台兒莊，為日軍侵略中國以來首次的重大挫敗。雖然如此，由於整體力量不如日方，國民政府已擬定長期抗戰的方略，利用中國遼闊的國土，消耗日軍的戰力，以血肉之軀的慘重犧牲，換取最後勝利。

因此，上海、南京戰役期間，大批的工業即移至西南後方，許多不願意受日軍統治的中國人亦紛紛湧向後方，國民政府由南京遷至武漢時，日軍旋又分兵四路向此華中重鎮撲來，抗戰中雙方動用兵力最多、歷時最久的「武漢會戰」爆發。１９３８年１０月，日軍由海路攻占廣州，使得武漢三面受敵，於是國民政府再由武漢遷往重慶。雖然日軍攻勢猛烈，戰爭爆發一年後，已占領華北、華東、華中以及華南一部，但限於資源、人口有限，占領中國沿海城市時，需留守部分兵力，再抽調一部分兵力繼續進攻，而中國軍民與其頑強抵抗，日軍攻占武漢時已達其兵源的極限。此後數年中日雙方大抵在湖南、湖北以及長江中游一帶周旋，戰局相持不下。主要會戰總計二十二次，包括三

▶ 占領南京的日軍軍官腰懸武士刀，登上紫金山的中山陵，在國父孫中山先生的陵寢前留影，留下中國國恥的烙印。八年後，日本戰敗，日軍和日僑被遣送回日本，南京戰犯法庭則對犯下戰爭罪行的日軍將領和軍官進行審判。

▼南京大屠殺期間日軍大肆搜刮，圖為日軍用南京居民的船形嬰兒床裝載搶奪的財物。

次著名的長沙會戰，儘管中方損失慘重，但不斷拖延的戰局使得日本進退兩難，終於鋌而走險，將戰火擴大到整個亞洲，走上亡國之路。

１９４１年１２月8日，日本偷襲珍珠港，並同時攻擊歐美在東南亞的殖民地菲律賓、香港、馬來亞，太平洋戰爭爆發，中國終於擺脫獨立抗戰的局面，取得強大的國際奧援。原本中國抗戰初期獲得蘇聯的空軍支援，後又有美籍顧問陳納德所率領的「飛虎隊」，與國軍作戰並協助運輸工作，但皆不夠充分。

然而在國際反法西斯聯盟正式成立之後，中國國際地位驟升。１９４２年1月，中、美、英、蘇等二十六國在華盛頓發表反侵略共同宣言，決心對德、義、日等軸心國共同作戰，決不單獨對敵媾和。同盟國並宣佈，蔣介石出任中國戰區最高統帥，並由史迪威中將出任參謀長。3月，日軍攻打緬甸，中國派出遠征軍入緬協助英軍作戰，其中孫立人所率部隊解除英軍之危，威震國際。後因全線遭日軍衝散，遠征軍只得一部分退回國境，另一部分穿山越嶺進入印度。

隨著同盟國合作的強化，新的國際秩序逐漸浮現。１９４３年1月，中國分別與美國和英國簽署平等新約，廢除以往的不平等條約，包括領事裁判權、租界、使館界和駐兵區域等。接著又有多國與中國簽訂平等新約，自鴉片戰爭以來壓在中國人身上的桎梏終得解除。１９４３年１１月，美國總統羅斯福、英國首相邱吉爾以及中國國民政府主席蔣介石於埃及首都開羅舉行會議，討論戰後遠東問題，會後發表「開羅宣言」，聲明日本所占領的中國土地包括東北、台灣、澎湖等地將於戰後歸還中國，朝鮮半島將恢復獨立與自由。１９４４年１０月，中美英蘇四國公佈戰後組織聯合國建議等，做為未來維持世界和平機構之規程草案，正式確定中國將為戰後國際秩序的領導角色之一。

至於實際戰場方面，日軍在戰爭末期雖曾於中國戰場全力反撲，但已成強弩之末。尤其在東南亞地區遭受美國重大打擊，已露敗亡之兆。１９４５年1月，駐印遠征軍反攻緬甸，打通中印公路，5月，中國軍隊攻克桂林，正期一舉光復廣州時，卻因美國對日本投下兩顆原子彈，使日本在8月１５日宣佈無條件投降。中國在歷經長達八年的浴血奮戰後，終於取得了光榮的勝利。

除了中國與日本的正面戰爭外，這場戰爭亦對中國國內局勢影響重大，最主要的就是在於國共之間的分合衝突。「西安事變」以後，中共部隊改編為國民革命軍第八路軍，抗戰後開往晉北對敵作戰，江南各地的共軍則編成「新四軍」，在南京、蕪湖地區進行游擊作戰。抗戰期間，共軍在華北和華東地區擴展迅速，使得日軍腹背受敵，抗戰中期，中共曾在華北發動平型關戰役與百團大戰。但國共之間始終互不信任，甚至發生「新四軍事件」的武裝摩擦。在中共一面抗日一面發展自身實力的政策下，至抗戰結束時，中共部隊已由原來的三萬人發展成百萬人以上，為日後的國共發展投下重大變數。

1930 ▸ 1944

莫那·魯道發動霧社事件

不滿日方同化政策武裝襲擊 寫下原住民不朽抗暴精神

▲日軍對台灣原住民部落採取「以夷制夷」政策，利用原住民各部落間的仇恨鼓動自相殘殺。圖為日軍鎮壓太魯閣原住民時，日軍利用與其敵對的原住民部落充當先鋒，並取下反抗者的首級。

霧社地區泰雅族原住民部落於１９３０年１０月２７日，在莫那·魯道領導之下，發動了一場大規模的武裝抗日行動，傷亡慘重，結局悲壯，寫下台灣史上重要的一頁。

這一天，霧社地區的日本人為了配合「台灣神社祭」正舉行聯合運動會，以紀念三十五年前征台喪生的北白川宮能久親王。由於這項活動集合了大部分的日本人，警衛疏於戒備，霧社泰雅族的馬赫坡社頭目莫那·魯道，號召了波亞倫社、斯克社、荷歌社、塔洛灣社、羅多夫社等六個部落的族人共同起事。這天凌晨，各部落攻陷了日警駐在所，取出武器彈藥，莫那·魯道則率隊埋伏，準備攻擊霧社日警駐在所以及日人宿舍區。莫那·魯道的次子巴沙歐·莫那則率主力到運動場四周，伺機攻擊。

早晨，當運動場奏起日本國歌時，抗日族人開始攻進運動場，與日本警察格鬥廝殺，一時之間運動場、駐在所、宿舍、郵局等地均見追殺場面，由於日人毫無戒備，共

▲霧社事件震動全台，台灣總督府特派委員前往視察。

有大人小孩一三四人遭到殺害，受傷者二十六人。其中台中州能高郡郡守小笠原敬太郎由運動場逃往眉溪，在一座橋邊遭追上來的原住民殺害。

霧社事件震驚全台和日本，不僅在於日本人死傷慘重，也在於此時正值大日本帝國國力巔峰之時，日本在台灣的統治已屆滿三十五年，大規模的反抗活動在前十年已陸續平息，殖民建設亦步入正軌。在日本統治者的眼中，台灣應是人心歸順，浸沐皇恩感戴不已才對，為何會對日人採取如此暴烈的一役？雖然如此，日本殖民統治當局仍以民族的優越感看待事件，立刻動員大批部隊對抗日原住民展開報復式的武力鎮壓。

霧社事件的發生背景在於１８９５年日人治台以後，即以武力鎮壓和教化做為殖民統治的兩大基礎，對於以農耕商業為生，且具有文化背景的漢人而言，上述政策在較短期間內已取得較佳效果。可是對於擁有本身完整獨立文化、社會組織和生產方式的原住民部落而言，殖民當局強行同化的政策卻引起了激烈的衝突。加上日人態度傲慢，鎮壓手段殘暴，又充分利用原住民部落之間傳統的仇隙，刻意製造流血衝突，這些都在原住民心中埋下反抗的火種。簡單地說，殖民當局開山墾荒，將近代化的設施逐步帶入山區，卻對原住民的傳統文化和生產方式毫無尊重之意，不僅如此，還強徵勞力，掠奪土地資源，污辱原住民的祖靈。長年的殖民與同化政策，使原住民的母文化面臨崩解的威脅。因此霧社事件的醞釀過程實非一朝一日。

▲日軍利用原住民部落之間傳統的仇恨，武裝其他的原住民鎮壓霧社事件的原住民反抗者。

▲霧社泰雅族原住民馬赫坡社頭目莫那·魯道（中）發動霧社事件抗日武裝行動，名留史冊。

事件發生的當天下午，日本台灣軍司令部立即派遣二架飛機前往霧社山區偵察，同時出動台灣軍步兵第一聯隊台中分屯大隊、台北駐屯部隊、步兵第二聯隊台南駐屯部隊、台北山砲兵大隊等各地軍隊共一千三百餘人，經協同整編後，於１０月３１日上午對抗日原住民發動了總攻擊。此時，起事的族人在突襲成功，奪取大量武器彈藥後，即遁入內山，準備據守山險抵抗日本軍警的反撲。

由於山勢險峻，日軍推進緩慢，１１月７日起，日軍使用山砲、曲射砲、機關槍，並派出飛機投擲毒氣瓦斯，但始終無法攻克抗日族人的主要據點。１１月１８日，日軍再度發動總攻擊，並利用與抗日族人有傳統仇隙的其他原住民部落，置於第一線，以減少日軍自身的傷亡。儘管抗日族人英勇抗敵，但畢竟彈藥和糧食有限，敵對的原住民部落又舉族投入，使抗日族人傷亡慘重，節節敗退，戰役進行了四十餘天，終至彈盡援絕。莫那·魯道只好帶著一批族人繼續退往深山。最後的結局是，莫那·魯道的妻子上吊身亡，莫那·魯道槍殺了兩名孫子，將妻子與孫子的遺體火化，他本人則走進山林自殺。至於其他族人四處流竄，或戰死、或自縊，或遭誘捕，命運悲慘。被捕的五百餘族人被扣留在幾個收容所，其中以老弱居多。

１９３１年4月２４日，日人進行了一項報復計畫，刻意鼓動與抗日族人敵對的道澤部落組成一批突襲隊，趁深夜攻擊兩個收容所，殺害二一六名抗日族人。他們提了一〇一個人頭回到道澤，並在人頭堆前合影留念，當成光榮的勝利。這次行動又被稱為二次霧社事件。

▶在第二次霧社事件中，一〇一名抗日族人物首級被堆在道澤日警駐在所前，留下此一著名的殘酷畫面。

此外，霧社事件中還發生了花岡家族的悲劇。為了執行對原住民籠絡和同化的政策，日人曾刻意培育原住民菁英。其中霧社的拉奇斯．諾敏自台中師範學校講習科畢業，日本姓名為花岡一郎，被派任教職，其弟花岡二郎則被派任警丁。花岡家族為日人視為對原住民政策的樣板人物。霧社事件發生時，日人曾傳言係花岡家族所策動，怒責其恩將仇報。後來日人收回霧社時，真相始大白，原來受日人栽培的花岡一郎、花岡二郎在此事件中深陷族人與日人雙重情義矛盾中，最後帶著家屬二十一人，在小富士山自縊或切腹殉死。他們留下的遺書中寫著：「我等得離開這世間，族人被迫服勞役太多，引起憤怒，所以發生這事件……。」臨死前仍替自己的同胞講話。

霧社事件後，日人在事件現場興建「霧社事件殉難、殉職者之墓」。每年１０月２７日，能高郡役所皆在這裡舉行紀念活動。１９３４年，日人在山區之中尋獲莫那．魯道遺骨，並刻意在能高郡役所新廈落成時公開展示，後來又送交台北帝國大學供作研究標本。

１９４５年台灣光復之後，霧社事件獲得全面平反。中華民國政府在同一地點建「霧社事件抗日紀念碑」，表彰其「碧血英風」。內政部亦明令表揚莫那．魯道，並頒發獎狀予其遺族，謂：「南投縣民莫那．魯道於日據台灣時期，領導本鄉霧社胞起義抗敵，先後激戰斃敵數百餘，終以眾寡懸殊，彈盡援絕，全部殉難，其志可嘉……。」此外，莫那．魯道的遺骨亦被恭迎埋葬在紀念碑下。

１９９５年正逢甲午戰爭一百年，台灣光復五十年以及霧社事件六十五周年，經過各界的努力，莫那．魯道的銅像終於豎立在霧社，面對著生生不息的山麓，遙望著原住民的祖靈，在這場歷史事件中，寫下了不朽的抗暴精神。

1945 台灣光復

抗戰勝利國府收復台灣　局勢未寧管理未上軌道

▲中山堂受降典禮的裝飾。

台灣行政長官陳儀將軍於１９４５年１０月２５日，代表中國戰區最高統帥在台北公會堂（今中山堂），接受日本駐台總督兼第十方面軍司令官安藤利吉投降，正式結束日本在台半世紀的殖民統治，台灣光復！

台灣光復是日本戰敗及二次世界大戰結束的結果。１９４５年8月6日和9日兩天，美軍使用新製的原子彈轟炸廣島和長崎，8月8日，蘇聯對日宣戰，紅軍入侵中國東北，駐守此地的日本關東軍潰敗。8月１５日，日本天皇發佈詔書，表示願意接受波茨坦會議宣言的各項規定，向同盟國無條件投降。當天上午七點，中華民國政府正式接獲日本投降電文，蔣中正委員長隨即電南京日軍侵華最高指揮官岡村寧次大將，指示六項投降原則。

8月２２日，中華民國政府再以備忘錄的形式，將各地區受降主官姓名、受降地點及日軍代表投降部隊長姓名、應投降之部隊番號，通知岡村寧次。其時受降區域先列為

▲日本駐台末代總督安藤利吉在受降書上簽名。安藤利吉後來在上海戰犯監獄自殺。

十四區，後增列台灣澎湖地區為十五區，其規定如下：「台灣澎湖列島陳儀為受降主官，日軍投降部隊為１０ＨＡ、８ＦＤ、９Ｄ、１２Ｄ、５０Ｄ、６６Ｄ、７１Ｄ、７５ＢＳ、７６ＢＳ、１００ＢＳ、１０３ＢＳ、１０２ＢＳ、１１２ＢＳ，及澎湖守備部隊。集中地由陳儀決定，日軍投降代表１０ＨＡ安藤利吉。」

９月１日，中華民國政府在重慶成立「台灣省行政長官公署」，派陳儀為行政長官，又成立台灣省警備總司令部，準備接受在台日軍之投降。９月９日上午九點，何應欽將軍代表中國戰區最高統帥在南京主持日本無條件投降簽字典禮，岡村寧次代表日本政府簽字。典禮歷時二十分鐘，完成此一具有重大歷史意義的儀式之後，八年抗戰正式宣告結束，國民政府贏得了中國近代史上最重要的一場戰爭，全國人民莫不沈醉在勝利的氣氛中，欣喜異常。

▲八年抗戰勝利，台灣光復，旅居大陸的台胞和朝鮮僑民共同舉行慶祝遊行，場面熱烈。

▲台灣光復，國府代表來台在台北公會堂（今中山堂）接受日本投降，門口搭起慶祝牌樓，張燈結綵，民眾欣喜莫名。

１０月１７日，何應欽將軍令國軍第七十軍開赴台灣，並成立台灣前進指揮所，由葛敬恩將軍負責主持。陳儀將軍於１０月２４日抵台，受降式於２５日上午十點在台北市公會堂舉行。

當日上午九點左右，參加人員陸續入場。中國政府代表陳儀、葛敬恩、柯遠芬、李翼中、嚴家淦、黃朝琴、徐世賢等，台灣人民代表林獻堂、陳炘、杜聰明、羅萬俥、林茂生等，媒體人士李萬居、葉明勳、李純青、陳正彪、楊政和等二百五十人參加。九點三十五分，朱家賓上校前往總督府率同日方代表至公會堂。九點五十五分，受降代表及參加人員入席。陳儀將軍入席之時，全體肅立奏樂。接著，陳漢平少將引導日本投降代表台灣總督安藤利吉、台灣軍參謀長陸軍中將諫山春樹、總務長官代理農商局長須田、高雄海軍警備府參謀長中澤佑少將等入場，向陳儀將軍敬禮，由陳儀命日方代表就座。

▲國軍將領於受降典禮後在牌樓下攝影留念。

十點整鳴砲，典禮正式開始，首先由陳儀將軍宣佈：「台灣日軍業於中華民國３４年9月9日在南京投降，本官奉中國陸軍總司令何應欽轉奉中國戰區最高統帥之命令為台灣受降主管，茲以第一號命令，交與日本台灣總督兼第十方面軍司令官安藤利吉受領，希即遵照辦理。」安藤領證簽字後，由日本代表將受領證呈給陳儀，隨後日本全體代表退席。陳儀將軍旋即廣播：「從今天起，台灣及澎湖列島已正式重入中國版圖，所有一切土地、人民、政事，皆已置於中華民國國民政府主權之下，這件具有歷史意義的事實，本人特報告給中國全體同胞及全世界週知。現在台灣雖然已光復，我們應該感謝歷來為光復台灣而犧牲的革命先烈及此次抗戰的將士……。」

受降典禮完成後，下午三點，台灣各界在公會堂舉行了慶祝台灣光復大會。第二天，台北學生聯盟會又發動了全市學生慶祝光復大遊行，再度掀起一連串的慶祝高潮。

儘管台灣光復，台灣人民歡欣鼓舞，經過半世紀的異族統治，終於擺脫了桎梏，回到了祖國的懷抱。但有識之士對於時局的發展仍不敢輕忽大意，尤其抗戰勝利後，國民黨與共產黨的衝突日趨緊張，一場大規模的內戰隨時可能爆發。這對於亟需和平與重建的台灣而言，無疑將蒙上一層陰影。

１０月２６日，《台灣新生報》創刊的第二天，一篇名為〈受降觀禮與慶祝光復〉的社論，內容語重心長，字字警惕。其精義如下：「昨天陳長官台北公會堂接受安藤利吉大將的投降，儀式隆重而嚴肅，由受降簽字起，台灣主權正式的歸宗祖國了。許多人在會場上感激涕零。回憶五十年往事，像一場噩夢。一旦醒來，說興奮也不是，說安慰也不是。應清算的歷史被清算了，我們覺得幸福與感謝。」「台灣受日本統治半世紀，非無進步，日本對台灣慘淡經營多所建樹這是事實，但那是另一回事。日本指導台灣的最高原則錯了，它希望同化台灣，並以台灣為南進的航空母艦……。過去日本民族最大的毛病，就在許多人不知道失敗，而妄自尊大。現實無情，對抱優越感的那些人提出了修正了。真理不僅在『人生而平等』，也在每個民族都有同等的智慧……。台灣問題的解決，為清算中日關係的一環，日本人應趁此機會重新認識中國，中國已非『吳下阿蒙』。以前日本認識中國，大概都是見樹不見林，見近不見遠，今後還有重蹈覆轍的可能。我們非常誠實希望在台日人把眼光放遠，不對的觀念，要徹底滌除。」

「說到光復，我們的心理，自有壓抑不住的歡樂。『否極泰來』，台灣所以有今天，實乃祖國無數災難換來的果實。台灣同胞所受的痛苦，尤其深重。但我們應該警惕，與自強不息，若快樂而不努力，或得意忘形，前途還是危險的。天下沒有僥倖的事，僥倖得來的東西最不可靠。譬如說，中國現在是強國，台胞乃是強國之民，我們一定要使它名符其實。否則我們的身份地位飄搖不定，是架空的。假如我們不能努力使中國真正富強，今天所慶祝的台灣光復，無人能保證永不再失。假如台灣光復沒有比不光復更進步，更繁榮，也會削弱光復的意義，失掉光復的光彩。」

不幸的是，這篇社論末段說中了往後幾年的發展。台灣光復的前後正是國民黨與共產黨領導人在重慶進行密集談判的同時，戰雲密佈、兵馬倥傯，注定中華民國政府對台灣政治、經濟的重建力有未逮。不僅如此，台灣出現貪污橫行、管理紊亂的亂象，同時受到中國內戰的衝擊，台灣物資短缺，生活困難。台灣人民從光復時的歡欣雀躍變成極端的失望與不滿，到了１９４７年２月底，台灣光復僅一年四個月，就爆發了全島性民變「二二八事件」。一直到１９４９年中華民國政府遷台，台灣才又進入另一個歷史階段。

1945 法西斯敗亡

二戰結束和平終於到來 美蘇對立再次考驗世界

▲1944年6月6日，盟軍登陸法國諾曼第，並進一步光復法國，納粹帝國的敗亡已為期不遠。

法西斯勢力的覆亡是二十世紀中葉最重要的事件。1945年納粹德國與日本帝國相繼瓦解，同盟國大獲全勝，世界的權力秩序和價值體系出現重大變化，人類歷史自此走向全新的發展。

1921年，希特勒成為德國納粹黨主席（德文原意為國家社會主義黨）。在第一次世界大戰後德國社會的貧窮和羞辱中，希特勒以重振日耳曼民族的光榮號召民眾，迅速崛起，大批的失業工人、農民和知識分子投向納粹陣營。1933年，希特勒成為總理，煽動群眾，鎮壓異己，透過一系列的政治手段，將一切權力集中在自己身上，建立「蓋世太保」祕密警察制度，恣意逮捕反對者，使德國成為一種新的極權國家體制。

此外，納粹還製造了一套種族沙文主義的玄學理論，認為日耳曼的始祖亞利安民族原是居住在高原上的「神人」，在數千年的遷移中與其他種族通婚而逐漸失去神性，因此透過世代的「種族淨化」可以恢復本民族的神性。這套理論提供了納粹歧視其他民族的根據，包括實施屠殺「劣等民族」猶太人的政策。對於戰後處境極端困難的德國人民而言，希特勒透過迷惑人心的宣傳，極端的種族主義變得十分有吸引力，德國社會陷入崇拜希特勒的狂熱氣氛之中。

１９３８年，希特勒踏出向外擴張的腳步，首先是意圖併吞捷克境內日耳曼人占多數的蘇台德區。歐洲局勢轉變，英法採姑息政策，英國首相張伯倫三次赴柏林安撫希特勒。９月，英法德意四國簽署「慕尼黑協定」，將蘇台德區劃給德國，捷克被迫接受，此舉成為英法外交的恥辱，而且張伯倫所自訓的「和平」隨之證實為空言。不過１９３９年春，希特勒即派兵併吞捷克，到了９月再揮軍攻打英法的盟國波蘭，英法加入戰爭，第二次世界大戰的歐陸戰爭爆發。

▲蘇軍首先攻入德國首都柏林，納粹分子舉家在公園裡自殺。

戰爭初期，納粹部隊銳不可擋，用閃電戰術占領了波蘭，英法雖然對德宣戰，實質上並未主動由西線牽制德軍，而是靜觀其變。１９４０年5月，德軍完成準備，開始攻擊荷蘭、比利時和盧森堡，接著兵分兩路夾擊法國，法軍瞬間潰不成軍，貝當政府於６月２２日簽署投降令。

占領法國後，希特勒將矛頭對準英國，英吉利海峽上空爆發激烈的空戰。這一年８月起，德軍每天出動上百架至數千架次的飛機，對英國主要城市和運輸設施猛烈轟炸，然而英國首相邱吉爾卻以堅強的意志，鼓舞人民抵抗侵略，並組織國民自衛軍，隨時準備與可能登陸的德軍作戰。憑著抵抗的決心、有利的地理條件，以及美國的軍援，英國逐漸反敗為勝。１０月，希特勒在空軍損失慘重的情況下，取消入侵英國的計畫，將攻擊重點轉向東線的蘇聯。

對於大西洋彼岸的美國而言，為了因應戰爭可能波及美洲大陸，美國政府開始實行和平時期的增兵。１９４０年９月，德意日三國簽訂軍事同盟，德國潛水艇逼近美國東海岸，直接威脅美國本土。１９４１年３月，美國國會通「租借法案」，對英國、蘇聯和中國提供軍援。１２月，日本偷襲珍珠港，美國正式對日本宣戰，並組織國際反法西斯同盟，德國、義大利則對美國宣戰。第二次世界大戰至此正式爆發，太平洋戰爭和歐陸戰場連成一片。

在二次世界大戰之中，軸心國與同盟國的軍隊爆發了無數的大小戰鬥。歐、非戰場上較重要的有北非戰役、莫斯科

◀日軍攻打菲律賓，美軍大敗，圖為美菲聯軍向日軍投降。美軍初期採取「重歐輕亞」的戰略，將重點放在歐洲戰場，太平洋戰場以防禦為主。

戰役和史達林格勒戰役，其中史達林格勒戰役是二戰中規模最大的戰役。１９４１年6月，德軍對蘇聯發動閃電攻擊，大軍直逼莫斯科，但因蘇軍利用遼闊的國土進行頑抗，德軍久攻未果，進入１２月嚴冬，反而陷入守勢。

由於攻擊受挫，德軍於１９４２年夏季攻勢中將重點放在盛產石油的南俄與高加索地區。位於頓河岸邊的史達林格勒以史達林命名，更激發希特勒非要將之攻下的慾望，動用大軍圍攻，蘇軍亦予強大的還擊，史達林格勒一片火海，形同鬼域。由於久攻不下，加以冬季再度來臨，德軍不耐嚴寒，增援補給困難，形成孤軍深入的窘境。反之，蘇軍獲得美國大量的援助，整體力量開始超過德軍，並對德軍形成反包圍。１９４３年２月，近三十三萬軸心國軍隊被殲滅，九萬人被俘，包括第六集團軍司令鮑魯斯和二十三名高級將領。

德軍動用了三分之二的部隊對蘇，因此德軍陷入守勢，節節敗退。１９４４年6月６日，盟軍在法國諾曼第登陸，為人類史上最大的兩棲登陸作戰。盟軍在諾曼第站穩陣腳之後，橫掃法國，一舉光復巴黎，納粹帝國呈現搖搖欲墜的局面。

▼蘇聯紅軍首先攻入德國首都柏林，並在德國國會屋頂上升起蘇聯國旗。

到了１９４５年４月，西線的英美軍已推至德國本土的馬格德堡和紐倫堡地區，東線的蘇軍則推至奧得河、尼斯河東岸，德軍企圖死守，但眾寡懸殊，已無力抵抗。２１日，蘇軍進入柏林市區，衝上國會大廈屋頂，升起蘇聯國旗，象徵第三帝國的覆亡。當天下午三點，藏在總理府地下室的希特勒自殺。５月８日，德軍代表在柏林兵工學校大廈向盟軍代表無條件投降，歐州戰場結束。

太平洋戰場方面，日本偷襲珍珠港的同時，亦對香港、菲律賓、馬來西亞等發動攻擊，短時間內即占領東南亞大片土地。對於遠東戰場的挫敗，美國並無立即扳回的計畫。美國政府依歷史淵源，並評斷東西戰場的情況後，採取「重歐輕亞」的戰略，將納粹列為主要敵人，確認開戰初期美軍主力部署應在歐洲，太平洋戰場以固守為主。

日軍一開始勢如破竹，席捲了菲律賓、泰國、馬來西亞、印尼、緬甸以及南太平洋諸島等地，但因戰線拉長，補給困難，加上日本資源和人口均有限，戰區擴大即逐漸暴露其弱點。１９４２年６月，美日在中途島海域爆發大規模的海空戰，日軍損失慘重，從此陷入守勢。８月，美軍登陸所羅門群島中的瓜達康納爾島（Guadalcanal），由於日軍抵死反抗，美軍進展緩慢，作戰十分艱苦，歷時半年始占領全島。

▲美軍在南太平洋對日軍逐島攻略，戰況慘烈。圖為美軍登陸所羅門群島的激戰狀況，形同鬼域。

◀日本天皇宣布投降時，東京市民群聚在皇宮前，有人不禁痛哭落淚。

１９４３年起，美軍憑藉強大的海空軍力量，採隔島進攻的「蛙跳戰略」，重點攻擊戰略性島嶼。１１月攻下吉爾伯特群島。１９４４年接著又攻占馬紹爾群島、塞班島、馬利亞納群島，並於１０月由麥克阿瑟將軍實現了重返菲律賓的諾言。１１月，菲律賓海域爆發了二戰中規模最大的海戰「雷伊泰灣海戰」，日本首度動用了自殺式的神風特攻隊，仍無法扭轉劣勢。菲島戰役中，日本幾乎喪失了所有的海空軍力量，死傷和被俘者高達數十萬人。

同一時期，美軍Ｂ－２９轟炸機則對日本本土進行猛烈轟炸，包括投擲燃燒彈，東京一片火海，二十多萬房屋付之一炬，八萬多人被燒死，十萬人重傷，無家可歸。隨後，美軍又出動數百架次的Ｂ－２９轟炸名古屋、大阪、神戶、瀨戶等地，日本大小城市被炸得面目全非，軍工廠被毀，人民大量死傷流離，日本軍部有關日軍必勝的宣傳徹底動搖。

進入１９４５年，日本戰敗已是時間問題，然而日本統治階層仍然拒降，驅使無辜人民繼續無謂的犧牲。沖繩島戰役歷時九十六天，沖繩軍民死傷十四萬人，日本號稱全世界最大的主力艦「大和號」亦遭擊沈。在沖繩島被攻下以後，登陸戰已逼近日本本土。7月間，美英蘇三國發表「波茨坦宣言」，敦促日本無條件投降，不過日本回應以「絕對置之不理」，期待蘇聯出面調停，以爭取更好的投降條件。

美國最後於8月6日和8月9日連續在廣島和長崎投擲原子彈，兩座城市頓成焦土，傷亡十多萬人，恐怖的廢墟景象震撼了日本統治階層。蘇聯更於8月8日對日本宣戰，並大舉攻擊駐守中國東北的日本關東軍。

在認清大勢已去之後，8月１５日，日本天皇透過廣播向全國人民發表無條件投降詔書，東京皇居前的民眾掩面而泣。9月2日，日本外相重光葵、陸軍參謀長梅津美治郎代表日本天皇和政府，在東京灣中的美軍密蘇里艦上，向盟軍最高統帥麥克阿瑟將軍、美國代表尼米茲將軍，中國代表徐永昌將軍等簽署投降書。第二次世界大戰結束，和平終於降臨，各國人民埋首重建家園，人們不僅要興建房子，更要找出永久的和平之道。發動戰爭的主謀隨後在德國紐倫堡和日本東京受到國際戰犯法庭的審判，同時也受到歷史的裁判。以單一種族掌控全世界的法西斯思想徹底失敗，民族與民族之間平等相待的價值獲得確立。同時，世界也出現以美國代表的資本主義與以蘇聯代表的社會主義兩大陣營，各自認定代表人類的終極價值，這兩種意識型態的激烈對峙，將再次考驗世界的和平。

1946 國共內戰與中共崛起

國共分合多年恩怨難解 美國調停失敗內戰全面爆發

◀ 抗戰期間，中共主席毛澤東在延安向共軍幹部講述「論持久戰」的策略。

抗戰勝利的第二年，國共兩黨經過近十個月的談談打打的周旋，終於放棄和平的努力，大動干戈，7月12日，國民政府軍五十萬對中共蘇皖占領區展開攻擊，國共內戰全面爆發，中國歷史走入巨變的前夕。

抗戰前夕僅剩三萬餘兵力的中共此時已掌控百萬以上的兵力。更重要的是，隨著法西斯的敗亡，蘇聯力量的崛起，社會主義的思潮逐漸向世界擴散，因此無論就軍事支援和社會人心而言，中共均處於較過去有利的地位。加上長年的生死鬥爭經驗以及嚴密的黨政軍組織，中共展現了靈活多變的政治統戰技巧以及強大驚人的戰鬥力量。

１９１９年「五四運動」開啟了現代中國的愛國和思想啟蒙運動，馬列主義隨之進入中國，成為進步青年心目中的一盞明燈，中國各地出現自發性的「共產主義小組」。１９２１年7月1日，各地共產主義小組主要代表人陳獨秀、李大釗、周佛海、陳公博、譚平山、毛澤東等人在上海召開中國共產黨第一次代表大會。此時，指導中共發展策略的蘇共主張中共借用國民黨的力量發展組織，隨後蘇共與孫中山達成協議，由蘇共支援國民革命，而國民黨則容納中共黨員以個人身分加入。

１９２４年初，國民黨在廣州召開第一次全國代表大會，中共人員在中央執行委員二十四人中占了三人，候補委員十七人中占了六人，在中央八部中任部長的有組織部長譚平山、宣傳部長林祖涵等二人。此外，各部祕書、各級黨部負責人、軍中政工人員、群眾組織之幹部亦多中共人員。中共借用國民黨壯大實力相當迅速，不過也與國民黨內的主流勢力發生權力與路線的摩擦。１９２５年孫中山過世後，雙方的矛盾迅速激化，１９２6年1月「中山艦事件」後，國民黨少壯派軍事強人蔣介石逮捕中共黨員多人，並在第二屆中央委員會全體會議中提案限制中共在國民黨內的活動，雙方已至劍拔弩張的緊張局勢。

１９２７年，分裂的國民黨的兩股勢力分別在南京和武漢實行「清黨」，大舉逮捕共黨幹部，並實行嚴厲的血腥鎮壓，至此中共被迫退出國民黨自立門戶。這一年8月1日，由中共人員賀龍、葉挺等人所掌控的北伐軍二萬人主力部隊在南昌起事，此為中共擁有武裝力量之始。根據原訂計畫，這支部隊將取東江，再攻陷廣州做為根據地，然而進軍中卻一路遭國軍的截擊，損失慘重。接著9月，毛澤東在湖南發動「秋收暴動」，成立工農第一軍第一師，占領平、瀏、醴三縣，後遭圍剿逃脫。１１月，國軍第四軍參謀葉劍英在廣州發動暴動，成立「廣東蘇維埃政府」，後經國軍追剿亦潰散流竄。

由於中共根據蘇共革命經驗，計畫發動城市工人成立紅色政權，卻遭致徹底的失敗，因此調整策略，順應中國國情，在國民政府控制力薄弱的貧窮農村地區尋求發展。１９２７年１１月，南昌和湖南暴動失敗的兩支共軍會合於江西南部的井崗山，合編為紅四軍，由朱德任軍長、毛澤東任黨代表。此外，各地中共人員亦紛紛成立武裝根據地，以「打土豪，分田地」的方式，吸引農民參加擴大其政治基礎。

在國民政府忙於解決其內部派系戰爭以應付日本的軍事侵略期間，中共發展迅速，１９３１年１１月在贛南地區成立「中華蘇維埃共和國」，擁兵十萬，形成不容忽視的力量。國民政府從１９３０年底起曾對「蘇區」發動了五次的圍剿，前二次國軍因輕敵出動兵力較少，復以對山區地形不熟，遭共軍擊敗。第三次圍剿，國民政府動用兩個集團軍約十三萬人進入廣昌、寧都等地，但因日本發動「九一八事變」而停止軍事行動。第四次圍剿時，共軍實力大增，毛澤東任蘇維埃政府主席、朱德任工農紅軍總司令、周恩來任政委，轄第一軍團林彪、第三軍團彭德懷、第五軍團董振堂，對國軍採主動攻擊，迫使國軍後撤。

中共在抗戰期間以游擊戰形式侵擾日軍後方，並壯大自身實力，圖為抗戰中河北地區的中共游擊隊。

由於四次圍剿均以失敗告終，國民政府認真重估中共的實力，並研究其軍事力量背後所恃之政治、經濟和社會基礎，於１９３３年５月動用百萬兵力向蘇區發動攻擊。在第五次圍剿中，國軍一改以往輕敵冒進的弊端，改採碉堡政策，步步為營，著重於收復區之安撫與管理，拉攏人民，並採經濟封鎖政策，削減蘇區物資，尤其是食鹽匱乏，使得共軍作戰能力大幅減弱。至１９３４年中，國軍三路逐漸攻入蘇區各據點，並縮小包圍圈，直逼蘇區首府瑞金。等到１０月，中共中央終於決定放棄蘇區，率十萬部隊突圍而出，開始了中共黨史上的「二萬五千里長征」。經粵北、湖南、桂北進入貴州，一路遭國軍追擊，兵員損失大半。

１９３５年１月，中共召開遵義會議，毛澤東檢討失敗原因，鞏固了本身的領導地位。接著，共軍北上川南，復南渡烏江，再進入雲南，後又北渡金沙江、大渡河，入西康、川西，在川北與張國燾、徐向前部隊會合。７、８月間，共軍大抵在毛兒蓋一帶，９月，毛澤東、張國燾因意見分歧各率部離去，一路遭國軍攻擊，兵士飢寒交迫，死傷潰散者甚多。１１月，各股共軍再度會合於陝北，殘部已不足二萬人。

此刻第五次圍剿到了關鍵時刻，根據原定計畫，國民政府將在三個月內徹底解決中共問題，然而這次戰爭拖了一年餘，日軍又加緊侵華腳步，導致國內人心普遍對內戰不滿，要求中國人團結一致，槍口一致對外，尤其擔負最後圍剿任務的東北軍軍心不穩。蔣介石於是飛抵西安親自督陣，卻於１２月１２日遭張學良、楊虎城劫持，為舉世震驚的「西安事變」。中共提出組織「抗日民族統一戰線」的口號，剿共行動被迫停止，國共進行第二次合作，雙方暫時相安無事。

這時，日軍不斷挑動華北局勢，北方動盪，全國憤慨不已，紛紛要求政府立刻宣佈對日作戰，中共以抗日為號召在延安設立軍政學校，吸引大批熱血青年男女投奔。１９３７年「七七事變」爆發，毛澤東、朱德、周恩來聯名電國民政府，發表共赴國難宣言，隨後陝北紅軍改編為國民革命軍第八路軍，江南地區的共軍則成立「新四軍」。中共領導人毛澤東、吳玉章、林祖涵、秦邦憲、董必武、陳紹禹、鄧穎超等七人被遴選為國民參政員，中共駐武漢代表周恩來被委任為軍委政治部副主任。

抗戰初期，國共共赴國難，合作密切，不過隨著共軍藉著抗戰迅速擴展兵員，在敵人後方控制廣大區域，國共的矛盾迅速重現。１９４１年1月的「皖南事件」，國共爆發武裝衝突，雙方關係日見惡化。抗戰勝利後，共同敵人日本敗亡，國共逐鹿中原之大勢日見明朗。共軍受蘇聯的支持並藉地利之便，首先進入東北，接收日軍武器並改編偽軍，軍事實力更為壯大。

與此同時，國共領袖在重慶進行談判，在１０月１０日發表「雙十協定」，表面上似乎和平已近，實際上雙方在各地武裝衝突不斷。為了協助解決中國內戰的危機，美國派馬歇爾來華，成立馬歇爾、張治中、周恩來等「三人小組」，調停國共的軍事衝突，然而國共雙方在表面和平姿態之中，暗中積極備戰，談談打打。５、６月之間，國軍完成全面作戰的部署，於７月開始對共軍發動全面攻擊，國共內戰全面爆發。此時離抗戰勝利還不滿一年，此時中國人還需再經歷多年的戰亂之苦，才能期待另一次和平的到來。

▲國共內戰初期，國軍雖占有數量與裝備上的優勢，但共軍深入農村，積極爭取農民支持，以獲得源源不絕的人力、物力支援。圖為農民正積極支援前線，給共軍運送糧食。

1946 左翼思潮興起

世局變動人心不滿應運而生
國府遷台嚴加控制終告平息

◀ 在戰後興起的左翼思潮中，台大學生組成「麥浪歌詠隊」追隨浪漫的社會主義思潮。

反法西斯戰爭取得勝利之後，世界局勢旋又烏雲密布，意識形態的對峙反映在中國便是國共內戰的爆發，表現在台灣島內的便是一股強大的社會主義思潮，大多數知識菁英受到衝擊，或投身中共革命，或從事左翼文化活動。

１９４５年台灣光復的一刻，原本遭日本警方逮捕監禁的抗日青年終於重見天日，至於流亡大陸的抗日人士亦紛紛返台，兩者結合尋求當時的愛國之道，其中原日本帝大醫學院的高材生郭琇琮組織了光復後第一個自發性的學聯組織「台灣學生聯盟」，主要活動是宣傳「迎接祖國」。１０月２５日，行政長官陳儀在中山堂主持受降典禮時，台灣學生聯盟組織盛大的慶祝遊行，高舉青天白日國旗和「民族自立自強」、「打破封建觀念」、「打倒劣紳奸商」等標語，歡欣鼓舞。然而隨著陳儀施政不當、官僚腐敗以及國共內戰的破壞作用蔓延至島內，台灣百姓的心境由原來的興奮和期待轉變為失望與憤怒，學生運動也隨之轉為反對國民政府和美國帝國主義的左翼革命。

１９４６年7月１９日，日本東京澀谷區爆發一起日本警官與台籍華人的嚴重衝突事件，造成兩名台灣人死亡，十四人以上受傷，這批台灣人隨後遭到逮捕起訴，並驅逐出境，稱之為「澀谷事件」。消息見諸台灣報端後，引起台灣知識青年的反美示威抗議活動，並隨著左傾思潮的澎湃走向高峰。

１９４６年，中共成立「上海局」，下設「台灣工作委員會」，由中共台籍幹部蔡孝乾潛回台灣負責領導地下黨工作，初期建立了「台北市工委」、「台中縣工委」，以及台南、嘉義、高雄三個支部，黨員人數僅在七十餘人。雖然如此，由於採菁英制，中共黨員均為高級知識分子，掌握了重要的教育機關，尤其隸屬台北市工委的「台北市學生工作委員會」更是囊括了台北學生菁英，具有高度的代表性。

「澀谷事件」發生後，左翼青年領袖陳炳基、郭琇琮、吳克泰等人與學生聯盟在各校的領導人在中山堂舉行集會，參加的團體甚多，喊出的口號有「抗議美帝迫害華僑」、「抗議美帝扶植日本右派勢力」、「反對美國的戰略陰謀」等。隨後群眾上街遊行，卻遭憲警攔阻，不過主事者卻仍帶領遊行隊伍衝破封鎖線，前往美國駐台領事館遞交抗議書，然後又轉往長官公署，批判國民黨政府對美國卑恭屈膝，喪權辱國。

正好這一年１２月２４日，北平發生了美軍士兵皮爾遜強暴北大女生的「沈崇事件」，全國知識界頓時興起一股強烈的反美情緒，各地均有學生上街示威，抗議美軍的暴行，中共中央決定利用此事件發動群眾，堅決對國民黨政府和美國鬥爭。

１９４７年1月9日，台北出現反美示威，一萬多名大專院和中學學生，不分本省籍或外省籍在新公園聚集，要求美軍「滾回去」，美國駐台副領事柯喬治事後在《被出賣的台

▲「沈崇事件」引發大陸的反美情緒，台灣的左翼人士亦在台北貼出反美標語。

灣》一書中記述：「一位駐於中國北部的美國軍人被拖入所謂『聖誕節強姦案』或『北京強姦事件』……陳儀的教育機構很樂意渲染此事件，他們計畫1月9日舉行一項新的『反美示威』，國民黨分子命令教員帶領學生遊行到美國領事館，一些反對以這件事來打擾學校功課的人，則遭到滲透在各大學校內的職業學生的辱罵、欺負、恐嚇及威脅。因此在1月9日，各街道上充滿了攜帶事先準備好印有反美口號的大量旗幟、三角小旗及其他標誌的年輕人，幾千人被帶領走過領事館附近的街道，像是永遠走不完似地，隊伍一再路過領事館大門，小學生們揮舞著他們不懂的標語，高叫別人教他們叫的口號。」

柯喬治原為美國中央情報局人員，並極力主張台灣託管，這段話顯示美國政府中的右翼勢力對台灣左翼運動的恐懼與陌生，甚至誤以為反美示威為國民黨當局所策動。然而，遊行領導人之一的陳炳基則回憶：「當大會開始時，長官公署警備司令部參謀長柯遠芬即出面制止，也一再向學生強調說：『蘇聯有多壞、多壞，同學們千萬不能被人利用來反美！』我於是就在學生隊伍中帶領喊：『滾！滾下來！』學生們也跟著我喊而把他噓下台。大會結束後，隨即由台大的丁姓同學指揮，上街遊行，學生們井然有序地高舉由台大外省同學準備的，寫有抗議口號的旛旗，一路高唱抗戰歌曲『義勇軍進行曲』，一路高喊：『Good Bye,U.S.A'my！』『美軍滾出去』『中國兒女不可侮』等口號……。」另外一位遊行的領導者吳克泰說：「台灣人民的愛國運動至此與大陸人民的反美反蔣反內戰運動完全匯合在一起了。」

一個多月後，由於島內民怨過深，在一場偶發事件中終於激起了全島的民變「二二八事件」。左翼青年原本計畫於3月5日凌晨發動武裝鬥爭，但因組織運作不夠熟練，蔡孝乾又未能及時策畫行動方向，以致最後未能付諸行動，只有謝雪紅等老台共在台中等地展開零星的鬥爭。

儘管如此，「二二八事件」之後，台籍共產黨員人數激增，由七十多人增至近三百人，在知識界和學校擁有不容忽視的影響力。以下簡述幾位重要的學生領袖：

吳克泰，宜蘭人，學生時代被迫當日本兵，派往中國大陸當日軍翻譯，卻一心想聯繫上抗日組織，抗戰勝利後，吳克泰留在上海，眼見國府接收人員的腐化，決定參加中共。1946年3月，吳克泰搭船返回台灣，一邊在《人民導報》當記者，一邊上台大繼續求學，不久中共台省工委人員與吳克泰連繫上，吳順利加入中共，並成為中共「台北市工委」和「台北市學委」書記，領導中共組織在台北市和學校青年當中發展。

陳炳基，台北萬華人，在學期間經常反抗日本教師的蠻橫態度。1944年春，陳炳基與幾位反日的同學雷燦南、李蒼降、蔡忠恕、郭琇琮、唐志堂、郭宗清、黃雨生等人遭日警逮捕，後因年紀較輕旋獲釋。光復後，陳炳基加入了「三民主義青年團台北分團」，後對國民黨失望轉向嚮往馬列思潮。「澀谷事件」後，陳炳基以「台北法商學院學生自治委員會」主委名義發起聲討美國的集會活動，「二二八事變」後，陳炳基流亡上海，並加緊學習馬列思想的革命理論，隨後又返回台灣，正式加入中共。

郭琇琮，學生時期即為活躍的抗日分子，１９４６年加入中共，直接領導「台灣大學附屬醫院支部暨所屬各支部」，由於表現出色，活動力強，成為重要幹部。除了以上幾位以外，還有李蒼降、李熏山、戴傳李、葉松城、鍾浩東、呂赫若等人均為重要的左翼人士。

儘管左派思潮曾頗為興盛，但１９４９年因《光明報》案爆發，蔡孝乾遭捕，並供出所有台共成員的名單，造成大批地下黨員和左翼青年被捕，少數人潛回中國大陸。雖然中共擊敗國民黨，在大陸建立共產黨統治，但國民政府遷來台灣，局勢轉危為安之後，開始對左派分子做更徹底的清除與控制。許多菁英分子在韓戰爆發後遭到處決，在新的統治氣氛下，戰後一度蓬勃的台灣左翼運動終於走入了歷史。

歷經四十年，等到１９９０年代，在政府解嚴與開放種種政治禁忌之後，有關戰後左翼運動的研究才開始出現，許多存活的當事人並出面留下證言，其中以民間作家藍博州所撰的《幌馬車之歌》和相關作品記錄翔實，影響深遠，侯孝賢所導演的「悲情城市」亦深刻反映了台灣戰後左翼青年深刻的生命之路，令人緬懷。

▶ 郭琇琮將郵電工人與台大學生組織起來，在台北中山堂公演改良歌仔戲「白蛇傳」，圖右即為郭琇琮愛人林至潔。（照片提供：林至潔、藍博州）

1947 二二八事件爆發

統治失當激發全台民變
死傷慘重長留歷史傷痕

▲二二八事件中，群眾衝入台北專賣局，搗毀桌椅，並將東西丟到大街上放火燃燒。

震驚戰後初期台灣社會的二二八事件發生於１９４７年2月２７日下午，當時專賣局查緝股的科員傅學道、葉得根等人前往台北太平町附近查緝私菸，菸販們事先一哄而散，剩下一名女菸販林江邁走避不及，香菸和身上現款遭到沒收。

林婦下跪求情，希望退還部分菸款，以免生活陷入絕境，圍觀群眾也紛紛代為說話。爭執之間，傅學道以手槍槍托擊傷林婦，頭部血流如注，頓時群眾憤不可遏，開始追打查緝人員，傅學道被追打之際舉槍發射，殺死了正巧從屋簷下探頭張望的陳文溪。

接著憤怒的群眾燒了緝私卡車，並且包圍了據傳收容緝私人員的憲兵團。隔日2月２８日，台北飄動著浮躁不安的氣氛，大批群眾包圍並攻擊專賣局門市部，砸毀窗戶，將裡面的東西搬出放火燃燒。接著，市民們組織了請願隊前往長官公署，衛兵舉槍阻止他們前進，隨後傳來二十餘響槍聲，市民死傷多人。事態迅速擴大，一場席捲全台的民變爆發了，史稱二二八事件。

這一天，群眾占領了新公園內的廣播電台，向全省廣播有關台北發生的事，同時各地也出現毆打外省人導致死傷的現象，尤其是身穿日本軍服的浪人行為凶暴，不過許多本省民眾也主動對外省同胞採取保護的措施。面對局勢的失控，行政長官陳儀以兼台灣省警備司令的名義，宣佈即日起戒嚴。

雖然如此，但光復以來台灣本島並無駐軍，雖然陳儀實施軍管，但實際上兵力不足，各地起事事件仍不斷擴大，地方軍政機關紛紛由民眾接管，形成前所未有的動盪局面。於是陳儀一方面呈報南京中央調派軍隊，另一面亦尋求政治解決。

3月1日，台北市參議會邀請國大代表、省參議會、國民參政員共同組成處理委員會，調查事件的真相。次日，處委會擴大組織，增加工會、商會、學生以及各界代表，組織性質迅速由單純協調解決紛爭、恢復社會秩序轉變為提出各項的政治改革主張。3月4日，處委會發表組織大綱，主張現有行政長官公署祕書長及各處長應以本省人充

▲二二八事件中，受傷倒地的路人。

▲二二八事件震驚南京中央政府，特派遣國防部長白崇禧來台宣慰，圖為白崇禧完成宣慰後離台。

任、公營事業由本省人負責經營、實施縣市長民選、撤銷專賣制度、保障人民言論、集會自由等。對於這些政治改革要求，陳儀為求穩定局面，幾乎悉數允諾。

儘管處委會在政治上的改革意見反映了人民的心聲，但處委會並非有組織的政黨或政團；相反地，其內部的成員背景十分複雜，有仕紳代表、知識份子、左派人士、中共地下黨員等，甚至由特工扮演的激進分子也混雜其間。處委會內部意見分歧開始表面化，政治主張添加了激進因素。3月7日，處委會提出處理大綱四十二條，其中包括撤銷警備司令部，長官公署頒佈有關政策法令時應先與處委會協商，以及本省人因戰犯及漢奸嫌疑被拘禁者，要求無條件即時釋放。這些主張實質上等同於奪取長官公署的權力，戰犯釋放問題無疑是挑戰抗日戰爭的正義性，公開站到日本帝國主義這一邊。這些條文被陳儀視為叛國行為，警備司令部參謀長柯遠芬開始進行鎮壓部署。9日，警備總司令部再度宣佈戒嚴，台北極不安寧，充滿山雨欲來風滿樓的氣氛。10日，陳儀下令解散各地處委會，第二十一師陸續由基隆登陸，鎮壓行動正式展開。

由於台灣與中國大陸隔離半個世紀之久，以致一般台灣人民對大陸政治、軍事運作的模式十分陌生，對軍方實施戒嚴的意義和嚴重性亦不了解，因此在二十一師鎮壓過程中，死傷甚多，包括積極參加起事活動的青年學生，以及來不及走避的無辜民眾。死傷最多的是基隆、高雄兩地，由於原有駐軍受到起事的直接衝擊，情緒激昂，在援軍抵達的同時，便進行較為強烈的鎮壓行動。嘉義則是由有組織的武裝民眾與二十一師進行作戰，但因力量單薄，在遭到嚴重死傷後繳械投降或解散逃亡。

總體情勢是，軍隊先控制台北市及周圍地區，空運一個營到嘉義作戰，然後主力沿鐵路向中南部推進，另外又同時派一個獨立團往東部一帶。３月２０日左右，綏靖工作大致完成，此時二十一師已全部抵達台灣。接著針對處委會的大批社會精英、地方仕紳、進行逮捕和處決，恐怖的氣氛一直延續到１９４７年底。

▲白崇禧部長（左站立者）對公務人員訓話情形。

儘管南京中央政府事後派遣國防部長白崇禧來台宣慰，同時由監察委員楊亮功提出報告，建議中央政府了解台灣民情，減少對台灣社會的傷害；不過在國共內戰日亟，軍隊處於實戰狀態，以及國民黨和特工組織內不同派系藉機鬥爭，包括刻意羅織罪狀打擊異己、揑造證據以接收被害者財物等等趁火打劫的現象頗多，以致株連殺伐甚廣，社會處於驚怖的狀態。最後事件傷亡人數有從數千人到數萬人不等的說法。有關二二八事件爆發的背景說法不一，雖然當局的報告亦指陳一些政策不當招致民怨，但主要仍歸咎於「奸匪煽動」以及認為台灣百姓受日本殖民教育影響，對祖國認識不足。不過根據許多親身經歷者事後的回憶文章，包括從大陸來台記者的報導，卻多指出當局政策錯誤、官吏腐化無能、民生凋敝等等才是事件發生的真正原因。

整體來看，從1945年8月日本投降之後，台灣人民歡欣鼓舞期待中國政府前來接收，到1947年2月爆發全島性的民變，其中只有短短的一年八個月，單一的原因已難以說明此一重大的歷史事件的形成，涉及的必然是整體政治、經濟、社會文化的重大失調。整體而言，仍以當局的統治政策失當，未能正視台灣的民生經濟問題，且狹隘的語文政策與人才任用方式，使許多台灣人民心感不平，甚至將其激化成本省外省人之間的對立。終因一件看似單純的緝菸事件，爆發成全島性的民變。不僅在當時影響重大，數十年來更縈繞朝野，被有心政客不時挑動，以獲取個人政治利益，為族群之間埋下一道難以撫平的歷史傷痕。

無論如何，鎮壓行動由中央決策，此後也一直受到當局的肯定。雖然陳儀後來因私通中共遭到槍決，但鎮壓行動的軍事要角柯遠芬、彭孟緝等人在蔣中正和蔣經國時代始終受到信任與重用。二二八事件的性質長期被定調為叛亂，並因涉及國府政權的合法性問題而成為高度敏感的政治話題。另一方面，二二八事件中受害者家屬的冤屈長年無法

▲白崇禧部長（站立者）希望全台父老協助政府及駐軍，完成安定台灣使命。

▲陳儀被許多人視為釀成二二八事件的主要人物，事件發生後不久，他被調離台灣。後因陰謀投共，被國府逮補槍決，圖為陳儀遭槍決倒地的情形。

紓解，也由於牽涉面既深又廣，幾乎涵蓋一整代本省菁英的悲劇遭遇，這種深刻的傷痕形成了一代人的歷史情緒，決定其歷史視野與政治觀點。

客觀上，它也造成戰後台灣社會省籍的隔閡與疏離。１９８０年代以後，黨外民主活動即以重新評價二二八事件為重要政治目標，有的以此引述國家機器需要受到制約，有的則強調國民黨政府的專制，有的則以二二八事件為台獨運動的重大事件。伴隨二二八事件平反的努力，出現了大量的詩歌、回憶錄、小說、美術以及歷史文獻的研究，二二八事件的平反不僅是政治運動，也是重要的社會運動之一。

１９８８年初，蔣經國總統過世，李登輝繼任總統，在新的歷史環境中，政權逐步本土化，也開啟了二二八事件全面平反的過程。李登輝總統公開出席二二八紀念會，並向受難者家屬致哀，各地方政府開始建碑紀念二二八事件。至此二二八的禁忌不僅完全解除，甚至反過來逐步形成新的政治圖騰。１９９７年2月２８日，二二八事件五十週年之際，李登輝總統代表政府向人民致歉，行政院開始發放賠償金給受害者家屬，並訂這一天為國定紀念日，希望記取歷史教訓，促進政治的民主以及族群關係的和諧。

無疑的，此一事件是戰後台灣最重要的政治、社會事件之一，深深影響著台灣社會。隨著禁忌的解除，除了為這一場事件還原歷史真相，撫平受害者傷痕之外，更重要的是從中汲取教訓，以寬容、尊重化解彼此歧見與仇恨，如此方能真正為台灣創造出族群關係和諧的社會，不再重蹈覆轍。

1947 戰犯及漢奸審判

彰顯歷史正義撫平傷痕
警示野心政客不再妄啟戰端

◀南京大屠殺主犯谷壽夫（中）被押往刑場處決，現場圍滿了圍觀的市民。

為了宣洩人心，彰顯歷史正義，戰後國民政府大舉逮捕日軍戰犯和漢奸集團，公開審判，並於1947年宣判，各有關人犯受到不同程度的懲處，為當時深受戰爭所害的人心獲得了幾許紓解與慰藉。

1945年11月，國民政府成立「戰爭罪犯處理委員會」，由秦德純出任主任委員，隨後並在南京、上海、北京、漢口、廣州、瀋陽、徐州、濟南、太原、台北等十地成立戰犯拘留所和審判戰犯法庭。1946年2月15日，南京審判戰犯軍事法庭成立，由石美瑜擔任庭長，並有審判官五人，檢察官兩人，根據同盟國之協議，向東京盟軍最高統帥部和遠東軍事法庭申請，自東京引渡南京大屠殺主犯谷壽夫，及執行屠殺計畫的主要日軍軍官等人。谷壽夫被押解到南京之後，立刻由國府第一綏靖區司令部軍事法庭偵查室進行審訊。

1937年12月13日，日軍攻入南京城時，由谷壽夫指揮的第六師團在進入中華門後恣意燒殺擄掠，據事後調查谷壽夫師團涉及集體屠殺案二十八案，被害者高達十九萬人以上。此外，隸屬第六師團的兩名軍官向井敏明和野田岩在日本報紙上炫耀其「殺人比賽」。兩人相約看誰能在最短時間內砍殺最多中國人，隨後兩人在南京市瘋狂砍殺，殺到一百多位中國人的時候，還相約在紫金山遙拜天皇。此等行為不僅深深傷害中國人，也令各國和平人士為之唾棄。

１９４６年１０月，谷壽夫被押解到南京國防部戰犯拘留所，前後再審訊兩次，其中谷壽夫承認帶兵攻入南京，但否認大屠殺的罪行。不過軍事法庭提出四百多個證人，以及新挖掘出多項屠殺的證物。１９４７年２月６日至８日，軍事法庭完成初步審訊之後，在南京中山東路勵志社禮堂，對谷壽夫進行三天的公開審訊，由石美瑜主審，公訴人為陳光虞。開庭首日，控訴證人近百人，旁聽席上近千人，座無虛席，法庭外還裝置廣播，法庭內外被擠得水洩不通。

為具體控訴屠殺罪行，軍事法庭還邀請美國《紐約時報》記者郭岐、英國《曼徹斯特衛報》記者田伯烈出席做證，並當場播放日軍隨軍人員拍攝的街頭屠殺現場紀錄片，以及美國駐華新聞處實地拍攝的暴行影片。石美瑜庭長出示被害民眾的遺骨，面對鐵證如山，谷壽夫只好坦承唆使部隊犯下屠殺罪行。

１９４７年３月１８日，軍事法庭根據審判結果判定谷壽夫有罪，應處以極刑。同日，軍事法庭將判決要旨，連同提出的申辯書一併呈送國民政府主席及參謀總長審批。４月２５日國民政府批示照准。隔天，谷壽夫從國防部軍事法庭押解所押解出來，從中山東路到中華門一路遊街示眾，數以萬計的南京市民爭相親睹谷壽夫的真面目。隨後谷壽夫被送往雨花台，行刑憲兵將他架出囚車，並要求他面對中華門方向下跪。在法庭人員的示意下，行刑憲兵即執行槍決。

除了南京大屠殺主謀谷壽夫被處槍決之外，曾任駐台日軍參謀長、華南派遣軍司令的田中久一中將，亦以虐殺美軍飛行員的罪名被判處死刑。至於各地軍事法庭亦對其所轄犯下屠殺暴行的一級戰犯處以不同的懲處。

至於漢奸集團審判方面，最受矚目的當為汪精衛遺孀陳君璧。抗戰爆發後，時任國民黨副總裁的汪精衛即未有積極抗日之言行，反而在日軍攻城掠地之際侈言和平。１９３８年底，日軍占領漢口之後，汪精衛更感抗戰無望，派遣高宗武、梅思平等人前往上海與日本占領軍代表影佐禎昭、今井武夫舉行祕密

◀汪精衛政府第二號人物陳公博在法庭上聆訓，後被判處死刑。

會談，雙方並簽訂「日華協議紀錄」等合作文件，汪精衛正式走上了賣國之路。

汪精衛為廣東番禺人，又名兆銘，１９０５年在日本留學期間加入中國同盟會，追隨孫中山革命。１９１０年因行刺滿清攝政王載灃被捕，留下「引刀成一快，莫負少年頭」的革命名句。次年武昌起義成功，汪精衛獲釋，隨後逐步進入國民黨領導階層。孫中山過世後，汪精衛成為黨內第一把手，與黨內共黨分子和左翼人士往來密切，不過其領導地位卻受到少壯派軍事領導人蔣介石的挑戰。１９２８年後蔣介石取得黨內最高領導權，汪精衛即長年陷於派系鬥爭的困境。抗戰爆發以後，蔣介石堅持作戰到底，勝也罷敗也罷就是不與侵略者和談，汪精衛卻主張和談，實質卻是屈辱投降。１９３８年１２月１８日，汪精衛以前往昆明、成都演講為名，與妻子陳君璧、祕書曾仲鳴等人搭機由昆明飛往越南河內，並發表「艷電」，呼應日本近衛內閣的聲明，公開主張停戰，以恢復兩國和平。

１９３９年1月，國民黨中央以汪精衛投敵行為，永遠開除汪精衛在黨政部門的一切職務。5月間，汪精衛前往日軍占領的上海，並在安排下立刻前往日本訪問。8月底，汪精衛等人在上海召集兩百餘位部下另立國民黨中央，並擔任主席，會議決定籌組政府，「還都」南京。

１９４０年3月，汪精衛正式成立傀儡政府，由汪出任主席兼行政院長，陳公博、溫宗堯、王揖唐、梁鴻志分別擔任立法、司法、考試、監察等院院長。此外，偽政府還設軍事委員會和華北政務委員會，分由汪精衛、王克敏任委員。隨後，偽政府與日本簽

▲在南方濫殺無辜的日軍戰犯松木潔被判處死刑，押赴刑場。

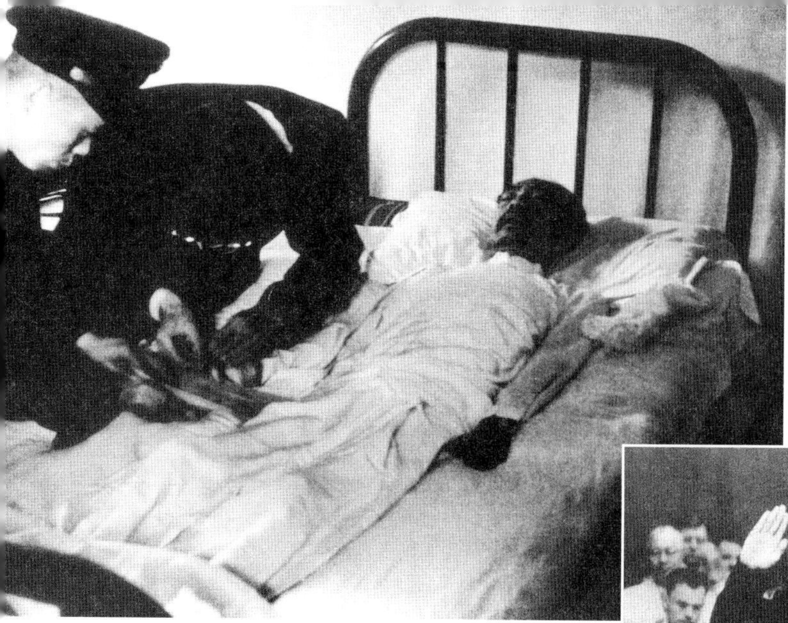

▲汪精衛政府另一重要人物周佛海病死獄中。

▲前「滿洲國」皇帝愛覺羅溥儀以戰犯和證人身分出席東京戰犯法庭。

署了一系列的賣國協定，包括對美英等同盟國宣戰。偽政府除了承認日本侵略的正當性之外，還替日軍負責清鄉的工作，使用武力鎮壓抗日活動。對此，重慶國民政府對汪精衛以下等四百餘人發出通緝令，全國各地亦同時發起聲討漢奸的活動。

１９４４年３月，日軍敗相漸露，汪精衛因病前往日本就醫，寫下「最後的心情」，為其漢奸行為辯護。１９４４年１１月，汪精衛病死，由陳公博繼任行政院長，由於日本敗戰已成定局，偽政府中的一些要員開始主動向重慶國民政府輸誠。日本投降後，偽政府主動宣佈解散，聽候處置。

１９４６年至１９４７年間，汪精衛漢奸集團的要人遭到不同的懲罰，其中汪精衛已死，其在南京的墓園遭炸毀，屍體亦被焚毀。另一重要人物周佛海被判死刑，由蔣介石減為無期徒刑，後病死於南京老虎監獄。其餘如陳公博、王揖唐、梁鴻志、林柏生、丁默君、梅思平、褚民誼等人遭到槍決，王克敏在獄中服毒自殺。至於汪精衛的妻子陳君璧被判無期徒刑，１９４９年中共建政後，陳君璧繼續在上海服監，１９５９年病死於上海監獄醫院，為其與汪精衛畫下最後的句點。

總之，這場戰犯及漢奸審判可說是仿效美國所進行的紐倫堡、東京戰犯審判，雖說在實際上不能達到真正的懲罰戰爭罪惡，某種程度而言也只是在宣揚戰勝國國威與其政治主張而已。但多少能達到宣洩人心、撫平戰爭傷痕的作用，同時也能警告抱有侵略企圖的野心政客，不要再恣意發動戰爭，不然最終仍將受到懲罰。

1948 首任正副總統選舉

行憲後重要創舉開啟新局
副總統之爭造成政治動盪

▲蔣中正總統（右二）與李宗仁副總統（右一）在第一任正副總統就職典禮中分別致詞。

中國內戰在１９４８年進入關鍵時刻，國民政府在政治和軍事上處境被動，民怨迅速升高，為此，國民政府主席蔣中正決定行憲，選舉國民大會代表，並由國代選出正副總統。希望通過民主程序號召人心，團結內部，從而鼓舞軍心，扭轉劣勢。

１９４６年底，在中共與民盟的抵制下，國民政府完成制憲，並由１９４７年3月開始頒布一系列的行憲法規。這時內戰已進行了一年，國軍全面攻擊的計劃遭挫，共軍力量增強，華北和東北烽火連天，難民湧往江浙大城市，全國政治、經濟和社會秩序受到重大的衝擊，中央到地方都有人呼籲「以政府現在戡亂剿匪，全國實行總動員之際，理應集中力量以滅共匪，各地秩序未復，選舉不能普及實施，應緩辦選舉」、「內亂外患交相煎迫」、「財政支絀、民生凋敝」，希望能夠勸阻政府暫緩行憲。

▲蔣中正獲得二四三〇票，順利當選行憲後第一任中華民國總統。

雖然如此，蔣中正主席堅持行憲，選務工作於焉展開，不過由於民主經驗不足，內戰期間地方行政混亂，地方選務官員、參選人以及選民紛爭不斷、笑話百出，甚至演出抬棺絕食之鬧劇，予社會不良觀感，成為中共和民盟訕笑的對象。

１９４８年３月，各省國代紛紛搭車前來南京，２９日行憲國大正式召開，由於國難當頭，各省代表藉機反映地方困境，大吐苦水，批評一些中央領導人，雖然大會祕書處力圖控制發言，但會場中始終充滿火藥味，特別是戰禍連綿的北方代表抨擊陳誠整編偽軍政策錯誤，要求「殺陳誠以謝國人」，為這屆國大增添許多對立與不安的氣氛。

另外，根據中華民國憲法，最高行政首長為行政院長，總統為虛銜，因此蔣中正主席原擬請胡適博士參選總統，但為胡所拒，後在各方力勸之下，始決定參選總統。４月１９日，國大選舉正副總統，結果國民黨總裁蔣中正以二四三〇票獲勝，另一位候選人司法院長居正獲二六九票。

４月２０日，國民大會公告，進入選舉副總統議程，副總統候選人共有國民黨籍李宗仁、孫科、程潛、于右任，民社黨籍的徐傅霖以及「社會賢達」莫德惠，其中最具實力的競爭者是李宗仁和孫科，李宗仁擁有桂系人脈和對中央不滿人士的支持，孫科則實質上受到蔣中正的屬意，並由國民黨中央在背後運作支持。

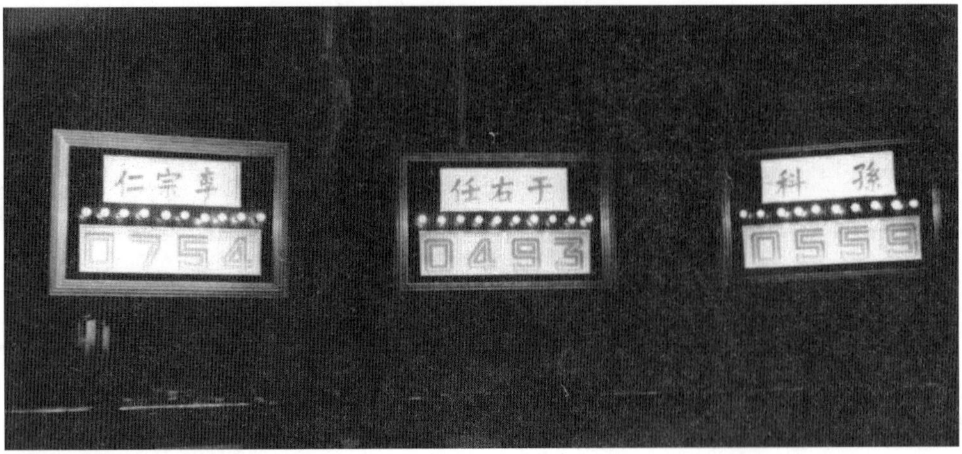

▲副總統選舉中，李宗仁、于右任、孫科三位候選人的得票顯示記錄。

4月23日，副總統選舉中第一次投票，李宗仁七五四票、孫科五五八票、程潛五二二票、于右任四九三票、莫德惠二一八票、徐傅霖二一四票。這表示國民黨籍候選人的得票數相差並不懸殊，派系之間力量的對比相當接近。由於沒有一位候選人的得票數過半，根據選舉法規定，隔天必須在前三人當中再投票一次。

由於選情激烈，耳語增加，候選人陣營相互攻擊的情況升高，23日中午發生一起鬧場事件，由於《救國日報》刊載孫科有「側室」，導致廣東籍國代六十多人搭車前往「救國日報」社，搗毀桌椅文具，以致該報社向國大提出緊急控訴案。孫科和李宗仁的支持者開始對彼此人身攻擊。第二次投票，李宗仁得一一六三票，孫科得九四五票，程潛得六一六票。李宗仁仍然領先，但還未超過一半。

孫科的持續落後使得國民黨高層的壓力驟升，幕後運作更趨積極。中央全力動員輔選孫科，迫使桂系領袖白崇禧、黃紹竑、黃旭初等人緊急集合，於24日做出李宗仁退選的決定，並聲明「唯邇來忽覺有人以黨之名壓迫統制，使各代表無法行使其自由投票之職權。以此情形競選，已失去其意義。」接著，程潛也宣佈退選，在只剩下一人競選的情形下，孫科也只好退選，副總統選舉面臨全面流產的困境。因此，蔣中正只好委白崇禧表達對選舉不偏袒任何一方的立場。大會主席團又派出胡適、于賦、曾寶蓀、陳啟天、孫亞夫等人，對三位候選人進行說服工作，如此才於4月28日完成第三次投票，結果李宗仁仍然取得領先。

4月29日，由李宗仁和孫科兩人進行一對一的投票，競爭達白熱化，開票過程令人屏氣凝神。最後計票結果，李宗仁以一四三八票對一二九五票，僅僅一四三票之差擊敗孫科當選副總統，桂系人馬頓時爆出歡呼聲，相對地孫科及其支持者則難掩失望與落寞之情。抗戰勝利之後，李宗仁任軍委會北平行營主任，在國民黨內雖不是主流派，但因長年累積戰功，為抗戰民族英雄，具有全國性的聲望，軍中人脈雄厚，成為黨內非主流派的實質領袖。李宗仁決定參選之後，桂系力量膨脹，並吸引下層人士集結在他的周圍，甚至希望中國走民主道路的美國均樂觀其成，李宗仁當選副總統之後，代表其為國民黨內第二號人物的地位獲得確認。

5月20日，正副總統就職典禮在南京國民大會堂舉行，有國代、立法委員、監察委員、各院部會首長、外交使節等三千餘人參加，這一天全國各軍艦砲艇一律懸掛金艦飾，南京、馬公、廣州、青島、基隆各港口駐防軍艦鳴砲二十一響，全國各軍方司令部同時舉行慶祝大會。

表面上，中華民國成功舉行了正副總統選舉，確定了其法統基礎，民主政治終能在中國開始其腳步，然而事實上這次選舉對蔣中正和國民政府均造成極大的負面影響。在內戰日熾，黎民流離失所之際，各省國代在眾目睽睽之下宴客吃飯、浪費公帑、相互詆毀，不忍卒睹。一場集中黨政軍菁英辦理的副總統選舉卻弄得烏煙瘴氣，國民黨四分五裂，軍政派系之間仇怨更深，有時甚至超過對敵人的憤恨。

此外儘管蔣中正和李宗仁雙雙當選正副總統但似乎只是為了更大的分裂作準備而已，兩人心結難解，相互猜忌提防。全國第一號和第二號人物的不合，在民主文化仍不成熟的中國，立刻造成全國黨政軍體系的大分裂，幹部離心離德，領袖威信大降，政府機器陷入半癱瘓的狀態。這段期間，中共領袖卻得以集中調度指揮，專心打仗，將攻勢由農村擴大到都市，原本國民政府打算透過總統大選團結內部扭轉戰局，卻意外地造成相反的效果，局勢反而迅速走下坡。這段歷史經驗成了國民黨高層日後對「民主政治」懷著深深恐懼的聯想，也是在台灣實行長期戒嚴的心理基礎。

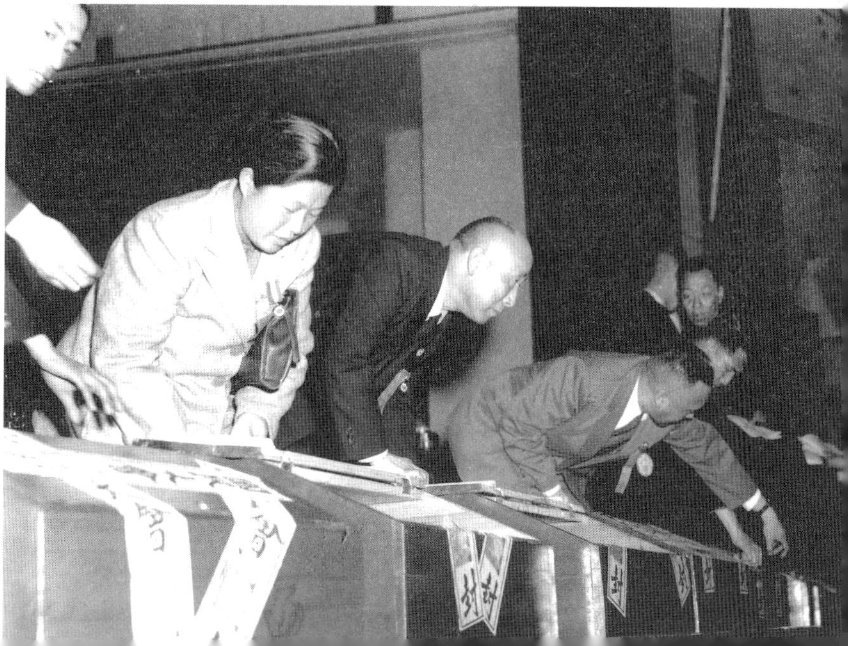

▶ 副總統選舉中秘書處人員將票匭密封，等待進行開票作業。

1948 台灣體育代表隊揚威上海

首度參與全國體育競賽
表現優異風度良好備受讚譽

▲台灣體育代表隊勇奪第七屆全國運動會男子田徑團體成績第一名，賽後選手們留影。

日本統治五十年的台灣於１９４８年組織一支體育代表隊，赴上海參加第七屆全國運動會，並在田徑項目取得輝煌的成績。這是二十世紀中，台灣代表隊第一次、也是唯一一次與其他省份的代表隊在同一國家的架構下，競逐體育競賽，所獲得的優異成績令人刮目相看。

4月24日，台灣體育代表隊由台灣省教育廳長許恪士及政界聞人謝東閔率領，由基隆搭乘中興輪啟程，於26日清晨抵達上海第二碼頭，全隊男子選手七十五人、女子選手三十七人，共一一二人，參加的項目有田徑、女子排球、網球、壘球、拳擊、游泳、舉重和男子乒乓等項目。根據事先評估，代表隊中的田徑項目十分強，有原住民四人曾富勝、鄭明輝、陳萬山參加賽跑一千五百公尺、五千公尺、一萬公尺等，徐天德則參加一百公尺和兩百公尺。其他項目的傑出選手亦多，如女子四百公尺的陳英德，三級跳遠的戴玉林。至於曾在早稻田運動會創下13公尺三級跳遠紀錄的張星賢以39歲壯齡代表上陣，亦成佳話。

5月4日，全運會在上海江灣體育場正式揭幕，全國各省市軍警和海外僑胞共計五十四個單位，二六七七位男女選手參加比賽，除了台灣和香港外，海外華人居住地印尼、菲律賓、馬來西亞、西貢、多倫多、檀香山和暹羅等亦派出代表隊。國民政府主席蔣介石特頒訓詞：「第七屆全國運動大會舉行於抗戰勝利三年之後，正當憲政開始之時，又在世界運動大會之前，參加的單位普及全國各地，東北的選手固喜久別重逢，台灣的選手更喜回歸祖國。我們撫今思昔，繼往開來，深覺本屆全運會不但具有與前不同的意義，而且分擔起世界的任務，不但青年健兒應該一致興奮，而且全國同胞都寄予遠大的期望。」

由於是台灣體育代表隊首次赴大陸參加全國運動會，所以各界均報以厚望。事實上，台灣的運動根基相當紮實，日

▲第七屆全國運動會大會開幕式，共有五十多個單位代表參加競賽。

◀台灣女子選手張瑞妍獲女子標槍第一名，表現傑出。

▲台灣代表隊男子選手參加跳高競賽的情形。

據時代，台灣田徑即具基礎，所以這次在上海全運會中能大放異彩，立刻受到全國各界的關注。《台灣新生報》從上海發表台北的報導說：「田徑項目是大會重心，台灣代表在田徑賽項目中人才濟濟，必可奪得首席，台灣有短距離的許通及陳英郎亦具染指資格。上海從前是田徑錦標，然而近年來除啞巴樓文敖之外，並無出色人材，今年怕要吃敗。女子田徑粵省、台灣、北平將有劇爭，游泳錦標是香港的囊中物，馬華、菲華或可與香港一爭長短。……排球是三個廣東人隊伍的天下。」

這次全運會總共進行了十二天，競賽十分激烈，台灣隊果然一如事先預料，在田徑方面的成績大放異彩，而且根據《台灣新生報》特派上海的記者黃順華的觀察，其他省份代表隊比賽經常發生糾紛，台灣隊秩序最好。黃順華寫道：「球場上的表現，最令人嘆息的，女子籃排球賽中，湘滬相逢，必有糾紛，籃球計時員竟受此意外橫禍。足球場上，更是驚心動魄，大連隊員毆打球證是開端，繼之漢口對菲律賓賽，又以不滿裁判之處決，漢口負氣棄權，而今日錦標循環賽中之上海隊棄權，雖然我們能斷定它是投機取巧，可是已經引起一般的不滿，一致認為大會該有明智之處決，將上海隊除名。總之這一切都表示缺少了體育風度，也抹煞了大會的意義。」「田徑賽全部結束的項目，論團體，是台灣獨霸，無別隊可涉足，而且在比賽中，秩序最好，沒有出過打架、毆傷的岔子，是值得告慰的。其中還有一個使人興奮的插曲，即上屆四百公尺冠軍戴國淑致電本屆冠軍陳英郎，恭賀他打破自己的紀錄。這一紙賀意，充分表現體育家的偉大精神，發揮了非為得失的體育意義，這是對球賽『打風』一個對比，也是一個諷刺。」

5月15日全運會舉行閉幕儀式，由大會會長朱家驊致詞盛讚本屆大會各項成績之表現，並以全體選手繼續發揚運動員精神。王正廷則引述國父「繼續努力以求貫徹」之訓示，期勉全國推廣體育運動，增進個人及民族之健康，促進國家之強盛。詞畢由王正廷夫人頒獎，各團體及個人錦標獎品，及打破紀錄之特獎均一一唱名，至主席台領受。

▲空軍代表隊獲得多項獎項，賽後選手們留影紀念。

此外，全運會進行期間，大會也安排了一場中外田徑賽作為壓軸好戲，西聯隊由四十八位好手組成，主要選自美國、蘇聯駐華單位、美陸軍、美海軍、美童公學、猶太等九個單位，中國隊則由二十九人組成，均為全運會田徑項目中的冠亞軍，其中台灣選手即占十三人。在其中一百公尺決賽，台灣的徐天德輕易獲得第一名，為台灣此次參賽畫下完美的句點。

下午五點，大會會旗於悠揚樂聲中徐徐降落，大會即告圓滿閉幕。在總成績方面，台灣榮獲男子田徑的總錦標，女子田徑總成績則列為第四名。個人方面，許通獲二百公尺冠軍，張瑞妍在女子標槍上奪魁，王友信奪得男子乒乓單打冠軍。

台灣代表隊首次參賽即一鳴驚人，《中央社》在評論台灣隊的表現時有很高的讚語：「大會於球類競賽過程中遭遇困難，初是對抗之雙方爭執，繼演變而為裁判員之總辭，是非亦極難論定，因此一切提付審判委員會糾紛，均由該會以折衷辦法解決。本屆出席之五十餘單位中，台灣省實力、精神、紀律三者均屬超人，堪為其他各地之楷模。」

1949 中華民國政府遷台

政軍崩潰黯然撤退來台　轉危為安開啟台灣嶄新時代

▲隨著政府重心轉移來台，台北也舉行雙十國慶閱兵，有十萬群眾參與盛會。

國民政府行政院所在地於１９４８年１２月７日由四川成都市遷往台灣台北市，行政院長閻錫山、副院長朱家驊等官員開完會後即匆忙趕赴機場，飛往台北。在此之前，許多主要的政府單位、相關文件、人員眷屬均已紛紛抵達台灣。隨著行政院的遷台辦公，也正式宣告了中華民國政府全面遷台。

這個轉變是由於國共內戰，國民黨全盤潰敗，勝利的中國共產黨於北平建立中華人民共和國，中國國民黨建立的中華民國則撤退來台，據守於島上，成為隔海分治的政治局面。

◀蔣中正（左一）眼見大陸局勢不可挽救，在下野引退後，便積極部署撤退來台的各項工作，後與夫人宋美齡（左二）連袂來台，在李宗仁飛美就醫後重掌政權，在台灣開啟了中華民國一個嶄新的年代。

１９４７年和１９４８年是國民黨在大陸失敗的關鍵兩年，軍事挫敗加上施政無能，導致人心渙散、軍心動搖，造成惡性循環。由於戰爭帶來財政惡化，人民生活困頓、物價飛漲，１９４８年下半年，國民政府發行金圓券，試圖穩定幣制，結果卻導致通貨膨脹失控、百業蕭條，人民基本的生活權益遭受剝奪。同時，國軍精銳部隊盡失，共軍迅速擴大建制，裝備彈藥充足，戰志高昂，１２月底，共軍進入北平，挾著重大勝利，大有席捲全國之勢。

儘管國民政府仍領有半壁江山，但組織力量薄弱，黨政軍依舊派系傾軋，無力整合，總崩潰的結局已無可避免。由於剿共的失利，蔣中正總統的領導威信受損，國民黨內部出現批評聲浪，以李宗仁領導的桂系態度最為明顯。１９４９年元旦，蔣中正發表文告，宣佈引退，同時表示願意與中共進行和平談判，接替蔣中正擔任總統的李宗仁隨即派代表團前往北平試探和談的可能，中共主席毛澤東表面上予以熱情接待，實際上，中共所提的八項和平條件包括懲處戰犯、廢除憲法、改編國民黨軍隊、接收南京政府權力等等，實質上與勒令國民黨政府投降無異。中共的和平條件顯示它們無意與國民黨隔江而治，而決心徹底擊倒國民黨政府。

蔣中正深知此種政治現實，因此在引退同時，即任命陳誠為台灣省主席，準備將台灣作為國民政府最後的據守地。接著，他又以國民黨總裁的身分在浙江溪口老家指揮大局，進行黨政軍部署。此後兩個月，國共進行了兩次正式會議，但雙方真正的目的都是在大戰之後，喘一口氣，進行部隊整編，和談的主客觀條件並不如表面熱烈、樂觀。此時，中共中央軍委已完成對共軍的重新整編，將原西北、中原、華東、東北野戰軍分別編為第一、第二、第三、第四野戰軍，同時集中第二、第三野戰軍全部和第四野戰軍一部約一百萬人，挺進長江北岸，準備奪取國民黨政府的政治、經濟中心京滬杭地區。此時京滬杭警備總司令湯恩伯所轄部隊約四十五萬人，在蔣經國的指示調度下，協助將中央銀行的庫存黃金分批運往台灣。

在李宗仁拒絕中共的和談條件之後，國共和談宣告破裂。４月２１日，共軍展開渡江作戰，由於江陰要塞司令變節投共，使共軍順利渡過長江，國軍幾乎不戰而潰，部隊不是投降，就是倉皇逃亡。２３日，共軍進入南京，四天後攻占了上海。

與中國歷代改朝換代的情況類似，共軍由北方席捲全中國之際，國民政府的首都數度南遷。１９４９年1月上旬，華北盡為共軍占領後，國民政府將行政院遷往廣州辦公，4月底南京陷落時，局面混亂，李宗仁搭機飛往桂林，拒絕前往廣州。敗局中，他與蔣中正的矛盾更形尖銳，雙方互不相讓。此時，共軍凌厲的攻勢未曾稍減，據守華中的白崇禧軍團在共軍的大包抄之下，迅速敗退。同時，由胡宗南率領的國軍據守西北，也在共軍的猛烈攻勢下，往西南潰散。１０月１日，中共在北平天安門宣佈成立中華人民共和國的時候，共軍已占領中國大陸絕大部分地區，國民政府最後領有的西南地區、廣東、福建沿海地區和島嶼亦岌岌可危。

１０月初，國民政府再次遷都重慶，希望利用抗戰時期在四川、雲南等地厚植的政、經實力擋住共軍凌厲的攻勢。１０月１４日，共軍進入廣州，力量由北方伸展到最南端的海岸，李宗仁自認受到蔣中正牽制

▲國軍在大陸一再失利，大量軍民搭乘機船抵達台灣，開啟中華民國政府遷台的新局面。

無力改變局勢，大為不滿，國民黨內部亦出現要求蔣中正出面重新領導的聲浪。１１月初，李宗仁以出外巡視之名離開重慶，先到昆明、桂林、南寧等地，然後以醫病為名飛往香港。１２月，李抱著滿腔失望的情緒丟下一切，飛往美國。

李宗仁的出亡使得國民政府失去形式上的最高元首，為總崩潰的局面添加一個小註腳。１１月２２日，國民政府再遷都成都，然而共軍緊追其後，３０日進入了重慶。１２月７日，國民政府離開了大陸上的最後據點，並在西昌設立總指揮部，不過很快地整個大西南地區軍亦為共軍攻陷。

儘管台灣為一座面積不大的島嶼，但有海洋為天然的屏障，國民政府將最後的軍事和經濟資源由大陸沿海撤到台灣，集中力量。共軍儘管戰鬥力強，但因缺乏海空軍，渡海作戰需要一定的準備時日，這提供國民政府喘息的機會。不過如果國軍要重整軍紀士氣，政府首先需要重建政治領導體系。１９５０年１月，國民黨中央非常委員會及監察院通電李宗仁，要求李迅速返台履行職務，李以身體尚未康復為由，無法返國。２月１日，國大代表全國聯誼會以代總統李宗仁滯美不歸，請蔣中正繼續行使總統職權。２１日，國民黨中央委員會向李發出最後通牒，限三日之內來台，否則視為放棄總統職務，李宗仁依然滯美不歸，於是蔣中正便再度復出，重掌政權。

３月１日，蔣中正正式恢復總統的職務，領導國民政府。混亂一年多的局面總算稍微安頓下來。雖然如此，國民政府在強大共軍的威脅下，命運仍在未定之天，一直要到６月間韓戰爆發以後，國共隔台而治的局面才算較為確立。不過國民政府失利的陰影此後長期籠罩國民黨人的記憶，並對台灣的教育文化以及社會心理產生深遠的影響。

▶ 由昆明脫險抵達台灣的國軍接受獻花歡迎。

1949 中共建立人民政府

歷數十年革命鬥爭終告成立
為中國社會帶來根本性變化

▼中共主席毛澤東（中）與中共黨政高層在北平天安門城樓上舉行中共開國大典，毛澤東正式向世界宣告：「中華人民共和國中央人民政府成立了！」、「中國人民站起來了！」

▲中共開國大典時的北平天安門廣場，群集了參與盛會的民眾。

中共主席毛澤東於１９４９年１０月１日，率領中共領導階層以及各民族各黨派代表，在北平天安門城樓上主持開國大典，毛澤東高呼：「中華人民共和國中央人民政府成立了！」、「中國人民站起來了！」

這是２０世紀中國歷史的重大事件，中共歷經了多年的戰爭贏得全面的勝利，中國人進入新的歷史階段，其變動的幅度遠超過以往的改朝換代，這是一場社會制度的根本革命，其指導理論和經驗法則源於西方的馬克思主義以及中共在中國土地上流血革命的實踐。因此中共政權的成立預示著中國的政治、經濟、社會和文化將出現翻天覆地的變化，影響深遠。

抗戰結束之後，中國本有望走上長治久安的建設之路，但在「一山不容二虎」的背景之下，國共兩黨的矛盾立刻浮上檯面，雙方爭相接收日軍的武器與物資，並搶先擴大控制區域。剛剛熬過八年艱苦抗戰的中國人民又陷入內戰的陰影中。首先，抗戰末期，蘇聯以對日作戰為名揮軍進入東北，戰後中共趁地利之便派四個師在林彪的率領下搶先進入東北，得到蘇軍的庇護，取得大量的日軍武器，接收偽軍，迅速發展成二十萬人的部隊。由於東北資源豐富，戰略位置重要，國軍由海路登陸東北，並立刻與共軍發生激烈的戰鬥，憑著優勢的裝備和火力，國軍收復東北主要城鎮，迫使共軍北撤。

儘管國共內戰第一階段，國民黨取得軍事上的優勢，不過政治上國民黨卻未能取得主動，一方面與共產黨邊打邊談，另一方面卻又內政失修，軍政幹部腐化，民怨日深，優勢不僅無法持續，反因政治上的無效率開始呈現被動的態勢。此外，相對於蘇聯暗助中共，美國則全力協助國民政府，派出馬歇爾將軍來華調停，由馬歇爾、國民黨代表張治中、共產黨代表周恩來組成三人軍事小組，以解決國共兩軍整編問題，然而馬歇爾調停一年的時間，中國局勢卻日益惡化，難以收拾。

１９４６年6月底，國府命令鄭州綏靖公署主任劉峙調集三十萬兵力，向中原地區的共軍大舉進攻，內戰遂全面爆發。一年內，共軍已累積旺盛的戰鬥意志與經驗，依賴群眾的物資與情報供給，發揮高度的機動性與靈活力，躲避了國軍大規模圍攻，並能集中優勢兵力對分散的國軍各個擊破，在整體上逐步削弱國軍的力量。

中共的戰略主要著眼在「以鄉村包圍城市」，避開與國民黨軍隊的大兵團戰鬥，以類似游擊戰的方式，避強擊弱，以相對優勢兵力對國軍孤立部隊個別擊破，等國軍大舉增援時，又立刻避開主力決戰，使國軍變得疲於奔命，且由於小部隊不斷被中共消滅，並加以政治改造後重新整編為中共解放軍，掉轉槍頭來攻擊國軍，國共兩軍的兵力大為拉近，共軍更在戰略上取得主動。

▲國共內戰後期，國軍兵敗如山倒，共軍對收編國軍進行了新式整軍運動，一方面提高了共軍官兵的政治教育、紀律性和戰鬥力，同時極有效地加速將大批被俘國軍改造為共軍的過程。

１９４７年４月，國軍胡宗南部隊曾攻入中共中央所在的延安，但毛澤東等人卻已主動撤出，與國軍在西北地區周旋。這一年，國軍全線攻擊的戰略失敗，改為重點攻擊。相對於國府在政治和軍事上走下坡，中共在農村鬥爭地主，將土地分配給佃農，以建立其社會基礎和取得兵員，相當成功。此外，中共在國民政府控制區亦獲得許多中間黨派人士的同情與支持，形成對國民黨極為不利的政治氣氛。１９４７年中，全國各地發生大學生反飢餓反內戰大遊行，其中雖有中共地下黨的策動，但也普遍反映知識分子對現狀極端不滿，對國民黨極端不利，加上大批內戰難民湧入大城市，對社會經濟困局形同雪上加霜。９月，中共中央在河北西柏坡召開會議，確定下一階段的作戰重點在華北和東北，此時中共已能有效組建更多元化的部隊，進行大規模的集團軍作戰，由戰略防禦轉為戰略進攻。

而除了中共在這些政治、軍事戰略上占有優勢之外，國共兩黨內部是否能團結一致，將槍口一致對外，也是影響國共內戰成敗的重要關鍵。中共自建黨以來，雖然也歷經許多黨內鬥爭、分裂，但自毛澤東於長征途中的遵義會議取得權威領導地位之後，相當致力於中共內部團結。且由於中共長期居於弱勢地位，大多在面對與敵人的生死搏鬥，使其黨內主要幹部無暇內鬥。在國共戰爭時期，毛澤東居於總領導地位，其下文有周恩來、劉少奇、鄧小平等人，武有朱德、彭德懷、林彪等人，這些人一致團結對外，使中共不論黨政軍，從中央到地方都配合良好，展現了空前的戰鬥力。

▲按照毛澤東的戰略部署，由林彪直接指揮的遼瀋戰役，是國共內戰中三大關鍵戰役的第一個，圖為中共解放軍戰士在砲火掩護下攻入錦州。

反觀國民黨，名義上雖是統一的政黨，並握有全國統治權，但其內部其實派系林立，互相傾軋。從最上層的正副總統便屬不同派系，雙方關係幾乎如同水火。尤其在國軍內部有「中央軍」與「地方雜牌部隊」之分，中央軍不論在裝備與所處地位都遠比地方部隊要好、要高。更有許多中央軍嫡系將領只想保存自己實力，而藉機消滅地方部隊，這使地方部隊對中央軍普遍心存不滿，更進一步對國民政府產生離異之心。

中共深悉國軍內部這種種問題，遂不斷派遣黨員滲透國軍內部進行統戰工作，積極策動心有不滿的國軍將領起義投共。中共的統戰工作做得相當成功，國軍在國共內戰中起義投共者有數百萬之多，這不僅直接消化國軍力量成為共軍力量，也使共軍兵不血刃地占有許多區域。尤其在戰爭末期，在共軍已控有大半中國，發動渡江戰役，對國軍做最後的總攻，從江陰要塞司令投共使共軍順利渡江開始，各地國軍兵敗如山倒，尤其一些地方政治人物眼見國民政府敗局已定，更是爭相起義投共，使共軍以秋風掃落葉的姿態席捲了長江以南大片地區。

國共內戰到了１９４８年中，國民政府漸露敗相，國共軍兵力相當，而且長江以北的國軍主力多已縮至東北和華北的幾座大城市，形成幾座孤島，共軍則控制著廣大的農村，戰局出現根本的變化。１０月，共軍攻下山東省會濟南以及東北重要據點長春和錦州。國共內戰中的「三大戰役」陸續展開。

▲中共解放軍經過大城小鎮時，由於強調為民服務，不拿走百姓一針一線，頗得人民好感。

到了1949年1月，「遼瀋會戰」、「淮海會戰」、「平津會戰」結束，國軍精銳部隊共一百六十萬兵員要不是被殲滅，要不就是投降或者就是投共，悉數喪失。包括傅作義、杜聿明、黃維等多名國軍將領被俘。中共相繼占領瀋陽、錦州、徐州、天津、北平等各大都市，已掌握長江以北的地區，擁有五百萬兵力，眼看即將贏得國共內戰。

在此國民政府大勢已去之際，國共和談呼聲又起，美國也喪失對蔣介石總統的信心，暗中支持副總統李宗仁逼蔣介石下野，與中共進行和談。1949年1月20日，蔣介石宣布下野引退，由副總統李宗仁接掌職權，並派出以張治中為首的五人代表團與中共和談。不過此時的中共早已不是當年之吳下阿蒙，所提出之和談條件極為苛刻，實質上等於要接收國民政府。中共更公佈一批以蔣介石為首的戰犯名單，此舉使國共和談徹底破裂，張治中等人更直接在北平投共，困守江南的李宗仁政府只能做最後的困獸之鬥。

為了進行總攻擊，中共劃分和部署第一野戰軍攻擊大西北地區，第二野戰軍和第三野戰軍共渡長江，再分頭攻往大西南和東南沿海諸省，第四野戰軍則攻擊長江中游。而國民黨內部蔣介石雖然下野，蔣介石卻退而不休，利用其黨政軍屬下處處與李宗仁作對，在更加分裂的情勢下，國軍兵敗如山倒。4月20日，中共中央下達向全國進軍命令，半年之間席捲了長江以南，國軍全面崩潰，毫無招架之力。10月1日，中共中央宣佈成立人民政府。

由1921年中共初誕生時的五十餘名黨員到1949年的五百萬解放軍，中共的成長極其坎坷，尤其十餘年的地下活動歲月更是腥風血雨，因此人民政府的歷史內涵各家解說迥異。不過可以確定的事實是，由同志的鮮血中站起來的中共政府以其宗教式的世界觀和長年的鬥爭經驗，為中國開啟了一個極不安定的新社會。

◀ 中共解放軍進入城市時，皆露宿街頭，以示不擾民的紀律與精神。

1950 韓戰爆發，美艦駛入台海

北韓入侵南韓掀起東亞大戰 美軍協防台灣改變兩岸情勢

▲韓戰爆發，東亞情勢大幅轉變，美國航空母艦駛入台海協防，剛撤守來台的國民政府局勢因此轉危為安。

北韓政府於1950年6月25日向南韓發動了全面的軍事進攻，為期三年的韓戰爆發，這一場戰爭決定了亞太地區新的戰略局勢，也改變了台灣的命運。

這一年3月1日，蔣中正總統在台北復行視事，力圖穩住腳步，但實際上局勢仍相當混亂，部隊建制不全，由大陸湧進台灣的難民形成龐大的經濟與社會壓力。此外，更大的威脅是共產思想對民心具有相當的吸引力，美國對於國民政府的前途抱著靜觀其變的態度，因此用「風雨飄搖」來形容台灣的局面並不為過。

▲韓戰爆發，美軍在朝鮮半島與中共部隊進行大規模的地面戰爭。

1月12日，美國國務卿艾奇遜發表白皮書，表明美國對亞洲局勢的基本見解與立場，內容指稱，美國承認在中國發生的事是一場真正的革命，蔣介石政府不是為軍事優勢所擊敗，而是為中國人民所拋棄，他還宣稱美國在西太洋的安全防線是由阿留申群島，經日本到菲律賓。這條防線並未提及台灣，也未提及朝鮮半島。這份白皮書對處於亂局中的國民政府而言，無疑是雪上加霜，不過美國行政部門接受共產勢力崛起的作法也遭致兩項反效果：一是激發美國國會內保守勢力「麥卡錫主義」的興起，埋下美國的中國政策急轉彎的內部因素。二、鼓舞了共產勢力的盲動躁進，使得金日成指揮北韓共軍全面南侵，台灣問題迅速國際化，成了亞太問題中的一環。

2月，中共主席毛澤東訪問蘇聯，與史達林簽署了「中蘇友好同盟互助條約」，使得美國原來拉攏中共的構想落空，雙方壁壘更形分明。美國軍方開始出現「台灣中立化」的建議，以免中共攻占台灣，進一步威脅美國的戰略利益。6月韓戰爆發後，美國總統杜魯門立刻派遣第七艦隊駛向台海，並稱「台灣未來地位的決定必須等待太平洋安全的恢復，對日和約的簽訂或由聯合國考慮」。美國出兵台海為免干涉中國內戰的口實，試圖由國際法的角度將台灣的地位模糊化，做為台海中立化的基礎。這種角度自然不為國民

◀麥克阿瑟將軍（中坐者）率軍由仁川登陸朝鮮半島，將北韓軍一切為二，頓時扭轉韓戰局勢。

政府所接受，不過客觀上的確使得台灣局勢迅速轉危為安，外交部長葉公超發表聲明，歡迎美軍協防台灣。7月，聯合國軍總司令麥克阿瑟訪問台北，韓戰已成美國與中蘇共總對峙的引爆點。

9月初，開戰兩個月的北韓軍擊潰了裝備和士氣均不足的南韓部隊，先鋒已抵達釜山的外圍，全面勝利似乎唾手可得。但9月12日，麥克阿瑟揮軍由漢城以西的仁川港登陸，北韓軍被聯軍一舉攔腰截斷，頓成潰散之勢，美軍大舉增援，同時向南北進擊，一個月內，美軍幾已掃蕩朝鮮半島全境，北線美軍甚至逼近中韓邊界的鴨綠江。

雖然如此，美國參與韓戰的前提是判斷中、蘇共不會介入戰事，不過事實很快就證明這種判斷是錯誤的。成立近一年的中共政權面臨美國海陸兩面的圍堵，認為與美國的對抗勢不可免。由於中共陸軍遠較海空軍強大，朝鮮半島又與工業重鎮東北比鄰，地理位置亦近北京，因此毛澤東選擇介入韓戰。9月初，原定攻台的主力部隊調往東北，進攻金門的計畫亦遭推遲。

10月19日，中共以「中國人民志願軍」的名義正式參戰。第一批部隊約二十六萬人在彭德懷的指揮下渡過鴨綠江，接著第二批、第三批緊跟而上，由於兵員眾多，來勢洶洶，迅速對美軍分割進擊。兩次大規模戰役後，美軍潰敗南撤，共軍將戰線推至北緯三十八度線附近。1951年1月，共軍再度攻陷漢城。但由於中共部隊沒有制空權，機械化程度低，運輸和補給能力有限，無法維持長時間的進攻，這些缺點又正是美軍的長處。因此，美軍在重新穩住陣腳後，改採齊頭並進、穩紮穩打的戰略，一個月後又奪回漢城。

▼美軍對中共志願軍展開大規模的空中轟炸。

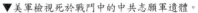

▼美軍檢視死於戰鬥中的中共志願軍遺體。

▲韓戰戰事慘烈，大批難民由北方南下。

▲美韓聯軍逮捕左派群眾，施以酷刑，這項暴行長年被官方掩蓋，直到２０００年美國政府才正式承認，並發佈此照片。

此時，聯軍總司令麥克阿瑟與美國總統杜魯門之間卻開始發生嚴重分歧。身為軍人，麥克阿瑟希望以優勢的軍事手段獲得完全的勝利，他建議在中國東北使用原子彈，摧毀中共的軍事工業，也建議調用國民政府的軍隊。此外，他也對於華府喋喋不休的政客作風感到不耐，不惜以犯上的態度直言批評。杜魯門總統則以世界全局為考量，擔心戰爭擴大，將迫使中、蘇共同時捲入，造成第三次世界大戰。在杜魯門眼中，麥克阿瑟的想法不僅危險，其直言犯上的姿態亦令人難忍。杜魯門與麥克阿瑟之間的不合逐漸白熱化，４月１１日，杜魯門總統終於發表聲明，解除了麥克阿瑟的聯軍統帥職務。聲明說：「對有關國家政策進行的全面而激烈的辯論，是我們自由民主憲法制度的至關重要的因素。然而，軍事指揮官們必須依照我們的憲法與法律規定的方式服從頒佈給他們的政策和命令，這一點是十分重要的。在危機時刻，這一因素尤其不能忽視。」被解職的麥克阿瑟返抵美國時受到盛大的歡迎，紐約市百老匯大街五彩繽紛，美國人民熱烈歡迎這位英雄人物。麥克阿瑟在國會發表演說，其中「老兵不死，只是逐漸凋零」一句話更成了歷史名言。

麥克阿瑟去職後，由李奇威將軍接任聯合國軍總司令。７月，韓戰停戰談判開始進行，韓戰呈現膠著狀態，戰事大抵上發生在北緯三十八度線附近，亦即回到韓戰爆發前的界線。由於政治上雙方均無意再擴大衝突，因此軍事投入也控制在一定的範圍內，戰局形成打打談談，一直拖到１９５３年6月8日，停戰談判才達成最後協議，雙方大致以北緯三十八度線為界劃分南北韓，南北韓也正式成為分裂國家，橫亙半世紀直至今日。

韓戰是第二次世界大戰結束後第一場大規模的區域衝突，不僅象徵了東西方進入長期冷戰的開始，同時對美、韓、台海兩岸等地都產生了深遠的影響。對中共來說，總計這三年韓戰投入了近七十萬兵力，雖然由於武器裝備落後，死傷慘重，與美軍死傷比例約為八比一，卻也展現了新興陸權國家的軍事實力。尤以美軍剛贏得二次世界大戰的超強聲勢，卻在韓戰竟然踢到「鐵板」，即使麥克阿瑟也寄望於以原子武器取得勝利，對美國的聲望實為一大打擊。各地的共產主義運動因此大受鼓舞，美國朝野自然也對中共不敢小覷，盡量避免與之發生直接衝突。

而韓戰對台灣的影響更是深遠，台灣成為美國西太平洋防線的一環，國民政府再度獲得大量的軍事和經濟支援。１９５０年下半年起，國軍重新整編，以美援武器裝備將原來殘缺不全的二十個軍縮編成十二個軍及六個獨立師。同時配合美軍在朝鮮半島的作戰多次突襲大陸東南沿海島嶼，並且派遣小股兵力潛入大陸設立游擊基地。不過蔣中正總統計畫大規模參加韓戰以及全面反攻大陸，仍然因缺乏有利的國際環境而無法實現。

在經濟方面，中華民國政府更在五年內獲得了五億美元以上的援助，除了紓解軍隊補給的壓力，政府也有足夠的信心全面推動土地改革，發展農業，改善基礎建設，為政治和社會的穩定奠定了重要的基礎。由於美軍協防台灣，加上日後中美共同防禦條約的簽訂，終使台灣轉危為安，得以繼續生存下來，開創出日後的台灣經濟發展奇蹟。

一名失去雙腳的中共志願軍戰俘在停戰協定簽署之後，準備返回中國大陸。

1950 中共台灣省工委瓦解

地下組織先後遭到破獲
台灣內部情勢得以穩定發展

◀ 中共在國民政府遷台初期曾積極在台發展地下組織，寄望從內部瓦解台灣，但為國民政府情報組織所破獲。圖為情治人員引導中共地下黨人重演下山情形，留下此照片，作為政治宣傳之用。

由1949年10月至1950年2月16日之間，中華民國情報單位偵破中共台灣省工委組織，逮捕主要領導幹部蔡孝乾、陳澤民、洪幼樵、許敏蘭等人。1950年5月，陳福星重建台共組織，到了年底已頗具規模，不過由1951年4月至1952年4月，重建的組織又悉數遭到破獲，主要幹部被逮捕，中共在台發展組織的計畫從此畫下句點。

當1949年底國民黨政府遷至台北之時，國共激烈的鬥爭仍未曾有一刻稍歇，國民黨努力整合留下大陸的剩餘武裝力量，以配合國軍的反攻行動，共產黨則加強在台灣島內武裝顛覆以及思想工作，以配合共軍渡海攻台的軍事行動。1949年至1952年的三年間，雙方進行了極為激烈的鬥爭，大抵上都在本身領地上清除了對方勢力，形成了隔海而治的分裂局面。

１９４５年8月抗戰剛勝利時，中共即派遣台灣台中籍幹部蔡孝乾為台灣省工作委員會書記，蔡孝乾由延安出發，１２月抵江蘇淮安，向中共華東局書記張鼎丞、組織部長曾山，洽調來台幹部。１９４６年2月，首批中共幹部由張志忠率領從上海搭船潛入基隆、台北開始活動，蔡孝乾則到了7月間才潛入台灣領導組織，並正式成立台灣省工作委員會，由蔡本人擔任書記，直接領導「台灣學生工委會」、「基隆市工委會」、「台灣省山地工委會」、「台灣郵電職工工委會」、「蘭陽地區工委會」、「台北市工委會」等機構工作。先後並以陳澤民任副書記兼組織部長，領導台南、高雄、屏東等地工作，洪幼樵任委員兼宣傳部長，領導台中、南投等地工作，張志忠任委員兼武工部長，領導海山、桃園、新竹等地工作。

三年之間，中共台省工委成功地透過國民黨高級幹部李友邦的周邊人員蒐集情報，先後開設「大安印刷所」、「三榮行」、「華盛行」等商號從事開闢財源以及掩護工作，加上中共在大陸的戰場上日占上風，國民政府在台灣的施政不得人心，中共地下黨的發展相當迅速。「二二八事件」時，台省工委僅有黨員七十餘人，不過台中的謝雪紅和嘉義的張志忠曾分別領導武裝鬥爭。事件後，共黨黨員迅速擴增，１９４８年達到四百餘人，１９５０年時已增加到九百餘人，隨著中共在中國大陸的全面勝利，台灣局勢風雨飄搖，台省工委的任務轉為積極配合中共軍事攻台的準備。儘管情勢對其有利，不過台省工委亦存在著組織上的弱點，主要是各級組織基礎與忠貞程度不夠堅強，軍事幹部缺乏，部隊未經政治教育，工農群眾毫無鬥爭經驗，抗壓性不足。

◀中共地下黨人謝裕發（左一）返家與老母、妻子、兒女重聚。

１９４９年，國民政府情報組織首先由偵破的「基隆市工委會支部」及「光明報」案內獲得線索深入調查，１０月３１日在高雄逮捕了台省工委會副書記陳澤民，並迅速布線滲透台省工委，查出蔡孝乾的地址。１９５０年1月２９日，在台北市泉州街將蔡孝乾捕獲。身為中共在台組織最高負責人的蔡孝乾被捕後不久，立刻全面輸誠，將組織悉數暴露，因此洪幼樵、張志忠等十三名領導幹部隨後陸續被捕，中共台省工委全線潰散，核心幹部與外圍分子總共四百餘人遭到破獲偵辦，損失慘重。

由於鬥爭形勢極為不利，由大逮捕中逃脫的台共黨員基於社會基礎薄弱、生存不易，因此採各自獨立作戰的方式，互相聯絡，利用地方勢力深入隱蔽，積極向鄉村地區發展，伺機而動。１９５０年５月，以陳福星「老洪」為中心的台共組織與中共中央重新取得聯繫，並接獲指示，召集全省高級幹部討論建立臨時領導機構，重整組織。１９５０年底，重建的台共已再具規模，但其間主要幹部周慎源與陳福星發生歧見，不服陳的領導。陳福星於是在台共黨內進行整風，並發表〈向偏向鬥爭〉一文，作為整風之中心材料，以加強思想與組織力量。

相較起蔡孝乾領導的台省工委，陳福星重新調整了工作策略，組織發展由城市轉往鄉村，由學校轉往工廠，選派幹員滲透政府機關作長期潛伏。在鬥爭方式上，陳福星的重點轉到利用合法的民意機關、基層組織、地方派系等提高反政府的情緒，運用勞動方式建立基地；在勞動中求生存、求安全，在勞動中團結群眾；加強思想教育，訓練必死決心；反對太平觀念，時時提高警覺，要住山寮、住山洞、住溪邊、住荒地等等。

由於陳福星原任職於台南鳳梨公司，因目睹陳儀主政政治腐敗而不滿，後由李媽兜介紹認識蔡孝乾，加入了台共組織，並協助成立了台南市工委，事敗後逃到基隆。鑑於蔡孝乾等延安派遣幹部離開台灣太久，發展組織時脫離了台灣社會的實情，陳福星奉命啟用了大量的本地幹部，運用他們長期的社會關係鞏固發展。雖然台共再度獲得重整的機會，但此時韓戰已經爆發，美軍開始協防台灣，國民政府在台灣逐漸站穩了腳步，並得以投入全部的力量整頓內部安全。

▶ 中共地下黨高級幹部劉雲輝（左）勸服其所屬兩個支部書記謝裕發、謝其淡下山。此照片為情治單位重演現場的宣傳照。

１９５１年4月，內政部調查局在竹東逮捕台共竹北區委赤柯山、工人支部書記林扔階及黨員鄭材雄等人，根據其供詞，又進一步查獲新竹地委所屬三個支部，起出台共內部文件和教育書刊。調查局立刻將全案函請台灣省情報委員會統籌指揮，最後決定由台灣省情報委員會、台灣省保安司令部、台灣省調查處三個單位組成「特種聯合小組」，派精幹人員集中辦公，以求擴大偵辦，全面對付重建的台共組織。「特種聯合小組」在偵辦中掌握了幾項重要的原則，包括（一）從破案中建立特情。（二）保留線索、深入滲透。（三）預佈監獄，派員臥底。（四）著重說服工作，並運用自首自新人員集體說服。（五）耐心佈置、摧毀組織。

經過一年的工作，聯合小組成功地在台共組織內向上發展，向側擴張，並不斷建立內線，利用內線控制台共下層組織。到了１９５２年初，陳福星實際上已處於被包圍當中，終於在4月間遭到逮捕。與蔡孝乾不同的是，陳福星所領導的台共組織是遭國民政府由下而上，抽絲剝繭，逐次瓦解的。在這個過程中，由於聯合指揮小組採取心理說服和籠絡的方式，取代了上次嚴懲的手段，台共黨員投誠者頗多，組織逐次瓦解幾乎是全面的，主要領導幹部陳福星、曾永賢、劉興炎、林希鵬、黎明華、蕭道應等人均以自新結束了台共的歷史。經此一役，台共領導菁英盡失，無力再建。

值得一提的是，陳福星所領導的台共組織主力在桃園、新竹等地活動，後來轉移至苗栗地區。此區有複雜的山脈、溪流，為客家人聚居的山川地帶，居民以務農為主。陳福星計畫在此偏僻的農村發展農運，發展群眾關係，建立農村武裝基地，重演中共在大陸發展革命的模式。不過１９５０年開始，國民政府記取大陸失敗的教訓，在台灣推動一系列的土地改革措施，削弱地主勢力，提升農民生活，這使得台共生存發展所依賴的社會基礎大幅縮小，這也是台共失敗後無力再建的重要因素。不過由於這段時期，台共主要幹部來自苗栗，在此區農村有深厚的社會關係，因此台共社會主義的思想在此區頗具歷史根源。

此後在戒嚴時代，由於政府實行保密防諜的教育，不斷提醒人民對於中共間諜的警覺性，因此有關台共的事情在社會中屬於高度敏感的話題。１９８０年代末期，著名導演侯孝賢在《悲情城市》一片中首度以隱晦的方式，在銀幕上呈現一些台籍菁英在「二二八事件」後加入台共組織的情形。到了１９９０年代，有關台共的學術研究作品始陸續出現，對這一段的國共鬥爭有了比較詳細的學術研究。

總之，隨著陳福星被捕，由中共中央直接指揮的台共組織走進了歷史。未暴露身分的黨員此後亦處於失聯狀態，不再活動。後來情報單位所偵破的紅色組織多是分散的、自發的政治活動，未能證實與中共的直接關係。中共無法在台灣製造「島內革命」，便只有轉為純為武力、政治等方面的外在施壓，但始終無法成功。國民政府則藉此穩定內部，進行思想與社會上的改造，強烈灌輸反共思想，形成了日後台灣社會的特色之一。

1951 台灣省徵兵令頒佈

因應戰亂局勢下令徵召 持續數十年影響深遠

▲台北市各界歡送軍士集中受訓大會。

中華民國國防部於１９５１年7月下旬頒佈徵兵令，首度在台灣省進行徵兵工作，凡是民國１７、１８、１９年（自１９２８至１９４０）出生的男丁，經體格檢查列入甲級者，均須應召入營。國防部計畫徵集士兵一萬四千人，汽車司機一千名，共計一萬五千名。

這是中華民國政府１９４９年底遷台後，在兵役制度上的重要決定。這段時期，島內外的局面仍然充滿著危機，國共兩軍在大陸沿海島嶼的戰爭頻仍，中共已著手準備大規模的渡海攻台計畫，而蔣中正總統也亟思運用韓戰說服美國政府協助國軍反攻大陸，因此台灣實行徵兵制已成勢在必行。１９５０年3月，蔣中正總統在台北復行視事，重建領導中心，政府體制也開始有效地操作，這一年即募集了四千五百名男丁入伍，隔年大規模的徵兵制即正式實施。《中央日報》在社論中說：「就外省籍的人來說，他們的家鄉已完全陷於匪共之手，親屬、鄰里及戚友，或已被匪共屠殺，或正被匪共鬥爭。無論基於愛國的忠誠，或基於愛鄉的義憤，都必滿懷復仇之念，而視入營為酬壯志的大好機會，欣然應召。何況台灣這民族復興基地，實為匪共所日夜不忘想攻擊到手的……。就本省籍的人來說，台灣本有愛國的深厚傳統，過去三百年間仁人義士反清抗日的壯烈事蹟將在中國歷史上永占光榮的一頁。每一個有志氣的本省籍同胞，當這反共抗俄期間，必以發揚愛國傳統為宏願。」

《中央日報》還說：「也許台灣社會還有少數認識不清之徒，以為匪共在大陸血洗和奴役的殘暴，自己尚未親眼看見，因而敵愾之情未能提高。我們必須懇切的告訴他們，過去大陸千千萬萬的人們，也曾懷過同樣的心理，甚至有些人還以向匪共靠攏為得計。當北方的逃難者，到中部訴說匪共的殘暴時，中部有些人並不十分置信。接著匪共勢力伸到了中部，中部人民才知道匪共的狠毒，然而禍已臨頭。那些從中部逃到南部或西南部的人，在那裡又訴說匪共的殘暴，南部及西南部也有些人仍不十分

在傳統歡送入伍的旗幟簇擁下，台灣省主席吳國楨（右二，手握帽子者）歡送役男當兵入伍。

置信，後來領受了匪共的虐害，才知道人家的訴說，還嫌描畫不夠。為了拒絕毒蛇猛獸來傷害自己，唯一有效的辦法，就是大家拿起利器來打死它。同樣，為了避免匪共來血洗和蹂躪台灣，也只有服兵役，荷起槍來和他們決鬥！」

在濃厚的戰爭氣氛中，反共教育強化了，尤其關於共產黨鬥爭清洗的宣傳更無時不有，光復以來的備戰情緒達到高峰。國防部下達徵兵令之後，台灣省政府立刻執行，向全省二十一縣市及陽明山管理局轉達此令，配額如下：台北市九〇九名、陽明山一二四名、台北縣九二三名、基隆市二七七名、桃園縣六三〇名、新竹縣六四四名、苗栗縣六二二名、台中市三七八名、台中縣八五六名、南投縣五四九名、彰化縣一二八〇名、雲林縣九四六名、嘉義縣九七一名、台南縣一一二八名、台南市四一五名、高雄縣八二三名、高雄市五一三名、屏東縣八六〇名、台東縣二一三名、宜蘭縣四七〇名、花蓮縣三二二名、澎湖縣一四七名。至於徵調汽車司機一千名，年齡由二十四歲至三十四歲，待遇為每月新台幣三百元，較一般汽車司機待遇為優，主要是為美軍顧問團工作。

無黨籍的台北市長吳三連就省政府頒佈徵兵令一事發表談話，他說：「此次徵兵最主要的目的乃是保衛台灣，也就是保衛自己的家鄉，我希望本省青年踴躍參加這報國的隊伍，共同保衛家鄉台灣⋯⋯。反共抗俄是我們的精神，反攻大陸是行動對象，我相信反攻大陸必定成功，台灣青年將來的出路也是在大陸，所以為了台灣青年將來的發展之計，台灣青年必須參加這個行動，打到大陸去。」

▲台北市民歡送新兵入營大會，各區新兵代表上台接受獻花、頒旗。

８月１２日，全省各縣市新兵陸續報到入伍，各縣市府均舉行歡送大會，場面十分熱烈。台南市役男和駐軍五千人在忠烈祠舉行大會，會後遊行市區，家家戶戶懸掛國旗，爆竹齊鳴，車站擠滿了歡送人群。宜蘭新兵入伍日，市內理髮店、浴室、電影戲院均免費招待壯士。桃園新兵在市區遊行，商店均懸旗鳴炮。基隆市新兵入伍，市民們熱情地圍繞著遊行列車。台北市民亦盛大歡送役男入伍，家家戶戶揮著五彩繽紛的旗幟。全省各地均洋溢著高昂的情緒士氣。為了進一步振奮新兵的士氣，國防部頒佈了幾首出征歌曲，提供入伍役男於報到當天晚上集體練習。其一為蔣中正總統親自編訂之「反共復興歌」，歌詞如下：

打倒俄寇，反共產，反共產，消滅朱毛，殺漢奸，殺漢奸。收復大陸解救同胞，服從領袖，完成革命，三民主義實行，中華民國復興，中華復興，民國萬歲，中華民國萬萬歲！

另有「出征進行曲」，歌詞為：

乾坤轉，宇宙變，舉世皆騷然，砲聲緊，槍聲酣，除暴吾當先，蘇俄逞強，屢寇鄰邊，貪心終不饜。病夫已癒，睡獅已醒，散沙已成團，悠久歷史五千年，豈容爾摧殘。帝俄夢，南下心，莫讓再實現，看我等振臂起，重整舊河山，號角頻吹，戰鼓正急，地動山河撼，蘇俄不滅，共匪不平，出征誓不還，熱血漲、矢志堅，奠我中華萬萬年！

這兩首軍歌不僅在部隊中教練，後來亦向學校和社會推廣，在學校以及各個國家慶典場合中演唱，反覆向民眾廣播，以致後來幾乎人人均能琅琅上口，成為反共抗俄時代的象徵歌曲。

此外，徵兵制的實施代表台灣步入長期的戰備狀況，深遠地影響了政治與社會的組織運作形態。隨著政局的鞏固，徵兵制度的運作日趨熟練，徵兵的範圍擴大，服役的時間也加以延長。同時為了防止逃避兵役，也制定了許多規定，諸如役男不得出國、不得考夜大等等，形成了特殊的社會現象，直到１９９０年代之後才逐漸予以解除。

徵兵制的長期實施使當兵成了台灣男子成長的必經之路，對社會的一體感具有正面的效果。而當兵也成為一種檢視公平與否的象徵，尤其權貴子弟設法逃避兵役或在軍中行使特權，每當揭露之時必定引起輿論大譁。雖然到了１９９０年代以後，台灣的軍事戰略轉為海空軍的防禦，陸軍兵員的需求大幅降低，以募兵制取代徵兵制的呼聲時而可聞，然而面臨中共持續不斷的軍事壓力，徵兵制對內對外均具有高度的政治象徵作用，所以即使社會承平多年仍無法輕言改變。但已逐步減少徵兵員額，並實施替代役，使兵役制度產生了不小的變化，以適應更新的社會局勢。

1951 保護養女運動展開

改善不合時宜舊俗　婦女人權大幅提升

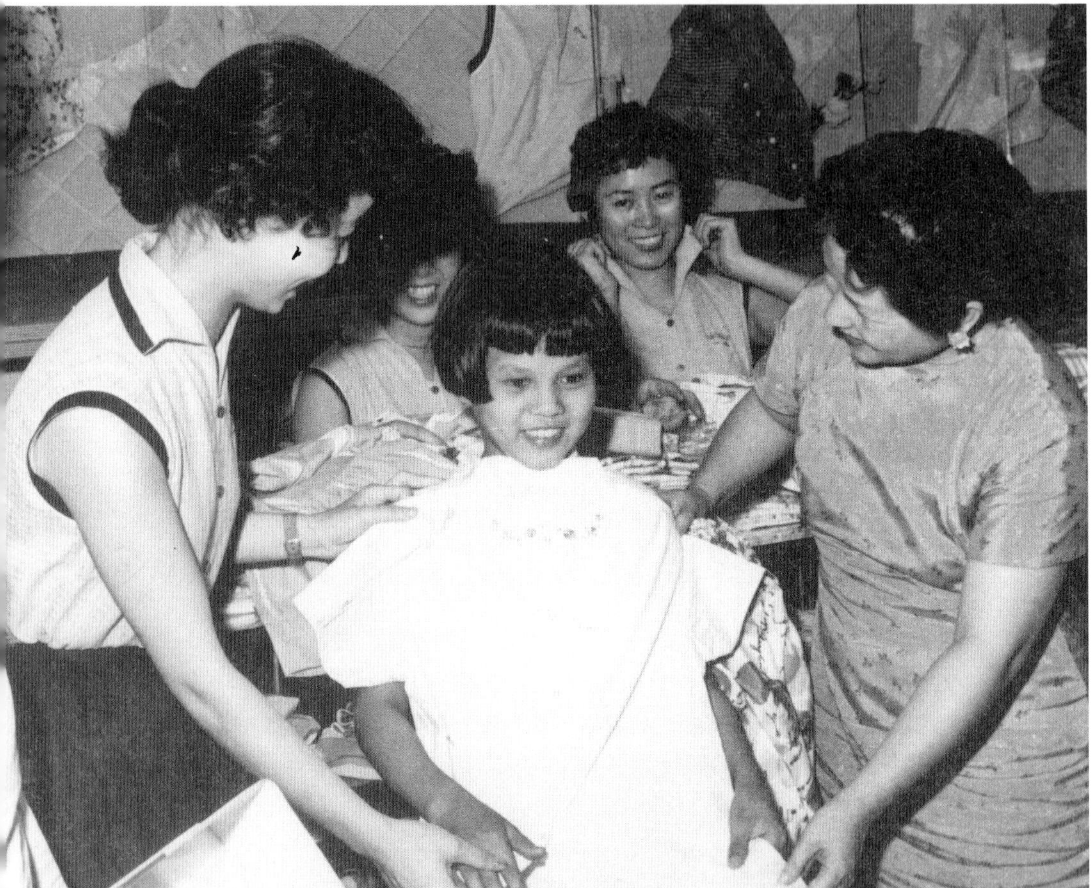

▲保護養女委員會為養女量製新衣服，開啟她們嶄新的人生。

「台灣省保護養女運動委員會」於1951年7月24日在台北市中山堂光復廳舉行成立大會，計畫運用政府的機制和資源，協助命運悲淒的養女改變生活，同時喚起社會大眾有關婦女人權的意識。

養女制度是台灣傳統社會的陋習，由於極端重男輕女的觀念使然，一些貧窮家庭生了女兒之後不願扶養，把女兒送給其他人家。除了少數的例外，大部分的養父母對收養

◀兩名養女至保護養女委員會請求保護，工作人員正為她們辦理手續。

女孩並不是基於愛心與關懷，而是當成一樁買賣。雖然他們提供養女簡單的吃穿，但卻不給她們受教育的機會，而是當成童養媳，從小就逼迫他們勞動，一旦長大了則當她們是買賣婚姻的貨品，索取高額的嫁妝，不少養父母甚至將養女賣到酒家或妓女戶。因此養女制度無疑是不合時宜的社會習俗，並且成為不平等和破壞人權的象徵。

台灣的養女制度源於福建，日本占領台灣以後，雖然將現代的教育制度和觀念帶進台灣，但是日本本身也是男女尊卑分明的社會，女性的地位甚至較中國人社會為低，因此台灣社會在日本殖民統治下許多建設有顯著的進展，但是養女制度不僅沒有任何改變，反而因資本主義的興起，使得養女商品化的程度更高，造成的悲劇更多，成為嚴重的社會問題。

國民黨政府遷台的第二年，國民黨中央婦女運動委員會開始調查養女陋俗的相關資料，並邀請有關的社團機關舉行座談會，其主要成果如下：（一）請各縣市清查全省養女數字，經統計為十一萬九千五百四十六人。關於養女糾紛問題，請各界熱心人士函告，當事人將代為守密。（二）關於保護養女意見之徵集與整理及有關法令的研究與建議，一旦收養關係終止後，婦女的職業訓練與救濟方案。（三）發動輿論以引起社會的關注，經常提供養女被害實況材料給報社、通訊社、雜誌社、廣播電台、劇團、文化團體，以進行養女人權的社會宣傳工作。（四）在養女關係存續期間，協助保障養女的權益，對於苦難養女的就業和婚配，將提供安排。

保護養女運動委員會成立當天，有各機關首長、台北市各區里鄰長太太、各界婦女代表、各校女學生等一千餘人出席。大會主席任培道致詞時說：「本省之養女，數達十一萬九千餘人，其中絕大多數是受養父母的逼迫，做著奴隸婢妾童養媳，乃至娼妓，以致養女制度變成極殘酷而無人性的一種制度。許多不屈服、不甘墮落的養女們，雖然起來反抗養父母的迫害，跳出養父母設下的陷阱，可是有的由於本身能力不夠，或是沒有社會關係，茫茫人海中，畢竟找不到一技之棲，有許多因為養父母防範甚嚴，或者身分證被養父母扣留，以致縱有自力更生的志願，亦卒難逃養父母的魔掌……。」

此外，大會也安排了三位養女親身訴說她們淒涼的身世，聞者無不動容。第一位是鄭惜梅，桃園人，二十歲，已經做了兩個孩子的媽媽，可是因為她的丈夫交不出巨額的聘禮，到了現在不但不能正式結婚，她的養父母還時時逼迫她改嫁，把兩個孩子給他們做「養孫女」，繼續他們母親的悲苦命運。第二位是吳秀玉，稍早曾遭養父母刊報「警告」，五歲就被生父母賣到妓院，一年後又被輾轉出賣，如今落到一個叫吳玉清的女人手上，被迫出來作下女，勞力所獲全部繳給養母，但是養母並不滿足，不斷設法迫使她以不正當的手段賺取更多的錢。最後一位是溫秋桂，北投人，十九歲，自幼受到養母的虐

▲台灣省保護養女委員會成立週年紀念大會。

待，她一再逃回生母家，生母不敢收留，年紀稍大才逃出來讀書，現在就讀台北女師，暑假中留校服務，不敢回家。

以上三位是接受保護養女運動委員會協助的案例，透過她們現身說法，不僅感動了社會大眾，也鼓舞了更多的悲苦養女站出來為自己爭取權益。保護養女運動透過大量的社會宣傳，逐漸成為社會的共同認知。保護養女委員會隨後數年直接協助救濟了上萬名的養女，其中包括就業與婚配的安排。１９５５年8月２９日，台灣省議會通過改善養女習俗的法令，正式將保護養女法制化，其中主要內容是確立養女的法律地位，規定養女有繼承權，有婚姻自由，以及地方警政單位有保護區內養女人權的義務，以及各公私立救濟機構有義務收容苦難養女等。

隨著保護養女運動委員會以及社會大眾的共同努力，有關養女人權的問題逐步獲得改善。此外，經濟的繁榮與教育水準的提高，亦使得收養習俗不復從前，到了１９６０年代中期，養女制度大抵上已成歷史名詞。總之，１９５１年由當局組織發動的保護養女運動，且有推動時代進步的意義。其過程也出現許多感人的故事，後來幾年主持保護養女運動的呂錦花成為養女心目中共同的母親。此外，由於養女出身卑微，在安排對象中常介紹給大陸來台單身軍人，保護養女委員會則贈送棉被、戒指等禮品。這種社會基層中本省與外省的通婚，生活雖然清苦，卻因有著共同的命運，而享有幸福溫馨的家庭生活，為台灣社會留下了感人的見證。

▲為了爭取婚姻自由，三位養女在「保護養女委員會」的協助下，舉行集團結婚。

1952 中日簽訂和約

幾經磋商終達共識　兩國關係重獲正常發展

▲中日和約由中華民國外交部長葉公超（左坐者）和日本代表河田烈（右二）共同簽署，會中由河田烈致詞。

中華民國全權代表葉公超與日本國全權代表河田烈於１９５２年4月２8日，在台北簽署「中華民國與日本國間和平條約」，正式結束兩國之間的戰爭狀態。

這項簽約儀式下午三點在台北賓館舉行，中華民國方面有談判代表、政府官員及民意代表百餘人出席觀禮，日本方面則有河田烈的首席隨員木村四郎七以及中田憲千代、後宮虎郎、力石健次郎等代表。葉公超在簽字後致詞說：「自從民國３４年9月２日以來，本國政府就曾以全力不斷的與其他盟國共同努力，以期為日本國早日獲致一項公平而不報復的和平。今天日本國已建立一個穩定而能負責的政府、日本人民已能充分表現出他們對於自由和民主的生活方式的信念。……中華民國國父孫中山所制定的政策，是只有藉中日這亞洲兩大鄰國的誠意合作，亞洲始能確保安定。」蔣總統依照這一政策，曾在中華民國40年6月18日再度聲述：「本人於民國34年9月2日後不久，即一再聲稱：『中國對日本不採取報復主義，而應採取合理的寬大政策，並以種種直接間接辦法，以期對日和約及早完成。』」河田烈在致詞時則回應說：「本條約是根據和解精神及兩國國民傳統的友好關係而起草的。……中華民國總統閣下的寬大風度，已經十分表現於我國民特別所關懷的諸條款裡，本人樂於向閣下保證：我國國民對如此寬大之表現，必將以深切感謝的情緒，永誌不忘。」

葉公超與河田烈所提及中華民國的寬大政策是指和約中議定書(一)之(乙)所言：「為對日本人民表示寬大與友好之意起見，中華民國自動放棄根據舊金山和約第十四條甲項第一條日本國所應供應之服務之利益。」意即中華民國放棄對日本的戰爭求償。

儘管這項和約是中日兩國人民自甲午戰爭以來首度正式走向和平的法律文件，但因中國大陸出現全面的內戰，國民政府敗守台灣，中共在大陸建立共產政權，世界劃分為資本主義和社會主義兩大陣營，因此和約簽署的背後摻有國際政治的角力，過程崎嶇。

1945年8月15日，日本投降後，中日兩國即著手進行戰後的善後工作，戰爭期間，同盟國曾於「開羅會議」和「波茨坦會議」中明定日本須歸還一切占領之中國之土地，包括台灣和澎湖群島，此乃台灣、澎湖回歸中國的國際法律依據之始。日本投降後，蔣中正總統曾數度發表對日本寬大政策的講話，不僅在於彰顯中國人的王道精神，也在於避免對戰敗的日本過於嚴苛，以為新的世界秩序作準備。在此思維的指導下，中華民國政府代表何應欽和陳儀先後在9月9日和10月25日完成了南京受降和台北受降儀式，並協助日軍戰俘與日僑在一年的時間內撤回日本。

雖然如此，中日簽署永久性和平條約的時機卻受到戰後共產主義勢力迅速擴張的影響，蘇聯扶植北韓政權、中共部隊席捲中國大陸，接著北韓部隊又揮軍南侵，事態的發展直接衝擊到美國改造日本的進度和內容。為了避免日本左翼勢力迅速壯大，美軍駐東京當局對戰前勢力的清算大幅縮小，僅將清算矛頭對準主要的軍事首腦，大抵上保持了戰前工業生產的結構及其代表性人物。這種作法的目的在於保持日本的國力，以做為美國在亞太地區反共聯盟中的重要成員。

1950年後，改造日本的工作近於尾聲，加上韓戰爆發，日本恢復主權國身分的時機成熟，美、英、法、俄等主要聯合國成員開始與日本新當局討論簽署和約的內容，然而此時中華民國政府已退守台灣，英國基於維護香港殖民地的利益，率先承認中共所建立的中華人民共和國。因此原本中華民國做為對日作戰的主要國家，卻因中國代表權的問題以及中共可能渡海攻台的危機，不但無法爭取參與和約內容的簽定，本身反而成為國際政治棋盤上的棋子。

１９５１年9月3日，在中華民國政府未受邀參與的情況下，美英法等四十八個國家與日本簽署了「舊金山和約」，終止了與日本的戰爭狀態使得日本恢復主權國家的地位。關於日本與中國的關係，和約中的第二條提及「日本放棄台灣和澎湖群島以及南沙群島及西沙群島之一切權利、權利名義和要求」，不過卻未明言這些原來由中國占領的土地將歸還中國，其目的在為「台灣地位未定論」主張製造法理上的依據。

美國政府這麼做的原因在於面對共產中國勢力的擴張保留扶植台灣獨立的可能，同時也為武裝介入台海情勢提供法理上的正當性。儘管如此，美國同時又催促日本與中華民國簽署雙邊協定。整體上，美國的戰略目的就是將南韓、日本、台灣、菲律賓等納入西太平洋的防衛線。中華民國政府十分清楚美國的戰略部署，在求生存上無可避免地要尋求美國的武裝支援，但也不能因為政黨或政權的一己之私而犧牲中國領土和主權的完整。因此，蔣中正總統在反對共產主義、防止台灣被赤化，以及維護全體中國人的利益上，同時與中共和美國展開徹底的鬥爭。

「舊金山和約」簽署前後，中華民國政府均曾發表嚴正聲明，抗議中華民國被排除在簽約國之外，民間各團體亦集會發表抗議書。自由中國勞工大會發表聲明說：「對日作戰中，我國犧牲最大，受禍最烈，且死傷軍民達數千萬之多，此項貢獻，早經開羅會議及波茨坦宣言所承認，並宣佈中國為擬訂對日和約政策主要國家之一。現今中華民國

▲中日和約簽署後，根據和約內容，東京巢鴨監獄釋放一批日軍戰犯。

政府仍為全世界大多數自由國家所承認的唯一合法政府，倘美國政府因少數抱有自私觀念國家之反對，而拒絕我參加對日和約簽字，此舉不獨違背聯合國之精神，且對我抵抗共產侵略之決心，實為一種嚴重之打擊。此種含有歧視性，並又喪失真實價值之對日和約，中國人民誓不承認。」

儘管中華民國朝野普遍不滿，但因美國宣佈「舊金山和約」將於１９５２年4月２８日生效，因此台北只得加緊與東京進行雙邊和約的談判。中方全權代表為外交部長葉公超，日方全權代表為特使河田烈，雙方經過三次會議，主要爭議點在於中華民國所能代表的有效治理的領土範圍，這點涉及日本與中共的關係，台北方面堅持使用「未來將收復的領土」一語，東京方面則反對。此外，台北要求特別載明前「滿洲國」財產（尤其是在日境的財產）歸還中國，東京則不願碰觸「滿洲國」的字眼，會議曾一度陷入僵局，不過隨後又各自讓步，在一些特定字眼上反覆推敲。到了4月２７日即「舊金山和約」生效的前一天，雙方終於在細節方面獲得完全協議，並於２８日舉行簽約儀式。

中日和約載明其法源是「舊金山和約」，同時根據該和約第二條訂定中日和約。至於第十條則指「就本約而言，中華民國國民應認為包括，依照中華民國在台灣及澎湖所施行，或將來可能施行之法律規章，而具有中國國籍之一切台灣及澎湖居民，及前屬台灣及澎湖之居民及其後裔；中華民國法人應認為包括，依照中華民國在台灣及澎湖所已施行，或將來可能施行之法律規章所登記之一切法人。」此外，「照會第一號」指出「本約各條款，關於中華民國之一方，應適用於現在中華民國政府控制下或將來在其控制下之全部領土」，在「同意紀錄」中日方則同意「或將來在其……」的字樣，可認為具有「及將來在其……」之意。這些費盡心思的字眼意指，日本間接承認中華民國政府有反攻大陸的權利，以及中國的領土和主權具有其完整性，終使得「中日和約」順利簽署。

總之，「中日和約」在「舊金山和約」生效的前夕簽署。日本恢復主權獨立地位，台北與東京的法律關係亦告確定。次日，美日安保公約亦生效。根據此約，美軍將續留駐日本，以便進行韓戰，並保護不設防的日本。美國總統杜魯門發表聲明，相信日本將協助抵抗共黨，日本首相吉田茂則在日方的聲明中表示：「我們感激各盟國領導及協助我們，並給予我們歷史上空前未有的寬大和平的是我們國家為走向和平而經過長期及忍耐的辛酸，而終於獲得現在的成果。但不幸我們的前程被共黨的威脅所晦暗，他們利用惡毒宣傳、滲透及武力，公開的武裝侵略來征服世界，在環境及能力允許的情況下，日本應逐漸建立本身的防衛力量。」

因此自１９５２年起，由美國主導的西太平洋的戰略架構立下了雛形，「中日和約」應視為其中的一環。雖然如此，中華民國亦全力在其中維護全體中國人的利益，不過因政治現實所做出的若干讓步，尤其是主動放棄戰爭求償一事，仍在中國人之中引發強烈的爭議，其情緒的波動仍持續經年方告平息。

1952 李友邦事件與台灣義勇軍

投身革命致力台灣重獲自由
不幸因案槍決真相至今不明

曾任國民黨台灣省黨部副主委、著名台籍抗日將領李友邦於1952年4月22日，以「參加中共組織、在台掩護中共地下人員，意圖顛覆政府著手實施」的罪名，由三軍總醫院病床抬出去槍決。隔日，槍決布告貼在台北車站，不過家屬從未領到任何判決書。

事實上李友邦遭到逮捕後，家屬就未曾見過他一面。李友邦的女兒四十年後撰文說：「有人私下提起父親被監禁的最後幾天，滿面通紅眼睛泛血，他是在4月22日被祕密謀害的，有些人甚至懷疑父親是在監禁時過世的，所謂槍決只是混淆視聽，我不忍想像父親被捕後所受的冤枉和迫害，但我深信他始終堅持凜然不可犯的浩然正氣。」

◀ 李友邦將軍在福建訓練台灣義勇軍時留影。

李友邦的槍決是國民政府遷台後的重要歷史事件，由於涉及現實政治的因素，到了本世紀末，事件的真相仍未大白。不過也由於李友邦的台籍背景，以及他在日本殖民統治時期所代表台灣人的祖國意識，李友邦生平事蹟象徵著台灣史的重要一頁，雖然以悲劇告終，但仍不掩其時代的光芒。

李友邦原名李肇基，１９０６年生於台北和尚州，即後來的蘆洲。李友邦雖然生於富裕之家，享有較一般人高的生活條件，如果歸順日本統治者，必可像一些士紳家庭一般封爵受祿；不過李友邦有著強烈的民族意識，李友邦入台北師範學校以後，隨即加入祕密反日組織，製作反日傳單。１９２１年，以林獻堂、蔣渭水為首的台灣文化協會成立，十七歲的李友邦立刻加入，李家大院也就成了文化協會活動的場所，實質上也就成了抗日知識分子從事集會的地方。

１９２４年李友邦與林木順、林添進等八、九位同學襲擊派出所，被學校集體開除。這年9月，李友邦前往中國大陸，成為廣州黃埔軍校第二期學生，從事革命運動。此外，李友邦還成立了「台灣獨立革命黨」，宗旨是「為結合台灣各族人民驅逐日本帝國主義在台灣的一切勢力，使台灣脫離日本的統治，而返回祖國」。這段期間正值國共第一次合作，同時受到蘇聯革命勝利的鼓舞，受殖民侵略國家的人民興起一股向蘇聯學習的思潮。在中國，馬列主義成了知識階層中的進步思想。廣州作為中國革命的基地，亦有許多左傾思想的團體，李友邦與台灣留學生革命團體有著密切的往來，這些組織的一些成員後來參與創立了台灣共產黨，對鼓動島內反

◀ 由台灣義勇軍的子弟組成的「台灣少年團」，在福建進行訓練。

▲「台灣少年團」進行操槍訓練，成員訓練時士氣顯得相當高昂。

殖反帝的共產主義運動起了重大的作用。

不過等到１９２７年，國民黨實行清黨，剷除黨內的共黨分子和左翼勢力，１９３２年初，李友邦遭國民黨逮捕入獄，到了１９３７年始出獄。這一年也是西安事變爆發，國共實行第二次合作的關鍵期。

抗日戰爭爆發後，李友邦畢生奮鬥的民族解放大業終於出現實現的契機，他前往浙江金華恢復了「台灣獨立革命黨」。此外，李友邦還整合閩浙一帶的台灣同胞組成「台灣義勇隊」，同時台胞子弟也組成「台灣少年團」，宣傳抗日活動，為在抗戰中受傷的軍民提供醫療服務。這段期間，李友邦與浙江籍女子嚴秀峰結婚，並被授予少將軍銜，是台籍人士在國軍當中位階最高者，也是旅居大陸的抗日台胞的實質軍事領袖。

１９４５年日本戰敗後，李友邦以三民主義青年團台灣區團部主任的身分率領義勇隊成員和家屬返回台灣，不幸的是光復後的台灣未能走上和平建設的康莊大道，反而因捲入中國的內戰，造成經濟蕭條、社會混亂。二二八事件中，許多三青團幹部加入暴動，甚至成為二二八事件處理委員會的重要成員。行政長官陳儀以李友邦幕後鼓動二二八的罪嫌將其逮捕，押送南京，後因查無實據，被監禁三個月後予以釋放。

１９４９年中華民國政府遷台後，李友邦在三青團的老長官陳誠提拔他為國民黨台灣省黨部副主委，不過隔年嚴秀峰即以「參加中共組織」的罪名遭到逮捕，接著經過一年後，李友邦亦以同樣罪名遭到逮捕，而且被祕密槍決。李友邦的女兒對此寫道：「我們所深愛、曾經朝夕相處的父親，突然離我們而去，泣血悲痛之餘我的幼弟們既無法公開發喪，亦不願將父親的骨灰入土安葬，以表示我們沈痛的控訴。父親的骨灰一直陪伴在我們身邊，我們也就近繼續向父親訴說那深深的思念與敬愛，一直到我大學畢業出國，我們才恭謹地將父親的骨灰安葬在他熱愛的鄉園，依望淡水河的觀音山麓。」

就如同１９５０年代的政治案件中，李友邦事件沈寂了四十年之久，一直到１９９２年４月１８日，各界人士才在台北縣蘆洲鄉舉行了「紀念李友邦先生逝世四十週年追思大會」，紀念禮堂中央掛著李友邦先生的遺像，上方掛著一幅李友邦親書的遺墨「復疆」、國大代表陳重光、立委林正杰、台北縣議長陳萬富、前台灣義勇隊成員多人、學者戴國煇、王曉波、尹章義等，以及李氏家族等共一千多人參加。

▲李友邦將軍在北伐前即赴大陸，實際投身於國民革命行列，並將台胞子弟組成「台灣少年團」，是台胞參與抗日戰爭的一個象徵。

嚴秀峰在致詞時表示，看到許多李友邦生前的故舊、同志前來參加追思，還李友邦歷史公道，使李友邦的冤屈在四十年後能重見陽光，他如地下有知一定會感到欣慰。她說：「當有一天我完成了所有的任務，到天國與友邦重聚，他對我說一句辛苦你了，謝謝你，有了這句話，我四十年來忍受的苦難、折磨、煎熬都將化為烏有，從那時起，我倆為真理堅持的摯誠，將能直到永遠、永遠……。」

李友邦是不是中共黨員？是否肩負著在台灣發展組織的任務？真正能回答這個問題的只有中國共產黨，然而在兩岸的政治對立現實中，這樣的問題在很長的時間內都不可能獲得真正的答案，這樣的情況不僅出現在李友邦事件中，也是所有因涉嫌參加中共組織，而遭槍決的政治事件共同面臨的問題，本質上是歷史問題，而歷史問題需要歷史本身的沉澱才能逐步地釐清真相。儘管如此，李友邦出身於台灣望族，卻堅拒日本殖民當局的威脅利誘，一生堅守民族志節，忠貞不貳，最後雖犧牲於國共內戰的政治環境中，但他的事蹟已成為台灣史的重要見證。

1953 耕者有其田全面實施

循序漸進避免流血革命
順利完成奠定經濟發展基礎

▲國民政府於台灣推動土地改革，實行耕者有其田政策，得到耕地的農婦抱著子笑逐顏開。

台灣土地改革的最後階段「耕者有其田」於１９５３年1月正式實施。這項政策從根本上改變了台灣政治和社會的基本結構，使得經濟發展步上軌道，奠定了國民黨政府治台的基礎，影響深遠。

在農業社會中，土地是主要的生產要素，農民養家餬口需要仰賴土地，有了土地才能從事基本生產，因此土地的擁有與否將決定人民的生計問題。土地所有權的分配方式實質上就是社會資源的分配，它將決定社會和政治結構。如果這種分配嚴重不合理，農民受到無情的剝削，如此不僅生產力低落，甚至會因貧窮和飢餓造成政治上的動亂。

由農業社會化為工商業社會，首先面臨的就是土地分配的問題，這是政治現代化與民主化的關鍵。與中國大陸相比，台灣是差不多到了明末清初才形成較具規模的漢人社會。清代，台灣土地結構與中國歷代雷同，處於封建地主社會的狀況，在買賣兼併中形成大地主、小地主、佃農三個等級。又因地理位置偏離中央政權，大地主所組成的宗族勢力常形成實際的地方管理職能，擁有私人武力，維持宗族地域內的秩序。至於武裝力量的使用則視外在情勢而定，既可抵禦外侮，亦可保障自身利益。

１８９５年日本據台之後，大力發展農業，大規模測量農地，興建水利灌概系統，引進優良的農產品種，對台灣農業生產有一定的提升與幫助。不過在土地所有權結構上，基於日本帝國主義的政經權力生態，日本殖民政府並沒有碰觸基本的問題。相反地，殖民政府與地主階層形成統治的聯合體，在他們之外的基層佃農人口最多，但在經濟、教育和社會地位上卻最居弱勢。

隨著日本戰敗，國民政府收復台灣以及國共內戰的爆發。台灣的土地結構面臨了新時代的衝擊。共產黨的革命火苗在全世界燃燒，打的就是窮人翻身的口號。具體實踐手段就是鼓動農民以殘酷的手段鬥爭地主，強分田地。中國共產黨在大陸即以此方式鞏固農村政權，獲得充沛的兵員，也出於打著社會平等的理想旗幟，對知識分子產生相當的吸引力。這股共產主義思潮也蔓延至台灣，尤其自二二八事件之後，台灣民心對國民政

▲台灣土地銀行為確保耕者有其田政策成果，舉辦新農貸制度。圖為該行在放款前邀請農民集會解釋，並請農民按其需要舉牌表明。

府的施政普遍不滿，中共在台組織得以迅速擴張，在北、中部的佃農階層中具有愈來愈大的政治影響力，台灣也面臨了土地革命的風暴。

自1948年開始，國共內戰出現戰略性轉折，解放軍節節勝利，東北、華北相繼喪失，解放軍進入北平。加上國民政府無法改善各種政治、經濟、社會問題，漸失人心，江山已有易手的跡象。於是蔣介石總統任命陳誠掌管台灣，先行整頓政經軍事部署，作長期內戰的準備。

1949年，國民政府在大陸兵敗如山倒之際，陳誠卻已在台灣完成初步金融改革，壓制共黨勢力，穩住局面，為國民黨政府自大陸撤退提供一安身之地。接著陳誠在台最重要的施政就是土地改革，目的在於吸取大陸失敗的教訓。儘管「平均地權」是孫中山學說中的基本主張，但由於既得利益者與派系勢力盤根錯節，內在阻力甚大，國民政府在大陸始終無法實施。不過等國民政府撤退來台後，由於屬於「外來者」的角色，內在牽絆較少，反而容易貫徹，順利完成了土地改革。1949年2月，陳誠上任台灣省主席的第二個月，即公布實施「三七五減租」，規定自這一年第一期農作物收割繳租起，租額不得超過正產物收穫量的千分之三百七十五。這是第一階段的土地改革，目的在於降低佃農的負擔，拉低農地的價格，使得佃農得以累積資金購置農地。根據陳誠的報告，土地改革的第二階段是放領公有耕地，第三階段則是普遍實施耕者有其田。這一改革深刻衝擊了原有地主的既得利益，並對台灣社會結構影響深遠。但如此劇烈的土地改革卻沒有引發強烈的政治衝突，據分析除了由於陳誠集黨政軍大權於一身，能貫徹執行其政策，作風廉潔，杜絕貪污剝削之弊，以及台灣社會民情較單純，易於掌控等原因之外，許多史學家相信，二二八事件導致地主階層內心恐懼不敢反對，亦是重要原因。

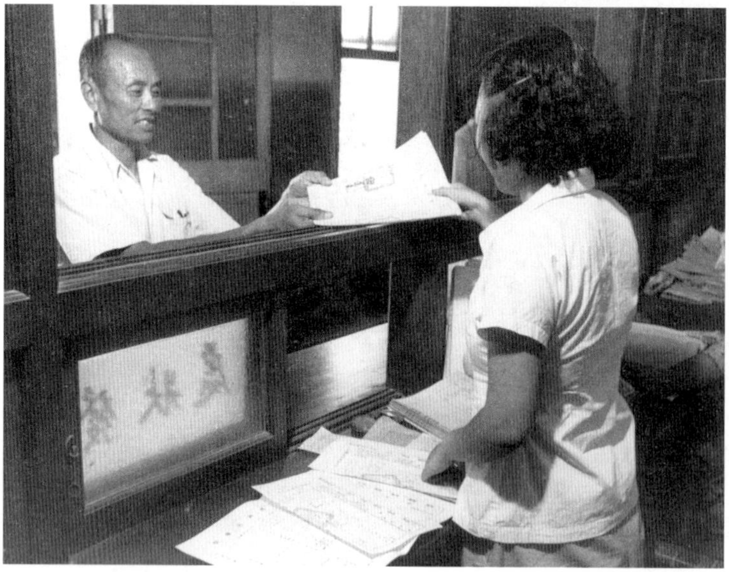
▲地主向有關單位繳交土地所有權狀。

1951年3月，陳誠以行政院長的身分主持公地放領，放領範圍以耕地為限，全省出

▲政府工作人員登門拜訪，將放領耕地通知發送到民間各個農戶之手。

租公有耕地總計十萬六千九百五十九甲，放領對象以原承租耕農為主，還有為僱農、佃農、半自耕農以及轉業為農者。公共放領分為九期，時間長達十四年，共放領十三萬餘公頃公有耕地，承租戶達二十三萬六千餘戶。

最後一階段土改則是最重要的「耕者有其田」政策，目的是將地主的田地以合理補償的方式分配到農民手中，使雙方各得其所，促成生產力的全面解放。１９５２年１２月，陳誠發表「耕者有其田」政策的主要內容，其中包括地主無論自耕與否，一律得保留其出租耕地七則至十二則，水田三甲。超過其出租耕地七則至十二則，水田三甲。此限的私有耕地，由政府以購買方式徵收；地價按耕地主要作物正產品全年收穫量的兩倍半計算，政府支付方式則是三成以水泥、紙業、農林、工礦四公司的公營事業股票，另外七成則搭配分發實物土地債券。政府用這種方式徵收土地，再以低價貸款的方式分售於農民，實現土地重新分配的最後目標。

這項政策推動的成果，共徵收放領了耕地十四萬三千多甲，占私有出租耕地的百分之五十五，被徵收土地的地主有十六萬六千多戶，占全部登記地主的百分之六十，受領耕地農戶計十九萬四千多戶，占承租私有耕地佃農的百分之六十五。結果，佃農的比例大降為全體農民的百分之十七，成為少數。

「耕者有其田」政策之成效無疑是巨大的，它改變了台灣的社會結構，奠定了經濟和社會平等的基礎，避免了流血革命在台灣發生。至於政治上，無論是大地主轉化為日後的工商業者，或是獲益的農民組成的地方農會組織，皆成為國民政府在台有效治理的重要社會基礎。而台灣民間對陳誠亦懷抱深厚的感情，即使在陳誠過世後，亦未嘗稍減。這場於１９５０年代初成功完成的土地改革，在台灣社會發展史上無疑是具有無比轉折意義的里程碑。

1953 異域孤軍悲壯史詩

血戰滇緬邊區寫下反共傳奇
過程艱辛感人至今仍待援手

▲在召開四國會議之後，首批滇緬邊區游擊隊抵達台灣，接受歡迎群眾的獻花。

滯留緬甸北部的國軍部隊和眷屬於１９５３年１１月開始撤離來台，由美國民航運輸公司擔任運輸工作，第一期撤走二千三百多人。１９５４年2月，第二期再撤走三千四百多人，總共撤走五千多人。撤來台灣的部隊均屬原國軍第八軍和第二十六軍正規建制的官兵，其餘地方的反共武裝則續留緬甸、泰國北部邊界，與中華民國政府保持連繫。這一段歷史即是震動國際社會的「異域孤軍」故事，是時代巨變中的餘波蕩漾，有血有淚，歷數十年而不衰。

１９４９年春，國共內戰三大戰役結束，國共兩軍出現戰略性的消長。年中開始，共軍分為一野、二野、三野、四野等四大集團軍向國民政府發動總攻擊，勢如破竹，半年左右即席捲大陸。國軍呈現崩潰狀態，各部不是遭到圍殲，就是投降，殘餘軍力四處流竄。由於北方已為共軍所據，殘部多流向東南沿海島嶼，再轉往台灣，或者退至緬甸和越南，並努力保持原有建制，繼續與共軍戰鬥。

其中原為駐守西南地區，由李彌將軍所率第八軍和第二十六軍在元江遭共軍圍殲，死傷慘重，餘部分兩股僅剩一千多人，逃入緬甸境內，與緬甸國防軍發生衝突，歷經苦戰後終於獲得一立足之地。隨後李彌在緬甸伺機重建武力，收編緬北華人游雜部隊，擴充至三千人左右，組成「復興部隊」，設於緬北小猛棒，被外界形容為「孤軍」。中華民國政府遂利用這支武裝建立海外反共基地，改編為兩個師，並稱之為「雲南反共救國軍」，總部設於猛撒。

１９５１年3月，孤軍近三千餘人反攻大陸，奮戰兩個月後失利退回，不過沿途有幾支地方武裝加入，退回猛撒時兵員已增至兩萬。此後部隊在緬北休生養息，並對大陸實行突擊行動，一度擴增至三萬人之譜。對於緬甸政府而言，孤軍是一支入侵的外國軍隊，占領著北邊國境，但因緬甸本身內亂嚴重，緬甸政府暫時無暇顧及，而且某些程度上孤軍可說替緬甸擔當著防共的前哨，只要孤軍不進一步進入緬甸，緬甸政府也就暫時可以容忍。

▲第二批返回台灣的滇緬邊區游擊隊步出機場，搭乘卡車前往市區。

◀ 滇緬邊區游擊隊舉著國旗與反共標語開始進行撤退。

但等到了1953年3月，緬甸政府在內外局勢較為穩定之後，開始派大軍征剿孤軍，雙方血戰於薩爾溫江，緬軍大敗。4月間，緬甸政府向第七屆聯合國大會控訴孤軍侵略，並「促請所有國家，給緬甸聯邦政府的請求以盡可能的協助，以便用和平的方法促使這些軍隊從緬甸撤退」。這項提案獲得通過，中華民國政府遂同意撤出孤軍。1953年5月，由中華民國、美國、緬甸、泰國召開的四國會議在曼谷舉行，決定了撤軍原則。

同時，中華民國駐聯合國代表蔣廷黻在聯大報告說：「中國政府（中華民國政府）已盡了種種力量並在其權力範圍內想盡方法，促成滇緬邊區志願反共游擊隊從緬邊撤退……中國在公報中向美、泰兩國保證，志願反共游擊隊約二千人，將從緬境撤退，而在此方案拒絕離開緬境的所有反共游擊隊，中國將不予承認……這個部隊的首腦在滇緬邊區的叢林中生長和戰鬥，已形成他們一種特殊心理，他們對他們的使命抱著狂熱的信心。在這種背景下，我的政府對世界共產主義的看法，不能和那些在叢林中的人看得那麼簡單。」

11月初，在國際壓力下，孤軍完成撤離的準備，《中央社》由緬北發出的報導形容：「游擊兄弟們的生活極為艱苦，吃的是糯米飯，吃久了胃部會消化不良，以致常常難以下嚥；穿的是粗服裝、光足草鞋；住的是遍地陰濕，毒蚊成群的茅屋；行的是出沒毒蛇猛獸的瘴氣瀰漫的叢林深山……許多反共游擊隊的弟兄能與各族人民相互學習，甚至有許多弟兄，與當地土著女通婚生子，尤以與擺夷女締婚的占多數。」對於台灣各界前往機場迎接孤軍來台時的心情，《中央日報》一篇報導描述如下：「活躍於滇緬邊區志願反共游擊弟兄們……由猛撒基地陸續撤出，翻山越嶺，櫛風沐雨，經清邁而至大其力，含淚放下他們的武器，由夜柿進入泰國國境，乘車至夜柿南方三十二公里的夜莊，然後再由夜莊乘車至西南方向二百六十公里的南邦，搭乘民航隊Ｃ１６型客機，作一千五百公里的長途飛行，抵達祖國松山機場。今日台灣各界同胞，將紛紛前往機場，以高度喜悅和興奮的心情，迎接這些數度進入大陸與匪作殊死搏鬥的英雄弟兄們！」

除了異域孤軍撤退來台之外，這一年５月至７月間，滯留越南的三萬餘國軍部隊也撤來台灣，其背景與孤軍有相似之處。１９４９年底，原國軍第三兵團、第十兵團、第十一兵團在華中潰敗，其中有一部退至廣西和越南邊境，後徵得法國方面同意解除武裝，進入越南。隨後中共向法國施壓，威脅攻入越境，法方遂以國際公法為由，將這一批國軍軟禁，並由越北轉送西貢外海的富國島。另外，原駐防雲南的原國軍第二十六軍一部也逐次轉戰至雲南和越南邊界，亦解除武裝進入越北，經法方安排運送至金蘭灣。

這兩部兵力合計三萬二千餘人。中華民國政府屢向法國交涉，要求法國放行國軍部隊來台，一開始法方堅拒，後來越共分子日益活躍，以及美國施壓，法國終於同意。中華民國政府總共派遣２１艘輪船和登陸艇，分七批將國軍部隊及眷屬接來台灣，共計三萬零七十八人，滯越時間三年餘，此外有一千五百餘軍人和眷屬自願留在越南。越南的土地和富國島日後成了許多人的緬懷之地。指揮滯越國軍部隊的黃杰將軍在所著《海外羈情》中回憶：「７月２日整天，我到堤岸向各僑團辭行，感謝他們在部隊留越期間所給予的一切支援。在歡宴席上，曾即興題詩：去歲忘情曾爛醉，而今病胃怯杯多，中原自有重逢日，風雨南邦奈別……。」

無論孤軍或留越國軍來台以後，不是編入部隊繼續軍旅生涯，就是解甲歸田，融入民間。儘管中華民國政府對外宣稱與仍然留在泰北的武裝人員無關，實際上雙方仍維持著一定的聯繫，台北方面不斷以物資和人員支援泰北，泰北部隊亦不斷派人來台，其眷屬也陸續遷來台灣定居。

１９６１年，作家柏楊在報上發表長篇紀實文學，描述孤軍轉戰異域的血淚故事。由於文字流暢優美，對於戰敗流亡、別離故園、叢林求生、官場虛偽等種種情境有著十分生動的描寫，讀來令人動容，也使孤軍生活實況為人所知。當《異域》一書以筆名「鄧克保」結集出版時，立刻洛陽紙貴，暢銷多年。「異域」也就成了這批孤軍的代名詞，不僅道出了他們置身外國領土的悲壯淒苦，也盡訴那段戰爭歲月中的悲歡離合。後來也曾改拍為電影，提醒人們不忘這段慘痛的歷史。

１９８０年代初，台灣新聞界興起一股到泰北採訪的熱潮，使得孤軍後裔生活教育的艱苦狀況更為人所知，於是各界發起「送炭到泰北」活動，使得社會對異域孤軍的關切達到最高潮。不過這批人無論是留在當地，或來到台灣，都有著許多政治、經濟上難以處理的問題，無法有一個妥善的解決之道。使這段異域孤軍的血淚史至今依然殘留，令人格外心酸。

1954 韓戰反共義士來台

政府盛大歡迎視為重大勝利
跨過國共歲月勾起歷史滄桑

▲韓國反共義士歸國，乘坐卡車遊行市區，接受群眾的熱烈歡迎。

韓戰中因被美軍俘虜，而選擇前韓來台灣的一萬四千多名前中共志願軍官兵，於1954年1月23日凌晨三點，乘坐美軍的五百輛大卡車，全部撤出中立區的印度村，早上八點起由韓國仁川港登艦，陸續駛往台灣基隆港。中華民國政府將這一天定為「自由日」。

《中央日報》事先由漢城發出的報導說：「中國義士指定登車的定點是毗鄰中立區南界的聯軍前進基地裡。這裡已經開設了一個大車場，附近的地障也清除了。如果義士們是正常地有秩序地進入南界，每十五分鐘即可裝載一車隊，然後便循另一車道，駛經汶山、漢城、永登浦至富平里的愛斯康村，在那裡，他們將接受自由的洗禮。」電文還說：「22日晚，嚮往自由中國已三年了的義士，全部在仁川港搭乘聯軍為他們備妥的船隻。23日零點，自由之鐘鳴放的一刻，這十六艘船隻便將載著取得了『自由平民』身分的反共義士開始向台灣運發。」

韓戰反共義士來台不僅是國共內戰的延長，也是二戰之後全球東西兩大集團熱戰的產物。隨著法西斯的敗亡，資本主義集團與社會主義集團爭奪世界的主導權，從而在雙方勢力交界的區域爆發大大小小的戰事。在東北亞的朝鮮半島，隨著日本帝國的崩潰，北部由蘇聯支持成立了「朝鮮民主主義人民共和國」，南部則由美國協助成立了「大韓民國」，雙方以北緯三十八度為界線，簡稱「北韓」與「南韓」。１９５０年6月，隨著中國共產黨在中國大陸大獲全勝以及美國的防共政策曖昧不明，北韓大受鼓舞，於是揮兵南下，兩個月後幾乎席捲整個朝鮮半島，震驚世界。

美國對北韓此舉強烈譴責，同年9月中，由麥克阿瑟將軍指揮的聯合國軍集結了五萬兵力由仁川強行登陸，北韓軍在聯合國軍的優勢火力下，被由中間切割為二，部

幾經交涉之後，韓戰反共義士終於順利抵達台灣，在上岸後接受無數群眾的熱情歡迎。

署潰散，一個半月時間即被逼退至中韓邊界的圖們江邊與鴨綠江邊。此時剛成立一年的中共政府在聯軍逼進邊界時，面臨是否參戰的重大抉擇，美國亦審時度勢，謹慎因應。如果戰事擴大，後果將十分嚴重。

結果，在蘇聯的軍事支援下，中共主席毛澤東決定以「志願軍」的名義參戰， 由彭德懷擔任指揮，以其優勢的兵力不計死傷的投入戰場，小糞城一度又為中共志願軍攻下，後又為聯軍奪回。韓戰後期，雙方大致沿著漢城以北北緯三十八度線進行對峙，雙方皆未能取得決定性的勝利。

隨著韓戰的曠日持久，美國政局也出現重大變化。杜魯門總統與麥克阿瑟將軍就戰事是否應擴大至中國本土一事，發生激烈的摩擦，最後麥克阿瑟遭解職返回美國。從戰略而言，無論是華府或是北京都不希望戰事拖得太久。因此於１９５３年7月，交戰雙方簽署停戰協定，依北緯三十八度線劃分為南北韓，韓戰終於宣告結束。

在簽署協定之前，聯軍曾將志願軍俘虜安置於巨濟島，後擴及濟州島。中華民國駐韓大使館曾派人與志願軍戰俘取得聯繫，贈送宣傳資料和慰問品，中共亦派人來釜山指揮策動。志願軍戰俘分為兩派，一派要來台灣，另一派要回大陸，雙方爆發衝突事件，最後的協議採自願原則，不過戰俘們做最後決定前必須先接受中共代表的調查和說服。這項工作由中立國印度主持，根據協議，中共人員可在九十天內進行解釋工作，許多希望去台灣的俘虜為了表示決心，在胸前、臂上刺上反共標語，集體呼喊口號。曾擔任聯軍翻譯官的汪錫鐸後來回憶說：「當義士們一個個走進解釋帳篷以後，他們都能以銳利的目光辨別出來，誰是匪特，誰是聯軍方面的代表。有的義士進了帳篷以後，立刻衝上去要揍匪特：有的吐痰在匪特臉上；有的將匪特的桌子推翻了；有的拿起鐵椅子向匪特頭上丟去；有的與印度監護兵扭成一團，不願聽什麼解釋。……有的義士進帳篷後就失聲

▲美軍為獲釋的韓戰反共義士倒上熱飲，護送他們啟程返回台灣。

痛哭，面對匪特說:『你們太沒良心了，殺人放火，打家劫舍，清算鬥爭，富人掃地出門，窮人翻身變牛馬，出門安路條，連走路都不能自由。』」

最後，在志願軍戰俘中，總共有一萬四千餘人選擇來台灣，近四千餘人決定回大陸，北韓戰俘中約有三千餘人回北韓，八千餘人選擇留在南韓。此外，決定來台灣的志願軍戰俘中不少人原為國軍官兵，因國共內戰中戰敗或上級投降後被編入共軍建制者，也有一些是家族遭中共鎮壓迫害或對中共政策極端不滿者。他們來台灣之前，經由中華民國政府的協助，全部就地改編為國軍，換上國軍軍裝。這批上萬人的新編國軍部隊分批搭船，浩浩蕩蕩地登陸基隆，受到國際社會的高度矚目。他們列隊上岸，揮舞著青天白日滿地紅的國旗，受到大批民眾的熱烈迎接。《聯合報》的報導描述：「反共義士分乘五批車隊共一二五輛，分為五個支隊，由摩托車隊及救國團組成的腳踏車隊前導，指揮車、通訊車隨行，並有廣播車沿途播放歌曲散發傳單，陸續自下午二點十二分起經過台北市松山機場後，即沿中正東路經中山南路、介壽路、重慶南路、衡陽路……，然後經台北縣之新莊、泰山、林口至大湖住址，沿途所經各地均將由各界民眾，予以義士空前未有的熱烈歡迎。」

如此眾多的前志願軍人員來台，自然帶來許許多多的個人故事，反映出時代的滄桑。其中頗受矚目的是一位台籍軍人陳永華，來台灣實際上是返家。陳永華住台南縣新營鎮，家中務農，母親是助產婆。台灣光復後，陳永華從軍謀生，加入國軍第六十二軍，任上等兵。１９４６年9月底，陳永華所屬部隊開往秦皇島作戰，這是他第一次踏上中國大陸，隨後曾在東北、華北一帶作戰。１９４７年１２月，陳永華因傷為共軍所俘，後又逃回國軍部隊。不久，這支部隊被衝散，陳永華二次被俘，被編入共軍二野部隊第三十九軍，隨著進入北平，渡黃河南下，經湖北、湖南，直抵貴州。陳永華一直想回台灣，韓戰爆發，他的機會來了。陳永華加入志願軍先遣部隊，過鴨綠江到永山，夜間經平壤再進漢城，後為聯軍所俘，在戰俘營中自然選擇回到自己的家鄉台灣。返回台灣後，陳的母親到義士村看望一別八年的兒子，陳永華跪倒在母親的膝上，泣不成聲。《聯合報》一篇報導寫道：「第一批反共義士歸來，陳永華的母親到基隆碼頭，迎接一別八年的孩子，但因他是昨天才靠岸的，所以未能相見，而昨天基隆下雨，海風又大，陳母已老邁，又不知道她兒子是乘那一艘船歸來……。」人海茫茫，陳永華十八歲時的一個決定，意外地讓他轉戰大江南北，披星戴月，飄泊於生死之間，終能返回故鄉，猶如戲夢人生，為這大時代的變遷留下難忘的回憶。

在這充滿悲歡離合的感人故事之外，以整個時代背景來說，這批韓戰反共義士能夠順利來台，無疑是對當時國民政府的莫大鼓舞，將之視為政治、軍事、心理上的一大勝利，不僅在國際上廣做宣傳，更透過報章、電視、課本等管道在台灣內部宣導，以此做為三民主義優於共產主義的例證，長達數十年之久，直到台海兩岸開啟和解之門為止。至於這大批的反共義士，許多人在三十年後以台商的身分，西裝革履地回到大陸家鄉，與當年選擇回大陸的前志願軍戰友重逢時，無疑勾起了更多的歷史滄桑。

1954 火燒島紀事

管訓思想成為禁忌集中營
探尋史實豎立人權紀念碑

綠島，對絕大多數走過戒嚴歲月的人來說，是個神祕而具有各種複雜意涵的地方。既有禁忌與恐懼的陰影，又有犯罪與懲罰的色彩。等到政治解嚴後，許多曾在綠島被關過的政治犯成為檯面上的政治人物，又彷彿代表了一種人權與自由的象徵。這多變的意涵與色彩，正也代表了台灣戰後所走過的複雜歲月。

綠島，日據時代又稱為火燒島，專門用來放逐重大流氓犯之用，距離台東１８浬，與蘭嶼相隔４０浬。冬春季節，西北風強烈，海面上的波浪被強風颳起，變成小雨點，降落在島上西北向的草木上，使之受鹽份的侵襲而致乾枯。從台東遠看這個島，整個山區像是發生火災，燒得寸草不留，故稱「火燒島」。

中華民國政府改其名為「綠島」，取其夏初，鹹雨季過去，草木重生，漫山遍野又成綠色之故。綠島島民多以捕魚為生，人口有數千人。１９５１年，政府在綠島設「新生訓導處」，導因國軍在登步島俘虜共軍百餘人，運來台灣，安置在台北近郊的內湖看守所。後來繼在南日、東山、大陳等戰役中又俘虜大批共軍，內湖看守所太小，不夠容

▲綠島新生訓導處成立之初，以管訓被俘共軍與國內政治犯為主，因此安排許多政治課程，圖為一場分組討論「漢奸必亡，侵略必敗」的情形。

納，於是遷到綠島。「新生訓導處」的主要工作就是思想改造，故稱為「新生」。在戰爭歲月中，因實施戒嚴、壓抑異議，不少知識分子因言獲罪，也有許多人因黨派勢力傾軋暗鬥，或以莫須有的罪名遭致構陷，以致被判刑送到綠島來。

高峰時期，新生訓導處包含三個大隊，一大隊又包含四個中隊，一個中隊又分二個分隊；另外還有一女生分隊，最多時有一千七百多人，平均年齡在三十歲以下。犯人刑期不一，依其被認定案情的輕重。１９５１年初來綠島的犯人多在十年內被釋放，送回台灣本島謀生。由於是政治犯，屬思想和信仰問題，管訓者和被管訓者實際上始終處於意識和情緒的對立狀態，綠島對雙方而言都成為一特殊的人生經歷，也是現代台灣政治、社會、甚至文學的特殊議題。

有關於早期綠島政治犯的生活，李鎮州在《火燒島第一期新生》中寫道：「每天早飯後，都有一小時的『小組討論會』，討論的題目由訓導處統一提出，大部分是由上課的課程中抽出，小組以班為組，設組長一人，討論時主席一人，由新生輪流擔當，每一題換一次主席，記錄一人，也和主席一樣輪流，每一組有一個經過政工訓練的長官幹事做旁聽，隨時注意每一個人的發言，沒有沈默的自由。」此外，秦漢光在《我在綠島３２１２天》一書中寫道：「唱歌，除了早點名時，必須要張口大聲唱《新生之歌》，集合時

▲由遠處眺望綠島「新生之家」全景，以及管訓學員在集合場集合的景象。

◀美軍政治顧問參觀綠島，在東西冷戰期間，美國情報單位亦曾參與亞洲各國的反共偵防工作。

是練習新歌以及複習已經學會的老歌。這是件令我們痛苦但必須忍耐的事。加上唱的就是那幾首，真是要命。我記得《新生之歌》的歌詞是這樣的：『三民主義的洪流，粉碎了我們的迷夢，我們不做共產黨的奴隸，我們要做反共的英雄，起來，新生同志們！起來，新生同志們！』」

由於大多數新生皆值盛年，卻被囚禁在一座海島上，終年與海天為伴，人生的七情六慾遭到扭曲，秦漢光對此有一段生動的描述：「在這樣的環境裡，當然是不被允許談戀愛。可是戀愛這玩意，禁止和鼓勵差不多有同樣的效果，只可惜單戀者多，彼此心心相印而不敢透露的也不少。不論單行道還是雙行道，幾乎都沒有結果。原因無他，女人青春有限，失去了自由，卻有飯碗，一旦有了自由，便忙不迭地要抓牢救生圈，迫不及待找一張長期飯票。有好幾對，同案、同囚、同學、同時出來，十多年椎心泣血的苦愛，原以為一定成為眷屬。不料，因被抓而相戀，因被釋放卻分了手。試想一個三十出頭又坐過牢的女人，還有什麼指望？還有什麼可選擇的？民國５０年左右，『女強人』名詞還沒出現，『單身貴族』的想法尚未形成，不結婚而可以生孩子的觀念根本沒有。只要有人要，何況有人愛，還不嫁了算了。而男新生剛出獄，泥菩薩過江，有的不是本省人，上了台東陸地，東西南北何處落腳都茫茫然，遑論成家。女新生不得不遷就現實，碰到第一個向她示好的男人便嫁人……。」

「就在兩年前，我在國外遇見了在綠島被稱為『新生之花』的伍玖，她在海外很有成就，已經拿到了『終身教授』資格。那次我們在一次學術會議上不期而遇，同住七十二層高的『桃樹園酒店』，晚間在頂樓咖啡座裡，眺望遠處閃閃光點，在星星燈火難辨的夜色中，兩個都屬花甲的人，雙雙陷入囚年往事。她轉往窗外，壓低了嗓子，但刻意把歌詞唱得特別清楚：『日落西山滿天霞，對面來個俏冤家，眉兒彎彎眼兒大，頭上插了朵小茶花。那個山上沒有樹？那個田裡沒有花？那個男子心中沒有伊？那個妞兒心中沒有他？』」

就是這樣五味雜陳的回憶，使綠島紀事也有丁點的甜蜜點綴。但失去了自由，喪失了對生活的掌握，所謂的甜蜜僅只是回頭探望時的幽思罷了！綠島生涯絕大部分是苦澀的，尤其長時期內，社會廣用歧視和恐懼的眼光看待在綠島被關過的人，親屬子女也絕口不敢多提。直到１９８０年代，台灣反對運動日趨成熟，政治與社會價值也跟著改變，綠島的政治犯由過去的負面形象逐漸出現抗爭以及爭取自由的光彩，並隨著反對運動成為政治英雄。許多前政治犯有關綠島生活的文章和書籍也陸續出現，原來在人們心目中充滿神祕色彩的綠島終於揭開其真實的面目，一段曾被視為禁忌的歷史終得公諸於世。

１９９０年代中期以後，政治犯成為歷史名詞，綠島的囚室也成了歷史古蹟。曾在綠島坐監的作家柏楊努力奔走，希望能促成在綠島豎立「垂淚碑」，追念這一段黑暗的歲月，並衷心期盼母親們永遠不需要在暗夜中為兒子哭泣。１９９８年，這座「垂淚碑」以「人權紀念碑」之名坐落在綠島，不過因當局的疏忽，許多有歷史意義的囚牢已經改建，面目全非，未能保留原始的面貌。

至今台灣民間流行的「綠島小夜曲」曲調優美，人人能唱，不過它原來是抒情歌曲，與政治犯的思緒情懷無關。倒是１９６０年代中，流行於綠島的詩歌《閃耀的島》出於政治犯之手，勾起大自然、生命和靈魂的遐想，足為這一段歷史的註腳：

▲女性學員在寢室中閱讀思想教育讀物。

閃耀的島，
怡然地——
被一片蔚藍緊緊擁抱。
生命的韻律，
隨時光流長；
時時閃耀，
閃耀著銀白的圈，
灑遍了綠色的香料。
潔白的披肩
在風中舞蹈；
這——
閃耀的島，
自然的炫耀
愛心的祈禱

1955

大陳島撤退

孤懸外海牽制共軍進攻

不敵戰局變化撤退來台

▲隨著中共攻陷一江山島，國軍主動放棄大陳島，將島上軍民撤退來台。一名母親背著幼兒，無言地道盡了這段戰爭歲月的悲歡離合。

大陳列島位於浙東沿海，控制浙江出海門戶，原是一個不甚起眼的小島，卻由於國共內戰爭奪近海島嶼之故，與一江山島一起躍上歷史的舞台，在戰後台灣的政治軍事史上占有重要的一席之地。

１９４９年國民政府撤退來台，國軍陸軍雖在大陸慘敗，但海空軍實力則遠較共軍為高，藉由海洋的掩護，仍可抵擋共軍，尤其自金門古寧頭戰役大捷之後，此種態勢更為明顯。國軍憑藉優勢的海空軍，不僅確保台澎金馬，更持續占有大陸東南沿海若干島嶼，以遏止共軍繼續推進，並對大陸採行游擊作戰及做為反攻大陸的跳板準備。

在這種態勢下，國共兩軍便開始在東南沿海進行激烈的島嶼爭奪戰。中共陸軍雖然席捲大陸本土，但對於跨海島嶼一開始卻是英雄無用武之地，因此早期國軍占有上風。但隨著中共海空軍在蘇聯的協助下開始發展，逐步取得了一定的實力可以與國軍抗衡，再加上近海島嶼離大陸較近，對攻擊的共軍而言支援較易，海空軍劣勢也不致太明顯，因此漸漸取得主動。反之，國軍補給線過長，前進後撤不易，一遭到攻擊經常處於孤立無援的困境，因此慢慢陷入被動。

１９５４年７月下旬起，共軍發動數起戰事，試圖一舉攻占浙東島嶼，同時猛烈砲擊金門。１１月１日，共軍空軍和海軍航空兵的轟炸機出動一一二架次，猛烈轟炸上下大陳島和一江山島。１２月２１日起，又出動轟炸機二十八架次，強擊機四十六架次，

▲中美海軍各式船艦集結於大陳島港口，開始撤運大陳軍民來台。

殲擊機四十六架次，五次轟炸了大陳島。當時中華民國政府與美國簽署了「中美共同防禦條約」，雖然條文有「每一締約國承認對在太平洋內任一締約國領土之武裝攻擊，即將危及本身和平與安全，茲並宣告將依其憲法採取行動，以對此共同危險。」不過亦明確記載中華民國領土指的是台灣和澎湖，未包括浙東諸島以及金門、馬祖列島。因此在共軍海空軍的猛烈攻擊下，美國艦隊均避免涉入，證實美國無意協助國軍防守諸島。

１９５５年1月8日，共軍向大陳列島外圍據點一江山島發動陸海空三棲作戰的大規模攻擊。戰役爆發後，國軍奮勇抵抗，但無法阻止共軍的攻擊。在灘頭被攻占後，兩軍展開巷戰，戰況十分慘烈。經過一整天慘烈的戰鬥，共軍攻下一江山島，國軍守衛司令王生明殉職。是役，國軍戰報稱七百二十多名守軍悉數成仁，共軍損失兵員兩千餘人。共軍則稱擊斃國軍五六七人，俘虜五一九人，本身戰死三九三人，傷一千餘人。

一江山島易手後，大陳列島完全暴露於共軍的攻勢之下，在死守不易以及國際環境變化的考量下，中華民國政府決定主動撤出大陳島。從１９５５年2月8日至１２日，一萬四千餘國軍部隊以及一萬七千餘大陳居民搭艦撤往台灣，美國則派出第七艦隊協助撤退。事前美國政府曾透過蘇聯勸說中共不要攻擊撤退行動，因此撤退期間，共軍奉上面指示避免與美軍衝突，基本上保持了克制的態度，未攻擊撤退中的國軍軍民。

▲美軍不僅出動船艦飛機，也上岸協助大陳軍民撤退。

中華民國政府於此時發表一份撤退聲明：

中華民國政府為適應抵抗國際共產集團侵略之新形勢，決定重新部署外島軍事，將大陳島嶼之駐軍轉移使用於金門、馬祖等重要島嶼，以集中兵力，增加台灣澎湖有關之防務……。

蔣中正總統並發表一份告海內外同胞書：

我大陳軍民，團結一致，共同生死，堅守該島已有五年餘。唯該島孤懸於台灣基地有二百五十海里之外，以今日軍事形勢而言，其對我反攻基地台灣的防衛上，實已失去戰略價值。故我政府經與美國協商後，決定將大陳之駐軍重新部署，轉移兵力，以增加我台澎及其外圍島嶼之防務。……此次國軍撤離大陳，在軍事戰略上自認為甚少遺憾，唯最為我政府關切者，就是大陳一萬七千餘民眾，無論男女老幼，全體同胞至誠的自動要求追隨國軍同時撤離來台，俾使其對反共抗俄，軍民合作，有共同奮鬥之機會……。

1月25日開始正式展開撤退行動。第一批先行撤退來台的是國軍眷屬，次日，中

▲大陳軍民撤退抵達台灣，上岸後便進行消毒與檢疫的工作。

▲撤退來台的大陳軍民，在擁擠的船上等待茫然不可知的命運。

華民國政府大陳專員公署發出公告，凡志願疏散的民眾不分男女老幼，即日起至2月2日來署登記，以便準備交通工具。公告貼出，各村里民眾皆踴躍前往登記。2月7日，一支美國混合艦隊駛近大陳，協助國軍軍民撤退。這支艦隊包含各式艦隻及飛機，是韓戰美軍登陸仁川以來最強大的混合艦隊。《國際社》發自華盛頓的消息說：「艾森豪已親自發出命令，令美國第七艦隊的航空母艦及飛機掩護，將於二十四小時內開始大陳撤退行動，中共對大陳的任何攻擊，均將引起美軍對中共的報復。」台北方面亦發表聲明：「參加這次撤運工作的美國船艦共有一三二艘，國軍艦艇有二十七艘，共計撤運國軍正規部隊一萬人，游擊隊四千人，平民約一萬七千人，以及大約四萬噸的軍事配備及軍備配給品。」

2月8日清晨五點起，撤退的軍民在大陳島三個集合的港口排成一條長龍，背著簡單的行李，扶老攜幼順序上船，秩序相當良好。大家默默走上靠在碼頭的小艇，熱心的美國水兵也趕上岸來幫忙扶持老弱上船，預定第一天運送六千人的計畫，由於民眾遵守秩序，交通工具準備充分，在下午二點就撤運完成。為了加速完成整個撤運工作，原來預定第二天上船的民眾提早開始撤運，所以當晚十點就完成大陳的疏散撤運工作。

一位隨行採訪的美國記者事後寫道：「在灘頭幾乎已筋疲力竭的中美官兵，正在深及足踝的污泥與椎心刺骨的寒風中作最後的努力，將一件件武器搬上小船。在燈火照耀的碼頭，泥濘滿足，滿面泥水的美國海軍陸戰隊、陸軍水兵，正協助中國國軍將一箱箱的彈藥和最後一批大砲，運上兩艘美國登陸艇。這些人員均已達極疲乏的程度，他們的動作好像機械。一位在大陳目睹此種情景的軍官搖頭驚嘆道：『我從未看過這個樣子。這比我們登陸硫磺島前一晚的情形壞得多。除非今晚目擊此情景，否則無人相信。』有一位滿臉鬍子的海軍軍官說：『我們所要的只是一次淋浴和四十小時的睡眠，然後再淋浴一次，再睡四十小時。』……如果１２號一大早，大陳島還有一個生物的話，他就得餓死或凍死。大陳今天是一個冒煙且已經被破壞的石堆，兀立在遠東的海上。」

經過一整夜的海上航行，２月９日清晨大陳軍民抵達台灣北部海面，大陳居民陳仁和後來在回憶錄中寫著：「有的老人哭泣地望著大陳，整個甲板上的喊叫聲、哭泣聲，構成一幅動人悲壯的畫面，等到大陳漸漸消失，……海浪亦愈來愈大，人們才依依不捨的進入艦內。……朦朦朧朧一覺醒來，外面有人喊著：『台灣看到了！台灣看到了！』甲板上又掀起一陣嘈雜聲。」

當撤退船隊抵達基隆外海時，基隆港碼頭的播音器則播出：「親愛的大陳義胞，你們辛苦了，你們的勇敢，你們的果斷，選擇自由來到台灣……。」在播音器的歡迎詞與岸上群眾的熱烈歡迎中，大陳居民抵達台灣後，先安置於基隆的臨時安置所，後陸續遷至宜蘭、花蓮、台東、屏東、高雄五縣。到了１９５７年，大陳居民被分配到十二個縣，三十五個新村內，至於老弱殘障約四、五百人分別送到台北救濟院、屏東救濟院和花蓮救濟院等，貧苦兒童則由華興育幼院收容三百餘人。至於一江山陣亡官兵遺族則先送至中壢忠貞新村暫置，後再分配至台北縣中和鄉一江新村居住。

由於這段特殊的歷史淵源，大陳居民對中華民國政府懷抱極為深厚的感情，長年為蔣中正總統和蔣經國總統忠誠的追隨者，大陳子弟投入軍校者亦眾。政府則給予這些人「大陳義胞」的身分，享有許多優惠與補助。

１９８０年之後，兩岸交流開放，台海局勢趨於和平，許多戰後來台的大陸人士，紛紛回到大陸探親訪友，大陳居民亦然。大陳居民與台灣一起走過數十年的歲月，由貧窮逐漸走到富裕，由少年步入中年，台灣已成為他們新的家鄉，原本的軍事撤退成為實質的移民。有些大陳居民一如許多時代的漂流者一般，最後仍有幸能回到那座魂縈夢牽三十餘年的島嶼，為這一段戰亂與遷移的歲月，留下永恆的時代見證與回憶。

1955 石門水庫開工

遠東最大水利工程宣告破土
提升經濟發展觀光成效卓著

號稱遠東最大的水利工程石門水庫於１９５５年7月8日正式開工興建，也就是台灣戰後第一個大型基礎設施工程，關係到整個北台灣的生產與繁榮。開工典禮一共有三處，由副總統陳誠率領中央首長主持破土。

第一處開工典禮在崁頭，為兵工築路工程。第二處在大坪，為民工築路工程。第三處則是桃園大圳新進水口引水隧道工程。陳誠副總統從上午九點半開始，連續主持了三個地方的破土典禮。在第三處時，陳誠先聽取工程處長報告隧道及進水口情形，然後揭開桌上的紅綢，扳動桌上的電鈕，三秒鐘之間，對面一千公尺處轟然一聲巨響，引水隧道的工程炸藥爆炸，濃煙直冒，接著每隔三十秒都有一個爆炸聲，連續七響，完成此特殊的開工典禮。

隨後桃園、新竹各界民眾在中壢鎮國民學校大禮堂舉行石門水庫工程開工慶祝大會，有近萬民眾在酷暑中流著汗水參加。這一天桃園和新竹兩縣都有慶祝活動，尤其陳誠乘的敞篷吉普車所過之處民眾夾道揮舞著小旗子，舞龍舞獅，燃放鞭炮，熱鬧非凡。

石門水庫興建的背景和需求首要在於台灣的地理、氣候環境。打開台灣地圖，中央山脈猶如一條魚脊背般橫臥全島，山脈坡度陡峭，穿梭其間的河川水流湍急，猶如難以馴服的水龍。下大雨時，河水挾泥沙由上游俯衝而下，萬馬奔騰，下游無法承受，兩岸立刻氾濫成災。接著大水退去之後，留下了泥沙，日積月累填高了河床，更增加了洪災的威脅。雨季過後，幾十丈的河面盡成沙磧，大河變成一條幾尺寬的小溪，於是又造成旱災的威脅。因此這種地形如果不經人為的大力整治，必然年年是水氾旱災，居民苦不堪言。日本據台以來，戰略上將台灣作為農業生產基地，所以首要解決的就是水利問題，由於中南部耕作條件良好，日本殖民政府在日月潭和嘉南大圳的建設工程上十分成功，使得台灣的糧產成倍數增長。戰後國府採取「以農業培養工業，以工業發展農業」的策略，延續日據時代的水利工程，在五年之內，陸續完成阿公店溪、西河、暖暖、草嶺潭等大小十處水庫之多，並且計畫再興建石門、達見、霧社、濁水溪、曾文溪、四重溪等十二處水庫，其中石門水庫將是遠東最大的水利工程。

石門水庫的興建計畫在日據時代已經存在了，不過因工程耗資鉅大，施工難度高，所以一直沒有實行。光復

▲號稱遠東最大水利工程的石門水庫，工程浩大，興建多年，完工後不僅維護水資源、提升農業深具貢獻，也成為深受歡迎的觀光勝地，在台灣經濟發展上扮演著重要的角色與地位。

▲經過多年施工，終於即將完工的石門水庫。

後，任省主席的陳誠一直積極籌建，最後在各方條件齊全後終於在今年開工。而為什麼選定石門水庫為興建地點，主要原因如下：台灣北部地區最大河流是淡水河，其上游最大支流是大嵙崁溪（大漢溪）。這條河全長七十二公里，貫穿新竹、桃園、台北三縣的邊界。坡高水急，洪水來時水流量高達每秒四千七百立方公尺，水少時流量只剩每秒五立方公尺。這兩個數字的對照反映了這條河如何成為北部的災難。因此，石門水庫的興建位置是在大嵙崁河流進淡水河的入口處，這裡削壁陡立，峽谷雄峙，溪流由叢山間沖激而下，因此在此處築一道混凝土的拱壩。壩頂高一四五公尺，把上游流下來的水截留儲存。這座水庫面積預計有九平方公里，有效蓄水容量約三億八千五百萬立方公尺。水庫完成之後可以防洪，把水儲存起來，等到下游缺水時，再釋放儲水，供下游農田耕種之用。這種就像把一頭橫衝直撞的巨獸，套上籠頭、配上犁耙，變成可供駕馭生產的家畜。這種概念始於美國田納西河的水利工程，原來動機只是防洪，結果卻帶動了灌溉、發電、旅遊等功能，奠定田納西河流域的發展基礎，造福了上千萬的百姓。

因此石門水庫的經濟效益將可比照這種模式，水庫完成後將有四大利益。一、淡水河兩岸的荒地可變成一年兩熟的耕田，灌溉面積可達五萬四千多公頃，每年稻米生產約在十萬公噸左右。二、水庫裝置水力發電機三部，每年平均供電二億二千餘萬度，可靠尖峰電力在十二萬瓩以上，對工業發展項獻良多。三、淡水河流量可減少百分之三十七，下游台北市的洪水損失每年可減少約八百萬元。四、水庫儲水可供應自來水塔之用，備給區域內人口食用。

除了上述四大利益之外，水庫的施工也將帶動鐵公路的建設。石門附近的角板山一帶礦產豐富，森林茂盛，石門本身又有峽谷幽深之美，湖光山色，必成為北部地區的旅遊勝地。無怪乎石門水庫的興建，桃園、新竹兩地人民無不歡欣鼓舞，咸認地方繁榮可期。陳誠在開幕典禮中表示：「石門水庫工程浩大，預計分五年施工，今年先築運輸公路、工舍、倉庫與通達桃園大圳的新進水口等附屬工程。明年興建土壩基礎與擋水壩、排水溝等工程。後年才開始築壩，或有認為工期過迫，經費措籌不易，恐難配合者，但政府為期人民改善生活，適應需要，決以最大努力，排除艱難，……這裡，有一件非常值得欽佩，並與石門水庫的成功密切有關的事，特別提出來說，我們中國人，對自己祖先的墳墓，向極尊重，過去政府籌辦建設工程，常因拆遷墳墓而遭遇許多麻煩。可是石門水庫壩址附近的民眾，卻自動表示願意遷移祖墳，多麼令人欽佩！」

事後證明，水庫施工充滿著艱辛，原定五年的工期最後耗了八年始告竣工，１９６４年6月１４日竣工典禮舉行，其間參與工程人員七千餘人，因公殉職者三十六人，傷殘八十餘人，建設經費高達新台幣三十一億八千三百餘萬元。石門水庫正式啟用後，即如原來的規劃，成為北台灣的發展基礎，雖然隨後受到大型颱風的考驗，以及用電用水的成長需求，水庫持續有相關的增建工程，但一一順利度過。等到１９８５年，石門水庫管理局又完成了耗資十九億，費時五年六個月工作天的榮華攔砂壩、榮華壩水電廠，與排洪隧道三項大工程。

至於旅遊方面，１９６０年代起，石門水庫即為北台灣重要的旅遊點，也是北台灣中小學生郊遊常去的地方，因此石門水庫實際上伴隨著許多人快樂童年的記憶。１９９０年代以後，台灣國民旅遊盛行，石門水庫觀光區橫跨桃園縣龍潭鄉、大溪鎮與新竹縣關西鎮，就旅遊點依序為「槭林地區」、「依山閣地區」、「環翠樓地區」、「溪州地區」、「坪林地區」等。沿途有精緻的美食店，提供草魚三吃的料理，成為休閒生活的好去處。

▲石門水庫。

1956 林獻堂骨灰榮歸故里

一生致力民族運動備受敬重
見證台灣歷史變遷令人緬懷

▲旅居日本的台灣耆宿林獻堂（中）抱病參加中華民國駐日大使館的國慶酒會。林氏因患病高血壓赴日療養多年，國慶日特自其東京寓所趕抵大使館參與盛會。圖為林獻堂、駐日大使董顯光（左）、旅日華僑總會會長林以文（右）在國慶酒會上合影。

日據時代民族運動領袖林獻堂於１９４９年赴日養病後即滯留日本，飄泊異鄉，未曾返台。１９５６年9月，林獻堂病逝於東瀛，爾後骨灰運返故里，為這位操勞國事，奮鬥不懈的愛國領袖的一生畫下了句點。

林氏一門忠烈，由清末貫穿整個日據時代，直到光復初期，其遭遇和奮鬥歷程與台灣歷史緊密相連，為國為民矢志不移的情操，也使得林獻堂成為中台灣的典範人物。

林家崛起於台中近郊的霧峰，由福建漳州遷來，自第三世林甲寅開始發跡。當時霧峰為漢番接壤之地，質地良好，不過原住民卻不嫻耕作，林甲寅由原住民手中購下土地，開山闢田，逐步累積財富，從此林家興旺，成為地方巨賈。又由於台灣為閩粵移民社會，遠在海外，歷代政府均鞭長莫及，因此在墾殖過程中，漢番之間戰鬥頻繁，漢人彼此之間亦不斷互相械鬥，因此各地的大家族都有本身的武裝力量，子弟們自幼即習武，形成文武雙全的家風。

林甲寅的後代不僅繼承祖上的墾殖事業，也頗有軍功，如其孫林文察參與平定「戴萬春之亂」，後又奉命率兵入閩討剿太平軍，但不幸戰死。雖然如此，林文察的兒子林朝棟卻將林家的事業帶到輝煌的階段。１８８６年，台灣建省，劉銘傳任首任台灣巡撫，積極進行建設工作，加強防務，基於林家長年的忠義表現，劉銘傳起用林朝棟為撫墾局局長，開山墾荒，同時林朝棟也獲得樟腦專責的權利，由於樟腦利潤豐厚，林家遂成巨富。軍事方面，中法戰役中，林朝棟率兵死守基隆，予法軍迎頭痛擊，更為人所重視。

１８９５年，清廷根據馬關條約將台灣割讓給日本，台灣人民憤怒異常，誓死抵抗前來接收的日軍。林朝棟所率義軍與日軍激戰於彰化地區，其中八卦山之役為日軍侵台乙未戰爭中最重要的戰役，戰況慘烈使日軍改變原來輕估台灣的態度，被迫再由日本本土增兵。最後情勢終不可為，林朝棟舉家內渡大陸，其子林祖密參與國民革命，受孫中山之命，擔任閩南軍司令，後不幸受害。林文察、林朝棟和林祖密三代的事蹟充分反映

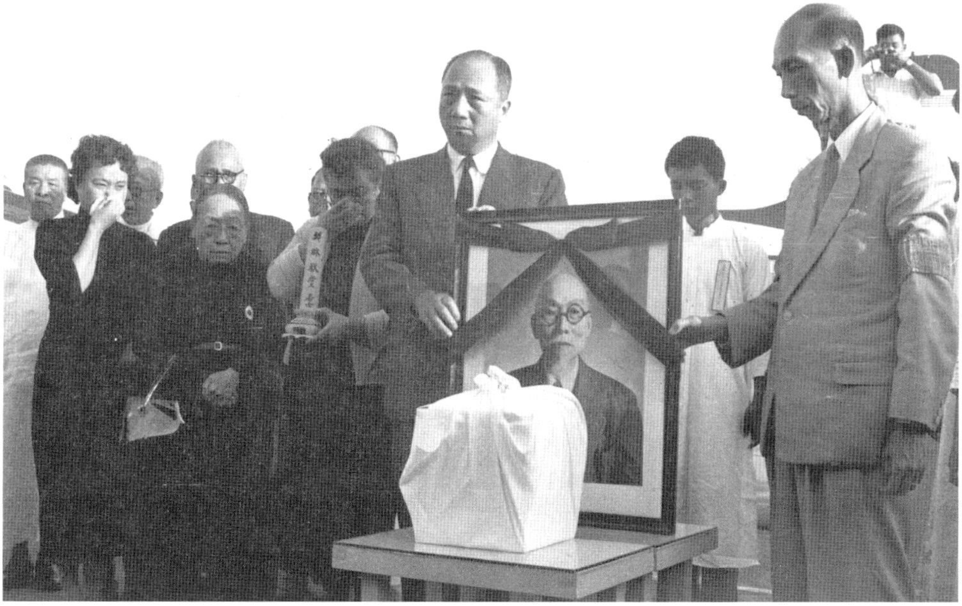

▲由於林獻堂在日本占領台灣期間曾領導台胞展開民族運動，氣節凜然，林氏病逝東京後，骨灰由家屬奉持運抵台北，各界發起在機場設奠公祭。

林家家風，日本據台後，留在台灣的林家後代秉承此一傳統，對日本殖民當局據理以爭，為同胞爭取平等待遇，更將此一家風發揚光大。

日據時代，林家的代表人物為林烈堂和林獻堂堂兄弟，二人俱為林甲寅的曾孫。日本據台前十年，台灣各地小規模的武裝抗日仍然十分激烈，殖民當局動用重兵血腥鎮壓，死傷慘重。此時台灣主要地方仕紳為了本身利益多站在殖民當局一方，協助討剿抗日游擊隊。事實上，一般所稱台灣五大家族包括基隆顏家、板橋林家、霧峰林家、鹿港辜家以及高雄陳家中，只有霧峰林家對日本殖民當局是採取對抗的立場。在殖民體制當中，殖民當局慣用經濟資源拉攏本地仕紳，以協助建立殖民秩序，因此林家的對抗立場必然壓縮本身企業的發展空間，艱辛異常。然而林獻堂並不改變想法，以高度的技巧與日本殖民當局周旋。實質方面，林家參與投資彰化銀行、台灣製麻，並與本地仕紳共同催生台中一中。１９２０年代初，林獻堂直接掌管了三五實業與大安產業，主要承襲其大地主的財富背景，經營稻田租賃營收和地產事業，不過林獻堂更將大部分時間投入民族運動之中。

中國著名知識分子梁啟超赴日旅遊時，林獻堂曾主動拜訪，這次會面談話的內容後來廣為流傳。梁啟超以中國國勢仍弱，告訴林獻堂：「三十年內，中國絕無能力可以救援你們，最好效愛爾蘭人之抗英。」林獻堂受梁啟超的思想啟蒙，見諸行動，領導民族運動。在具體行動上，１９２１年起，林獻堂發起「台灣議會設置請願運動」，同年並以本島知識菁英創立「台灣文化協會」，凝聚本島知識分子的力量，以推動台灣文化。議會設置請願運動在十三年間共有十五次，林獻堂往返台灣與日本之間，努力爭取東京政要對台灣人民平等政治權益的支持，不過由於日本政府擔憂議會設置將鼓舞台人走向自決，造成形勢難以控制，始終拒絕這項請願。至於文化協會亦為台灣知識分子的重鎮，不過後因左翼農民運動的興起，一部分文協成員色彩激進，造成文協分裂。

此外，一批台灣知識分子在東京創立《台灣民報》，運回台灣發行，內容大力聲援林獻堂的請願活動。後《台灣民報》改名為《台灣新民報》，林獻堂被推舉為首任董事長，筆陣包括林呈祿、黃朝琴、蔣渭水、羅萬傳、葉榮鐘、杜聰明、吳三連等人，發行量迅速擴增，影響日深，不僅成為台灣人的喉舌，實際上亦發展成實力雄厚的媒體事業。然而到了１９３７年，日本發動侵華戰爭，旋即對同屬中國人的台灣人加緊思想控制，嚴厲推動「皇民化政策」，強迫台灣人放棄中國習俗的中國姓氏，改採日本習俗和姓氏。同時，殖民當局也禁止報紙中文版面，勒令報館合併，禁止請願活動。到了太平洋戰爭末期，在日本軍國主義的全國戰備體制下，一般人公開的政治和社會活動已處於停止狀態。雖然這些政治社會活動並無明顯的具體成果，但由林獻堂所領導的台灣議會設置請願運動、成立文化協會以及發展《台灣民報》，仍是日據時期重要的本土政治社會運動，其中充滿了濃厚的祖國意識與情懷，鼓動台灣人抵抗日本的殖民政策，在歷史上留下了不可磨滅的貢獻。

1945年台灣光復以後，林獻堂與所有愛國人士一般，以為光明的日子已然降臨，然而國民政府施政不彰，加以內戰負面效應迅速擴及台灣，民怨日深。1947年，台灣爆發二二八事變，林獻堂以個人的力量保護了長官公署交通處長嚴家淦，使得嚴氏終身對林獻堂感念萬分。至於林獻堂本人對國府不當施政雖有批評，但仍寄予厚望。1946年省議會選舉議長，林獻堂原本眾望所歸，但後因其他因素，由與國府淵源深厚的黃朝琴當選議長。

▲林獻堂逝世後，在台設置靈堂供人祭奠，總統蔣中正並親題「宿望永昭」四字致以敬意。

在大環境走下坡的情況，1949年9月，林獻堂選擇客居日本，1953年政府實施大規模的土地改革，林家大批祖留田產遭強制分田予佃農，對此，林獻堂表示難以理解。1955年，行政院政務委員蔡培火奉命赴日勸林獻堂返台未果，林獻堂在《東遊吟草》詩集中賦詩明志：「歸台何日苦難禁，高論方知用意深；底事兄弟相殺戮，可憐家國付浮沈。解愁尚有金雞酒，欲和難追白雪吟；民族自強曾努力，廿年風雨負初心。」言語之間充分反映其失望之情，次年他在東京抑鬱而終，年底骨灰運返台灣，朝野各界為其舉辦了盛大的喪禮，充滿了追思之情。至於身後，林獻堂所栽培提拔的後進在文化界屢有成就，台中一中更是成為中部首屈一指的著名學府。林獻堂的故舊好友曾留下許多關於其生前事蹟的紀錄，其中以林氏祕書葉榮鐘所著尤豐，不僅是重要文獻史料，後人展讀之餘，亦深深感動於這一代民族運動領袖的馨節情操。

綜觀林獻堂一生，可說是一個傳統世家大族過渡到現代社會的縮影。林獻堂以其堅定的愛國情操，積極對抗日本殖民統治，盡力為台灣人民爭取平等的政治權利。雖然戰後因種種因素使其遠居日本，終致客死異鄉，不過其一生事蹟足為台灣史的重要見證，令人緬懷。

中共在全國推行社會主義改造，首都北京自是重點區域之一，圖為北京城樓上張貼著慶祝標語。

1956 中共全面取消私有制

大陸逐步邁向社會主義階段 兩岸不同制度競爭正式成形

中共於1956年宣佈中國大陸順利完成「社會主義改造」工作，以「公私合營」的名義和手段取消私營企業，作為共產主義取消私有財產制的重要理論實踐。這一方面徹底改變了中國大陸的社會、經濟結構，同時也與台灣的社會發展大相逕庭，從此形成兩個不同制度的對立與競爭。

1月份，中共發動二十萬群眾，包括工人、農民、手工業者、戰士、學生和資本家，在北京天安門廣場慶祝社會主義改造勝利，一萬七千多名工商業者向毛澤東表達支持改造的立場，他們的聲明說：「我們要把自己的命運與祖國的社會主義前途，緊密地結合起來，貢獻自己一切的力量，積極地參加祖國的社會主義建設，要逐步地放棄剝削，改造自己成為一自食其力的勞動者，最後參加到光榮的工人階級行列中。」同一時間，上海市也舉行了五十萬人的大遊行，慶祝所有的私營企業全部改造，一些老字號的私營企業也掛出公私合營的報喜牌，其中上海信大祥綢布店的報喜牌更成為歷史畫面。

◀中共在推行社會主義改造之時，也對全國民眾進行階級清查與劃分，對於工人或貧農成分的民眾則給予較高地位與扶持。圖為其全國勞動模範，紡織工人在山東大學附屬工農速成中學學習。

在全中國具有代表性的大資本家之一榮毅仁這一年四十歲，其家族在主要城市擁有二十四個紡織、印染、麵粉和機械工廠，在失去這一切財富之後他公開表示「對於我，失去的是我個人的一些剝削所得，它比起國家第一個五年計畫的投資總額是多麼渺小；得到的卻是一個人人富裕、繁榮強盛的社會主義國家；對於我，失去的是剝削階級人與人間的爾虞我詐、互不信任；得到的是作為勞動人民的人與人間的友愛和信任，而這是金錢所買不到的。因為我積極擁護共產黨和人民政府，自願接受改造，在工商界做了一些有利於社會主義的工作，我受到了政府的信任和人民的尊重……。」在某種意義上，榮毅仁的話反映了私營企業實質上已悉數遭到充公，不管是真心還是被迫，１９４９年中共建立政權以來，在七年間，透過統治的威信、精神的動員、思想的灌輸，逐步地取消私營企業、私有財產制，達到一切公有化的目標。北京和上海兩個指標城市完成此社會主義改造以後，迅速向全國各城市擴展，在一年之內，全國公有化的目標大抵達成。

共產主義為一帶有宗教神祕主義色彩的信仰。馬克思相信，私有財產制是一切政治和社會道德敗壞的淵藪，造成了資產階級剝削的悲劇。因此，共產黨的革命即是發動無產階級對資產階級展開鬥爭。革命勝利之後，共產黨即取消私有制，根除人的自私心理之源，加上革命後社會階級不復存在，因此「各盡所能、各取所需」的公平社會將誕生，「國家」也將逐步消失，人類將走入安和樂利的共產主義社會。以上這套理論是共產黨員的核心信仰，也是革命的精神動力，其關鍵即在於「共產」二字，取消私有制，實施全面的公有制是共產主義學說的根本。

◀上海市工商界代表榮毅仁（左一）、胡厥文（左二）、盛丕華（左三）等人帶著申請書聯袂步入申請公私合營大會會場。

中共革命期間，由於共產主義所標榜的人間樂土的理想性格，曾吸引大批的知識青年跟隨，不過也由於這套追求完美社會的思想將事物的善與惡進行截然的劃分，其實踐手段也就異常殘酷，譬如將地主和資本家視為剝削者，清算鬥爭與財產充公的手段極為粗暴。因此，中共的學說亦讓工商界以及溫和的知識分子感到恐懼。為了減少奪取政權的阻力，毛澤東曾將共產革命劃分為幾個階段，安撫「工商界」，聲稱「中國還需要資本主義」，以集中力量推翻國民黨政權。１９４６年至１９４９年的國共內戰，中共以鬥爭地主分田地的方式組成農民軍，包圍城市，最後建立了政權。工商界的反應不一，一些大資本家趕緊逃到香港和海外，也有少數聽信了中共的話留了下來，而大多數的中小企業則基於資金的規模和生活現實無法離開，對於不確定的前景只能抱著單方面的期望。

雖然如此，經歷了二十二年流血革命的中共建立全國政權後，即堅定不移、按部就班地實踐其信仰和學說，迅速地將中國大陸推向全面的公有制。１９５０年，中共為了鞏固政權，一方面持續土改政策，舉國鬥爭地主，分田地給佃農，確立新政權的社會基礎。另一方面則展開「鎮反運動」，或稱「鎮壓反革命」、「階級大報復」，將國民黨留在大陸的基層黨政軍骨幹予以殘酷的撲殺，同時也是對任何對新政權存疑的人示警。這一年，中共將全國百姓進行階級劃分，劃成地主、富農、中農、貧農、工人等，同時也對小手工業者、手工業資本家、手工工人、自由職業者、小商和小販、商業資本家或商人、「開明紳士」等做了明文的規定。換言之，全國人民被劃分成不同的階級和成分，並決定其不可改變的政治道德優勢或罪惡。

１９５１年，毛澤東發動「反貪污」、「反浪費」、「反官僚主義」的「三反運動」，對中共黨內進行紀律整頓。經過兩年的鎮壓行動，１９５２年中共政權基本上已站穩了腳步，政治和社會秩序由國共內戰的混亂趨於穩固，生產活動逐漸恢復常態，國民經濟穩定成長。此時，中共開始具體實踐公有制計畫。在農村方面，中共以推動農業合作社的形式將分配給農民的土地再度收回；在城市方面則推動「五反運動」，包括「反行賄」、

「反偷稅漏稅」、「反盜竊國家財產」、「反偷工減料」、「反盜竊國家經濟情報」等。

在「三反」、「五反」運動中，報刊不斷報導幹部貪污和奸商詐財遭槍決的事例。此外，中共要求所有工商業者到各地的「五反委員會」遞交坦白書，坦白自己是否觸犯「五反」中所指的罪行，並請求中共寬大處理。中共總理周恩來在統戰部的會議上說：「中國資產階級有一個特點，從新民主主義到社會主義，它既是我們的朋友也是要被消滅的階級。」毛澤東則說得更露骨：「在打倒地主階級和官僚資產階級以後，中國內部的主要矛盾是工人階級與民族資產階級的矛盾，故不應再將民族資產階級稱為中間階級。」這意味著工商界已不再是「團結的對象」，而是「打倒的對象」了。

１９５２年６月，中共宣佈五反運動獲得勝利，以北京、上海、天津、漢口、廣州、瀋陽、武漢等九大城市為例，處理結果為：「守法戶」占總戶數的１０%～１５%，「基本守法戶」占５０%～６０%，「半守法半違反戶」占２５%～３０%、「嚴重違反戶」占4%，「完全違反戶」占１%。由此中共對社會的掌控更形加強，以其龐大的黨機器和軍隊、政府機關、宣傳媒體，灌輸意識形態，加上血腥鎮壓與嚴厲的清查手段，樹立其統治的威信。民間工商業者無論其主觀意願如何，已無任何置喙之餘地，只能在中共的政令指揮下聽天由命了。

１９５３年，農村的「互助合作社」全面展開，農民實質上已無私人的農地，一切進入大規模的合作社生產，實際上農地悉數國有化。中共領導階層開始談論進入全面的社會主義階段。９月，周恩來在全國政協上做「過渡時期的總路線」報告，他表示：「最後的改造是取消生產資料的私人所有制，把它變成國家所有制或集體所有制；而逐步過渡中的改造，是使生產資料的私人所有制受到限制，成為不完全的私人所有制。三年至五年內基本上將私營工商業納入國家資本主義軌道，這並不是完成社會主義改造，完成社會主義改造還要幾個五年計畫，兩者不可混同。如果不講清楚，很容易被誤會為馬上要實行社會主義。」儘管周恩來的意見是緩和地縮小私有制的占有率，全面的公有化還要「幾個五年計畫」，不過到了１９５５年，毛澤東卻認為公有化的步伐應該加快，隔年社會主義改造隨即展開，公有制的實施較一些溫和派所設想的要提前許多。

總體而言，中共建政後以嚴厲的流血鎮壓鞏固權力，建立了社會和經濟秩序，使得人民的生活由內戰的混亂中逐漸趨於穩定。此外，中共也以共產黨的道德觀改善社會風氣，提高了社會道德的水準。不過在這些成就的背後卻孕育了巨大的時代悲劇，生產資料的公有化使得政治權力空前的集中，一個史無前例的集權體系正脫胎而出，此後任何政治上的反對或丁點的批評都失去存在的社會條件，這個結構的出現注定了政治領袖的個人意志取代了民主理性的決策程序。至於私有制取消以後，人性中的私心是否跟著消失？或者全面公有制實施後，人性是否就變得大公無私了？六億的中國人進入了這場中共主導的烏托邦實驗中，並注定了往後二十年政治與經濟的悲傷歷史。

1957 劉自然事件震驚中美

在台美軍殺人被判無罪
群眾抗議釀成衝突事件

▲為了抗議美國審判劉自然案件不公，憤怒的群眾搗毀台北美國大使館。

大批民眾於１９５７年5月２４日前往美國大使館抗議「劉自然案件」審判不公，群眾愈聚愈多，情緒高昂，終於造成砸館毆人的暴動行為。這時是在中美共同防禦條約簽署的三年後，台北竟發生如此大規模的反美暴動示威，令支持台灣的美國政府感到憤怒與疑惑，但在圍堵中共的戰略考量下，這場暴動衍生的外交風波迅速平息。

事件的起源是在本年3月２０日，美軍上士雷諾在陽明山住所前，將服務於革命實踐研究院的劉自然擊斃。陽明山警察分局獲報後，派員前往現場調查。警方以雷諾是現行犯，要將他帶走，可是卻被美方憲兵阻止，理由是駐台美軍享有治外法權，一旦犯案只能由美方調查審理，不能由台方處理。此案發生極可能刺激台灣人民的感情，可是台北官方並未阻止新聞界大幅報導，尤其在美軍法庭審判期間，有關事件的報導連篇累牘，而且多半對劉自然抱著同情的態度，一些評論勾起了帝國主義侵略中國的傷痕，社會上開始醞釀一股反美排外的情緒，政治不安的氣氛開始蔓延開來。

根據雷諾的說法，劉自然偷看他的妻子洗澡，他取槍衝出門外時，誤以為劉自然拿的是木條，而且要傷害他，驚慌中，雷諾向劉自然開了第一槍。劉向竹林邊逃去，雷諾趕緊回到屋裡，叫妻子通知憲兵，之後再回到門外，看見劉屈膝走來，擔心劉手中有槍，於是再朝他開了第二槍，擊中了要害。根據雷諾的說法，他是「自衛殺人」。根據美國法律，如果雷諾的證詞被採信，將是無罪的。然而台灣社會一般人並不接受雷諾的說法，因為從命案現場來看，無論是屍體的位置、方向、距離、血跡，都與雷諾所說有很

▲激情的群眾衝破警方阻攔，搗毀台北美國大使館。

大的出入。一般人相信雷諾沒有說真話，至於真相如何？由於沒有目擊證人，可能永遠無從證實。儘管如此，面對台灣社會被挑起的不滿情緒，美方保證案子沒解決以前，雷諾不得離開台灣，而且審判將持公平公開的原則。

５月２０日，美軍駐台司令部組織軍事法庭，正式審理劉自然案，陪審員共列十二名，其中四人請求迴避，實際出席陪審的有八名。審判中，雷諾的辯護律師刻意閃避不利的證據，卻請來一些雷諾的友人，尤其辯護律師不斷宣揚雷諾過去輝煌的戰鬥史，說他在韓戰中一路由釜山打到鴨綠江。陪審團彷彿在聽一段愛國戰鬥英雄的故事，而不是一件殺人案件。２３日上午，辯論終結，陪審團經過磋商決議，獲致結論。法官根據陪審團投票表決結果，宣判無罪，在法庭旁邊的美軍人員及眷屬立刻報以熱烈的掌聲，不過同樣在現場的劉自然的妻子奧特華卻已泣不成聲。

▲成功高中學生趕來美國大使館外抗議，右邊舉著標語的青年即是後來成為作家的陳映真。

隔天報紙皆大幅報導，而且幾乎一律指責美方審判不公，奧特華發表公開信「我向社會哭訴」，各報多以刊載，社會不滿情緒達到頂點。這一天，奧特華背著中英文抗議標語「殺人者無罪？我控訴！我抗議！」走到美國大使館門前抗議，並吸引人群圍觀。十點四十分，大批警員趕到，人群則愈來愈多，並開始呈現騷動的態勢。下午一點十分，一些人試著翻越使館圍牆，群眾開始投擲石塊攻擊使館。一點四十分，數百人衝進使館，砸爛汽車、玻璃、桌椅，圍觀群眾不斷鼓掌叫好。此時，大批帶著「救國團」臂章的青年學生進入使館區，高呼口號。四點多，群眾在地下室發現有躲藏的使館人員憤怒地施加拳腳。五點整，警方宣佈戒嚴，並用水龍頭沖擊群眾，但不久群眾又衝破警戒線，再度進入使館，翻箱倒櫃。事後美國大使館發現保險櫃被撬開，祕密檔案文件被拿走。一小時後，第一批武裝部隊趕到，驅散人群，然而群眾並不甘休，一部分人衝進台北市警察局，與警方發生衝突，結果槍聲響起，一人死亡，警民多人受傷。入夜大批武裝部隊趕到，情勢完全受到控制。

事發後，美國政府向中華民國政府提出措詞強烈的抗議聲明，要求懲凶賠償。美方並質疑台灣當局幕後指使這場反美暴動，美國媒體更進一步直指台灣總政戰部主任蔣經國是暴動實際的指揮者，不僅由於蔣經國掌管情報組織，而且暴動現場來了許多他所領導的救國團團員。對於美方的抗議與指控，外交部長葉公超亦發表道歉聲明，同意賠償損失。他同時也否認中華民國政府幕後主使這場暴動，並針對美方提出的疑點逐一澄清解釋。

在此同時，蔣中正總統下令撤除衛戍司令黃珍吾、憲兵司令部劉煒以及警務處處長樂幹的職務。在雙方不願擴大矛盾的共識下，這場外交風波迅速平息。儘管如此，劉自然事件顯露的台美關係矛盾面卻仍然存在，美國向台灣提供了大量的軍事和經濟援助，但交往姿態亦高，常有干預台灣對外政策之舉，遭致蔣中正總統的不滿，並傷害台灣人民的自尊心。劉自然事件正是將此種心結浮上檯面，雖無直接證據指明國民政府在背後鼓動此事，但在處理方式上似乎相當寬容，更令人覺得國民政府欲藉此群眾運動向美國施壓，以伸張自己的主權地位。

從抗議美軍特權的觀點來看，劉自然事件確實促成美方重視美軍駐在地人民的自尊心，檢討其政策是否得宜，最終通盤修正其政策。雖然雷諾仍獲釋返回美國，但幾年後美國與中華民國簽署新協議，同意今後美軍人員一般刑案，將由台灣本地法庭審理。從整個中美關係來看，劉自然事件無疑影響重大存在那一代台灣人的記憶深處。

1957 中共反右鬥爭與謝雪紅

大陸政治路線急速左轉 改變台共元老政治命運

◀ 在反右鬥爭中，中共交通部職工在批判部長章伯鈞，章伯鈞後被打成右派分子。

中共於1957年發動「反右鬥爭」，對於公開發言批評中共的知識分子予以嚴厲的政治打擊，受牽連的知識菁英估計有五十萬人，被扣上右派的帽子後，無論是遭批判、羞辱、囚禁或流放，身心均遭無情的折磨。

「反右」在中共建政後的歷史上具有轉折的象徵，它是中共政治路線急速左轉的標誌，此後知識界噤若寒蟬，無人敢持任何異議，使得毛澤東的政策因無任何形式的制衡機制，而愈走愈極端。「反右」因此成為中國大陸之後二十年極左悲劇之肇始。

1957年2月27日，中共主席毛澤東在第十一次最高國務擴大會議上發表「關於正確處理人民內部矛盾的問題」的談話。他指出：「在我們的面前有兩類社會矛盾，這

▲北京大學歷史系教授鄧廣銘（右二）在看批評他的大字報。

就是敵我之間的矛盾和人民內部的矛盾，解決的方法也不同，對敵人，即對國家內部的反動階級、反動派、反抗社會主義革命的剝削者，社會主義建設的破壞者，要實行專政。而在人民內部，則要實行民主集中制。在社會主義制度下，人民的根本利益是一致的，但人民內部還存在著各種矛盾。必須嚴格區分和正確處理敵我矛盾和人民內部的矛盾。」在這篇講話中，毛澤東劃分了矛盾的性質後，鼓勵民主黨派發言，他說：「對人民內部矛盾，在政治上要按照『團結一批評一團結』的公式來解決。在共產黨和民主黨派的關係上要實行『長期共存、互相監督』的方針，在科學文化工作中要實行『百花齊放、百家爭鳴』。」

上面所說的民主黨派是指國民黨政府時期即已存在的政黨，其中包括一些著名的自由派知識分子。這些黨派成立多以爭取民主自由為宗旨，建立現代的政黨政治，因此對國民黨的一黨專政多持強烈的批判態度。國共內戰期間，民主黨派原在國共之間保持中立立場，但隨著國民黨無力解決中國的政治和經濟問題，民生凋敝，中共卻在軍事上節節勝利，如旭日東昇。民主黨政最後悉數倒向中共，並相信中共有關建立民主政治的承

▲在中共展開反右鬥爭的同時，各種歌功頌德的文藝創作也愈來愈多，圖為歌頌中共領導革命歷程的大型音樂舞蹈劇「東方紅」現場演出場景。

諾。中共建政後，民主黨派以「政治協商會議」的形式參與政治，並獲邀出任中共政府的虛職，至少在表面上給予這些民主人士相當禮遇的對待。

不過隨著中共發動一波又一波的政治運動，權力日益集中，私有財產制被取消，民主黨派不僅無法監督中共政府，本身的地位實已岌岌可危。１９５７年，毛澤東發表「關於正確處理人民內部矛盾的問題」的談話，原擬藉助知識分子的批評來降低共產黨幹部的腐化現象，此即「百花齊放、百家整鳴」的「雙百方針」。4月，毛澤東以此為基礎展開整風運動，他還邀集了各民主黨派負責人和無黨派民主人士舉行座談，說明整風的意義，歡迎民主人士幫助共產黨整風。

不料，此一閘口一旦打開，知識分子對共產黨的批判言論竟如洪水般傾瀉而出，過去數年間社會中遭壓抑的不滿情緒紛紛出籠，驚濤駭浪，其中不少言論直接否定共產黨統治的合法性，使得中共黨政高層震撼不已。譬如武漢大學的姚姓教授說：「我們現在的統治可以說是中世紀的統治方式，那時是神權、君權，現在是黨權，黨說了算，名義上是無產階級專政，實際上是黨專政，把馬列主義當聖經，聖經上沒有的不許說，只能重複聖經的話。」北京法政學院趙教授批判：「馬列主義應該當作學術界裡的一個學派來研究，不應把它當成一切人、一切事的指導思想。除了馬列主義之外，還應該吸收其他學派的思想。資產階級有許多學派，可是無產階級只有馬列主義一派，別無分號，如果有，就說他是修正主義。」人民大學葛教授表示：「八年同共產黨接觸中，深深體會共產黨善變，共產黨只顧私利，不守信用。黨組織對人有用時，把殺過群眾，殺過黨內同志的人當作寶貝，不用時，把流過汗流過血的人關在大門之外冷若冰霜。」北京外語學院范教授批評：「黨中央提出5％（右派分子所占的比例），與汪精衛的寧可殺三千，不可漏網一個，有什麼差別？」中山大學楊教授表示：「政協、人民代表大會都是共產黨請客的，民主黨派是共產黨修了幾千幾萬大大小小的廟收容一些菩薩。」

以上為來自大學的犀利的批評言論，直指中共政權為空前的集權體制，至於來自民主黨派的批評更是有過之而無不及，不少更直接要求中共實施「輪流坐莊」的政黨輪替之民主政治。5月，中共眼看知識分子對共產黨的批判聲迅速高漲，有失控之虞，開始轉變政策，對知識分子展開反擊。此時，《人民日報》正式發表「關於正確處理人民內部矛盾」社論時，較原來毛澤東的內部談話的內容，已有修改，其中加上「社會主義和資本主義誰勝誰負的問題還沒有解決」，以及「無產階級和資產階級以及資產階級知識分子之間的階級鬥爭」等語，代表著毛澤東此時已決定反撲。

接著，中共中央發出「關於抓緊時間繼續開展整風運動的指示」，指出「民主黨派及社會人士大鳴大放，使建設性的批評與牛鬼蛇神都放出來，以便分別處理，大有好處。」緊接著，毛澤東再發出「組織力量反擊右派分子的猖狂進攻」的指示，認為「這是一場大戰，不打勝這一仗，社會主義是建不成的，並且有出『匈牙利事件』的某些危險。」同時，《人民日報》發表社論「這是為什麼？」指出「對極少數資產階級右派分子的猖狂進攻不給予反擊，不進行批判，全國就要陷於政治上思想上的大混亂」。接著《人民日報》又相繼發表社論「要有積極的批評，也要有正確的反批評」、「工人說話了」、「全國人民在社會主義的基礎上團結起來」，從此，原本是針對共產黨的整風運動轉變成一場大規模、嚴厲無情的反右派鬥爭。

6月起，中國作家協會批判作家丁玲、陳企霞，揭開文藝界反右鬥爭的序幕。7月，毛澤東在一場上海幹部會議上明白地說：「這次反右派鬥爭的性質是政治鬥爭……右派的老祖宗就是章伯鈞、羅隆基、章乃器。」毛澤東甚至諷刺當年接受共產黨領導的民主黨派是「上了共產黨的賊船」，於是反右運動迅速席捲民主黨派、文藝界甚至中共黨內，一些著名人士如傅雷、蕭乾、劉賓雁、王蒙、陸文夫、鄧友梅、劉紹棠等人紛紛被劃為右派。在中共組織的批判運動中，透過「大鳴、大放、大辯論、大字報」等「四大武器」，大批知識分子受盡人身的羞辱，被撤掉職務，甚至遭逮捕下放。

僅短短半年內，中共宣稱反右鬥爭取得重大勝利，大約五十萬知識分子被劃為右派，並受到不同程度的迫害。此後毛澤東的地位在中國大陸進一步神化，其一言一行，無人敢持異議。１９５８年初，毛澤東提出「大躍進」，決定以土法煉鋼的方式進行全國性的群眾動員，以期在十五年內在鋼鐵和其他重要工業產量方面超越英國，然後再用二十年至三十年趕上美國。幾個月後，毛澤東又改口說七年超過英國，十五年趕上美國。不久，毛澤東又提出辦吃飯不用錢的「人民公社」，希望一步踏入共產主義的天堂。總之，政治上的極權、領袖地位的神化，加上共產主義的烏托邦，終至使得中國大陸出現史上罕見的大飢荒與政治動盪，帶來慘痛的傷害與教訓。

▲謝雪紅（前排左一）為早期台共領導人，在二二八事件後潛赴大陸，成立「台灣民主自治同盟」，初期被中共當作樣板人物，但在反右鬥爭中慘遭鬥爭，圖為謝雪紅與台盟重要幹部合影。

此外，值得一提的是，在中國大陸的台籍人士之中，政治地位最高的「台灣民主自治同盟」主席謝雪紅亦遭波及，被撤銷主席職務。謝雪紅在台灣近現代史中充滿了傳奇色彩，最為人熟知的便是在二二八事件中所擔當的領導角色。謝雪紅原名謝氏阿女，１９０１年生於台灣彰化，因家境貧窮，自幼為親人收養，十三歲那年被送給商人洪喜為妾。隨著年齡增長，謝雪紅的自主意識日益增強，後離家到台南工作，再嫁張樹敏為妾。１９１７年，十六歲的謝雪紅與張樹敏赴日本三年，修習日文與漢文，眼界大開，並且啟萌社會主義思想。返台以後，謝雪紅開始投身社會活動，加入「台灣文化協會」，鼓吹婦女與勞工運動。１９２４年，謝雪紅前往上海，在「五卅運動」中表現激進的左翼思想，並結識台籍的中共黨員。不久，謝雪紅受中共推薦留學蘇聯，在「史達林東方勞動者共產主義大學」學習，結識日本共產黨領導人，並受「第三國際」指示返台組織台灣共產黨。１９２８年，屬於日共系統的台灣共產黨在上海舉行成立大會，由謝雪紅擔任主席。然而台共甫成立，旋遭日方強力鎮壓，謝雪紅被捕後遣送回台灣，不過旋即獲釋。

此後，謝雪紅與其親密戰友林木順等人試圖重建台共，並積極在島內建立抗日的統一戰線，擴大組織力量，不過台共內部也出現激烈的權力鬥爭，相互傾軋。１９３１年隨著日共幾乎全盤瓦解，中共逐漸在贛南站穩腳步，台共在新的歷史條件下，改受中共領導。１９３４年，謝雪紅被捕入獄，被迫寫下自告書，否定自己的政治信仰。她在獄中待了九年，於１９４０年出獄，此時正值中日戰爭的高峰，日本加強了對台灣政治、經濟、社會文化的控制。謝雪紅與密友楊克煌經營「三美堂」，在日本的高壓統治之下處於沈潛狀態。

台灣光復後，謝雪紅復出活動，並以其思想背景迅速投入反抗國民黨統治的戰線。１９４７年二二八事件爆發，台中舉行市民大會，謝雪紅被推為主席，對時局慷慨陳詞，會後帶領民眾遊行示威，並組織民兵部隊，準備武裝革命。這支部隊稱之為「二七部隊」，曾短暫地抵抗國民黨部隊，不過因敵我力量懸殊，最後在埔里解散。雖然如此，由於謝雪紅的共產黨背景以及其武裝革命的路線，二二八事件使得謝雪紅蒙上神祕的色彩，國民黨將謝雪紅列為二二八事件的幕後主謀，大加醜化；共產黨則將其刻劃為人民革命的英雄，大加美化。這兩者都使得謝雪紅的政治名氣達到巔峰。二二八事件後，謝雪紅逃到香港，發表「謝雪紅告同胞書」，表達其支持中共革命、反對美帝國主義干預中國內戰的主張。年底，謝雪紅成立「台灣民主自治同盟」，並且擔任主席，主張台灣高度自治，批判廖文毅等人有關「聯合國託管」和「台灣獨立」的主張。

１９４９年1月，謝雪紅抵達華北，台盟隨後亦遷往北京。9月，謝雪紅入選第一屆人民政協會議的主席團，並參加中共的開國大典。中共建政後，謝雪紅一直扮演在中國大陸最高台籍代表的角色。儘管台盟高層皆為中共黨員，但因台灣歷史的特殊性，台盟歸於民主黨派之列，為統戰團結之對象。

１９５８年1月，在反右鬥爭中，謝雪紅被劃為右派分子，撤銷台盟主席職務，與楊克煌居住北京，不再過問政治。１９６６年毛澤東發動文化大革命後，謝雪紅被打成右派反革命分子，遭到紅衛兵抄家，並被拳打腳踢，受盡折磨。１９７０年，謝雪紅以六十九歲之齡病逝於北京，其愛人楊克煌八年後亦逝於北京，始終未能返回台灣。１９８６年，中共平反謝雪紅的一切罪名，尊其為「功勞元勳」。

由於謝雪紅出身貧寒，在重男輕女的社會中成長之路頗為坎坷，在台灣受到日本殖民統治以及國共內戰的時代背景下，謝雪紅為個人、為整個台灣命運的奮鬥歷程曲折傳奇，加上其剛烈不屈的性格，被戰後一些台灣作家視為台灣精神的象徵，甚或解釋成台灣女性主義的先驅，其中如陳芳明、李昂等人對謝雪紅生命之旅的追蹤尤為深入。

總的說來，謝雪紅一生充滿傳奇，在兩岸有著截然不同的歷史評價，而謝雪紅在大陸的角色與地位正可以為這場反右運動的分水嶺，這場運動不僅對大陸的知識分子影響深遠，也徹底改變了許多居於大陸台籍人士的命運，在兩岸歷史上留下了深刻的痕跡。

1958 金門八二三砲戰

砲火猛烈兩岸死傷慘重
牽動台美中三方政治角力

國軍四十七師駐守小金門，師長郝柏村在1958年8月23日的日記中寫著：「下午六時赴湖下晚餐甫畢，正在桌上閒談時，十八時三十分傳來砲聲，敵準備已久之攻擊動作開始矣。……今日敵砲襲擊，從圍頭以迄煙墩山，全面向我大小金門及大二膽瘋狂射擊九十分鐘。」

鎮守小金門的郝柏村事隔多年之後，公佈了當年砲戰期間的日記，詳述當年的景況。另外一位駐守金門三獅山的一五五榴彈砲第一砲手，事後獲頒「戰鬥英雄」頭銜的郭仕山回憶說：「我聽到『咻』一聲，知道有砲彈要落下，立即閃身，砲彈落在距我一公尺處，我整個人被彈起來，帽子不見，眉毛被燒，三件上衣的鈕扣也全不見，左腿也被砲彈碎片擊中，整個人已昏迷不醒。」儘管郭仕山受了重傷，後被同袍救活，不過他說共軍的情況不會比他更好：「由於擔任第一砲手，我可以用望遠鏡看共軍損傷的情形，看見共軍開腸破肚，斷手截

▲金門八二三砲戰期間，國軍砲兵在沒有掩護的尚義機場發砲反擊共軍。

肢的情況，實在很不忍，但駐在金門守軍，對共軍不斷砲轟金門，已積了一肚子怨氣，單我駐守的碉堡，就至少落下兩千發砲彈，離開碉堡時，腳都踩不到土，因為已全覆蓋砲彈碎片。」

回溯１９５７年７月，台海戰雲密佈，金門與廈門之間一場規模空前的砲戰即將爆發，這場戰役不僅是國共內戰的延續，也牽涉到複雜的國際背景。由於國民黨政府已與美國簽署共同防禦條約，戰爭的規模將考驗華府對台灣的承諾，以及中共與美國武裝衝突的底線。至於台灣本身的防衛力量以及人民意志的強弱，也在這場砲戰中受到考驗。其中不僅留下許多生死血淚的戰鬥故事，也留下了一些尚待解開的歷史之謎。

８月間，中共米格十七戰鬥機大舉進駐大陸東南沿海機場，大批部隊亦集結在福建，尤其福建軍區副司令員葉飛，直接指揮三十二個砲兵營聯合組成蓮河及廈門地區砲兵群，負責打擊大小金門國軍守軍。另六個海岸砲兵連配置在圍頭、蓮河、廈門一線前沿，負責打擊大金門的料羅灣國軍船艦。由於共軍調動頻繁，國軍亦積極備戰，同時為了因應即將爆發的戰爭，華府將一批響尾蛇飛彈運交中華民國政府，第七艦隊亦駛近台海做武力展示，華府並且表明，如果台灣和澎湖遭受攻擊，華府與台北的共同防禦條約將自動生效，不過對於金門、馬祖地位的立場，華府並不明確。

▲八二三砲戰中軍機起降的情形。

８月１４日，國共兩軍在馬祖海域進行了激烈的海空戰，拉開了戰事的序幕。８月２３日下午五點三十分，共軍前線指揮員正式發出「開始突擊」的命令，頓時金門陷入一片火海之中。此時國防部長俞大維、金門防衛司令官胡璉正在張湖公路的山下漫步，俞大維被砲彈碎片所傷，由心戰指揮所主任廖光華背負進入作戰指揮所。不過在翠谷湖岸的副司令官趙家驤、吉星文和章杰等三人卻遭砲火擊中，犧牲殉職。由於事出突然，而且電話線炸掉，指揮中斷，國軍在二十分鐘之後才開始發砲還擊。根據國軍的紀錄，八二三當天共軍打了四萬七千多發砲彈，國軍反擊了十二萬發。儘管國軍被動還擊，但因使用美式巨砲，共軍也付出慘重的代價。

１９５８年9月9日，大陸《光明日報》刊登「福建前線通訊」，內文寫道「金門蔣軍就集中幾個陣地的砲火，向我陣地轟襲，壓制我們的砲火。敵人的穿甲彈、空爆彈和燃燒彈不斷地在陣地周圍爆炸，巨大的爆炸聲震聾了戰士們的耳朵，黑色的煙塵迷住了戰士的眼睛。……突然，彈片飛進了火砲附近的彈藥庫，打中了彈包，燃起了一團烈火。熾熱的火舌衝出了彈藥庫噴到了火砲上，噴到了戰鬥中的砲手們的身上。火砲起火了，戰士的衣服、頭髮、眉毛一起燃燒了。……敵人的砲彈繼續不斷地在周圍爆炸，炮長的腳又被彈片打傷了，裝填手的兩條腿不能動了，瞄準手背上的皮被燒得全部脫落，運彈手在彈藥庫門口又被一發敵人打來的砲彈炸倒。」

▲金門一對倖存的祖孫在殘破的家園中留影。

這些描述生動反映了雙方砲火的猛烈，傷亡慘重。不過政府和美國對於主動發動砲戰的中共究竟有何戰略和戰術的意圖，並不十分確定。８月２４日，共軍一方面繼續砲擊金門，另一方面又出動海軍打擊國軍的運輸部隊，同時又砲擊金門機場的設施以及正擬起降的飛機，金門實際上已遭到封

▲八二三砲戰期間勇往直前的LVT登陸艇（水鴨子）部隊，執行海上運補任務時的壯觀畫面。

鎖。在砲戰的前十天，共軍已發射十萬發以上的砲彈。9月3日，中共主動宣佈自4日起停止砲擊三天，以觀各方動態，國軍則藉此空檔對金門進行了空投補給。7日起，中共與華府進行了一場政治角力，互探虛實。國軍補給艦受到美軍軍艦的護送，繼續對金門補給，共軍未予攻擊。不過8日，當台美混合艦隊又到金門卸貨時，共軍接獲指示集中砲擊國軍軍艦，此時美艦未予護航，反而迅速駛離。此時雙方均清楚彼此避免正面交戰的戰略底線，不過共軍仍然維持著「打而不登、封而不死」的特殊形式，似乎有意讓國軍繼續留守金門，並維持某種戰鬥的形式。

9月30日，美國國務卿杜勒斯發表聲明，直言「蔣介石應退出金門，以台灣海峽為界實行停火」，不過卻遭蔣介石總統嚴拒，表示國軍將堅守金門陣地。由於1949年國民黨退守台灣，中共建立新政權之後，美國政府內一直有主張「台灣地位未定論」的聲音，意圖將台灣由中國主權中分割出去，作為協助台灣圍堵共產中國的合法依據，因此杜勒斯的聲明被解讀為華府要求蔣介石放棄福建沿海島嶼，以為兩岸政治上完全切斷做準備。此時金門砲戰摻入了國際政治的因素，國共雙方均明顯抗拒華府此一立場。

10月初，中共中央軍委對共軍下達指示：「我們目前以收復金馬還是仍由蔣軍占領金馬，兩者對今後鬥爭孰較有利，是我們當前必須考慮和決定的問題。當然，早日收復金門、馬祖，對解除福建沿海地區的威脅，對打開海上交通，發展福建沿海的經濟建設，對於鼓舞全國人民和我軍的士氣有很大的好處。……但是，把這個勝利和暫時利用金馬把敵人套在絞索上，把占領金馬和占領台灣統一來解決的長遠利益比較起來，則不如讓金馬暫緩占領，仍由蔣軍占領似乎較為有利。」10月6日，由毛澤東起草，以國防部長彭德懷名義發表了「告台灣同胞書」，暫以七天為期，停止砲擊，並提議舉行談判，不過遭到中華民國政府拒絕。這段時間，共軍砲火打打停停。10月21日，杜勒斯訪問台灣，與國府達成共識，即華府增加對台灣的協助，不再要求國軍由金馬撤退；同時，國府則減少在金門的駐軍，並不再對大陸使用武力。美國對國府在軍事和政治上的限制也引發一股反彈情緒，外交部長葉公超公開表示：「沒有一個國家保有軍隊而又『放棄使用武力』的，有的報紙說，我們已經『放棄使用武力』了，這是不對的。」

在中共、國民黨和華府透過砲戰進行一番政治試探以後，自１０月起，砲戰進入了尾聲。中共提議就砲戰進行停火談判，美國則希望國共實現永久的和平，以對兩岸進行其國際戰略架構下的政治安排，國府則既不願意與中共做任何的接觸和談判，也嚴拒華府可能的「兩個中國」或「一中一台」的計畫。在這種情況下，中共決定維持某種戰爭的形式。１０月３１日，宣佈對金門單日打砲，雙日休息，而且要求砲擊盡量不造成傷亡。１９５９年起，金廈國共守軍的砲擊都打到無人地帶，成了純粹象徵性質，國軍也停止派遣戰鬥機進入大陸，台灣海峽硝煙漸息。１９６１年１２月，中共中央再命令福建守軍停止實彈砲擊，只打宣傳彈。直到１９７９年，北京與華府建交，並確定其掌握了「一個中國」的原則後，原有的砲擊已失去政治意義，因此１９７９年元旦中共人大常委委員長葉劍英發表「告台灣同胞書」的同時，由國防部長徐向前發佈「關於停止砲擊大小金門等島嶼的聲明」，以配合其和平統一、一國兩制的政策。

▼金門民宅於八二三砲戰中受損的情形。

根據統計，在八二三金門砲戰近兩個月多的時間內，中共總計向金門列島射擊五十六萬發砲彈，創下現代戰史的紀錄。至於這場砲戰的來龍去脈，尤其是國際政治的層面，後來陸續地加以披露。１９９０年中共出版了葉飛的《征戰紀事》，對戰爭前後有內幕性的描述。中共自認為在砲戰中掌握了完全的主動，而且「金門唾手可得」，至於砲戰的戰略目的是，毛澤東把金門、馬祖視為套住台灣脖子的「絞索」，不讓台灣在美國的鼓動下獨立。毛澤東私人醫生李志綏在回憶錄中也談到，毛澤東曾說：「一個人有兩隻手，金門和馬祖就是我們的兩隻手，用來拉住台灣，不讓它跑掉！」台灣方面對於中共的政治動機未予置評，不過對中共有關砲戰勝利的說法卻直接駁斥。

事實上，從１９５８年以後，八二三金門砲戰已成中華民國反共必勝、建國必成的象徵，國民黨政府認為，由於這場砲戰的勝利，台灣和澎湖的安全得以確保，數十年來，政治領袖、軍事首長、戰鬥英雄乃至金門百姓的歷史證言不斷刊出或出版，代表著奮鬥不懈，捨己為國的精神，鼓舞著人心士氣。金門和馬祖也成了反共教育的中心堡壘。

每年，各界經常組織勞軍團到金馬，大專生則參加金門暑訓團。至於役男當兵駐守金馬，在海岸線站衛兵，面對廈門島，夜裡聽見對岸間歇性的砲擊聲，留下許多特殊的當兵記憶，日後點綴在軍旅文學中。國軍軍官陳進寶在一篇文章中留下了感性的文字：「登陸艇的引擎聲在黑夜的海上響個不停的時候，我懷疑『我』是不是在這艇上，我更懷疑是不是將登陸大陸，況且登陸大陸和登陸大膽有什麼不同？迎頭一看，夜空的星星像鑽石一樣點綴著，而有些人類就在這種美麗的景色下，進行著戰爭……。」

總之，透過特殊歷史命運的契合，一般台灣人對金門和馬祖有著深厚的感情，金馬生活的點點滴滴日後亦成為台灣集體記憶的重要組成。而這一場八二三砲戰，也深刻影響了之後台海情勢的發展，改變了兩岸無數人民的命運，永遠鮮活地存在這一代台灣人的腦海之中。

▲趙家驤、吉星文和章杰等三位金防部副司令在八二三砲戰首日即遭共軍砲彈擊中殉職。圖為三人靈柩自台北國際學社出發，將入祀忠烈祠之中。

1958 警備總部成立

厲行嚴密社會管制　社會陰影長期盤據人心

▲建立警備總部基本組織和人事的黃杰將軍（左）與彭孟緝將軍（右）參觀軍校。兩人皆為蔣中正所信任的重要軍事首長。

在「八二三砲戰」爆發後，國民黨政府為了因應全面戰爭的可能性，對戰略物資、人員和資訊的流通進行集中管制，尤其對於社會上的異議人士在戰爭時期的處置作出相關規劃，這些實質上的軍事管制措施對台灣社會發生了長期深遠的影響。

１９５８年５月１５日，台灣地區警備總司令部成立，負責台灣地區警備、治安、保密、防諜和民間動員等重要工作。由於戰時的安全工作幾乎包括所有的領域，所以警總迅速發展成龐大的情報組織，不僅負責戰備動員，甚至也深入社會和教育文化層面。尤其１９６０年代中期以後，兩岸硝煙漸息，金門和馬祖離島的砲戰成為形式上的交戰，警總的工作重點轉向內部的安全，包括查緝非法槍械彈藥、毒品、防止走私以及偵查反政府人士。由於警總以一軍事單位執行戒嚴法令，深涉台灣內部政治，不斷與在野政治勢力發生正面衝突。在近三十年間，在執政當局的眼中，警總是國家安全和社會突變最重要的捍衛者。不過在在野黨的記憶中，警總卻是當局實行高壓統治的首要工作，留下許多破壞人權的記錄。無論從那個角度觀之，提到台灣光復以後的政治和社會發展史，警總均是無可迴避的角色。

第一任警備總司令是黃鎮球，不過他就任兩個月後，即調升為總統府參軍長，第二任警備總司令由黃杰繼任，開始著手架構這個最重要的情報組織。黃杰為黃埔系軍人，抗戰時主要於鄂西戰場作戰，國共內戰末期，黃杰曾任湖南省政府主席，撤退時帶領三萬部隊進入越南，後部隊官兵被軟禁在富國島三年，１９５２年經國際協調，這批部隊陸續遣返台灣。這段期間，黃杰表現患難中的忠貞，尤其在大批國軍部隊倒向共軍之後，黃杰仍堅守崗位，忠心不貳，將部隊由越南完整地帶回台灣，因此來台後的黃杰受到蔣中正總統的高度信任，屢任要職，先出任總統府參軍長，擔任蔣中正近衛指揮官。接著在陸軍總司令孫立人遭撤職，孫系人馬大批被逮捕或調離之後，黃杰轉任陸軍總司令一職，以穩住軍隊的情勢。１９５８年底，黃杰又轉任權力最大、地位最特殊的警備總部總司令一職，在八二三砲戰後以軍令掌管民政大權，建構嚴密完整的體制，其第一個辦理的大案子就是《自由中國》雜誌社與雷震案。１９６０年，警總偵結此案，並以軍法審辦的方式將雷震、傅正等自由派知識分子判刑入獄，查禁《自由中國》雜誌社，並瓦解在野人士首度組黨的計畫。雷震案轟動海內外，警總樹立威名，但也招致猛烈的批評，同時令一般百姓望而生畏。

第三任警備總司令為陳大慶，持續深入對台灣各行各業的偵查佈建，這個時期的政治案件主要有彭明敏、魏廷朝、謝聰敏的台灣人民自救宣言事件以及殷海光、徐復觀、郭廷以等自由派學者的言論問題等。第四任總司令劉王章任內有「陳玉璽案」、「台灣筆

▲警總燒毀天陸非法走私品的情景。

會事件」、「柏楊案」。第五任總司令尹俊任內有「花旗銀行爆炸案」、「李荊蓀事件」、「成大事件」等。第六任總司令鄭為元任內，正值蔣經國執政初期，台灣經濟起飛，社會出現多元化的型態，政治民主化的壓力日增，政治案件更多頻繁，而且開始帶動群眾的風潮，對社會產生很大的衝擊。其間較重要的案子有「白雅燦事件」、「台灣政論案」、「張金策案」、「顏明聖案」、「陳明忠案」、「王幸男案」、「中壢事件」、「戴華光案」。由於政治和經濟轉型，有關事件迅速增加，警總的職權也相應擴張，包括增設警備分區、擴編特勤部隊，文化審檢工作由保安處交給政六處。此外，警總還接管出入境業務，加強海外佈建，以因應日益活躍的海外異議人士的活動。

由於警總與異議人士均迅速擴增其活動能量，社會衝突相對升高，社會上對警總職能和角色的質疑逐漸擴大。第七任總司令汪敬煦手段靈活，有意降低警總與異議人士的對立與衝突，然而兩者本質上的衝突，使得警總傳統上執行的任務愈來愈難獲得認同，從「余登發事件」、「許信良撤職案」到「美麗島事件」，幾乎案案均觸動社會人心，引發更廣泛的反彈。隨後發生的林宅血案和陳文成命案，更造成強烈的震撼，其中陳文成命喪台大校園之前曾遭到警總約談，儘管警總強力否認，但因其長年監控言論，逮捕黨外人士的作為，使得這項陰影始終難以去除。

第八任總司令由陳守山擔任，他是首任台籍人士的情治首長，力求改革警總的形象，然而政治民主化、社會多元化的大勢已不可阻擋，這段期間，警總查扣黨外刊物、發動圍剿陶百川事件均已引起知識界和一般社會大眾普遍的反感。尤其在「李亞頻事件」

▲「火燒島」——綠島為台灣戰後著名的羈押政治犯的地點，也為許多異議人士視為當時政府迫害人權的象徵。圖為綠島政治犯在記者會中敘述個人的學習心得。

中，中華民國政府遭到美國國務院直接嚴厲的譴責，使得主其事的警總受到總統府的批評，指其昧於國際情勢。更由於整體環境的開放，台灣內部政局出現巨大變化，警總地位開始走下坡。

１９８７年，政府宣佈解除戒嚴，黨外人士得以合法組黨後，警總改制的客觀條件已然形成，不過鑑於組織龐大，並且深入政治領域，警總的改制實質上亦成朝野政治角力的課題。１９９０年１０月，行政院專案小組決定，警總仍有存在的必要，將修改國防部組織法，刪除該法有關「動員戡亂時期於重要地區設置警總」的規定，並納入國防部參謀本部所轄單位，計畫將警總定為平常時期的常設機構。不過民進黨卻強烈要求徹底裁撤警總，最後在第九任司令周仲南任內，１９９２年５月間，戒嚴時期本身曾為警總約談對象的李登輝總統，親自裁示裁撤警備總部，原單位編制大幅減縮，改為海岸巡防司令部。其他民政業務則轉移相關單位，其中包括管制流氓交由警政署，保安工作交予法務部調查局，入出境業務則交予內政部入出境管理局，警總終於正式走入了歷史。此時，社會大眾對於警總的改制已無疑義，不過對於警總的歷史功過，各方基於自身的體驗仍有長期的爭論，警總裁撤時，有軍方背景的《青年日報》刊登學者鄭宗玄的專欄文章，指出：「回顧警備總部成立三十餘年來，對國家、社會有極卓著的貢獻，當時值政府遷台不久，中共派遣之匪諜潛伏各地運用『台獨』分子伺機分化顛覆，幸賴警備總部發揮功能，使社會綏靖，民心安穩，奸匪難逞其謀。事實上，由於檢肅匪諜成就斐然，使潛伏各地之不法顛覆分子無法遁形，確保復興基地政治之安定，使民眾得以在安定和安居的環境中安居樂業，得以短短數十年時間締造舉世稱羨的『經濟奇蹟』，並得以在堅強雄厚的實力下，朝更民主更自由的方向邁進。」不過自由派的學人司馬文武在《新新聞周刊》的一篇文章中寫道：「如何精簡情治單位的機關和業務，使其有明確的權力和責任，並使其接受國會的監督，接受文人的指揮，這是台灣政治改革所必須面對的挑戰，在解決萬年國會的問題以後，這是緊接著無法逃避的問題。……而警總這時候也應該趕快尋找一個安樂死的辦法，因為不管安樂不安樂，它一定要消失，才能使台灣永遠不必在其惡夢中驚醒。」

最後值得一提的是，由於警總長年的政治偵防工作中曾經累積了大量的政情資料，包括政治人物的忠誠檔案以及大量線民的報告，一旦公開，在政治現實中勢將造成極大的震盪，因此改制前，據報導警總曾以三個月的時間將大量的檔案資料銷毀，這種作法也使得一些歷史真相永遠地湮沒了。

「八七水災」為台灣中南部帶來嚴重豪雨與災情，圖為縱貫鐵路大肚溪鐵橋被大水沖失的景象。

1959 八七水災

狂風暴雨帶來空前災害 軍民通力合作順利重建

自１９５９年8月７日起連續數日，台灣苗栗以南至高雄地區，出現六十年來前所未見的狂風暴雨，以致整個中南部陷入嚴重的水患中，災情慘重，鐵公路全面癱瘓，災民多達數十萬人。這場極為慘烈的自然災難被稱為「八七水災」。

根據氣象專家的研判，8月７日上午九點，艾倫颱風位於日本鹿兒島以西１５０哩之東海海面上，低氣壓槽由颱風中心西南延伸至浙江溫州附近，以北地區順行西北風，槽線以南為西南季風，槽線附近之空氣成輻合現象，產生自動上升作用。溫濕空氣上升達飽和點之後，便開始下雨。此外，７日晚間，艾倫颱風向東北東移至鹿兒島，其低氣壓槽由鹿兒島西南延伸經本省新竹上空而至廈門以南地區，廈門一萬呎高空風向為西北，而本省南部海面之風向為西偏西南，此時台灣南部一熱帶性氣壓向北移動，致台南高雄地區發生狂風暴雨。因此，由艾倫颱風所帶動的氣流變化，乃是空前豪雨氾濫成災的主因。

8月8日，全台進入緊急狀態。台中、台南、嘉義機場關閉，縱貫鐵路多達二十八處路基流失或下沈，竹南至台南間的鐵路交通完全中斷，公路交通亦多處受阻。苗栗後龍溪、烏眉溪、彰化大肚溪、台南鹽水溪、嘉義和台南間的八掌溪等溪流兩岸附近地帶，及沿海低窪地區均遭水淹沒或侵入。此外，屏東縣隘寮、九如、下淡水、鹽埔等溪流以及高雄縣美濃溪之水位均已超過警戒線。台灣省主席周至柔偕同社會處長傅雲、警務處長郭永、水利局長鄧先仁、糧食局長李連春等人，搭機前往災區巡視，並立即組織救災工作。隨同省府官員搭機鳥瞰災區的《中央日報》記者蔡策撰文說：「這是記者自38年來台以來，第一次遇到這樣的狂風暴雨，而且在記者坐在台北風平雲靜的晴天下，吹著電扇，撰寫這篇報導時，這一個廣被數百里、高達兩萬呎的雨雲，八級以上的狂風，仍然在台灣西部，苗栗以南、高雄以北的區域上，夾著雷電，兇殘而瘋狂地肆虐……。越過後龍溪之後，雨雲越來越厚，陰霾四合，有如黃昏之後入晚之前，下望溪旁，廬舍大半被淹沒，若干田園，都被洪水淹蓋，黃澄澄湧起，又似流動的沙丘，在離溪兩岸稍遠的地方，田野中看不見任何農作物，只見一畝畝的水塘一樣，農家門前的院子、曬穀場，也映出了房屋的倒影，雖然仍舊看得清房屋的門窗，卻看不見人畜的蹤跡，在這裡的大地上，除了水的浪花，搖擺中的植物，看不見什麼東西在動，靜得成為

▲彰化地區在「八七水災」後搶修鐵路。

死寂，死寂得有些怕人，這正是晚炊的時光，記者曾注意到一個有七、八十幢房子的小村落，但只有三幢房子的屋頂冒出炊煙，而這炊煙一經冒出，即於屋頂被風橫吹開去，不能上升，可知飛機外的風是如何的大。」

8月12日，省府緊急撥款八百萬元救濟災民，各縣市醫療衛生服務隊全力投入工作，警務處發表初步災情統計，災民逾十八萬人、死亡者七九三人、失蹤者五〇六人，其中彰化、南投、台中三縣災情最為嚴重。不過此時豪雨已停，大水亦逐步消退，搶救工作得以更有效的進行。接著，省府決定提前再撥三千萬元救災。交通方面，經過軍民合力搶修，縱貫公路已全線暢通，公路局北段台北至台中間，對開金馬號對號快車往返十次，台北台中直達車對開亦往返十次。新竹至台中間，公路局則每隔十至十五分鐘開一輛車。至於台中到彰化，經大肚溪南下方向

▲八七水災後，軍民一起出動，全力搶修被洪水沖失的烏日溪鐵路路基。

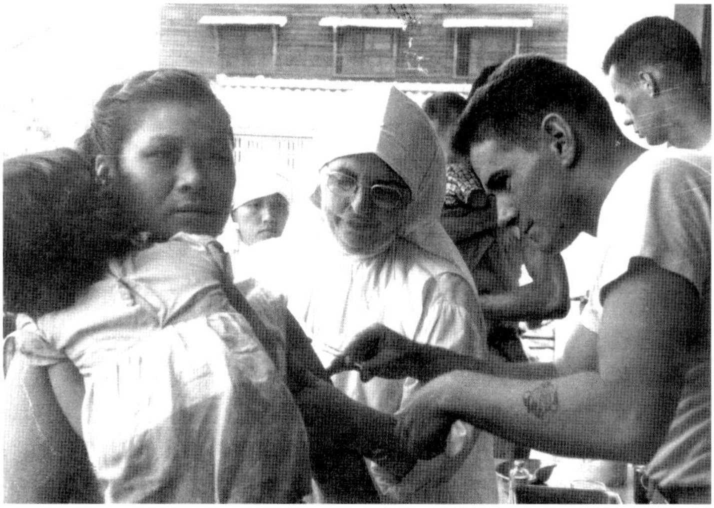

◀教會修女與醫療機構為災區民眾施打預防針。

試車預定於同日完成。至於縱貫鐵路，由於路基流失嚴重，預計要花上十天的時間才能恢復全線通車。

１３日，省府宣佈水災急救工作結束，開始進入重建階段，周至柔主席報告最後的災情統計，全部災民為二十四萬餘人，其中十八萬餘災民接受收容救濟，隨後十四萬餘災民陸續返家，其餘三萬餘災民則在苗栗、台中縣市、彰化、南投、雲林等六縣市的災民收容所中。周至柔主席說：「災難對於一個沒有信心、沒有擔當、沒有作為的民族，才會變成真正的災難，而對有信心、有擔當、有作為的民族，往往會變成復興的機會和建設的泉源。這次救災中，我們的三軍，有非常動人感人的表現，警察人員的奮勇表現、交通人員和醫務人員的辛勞熱忱，也都有很良好的表現，尤其是廣大民間的表現，更使人深為感動。」

總之，八七水災是光復以來台灣最大的自然災害，也是對台灣發展的重大考驗；然而因政府的組織性強，應變迅速，加上水災激起民間的濟助熱情，提升一股強大的生存意志，以致救災和重建工作均相當順利。無論災區環境衛生、瘟疫預防計畫、公路修復計畫、鐵路修復計畫、水利修復計畫等都頗為迅速地完成。至於全倒和半倒的房屋超過四萬七千棟，有關單位則以長期低利的方式貸予災民，同時利用重建的過程不僅恢復舊觀，也要重塑田園景色。至於淹沒的農地，則重新規劃，並在推動農業重建中帶動地方農會組織積極運作。此外，由於農民傳統上有在屋內挖洞藏放現金的習慣，水災造成的損失迫使農民改變習慣，此後改為將現金存放在農會的信用合作社，對民間的儲蓄風氣提升不少。

因此，「八七水災」的效應是多方面的，留給人們深刻的記憶。在往後的日子中，它逐漸成為罕見大水患與大規模重建的代名詞。

▲成功嶺大專集訓，學員們模擬以吊索運送擔架。

1959 成功嶺大專集訓開辦

總統下令開辦加強思想洗禮 橫亙四十年留下無數回憶

「國旗在飛揚，聲威豪壯，我們在成功嶺上，鐵的紀律使我們鍛練成鋼，愛的教育……。」

成功嶺位於台中烏日，由於開辦大專學生集訓班的緣故，成為全國知名的軍事基地。這首成功嶺大專集訓中心的歌曲「成功嶺之歌」，不管是受訓學員集合時、行進時，或是操練時，都會由帶隊長官發號施令，唱這首歌曲。對於走過成功嶺的年輕學子們來說，受訓時的一些歌曲、口號、慣用語以及種種景象，可說是畢生難忘，四十年來它成了台灣社會的重要記憶之一。尤其對絕大多數戰後成長的男性而言，無論出身背景、黨派思想為何，成功嶺的受訓體驗無疑是彼此共享的青春悸動之一。

１９５９年，蔣中正總統為了讓青年接受更堅定的思想洗禮，下令成立了大專學生集訓班，規定大專高年級學生到成功嶺受訓十三週，如果未能結訓，即無法出國留學，也不能考預備軍官。一開始，大專學生只在暑假集訓，後來因學生人數增多，改為暑訓

▲成功嶺大專學員學習刺槍術的景象。

及寒訓每年兩梯次，同時由十三週陸續減為八週、六週，集訓學生也改以一年級入學新生為主。由於大專集訓班學生都是通過大學聯考的菁英，素質可說是軍隊中最高的，他們當中許多人未來將成為各行各業的領導人才，因此政府各級首長對此訓練相當重視，經常在集訓期間到成功嶺巡視、講話、贈送加菜金，使得成功嶺成為海內外十分知名的軍事基地。

對於青年學生而言，成功嶺經驗由載運學生的專門列車開始，由南北各地抵達台中之後，再坐專車來到成功嶺。下車後，近萬名學生分別向所屬連隊報到，檢查身體、理髮，開始進入受訓生活。此時，各連隊班長為了讓學生迅速進入軍事生活，刻意對學生大聲叫罵，使得他們神經緊繃，不敢稍有鬆懈。在外自由慣的學生，剛開始對於事事要求嚴格紀律的軍中生活，大多數人都極不習慣。基本的訓練包括吃飯不得說話出聲、上課必須正襟危坐、棉被必須摺得像豆腐乾一般、洗澡則是三分鐘的「戰鬥澡」。這些基本事項幾乎都是在班長的大聲斥喝下達成的，因此學生們內心處於被威懾的狀態，有些人睡覺作夢都會喊口號。受訓學生們並且被告誡由於學生兵是學員，軍階最低，所以碰到任何軍人都須敬禮，並且服從命令。對於這種最低下的身分角色，學生們也是頭一遭體會。

▲部隊長官對受訓學員們講解室外教練的情形。

雖然如此，隨著連隊成員彼此逐漸熟悉，大專兵們對環境也漸漸能夠掌握，了解其內在法則，壓力無形間也就減輕了。此時，他們開始感到另外一種集體生活的樂趣：出操訓練、比賽軍歌、到福利社買東西看漂亮的小姐、抽空給家人朋友寫信……。有些性格油條的人甚至懂得混水摸魚，行徑猶如當兵多年的老鳥。此外，集訓期間的假日，大專兵穿著軍服，成群湧入台中市和彰化市街頭，在基地苦悶生活的大專兵自然樂於外出散心，因此這兩地都會出現大批學生兵遊走街頭的景觀。當天晚上收假時，連隊通常還要特別訓練一番，出一些基本教練，稱之為「收心操」。另外假日也有懇親會，受訓學生的父母親友前來成功嶺探視，也有女朋友來看男朋友的。只要有懇親會，成功嶺周圍即湧來上千輛大小車輛，十分熱鬧。

成功嶺集訓的四個主要項目，可說是開訓、結訓、行軍、震撼教育，其中震撼教育是成功嶺集訓的最高潮。這是讓學生兵全副武裝穿過各種障礙物，包括在鐵絲網下匍匐前進，上方則是機槍射擊，側面還有炸彈爆破。震撼教育的目的是讓學生兵置於實戰的情境之中，體驗「槍林彈雨」的真實感受，儘管為了安全的問題，無論是機槍射擊還是炸彈爆炸都控制在固定的範圍之內，只要學生兵按照既定的途徑前進，就不會受傷，不過由於是實槍實彈，感受逼真，每個人對此經歷皆印象深刻。「震撼教育」也成為日後常用的口頭語。

以上集訓的內容包含了酸甜苦辣的點點滴滴，雖然年復一年，行動如一，但對於個人而言，由學生突然變成軍人，由鬆懈突然變得緊張，由拿筆突然變成拿槍，這些巨大的反差猶如一場人生的奇遇。以至於在結訓返家前夕，高興中多半會帶著一絲惆悵。甚至回到家後，成功嶺的答數聲響還會在腦中迴盪多時不去。

至於歷任政府首長常應邀前往成功嶺致詞，內容反映當時主要的政治精神號召。１９８０年，新聞局長宋楚瑜以「龍的傳人」為題，在成功嶺發表演說，其內容頗具代表性，他說：「時代的鬱悶，千百年來，在知識分子的心中，總是循環不已的。而今，我們為什麼看不見長江美呢？為什麼我們聽不見黃河壯呢？為什麼今天我們的年輕人和我們的大陸，甚至和我們的歷史傳統，產生了一種像許多人名之為『斷層現象』的隔閡

▲「震撼教育」是成功嶺集訓的最高潮項目，學員們全副武裝的在鐵絲網下匍匐前進，親身感受槍林彈雨的真實景象。

呢？而古老東方的這條巨龍，為什麼不能騰雲駕霧於九霄之上，卻似遍體鱗傷地困在淺水之中，被蝦所戲呢？」這是近代中國知識分子胸中共有的疑問，在台灣背景中又夾雜了兩岸隔絕、民族分裂的無奈，在隨後二十年的光景中，這個問題有著不同的答案，而且根據不同的時代背景，答案也一直變化著。

成功嶺大專集訓班始於特定的時空背景，因此隨著背景的改變，大專集訓班終究也會走到盡頭。１９９８年，教育部部吳京提出女生也上成功嶺的措施，這年首度有一九三位大專女生上成功嶺受了十九天的軍事訓練，成了熱門新聞，不過這項熱門新聞卻無形中把成功嶺的大專集訓班帶進了歷史。１９９９年，國防部宣佈取消實行了四十年的成功嶺大專集訓班，理由是由於大專院校學生人數不斷增加，成功嶺的訓練容量已無法承擔。事實上，１９９０年代中期以後，國軍實行精實方案，兵員減少，此外過去加強政治思想的作法也已改弦易轍。成功嶺開始將學生兵視為正規部隊，但隨著台灣物質生活日益豐裕，新一代青年學生生活態度迴異，軍方不願意管教太嚴，以免造成事端。因此，成功嶺的集訓最後縮短為四周，其性質與夏令營已相去不遠。

１９９９年2月7日清晨，成功嶺大專集訓班最後一批學生頂著寒風離開成功嶺，在成功火車站轉搭火車返鄉。至此，大專集訓班畫下了句點，成功嶺改為陸軍幹部訓練中心。這一天，所有的新聞媒體均作了大量的回顧報導，充滿告別一段歷史的懷念之情。

根據統計，四十年間共育逾一三三萬的大專生上過成功嶺，《聯合報》的民意調查顯示，高達八成八的民眾認同成功嶺大專集訓班的正面意義。受訪者中上過成功嶺的人有六成三會懷念成功嶺的生活，至於最讓人印象深刻的訓練課程，第一是震撼教育，其次是一同洗澡、吃飯和睡覺的團體生活。而曾上過成功嶺的台中縣長廖永來公開當年寫的日記：「寒冬，我們向北行軍，一列青色的隊伍，排開來，就是一片堅強的草原……排長下達攻擊，雨點繼續降落，我們奉命四處散開，挺進冷雨中……。」「如果妳記取我昔日的情感，妳仍可在我黯然的神色中，尋找我們業已棄置的城堞。」或許在成功嶺的歌聲中，浮現的就是這種五味雜陳、難以忘懷的人生詩意。

1960 雷震案與《自由中國》事件

籌組新黨觸犯政治禁忌
民主啟蒙思想影響深遠

▲雷震早期深受蔣中正信任，出任黨政要職。圖為1946年10月，雷震（左）以政協祕書長的身分，於南京機場迎接中共代表周恩來。

1960年10月8日，民主人士雷震被控叛亂案，經國防部軍法處審判，處有期徒刑十年，連帶被告的劉子英、馬之驌則以「意圖以非法方法顛覆政府，而著手實行」罪名，分處有期徒刑十二年和五年。

至於另一被告傅中梅（傅正）則被判交付感化三年。警備總司令部發表的判決主文指稱雷震所發行的《自由中國》半月刊宣揚「政府反攻大陸政策號召為自欺欺人，自誤誤人，散佈悲觀無望論調，意圖瓦解反攻鬥志。」、「近更變本加厲，謬稱如執政者執迷不悟、自私自利，必欲霸占到底，則中國民主政治，目前已告絕望……。」簡言之，雷震的罪名是包庇中共特務，以及散佈反政府的言論和情緒。

在戰後台灣政治發展歷程中，雷震案具有重大的時代意義。不同於國民黨政府遷台初期的政治案件，如孫立人與吳國楨案，摻雜了高層政爭的色彩，雷震案代表了由大陸來台的知識分子在思想領域上耕耘台灣，並與本土政治人士及知識分子進行融合，創造出新的論政基礎。雷震等人被台灣反對派人士尊為戰後台灣民主思想的啟蒙者，也是民主運動的先驅。

雷震是浙江長興人，１９１９年考取公費留學日本，並於翌年加入國民黨。隨後雷震就讀於京都帝國大學法學院政治系，研究憲法學與政治學，接受現代民主政治理論的訓練。１９４０年代，雷震深受國民黨總裁蔣中正的信任，從抗戰末期到行憲之初，雷震歷任參政會、政協及制憲國大的正副祕書長職務，負責各黨派的溝通協調，並參與制憲工作。１９４９年，中共在軍事上已取得決定性的勝利，國民黨在大陸的統治處於全面崩潰的前夕，許多軍政要人紛紛轉向，包括一些原本自由派的學者也將民主的期望放在即將崛起的中共身上，不過雷震仍堅定支持蔣中正總統。中共部隊南下時，他曾協助保衛上海。１９５０年，國民黨準備進行黨的改造，以讓敗退到台灣的黨重現組織活力，雷震曾深入參與各項籌劃工作，並擔任蔣中正總統的特使到香港收攬人心。

儘管雷震是國民黨高層的核心幹部，但他與蔣中正最後仍出現分歧。根本原因是，雷震的反共更多是出於思想和理論層次，而非權力之爭。他衷心相信，多黨制、代議制度、反對黨監督等民主政治的基本因素是國家社會長治久安的基石，也是對付共產黨極權勢力最有效的方法。然而蔣中正總統與國民黨的右派人士卻認為這一套體制不僅無法因應共產黨的挑戰，反而提供共黨分子進行分化滲透、混淆人心、遂行顛覆陰謀的空間。國民黨黨政軍各層均曾受共產黨員嚴重滲透，導致最終自大陸撤退的結局，更使得蔣中正對此深信不疑。事實上，擔任總政戰部主任的蔣經國此時正推動一套嚴密的社會組織計畫，其實質就是用共產黨的方法來因應共產黨的顛覆。雙方思想和見解差距巨大，彼此衝突也就難以避免。

１９４９年１１月，雷震邀請了胡適、王世杰、杭立武等自由派知識分子創辦了《自由中國》，宣揚自由與民主，對抗共產主義。一開始，蔣中正和陳誠均同意這種作法，甚至提供實質支援。這份刊物的內容初期以反共為主，並且旨在團結自由派和民青兩黨人士，猶如雷震過去在參政會和政協工作的延伸。不過隨著客觀環境的變遷，《自由中國》逐漸走上自由主義的政治反對路線。

１９５１年雷震在國民黨改造委員會會議中提出報告，主張廢除學校三民主義課程及軍隊黨部。後來雷震在日記中寫道：「３月２９日，上午至忠烈祠，到後不久，遇到蔣經國，彼即邀我去談話，彼即開口說：『你們有個提案，要撤消軍隊黨部是不是？』予答不錯，並云今日軍隊有政工人員何必再來另一組織之黨部，彼云：『你們是受了共產黨的唆使，這是最反動的思想。』予正擬申辯間，彼又謂；『這是最反動的思想，你們這批人，本黨不知吃了多少虧，今日你們仍不覺悟，想來危害本黨……。」不久後，軍隊的改造委員在圓山宣誓就職，蔣中正在文武百官面前批評雷震「與匪黨及漢奸無異，為一種寡廉鮮恥之行為」。

▲《自由中國》與雷震組黨事件在相當程度上與走選舉路線的本土反對菁英結合在一塊，省議員郭雨新便是其中頗為活躍的黨外民主先驅之一。圖為郭雨新（右二）訪問菲律賓時所攝。

受到批評的雷震隨後在日記感嘆「予不辭勞苦，多方為之辯護，不料今日以同一方法來對付我，豈應以怨報德歟！」政治分歧的公開化，加上意識上的覺醒等，《自由中國》開始評論時政，而且吸引了一批自由派的知識分子，以國民黨政府為對象，要求實行全面的民主自由，言論犀利，理念清晰，逐漸成台灣自由主義的重鎮。其中較著名的有１９５６年的祝壽專號、１９５７年開始的十五篇〈今日的問題〉社論系列，１９５８年的〈美國的遠東政策〉社論，１９５９年到１９６０年的總統連任問題、地方選舉問題，以及該年的成立反對黨的計畫。

儘管《自由中國》屢以言論挑戰政府的禁忌，包括直接表明反對蔣中正總統二度連任，引起軍特系統的強烈不滿，發動旗下的刊物對雷震等人展開圍剿。但真正使得雷震與當局陷入攤牌的背景，在於雷震擬將其思想付諸政治行動，尤其是他想聯合本省的政治菁英組成反對黨，形成一個有時代代表性的新政黨，此舉形同觸動了政治地雷。１９５７年，《自由中國》開始討論地方自治問題，本省反對菁英開始與雷震接近。１９５８年４月舉行省議員與縣市長選舉，５月本省反對菁英召開地方選舉檢討會議，雷震應邀參加，這是雙方首度會面，會中通過組織新黨的決議。１９６０年８月底定黨名為「中國民主黨」，參加新黨籌組工作的本省人包括李萬居、郭雨新、高玉樹、楊金虎、許世賢等人，外省人則有雷震以及國民黨的齊世英、青年黨夏濤生及民社黨楊毓滋等人。胡適對新黨的成立抱持鼓勵的態度，但同時勸他們要保持審慎適當的政治姿態。

儘管如此，雷震的組黨行動已經超越當局容忍的極限，９月４日，蔣中正總統下令逮捕雷震等人。同時被捕的還有《自由中國》的工作人員劉子英、馬之驌和傅正。劉子英被控為中共特務，馬之驌和傅正則是意圖非法顛覆政府，散佈反政府言論。雷震則被控兩項罪名：一是「知匪不報」，二是「連續以文字為有利於叛徒的宣傳」。至於劉子英被指為中共特務，判決書指劉子英原為雷震之僚屬，政府由南京撤守時，擔任監察院南京留守辦公室主任，中共進入南京後，劉又被中共指定為保管員。１９５０年，劉接受中共指派的任務，由香港轉來台灣為雷震工作，擔任《自由中國》的會計職務，隨後劉子英將中共所交付的任務密告雷震，並與之商議。雷震明知其為匪諜身分，而不予告密檢舉……。

從雷震等人被逮捕，劉子英寫出供詞，到軍法處作出判決總共只有短短的一個月，雷震家屬邀請梁肅戎擔任辯護律師，不過軍法處審判程序草率，庭上在聆聽供詞後迅速作出判決。此案由於關係台灣的政治人權與言論自由，海外輿論反應十分強烈，美國政府曾表達嚴重的關切，胡適亦在日記中記錄自己當時在海外竟羞愧地不敢出席國慶日酒會。

儘管雷震等人入獄，《自由中國》連帶被查封，但他們所散佈的民主自由的種子卻才開始在台灣萌芽，而且影響極為深遠。許多作者在一共發行二六〇期的《自由中國》中，留下數千萬言鏗鏘的議論，不僅奠定後來二十年政治改革的基調，也勾勒出台灣反對運動在這一階段的任務。這一時期新生代的政治菁英，無論是本省人還是外省人，均曾受到《自由中國》的啟迪和鼓舞。

１９７０年，雷震服完刑返家，仍處於被嚴密監控的狀況，不過他繼續關心時政，並與黨外人士接觸，給予他們精神上的支持與鼓勵。１９７９年3月7日，雷震病逝，安葬於南港的自由墓園。１９８６年，民進黨成立，傅正成為創黨黨員之一，距離雷震初次籌組反對黨時已有二十六年之久，整個政治環境出現了根本的改變。

雷震案到了１９８９年仍出現餘波蕩漾。首先是軍事監獄證實已將雷震在獄中所寫的百萬字回憶錄燒毀，引起了各界軒然大波。接著雷震案中被指為中共特務的劉子英在回大陸探親前寫了一篇四千字的「辯誣」，指稱當年完全是被情治人員恐嚇才寫下供詞的。文中說：「如果再不投降，說不定就要昏死當場，看來只有與他們合作且保生命，並顧慮到雷先生的性情剛直，難忍侮辱，如和他們發生衝突，就太不值得，不如留有用之身，作來日辯冤之用。」

１９９０年代，雷震案與其他政治案件均獲得全面的平反，而雷震案因在政治思想上的啟蒙作用更具獨特的時代意義。１９９６年7月，殷海光學術基金會為紀念雷震先生百歲冥誕暨傅正先生逝世五周年，舉辦了跨世紀台灣民主發展問題的學術研討會。民進黨人權工作者陳菊撰文道：「台灣已徹底打破威權專制，朝向多元民主開放的社會，今日君權不再，民權起飛。我們紀念雷老百歲冥誕，務必感念他是台灣民主發展史上組黨的第一人，而《自由中國》更為言論自由寫下最燦爛的一頁。」

進行隧道開挖工程的橫貫公路。

1960 東西橫貫公路通車

遷台初期重要基礎建設 加速開發經濟觀光資源

１９６０年5月9日，中部東西橫貫公路舉行通車典禮，行政院長陳誠和退輔會主委蔣經國出席，這條由近萬名國軍退伍軍人、工程兵、原住民工人興建，費時近四年的交通要道，終於完成，也是國民黨政府遷台後第一項主要基礎建設。

從１８９５年至１９４５年半個世紀的日本殖民統治後，台灣的基礎建設大致完善，主要包括南北鐵路和公路、電力系統以及水利灌溉系統。這些設施主要是協助將台灣建設為一農業生產基地，以供應日本帝國之用。１９４９年之後，國民黨政府順應台灣原有的經濟結構，首先解決的是土地分配的問題，以有效增加生產，並取得政治穩定的基礎。１９５０年代中期，在經濟穩定成長之後，更多的基礎建設陸續展開，其中一項就是東西橫貫公路。由於台灣多山，東西兩邊為中央山脈所阻隔，經濟發展多集中在西部平原，東部相對落後。但因高山峻嶺，興建一條貫穿東西的交通幹道，技術上並不容易；反之，如果東西幹道能夠打通，不僅東部發展可以加速，中央山脈豐富的礦產、林木和觀光資源亦得以開發利用，整體經濟價值極高。

國民黨政府決定興建這條公路，而且工程主力由退伍軍人承擔。１９４９年來台的軍民近二百萬，其中部隊占六十萬人。１９５１年開始國防部逐步安置軍人退伍事宜，其中一項措施就是利用退伍軍人從事相關建設，既可發展經濟又可解決就業問題。因此，退伍軍人在整體規劃下參與興建橫貫公路、開發東部和中部的山區地，從事農產、養殖畜牧和輕工業等工作，成了新一批開發台灣的先鋒。退輔會主委蔣經國帶領榮民勘查南投山區後，曾寫下一段生動的回憶：「這次旅程近似探險，進入山的深處，沒有人煙，只有鳥啼獸跡，前人沒有留下足印，只有對準方向，往高處爬，越過高山，又降到谷底，再爬高，再前進。我們和刺骨的寒風搏鬥，無懼於毒蛇與蜂螫的困擾，披荊斬棘，都不怎麼困難，最大的難處是通過懸崖峭壁，手攀著藤，腳踩著地，半步或一步地往前移，一不小心失手或失足，掉下去粉身碎骨，絕無生還，須在邁開腳步之前，先看準立足點，然後試著踏上去，也許土質鬆軟，也許踏上一塊滾滾的石頭，必須踩在堅實的土地上，站穩腳步，才算跨進一步。就這樣，我們終於順利完成勘測全線的工作，也終於勝利的征服這條蠻橫山脈。」

以上描述其實也是後來興建橫貫公路的榮民所遭遇的。１９５６年7月7日，橫貫公路正式於花蓮和台中兩地同時動工，由榮民工程第一、四總隊承建，原定三年完成，

▲退伍榮民是興建橫貫公路的工作主力，圖為開工典禮中的榮建一總隊榮民。

▲橫貫公路完工通車，搭載參加來賓們的專車沿山而行，象徵著台灣建設的時代巨輪又向前邁進了一大步。

後因東線太魯閣至天祥段，連遭「溫妮」、「瓊絲」、「魯依絲」颱風侵害，使得該段路面、橋樑受創甚鉅，因此改線重建，致延工數月始完成，而且東線工程從太魯閣入山，沿途海拔驟升，至關原一帶高達二六二〇公尺，其中合歡山、黑岩山、羊頭山聳立於此，饅頭山、立霧大山排列於南，地形複雜險峻，更有陡坡數百公尺，幾乎無法攀援。興建完成後，橫貫公路共有幹、支及補給線各一條，幹線從台中東勢起，沿大甲溪至梨山後折向南行，越過合歡山埡口，循立霧溪下行出太魯閣峽口，與蘇花公路銜接，計長一九四公里；支線則由該路中心梨山站分岔向東北經環山、勝光、逾思源埡口，下行經四季土場而達宜蘭，計長一一二公里；補給線則由南投縣入山至合歡山埡口，計長四十四公里餘，三線共長三四〇公里，其中百分之八十為新闢的路。

１９５８年，一名參觀橫貫公路施工的軍聞社記者寫道：「記者進入山區後，勁風帶雨，不時撲面而來，步行維艱，尤覺寒冷難耐，這山嶺峰，披有一層稀薄的白雪，益顯山景之美觀；惟自天祥至深水溫泉，並未遇見雪花，沿途施工之榮民們，則已慣於高山生活，雖然寒風中施工，仍然活躍如常，似乎忘懷時序已入嚴寒。」事實上，為了興建這條公路，共造成三百餘名榮民的傷亡，工程之艱險可見一斑。

１９６０年4月6日，橫貫公路全線進行試車，由於全線為石頭路面，大型車輛時速約為二十公里，由花蓮搭金馬號客車到梨山需費時八小時。國民黨政府將這條公路的完成，視為遷台初期的重要政績。

此外，隨著東西幹道的完成，榮民們繼續對沿途山區進行開發，發展農業、林業、礦業及觀光事業，譬如試種過去台灣沒有的溫帶水果和高冷地蔬菜，梨山福壽山農場和武陵農場是著名例子，一名榮民說：「第一批上山的人，手上只有農場分給我們約二十棵果樹苗，誰能料定未來？在最初幾年，種下去的果樹都沒有收成，只好在田畦間先種點菜。」後來這一帶農產成了台灣新闢的觀光區，生產了蔬菜和水果也改寫了台灣的農業發展史。後來，《青年戰士報》記者宋榮生曾撰文：「他們上山之初，大部分是單身清苦，但到今天，這上面都有他們的壯麗田園，有美滿的家庭……回想當初榮民上山時，什麼也沒有，住在簡陋而不足蔽風雪的草寮，吃的是冷硬饅頭，交通不便，生活清苦，但經由他們胼手胝足的辛勤努力後，把一切從無到有變不可能為可能……站在高處眺望，遼闊的橫貫公路農場，無論是果園、菜園都是一片蒼鬱、碧綠與茂盛，其景迷人，其情感人。」

隨著台灣經濟迅速發展，建設項目日多，橫貫公路鋪上了柏油路，各旅遊陸續開發，每年遊人絡繹不絕，這條公路的種種，包括優美的山林，連綿的果園，長途的車程等等，都已成為台灣人民的情感的一部分。當然，那批由大陸各省來台的退伍軍人，最後成為台灣的「山民」，在寶島的山林中安享餘年，倒也算歷史的奇遇吧！

1961 中華商場落成

原有違建改為現代商場 更新市容見證台灣社會變遷

▲中華商場將原有違建改建成嶄新整齊的現代商場大樓，當時中華路仍車流稀少，正呈現一派農村社會邁入都市社會的景象。

台北中華商場於１９６１年４月１日開幕，這個原為違章建築群集的地區頓時成為台北新商業鬧區，成為市民喜歡來逛的商場大樓，連結了北門、第一百貨、新生戲院、西門町等地，橫跨了二十餘載年輕人約會、看電影、吃東西的歲月。

１９４９年，國民政府遷台，各省人民紛紛湧進台灣，對台灣的生活環境突然形成龐大的壓力，許多公共場所擠滿了扶老攜幼的難民。為了協助解決大批難民的臨時住所和生計問題，台北市政府委託台北市警民協會出資在中華路沿鐵路兩旁搭建竹棚，以低價出租給這些居民居住。原本只是短期的便民措施，不料這項臨時性的措施一拖就是十二年，變成嚴重的環境問題。警民會由於收租低廉，無力定期整修這些竹棚，也無一套完整的管理觀念和方法，於是住戶們更各顯神通，慢慢的竹棚變成矮牆，屋頂搭成鐵皮，人多了住不下，兩旁不能發展，只好向上加蓋，因此有了小閣樓，後面鐵路的水泥柱欄杆也被拆除，加蓋小房子，於是整塊區域成了參差不齊、高矮不一的違章建築區，既髒亂又有礙觀瞻，被稱為台北市的「盲腸」。

１９５９年１０月間，蔣中正總統驅車到這塊違建區探訪民情，看到龐雜凌亂，破爛不堪的景象十分震驚。同年，他在反共抗俄總動員會報中指示應予徹底整頓。省府主席周至柔、警備總司令黃杰當即遵照指示，指定省府委員、警備副總司令李立柏負責成立指導會報，並與有關機關協調整建事宜，並即成立委員，由台北市長黃瑞兼主任委員，綜理全盤整建工作。１９６０年8月，初期的規畫以及違建拆除完成，新的商業大樓開始動工興建，八個月後，整塊區域出現現代都市的樓群，煥然一新，原來髒亂不雅的景觀一掃而空。

整個中華商場工程自北門起至小南門止共有八座大樓，以忠孝仁愛信義和平八字命名，全長一公里又一百七十公尺，根據都市計畫興建，打通洛陽街、漢口街及長安街三條街的平交道。式樣採立體式三層建築全部鋼筋混凝土、地面水磨石，外牆正面貼彩色小磁磚，背

▲台北市中華商場完工啟用，共八座大樓，一六四四個店面，開幕後一個月便有數萬人湧入參觀，使原有的髒亂違建地區面目煥然一新。

▲隨著社會發展進步，台灣的商店建築也更新發展，除新建完成的中華商場之外，台北街頭也可見到其餘新式整齊的商店街。

面貼有色面磚，全部有店鋪一六四四間，下層鋪面兩排，背靠背，一向東一向西，二、三層均為單排面東。所有店鋪均採出租的方式，而且租戶需預繳二十年的租金，地方協議如果因都市計畫再度拆遷中華商場，租戶不得異議。由於地處台北市的中心位置，這塊違章建築區一躍而成全台灣最大規模的商業樓群，前景自然看好。果然，開業以後，中華商場人潮絡繹不絕，商家生意興隆，早年的難民迅速成了新的中產階級。

儘管如此，中華商場與現代商業大樓仍有一大段距離，主要是管理上反映著住戶本身的水準仍是過去的違建攤販，商場在短短幾年間又呈現某種廟口攤販的景觀。１９６７年６月，《中華日報》記者林煌村在一篇報導中生動地描述：「每當華燈初上，行人如織時，這裡，你可以看見最新型的迷你裝、阿哥哥裝、披頭少年；說它髒亂一點也不虛構，站在第一百貨公司上舉目張望，中華商場的『萬國旗』（曬的衣服）盡收眼底，坐南下的火車，可以看見停車棚裡的攤販。」「第一棟到第六棟東側（靠中山堂的一邊）除了市招不整齊外，倒蠻有商場的樣子，最後兩棟是商店與住家混合型；西側一到五樓大致說得過去，六棟以後停車場變成攤販的集中區，賣飯的、賣麵的一大堆，七棟的車棚全被占滿，人行道貨品堆積如山……樓上走廊有：作功課的小學生，替小兒子洗澡的媽媽，用焦炭燒飯的主婦，洗衣服的下女，騎自行車送貨的店員，磨豆漿煮牛肉的攤販，占滿人行道茶座，更有光天化日之下穿著內衣褲躺在籐椅上假寐的中年人。十足表現農村社會的特色。」

簡單的說，中華商場可以在一年之間興建完成，不過要想使其真的成為現代商業大樓，卻得依靠國民素質的提升，而這牽涉到社會形態和教育程度，需要幾代人才能改善。中華商場儘管生意興隆，但卻一如所有的夜市攤販般，髒亂不堪、隨便喊價、態度粗魯，商家與客人吵架之事幾乎天天發生。雖然台北市政府不斷力圖改善，並採取了一些具體措施，但效果卻有限，這些都成了中華商場的特色。隨著時代的進步，中華路兩旁興起現代化的百貨和辦公大樓，日據時代穿越市中心的鐵路依照規畫將轉入地下，對照之下中華商場呈現老態，二十年前的嶄新商場又再度成為都市發展的障礙。不過１９７９年，台北市政府對中華商場的存廢仍做出維持現狀的決議，主要是一六四四戶租戶的居住與生計權利已構成龐大的社會和政治壓力，台北市政府無力單獨解決這個問題。

一直到了１９９２年，為了配合都市重建計畫，台北市民的意見趨於一致，台北市長黃大洲終於決心貫徹拆除中華商場計畫，在歷經一部分租戶政治與社會抗爭後，１０月２１日，台北市政府派出了怪手十部、吊車五輛、人員三千，從清晨六點二十分起經過五小時，首先將中華商場的忠棟拆除，隨後幾天再將其他幾棟剷平。整整盤據台北市中心數十年的鐵道、商場樓群景觀幾乎一夕之間全沒了，變成了空空蕩蕩。根據有關單位計畫，這塊寬闊的地方將開闢成林蔭大道，地下則是地下鐵與地下商城。

雖然如此，中華商場畢竟是某種時代的象徵，拆除期間報刊上出現許多懷舊的文章，作家郭冠英在〈消失的起跑線〉一文中寫道：「在我小學畢業的六〇年代，那裡建起了中華商場，大官剪綵，電影前的省政新聞也一播再播。當時車子還不多，中華路雖然最繁華，空氣還很清爽，逛逛商場還是滿愜意的……中華商場就這樣看盡西門町的繁華，直到今天它自己也走入歷史。」鄧宗德則寫道：「民國五、六十年代，綿延一公里長的中華商場是所有中南部城鄉移民，搭火車經過台北的第一印象。中華商場包羅大江南北的百貨特色，與入後繁盛的廣告燈影，告慰了所有外省和本省第一代移民的鄉愁……數十條公路線經過中華南北站，每天打拼的上班族會在這裡換車，拍拖的情侶會約在天橋碰面，蹺課後的學生會來此遊蕩，中華商場隨著台灣的經濟起飛，過了它半甲子歲月裡黃金時光，是台北市曇花一現的青春。」

中華商場是台灣由農業社會過渡到工業社會的產物，它有著工商社會的形式，卻有著農業社會的內涵，或許當時代的巨輪終將剷平它的前夕，那種即將消失的髒亂與叫賣聲竟勾起了許許多多人內心中濃郁的鄉愁，永遠縈繞心中。

1961 中國小姐選美

名利雙收掀起社會熱潮
不敵輿論壓力四屆即告停辦

▲第二屆中國小姐李秀英（右二）在倫敦舉行的世界小姐選拔賽中獲得第二名。

第二屆中國小姐選拔賽於１９６１年5月１５日舉行，汪麗玲、李秀英、馬維君三位小姐脫穎而出，並列第一名。在這個時候，中國小姐不僅是美麗化身，也象徵著國家的榮譽，背負著社會高度的期待。

第一屆中國小姐選拔於１９６０年4月２日舉行，由《大華晚報》主辦，最後選出十位佳麗參加決賽。6月5日經選拔會十一位委員投票結果，頒獎典禮開始時，第五名的李秀英出場時掌聲雷動，第三名汪麗玲出場時，觀眾更狂呼歡迎，等到宣佈林靜宜以最高票當選，許多觀眾在聽完以後，狂嘘亂喊，會場一度秩序大亂，顯示中國小姐選拔在當時是多麼吸引人心。第一名的獎品有：三克拉鑽石戒指一枚、雷達女用手錶一只、六一型派克金筆一支、地球純銀藝花禮筆一對、高級女皮鞋兩雙、精美照相簿一冊、銀盾一座、晨衣一件、睡衣一套、國畫「春風得意圖」一幅。這些禮品加上出國比賽的飛機票，以及無形的社會名氣等等，可以說，優勝者雖然以國家社會為己任，但客觀上卻成為了枝頭鳳凰，享有十分優渥的物質回報。

當選人林靜宜在選拔的機智回答中，回答一個模擬出自美國記者口中有關旗袍的問題。她說：「中國女性的服裝——旗袍，不但式樣美，而且省料子，穿起來優雅大方，能表現體態的美。對於貴國（美國）生活方式的了解，你們生活有規律，但略嫌緊張，家庭中由於電器設備完善，主婦生活方便而條理，因為這是工業社會的特色。」

儘管對於參加國際選美賽以及宣揚中國文化有著充分的準備，不過當8月間，林靜宜赴美國長堤參加「世界小姐」選拔時，結果並不盡如人意，未能獲得任何名次，這使得台灣社會感到失望。遭挫之後，林靜宜在紐約告訴記者：「雖然我失敗了，但是並不氣餒，東西方選美觀念不同，以及我們沒有參加選美的經驗，都是影響這次競賽的最大原因。這兩個難題只有一個答案，就是繼續不斷的參加……。照我的想法，現在我們就該準備明年參加的事宜，至少給她三至五個月的訓練。我這次貿然前往，到了時候才發現好多不是我們意料中的事。在我們這種年齡的女孩子，去應付這些臨時出現的場面，常有不知所措的感覺。」

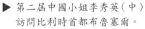

▶ 第二屆中國小姐李秀英（中）訪問比利時首都布魯塞爾。

▲第一屆中國小姐複選預演在台北國際學舍舉行，入圍的佳麗身著白色禮服，一起展示在伸展台上。（鄧秀壁攝）

林靜宜這一番話幾乎就是隔年選拔會籌辦選美事宜的最高原則，中姐選拔成了國際選美的預備賽，觀眾和評判員出現了高度共識，務必達到在國際選美賽中出人頭地的目標。因此，第二屆中姐的三位第一名汪麗玲、李秀英、馬維君，無論是在身高代表、外語能力和臨場應變等，均視為足以在國際上與諸國佳麗一較長短者。馬維君赴長堤參選「世界小姐」、汪麗琴飛往邁阿密參賽「環球小姐」，李秀英則赴倫敦參賽「世界小姐」。她們臨行前在機場均發表了書面談話，矢志將不負使命，為國爭光。又由於各界對選美比賽結果的高度重視，她們三位的一舉一動受到詳盡的報導，尤其在國外的動向摻雜了異國風情的描述，也勾起了一般人美好的想像。最後結果是，馬維君進入決選的前十五名，但未能進入前五名，汪麗玲的情況亦類似入圍前十五名，但最後無法進入前五名。成績最好的是李秀英，不僅入圍前七名，接著在決賽中榮獲「世界小姐」第二名的榮銜。

李秀英成了中國女性第一位在國際選美賽中獲得第二名的，不僅轟動台灣社會，也在全球華人社會掀起振奮的情緒，視為全體中國人的光榮。後來世姐第一名英國小姐被證實結過婚，遭到取消頭銜，世姐后座由李秀英遞補，更上一層樓。頂著世姐的頭銜，李秀英扮演了一年的親善大使，到世界各國訪問，所到之處跟隨著的是鉅細靡遺的新聞。１９６２年1月9日，中國小姐選拔會在台北賓館舉行一個盛大的酒會，歡迎李秀英、馬維君和汪麗玲，人潮洶湧，各界皆為此成就歡欣鼓舞。

李秀英是韓國華僑，父親在三十年前由山東到了韓國，家中有二女三男，秀英是老大。《中央社》由韓國發出的報導，描述李家距離仁川市有七公里，是一棟只有三個房間蓋著鐵皮的矮木屋，李父是一個典型的舊式中國農人，秀英在韓國唸完中學後，李父就把她送到台灣去讀書。李父說：「我不以為我們這個時代的女兒們，在選擇丈夫時要聽從父母的話，但是秀英的丈夫必須是居住在中華民國的中國人。我們今天在韓國是混吃等死；但是我們的女婿必不可再住在異國。」《中央社》報導說，李秀英當選世姐轟動了韓國僑界，也由於李家家境清貧，僑界普遍認為這是一個道地的「仙履奇緣」的故事。

由這受到李秀英優異選美成績的鼓舞，１９６２年第三屆中姐選拔呈現新的高潮，被當成世姐選拔的「衛冕賽」，報刊連篇累牘，對佳麗評頭論足，有如社會重大事件。此外，由於選美雖有為國爭光的動機，但美麗之事原本就有賞心悅目和娛樂的性質，本屆中姐選拔的商業氣息變得更濃厚，初選、複選、決選均出售入場券，而且提供高額獎金舉辦猜測當選人活動，選美活動吸引了眾多佳麗參與，掀起了空前的高潮。最後劉秀嫚、方瑀和江樂舜並列第一名，並在各界矚目中，各奔國際選美賽會。結果劉秀嫚獲環球小姐第四名，方瑀獲長堤世姐的「本國服裝及演說獎」。這項成績延續去年李秀英的世姐后冠，算是差強人意。

不過在選美的熱潮中，一些共議之聲也開始浮現，《聯合報》的一篇黑白集評說：「在台北正掀起選美的高潮，而同時，在毗連香港的大陸邊緣，卻掀起逃難的高潮。這兩件事皆發生於同一時期，兩種活動的照片登刊在同一張報紙，形成強烈的對照。設非麻木不仁者，對此當不能無所感。選美畢竟要有適當的時間條件；在動員戡亂時期，在此反攻復國基地，究非當務之急。明年是否繼續舉辦，似可加以考慮。」

類似的輿論越來越多，認為國事緊張，台海仍不時爆發海空戰，前線枕戈待旦，後方應力求節約，選美活動帶來名利風尚，誘使女孩子崇尚虛榮，應予停辦。於是１９６３年中姐選拔在輿論的壓力下停辦，１９６４年又續辦了第四屆，但此後就畫下了休止符。第四屆中姐為于儀、趙令瑜和林素幸，其中于儀獲環球小姐第五名、林素幸獲倫敦世姐第三名。

連續四屆中姐一共選出了十位第一名，出國比賽共有七位入圍決選，其中一位獲特別獎，四位獲前五名。這樣的得獎比例在任何一個國家中，都是豐碩的成果。其根本原因是，社會並不只把選美當成純粹的商業活動和娛樂事業，而是事關國家榮譽和民族顏面的大事。儘管如此，中姐的物質利益更是不容忽視，當選美愈達高潮，背後爭名奪利的暗礁也就越兇險。其中稍有失足之事，國家極大的榮譽也就成了國家極大的羞恥，精神目標與物質誘惑的矛盾終於使得這場盛會落下帷幕。

雖然中國小姐只舉辦了短短的四屆，但這四屆中姐選美的過程以及其間的風風雨雨，已深刻留在這一代人的腦海裡。無論是中姐們在伸展台上的丰姿，出國時在機場發表有如「壯士斷腕」的書面說明，或是榮獲國際選美獎項後回國的熱情感言，以及鄰里間響起的鞭炮聲，彷彿仍在那一代人的耳際迴盪，如同銀鈴般的悅耳甜美，交織成流金歲月的夢幻與浪漫。

1962 胡適在台灣

領導新文化運動　學人典範永留人心

一代學術宗師胡適博士於１９６２年2月２４日，病逝於台北南港的中央研究院，這位影響本世紀中國人至深的大思想家在寶島度過了人生最後的五年，提高了本地學術研究的分量，埋下了自由主義的種子，也留下了無可超越的學人典範。

過世的這一天，胡適博士以中央研究所院長的身分在該院蔡元培紀念館舉行酒會，歡迎新院士的加入，胡適心情很好，他說：「現在我們在此山上，可以看見物質進步的情形，可是剛遷來時，院裡放書的架子也沒有，同仁住處也沒有，一直到近六年，得到幫助才開始慢慢恢復，現在已有七個研究所，開過四次會議，選舉了三次院士。」胡適繼續說：「我們十幾年，在孤島上，台灣寶島上，離群索居，在物質的困難、精神的困難之下，還做了一些工作……。」

▼中央研究院院長胡適在台北逝世，遺體大殮後，參加送殯之各界人士夾道致哀。

▲胡適生前開朗、健談的形象永留人心。

談到過去和將來，胡適顯得十分興奮，話說了許多，刺激到心臟。酒會結束後，賓客陸續離開會場，胡適仍邊走邊與友人談話，不到五分鐘，胡適突然昏倒在地，已向外走的院士和賓客又紛紛趕回，大家圍繞著他，台大醫學院院長魏火曜立刻為他施行人工呼吸，隨後中央研究院的醫生趕到注射鹽酸腎上腺素及使用氧氣，均告罔效。晚上七點二十五分，台大醫院楊思標醫師趕到，診斷後宣佈胡適已經過世了。此刻，胡適周圍的友人都黯然啜泣，現場一片靜寂。

名滿中外，新文化運動領導者的胡適的逝世，不僅沒有減少其對中國人思想和文化的影響，反而留給後人取之不竭的思想遺產以及廣大的討論空間。

胡適生於１８９１年，原籍安徽績溪，後入上海梅溪學堂、澄衷學堂，每次考試必列第一名。宣統二年，考取官費留美學生，赴美國就讀於康乃爾大學，後又入哥倫比亞大學，師事名哲學家杜威博士，以研究先秦名學史而得到哲學博士，才氣縱橫，文名漸傳。１９１７年，胡適返回中國，以二十八歲之齡擔任北京大學文科教授，在中國處於存亡之秋之際，胡適推動白話文運動，提倡自由、理性、科學，對年輕一代產生巨大的影響。其所著文學革命論文及白話詩等，引起舉國注意，當時各種毀譽評價皆有。

在這個救亡圖存的年代，各種思潮激盪，背後亦伴隨著不同黨派勢力的競逐，胡適等人的白話文運動二十年後終成中國書寫文字普遍的文體，不過在思想領域上，他的主張卻與當時時髦的馬列主義互不相容。由於堅持自由與實證主義，胡適對於先驗色彩濃厚、潛含極權思想的共產主義持嚴厲批判的立場，他的「多談問題，少談主義」便成為左派文人極力抨擊的對象。

在胡適的個人政治立場上，他與蔣中正始終關係接近，但堅持在教育領域上耕耘，作個獨立的知識分子，不接受政府的官職，唯一的例外是抗戰爆發後，胡適為赴國難，出任中國駐美大使。抗戰勝利後，胡適出任北京大學校長，１９４８年底，國共內戰進入戰略性的轉折階段，共軍即將進入北平，蔣中正總統派專機接胡適等北平學人南下，爾後胡適赴美講學。

１９４９年中華民國政府遷台以後，局勢逐漸穩定，胡適於１９５２年１１月及１９５４年２月，兩次應邀來台講演，內容主要是指共產主義和勢力必將瓦解。剛好１９５４年中共在中國大陸發起對胡適思想的全面批判，主要是大陸社科院院長郭沫若主張把胡適的哲學思想徹底清除，年底大陸中國文學藝術界聯合會主席團、中國作家協會主

▶胡適夫人江冬秀女士，搭機自美返回台北，胡適親至機場迎接。

席團舉行了擴大會議，宣佈了一項聯合召開胡適思想批判會議的計畫，從哲學思想、政治思想、歷史觀點、文學思想、中國哲學史觀點、紅樓夢研究、教育思想等九方面，對胡適思想展開全面的批判。隨後，大陸報刊發表了各方大量的批判文章，時間持續達半年之久，發表總數超過了二百萬字。中共對胡適思想的批判並非偶然，此時中共政治上正開始「過渡時期總路線」，狂熱地走向共產主義的烏托邦，胡適的理性和實證思想成為一大障礙，故以全面批判的方式清除胡適思想的影響。

１９５８年4月，應蔣中正總統力邀，胡適來台定居並出任中央研究院院長，以推動學術研究。在台灣的最後四年，胡適以其一貫的謙沖為人，獎掖後進，自己掏腰包暗中資助優秀學生完成學業。此外，他也主張自由、理性的思想繼續在台灣發揮影響，並鼓舞出新的實踐力量，他支持民主派人士雷震辦《自由中國》半月刊，並肯定雷震聯合李萬居、高玉樹等本省人士組織新政黨的計畫。不過當雷震被捕時，胡適並未公開表示反對意見，因此外界產生胡適思想自由、行動卻畏縮的印象。但是等到１９９０年所披露出的胡適日記中，外界看見了更多的事實真相；胡適並不是政治上的反對派，不會站出來公開進行政治反對工作，但他與蔣中正面對面相處時，卻直言不諱。

１９５３年1月１６日，胡適在日記上寫道：「蔣公約我吃飯，七點見他，八點開飯。談了共兩點鐘，我說了一些逆耳的話，他居然容受了。我說，台灣今日實無新聞自由，第一，無人敢批評彭孟緝（時任台灣省警備司令）。第二，無一語批評蔣經國。第三，無一語批評蔣總統。所謂無言論自白，是盡在不言中也。……最奇怪的，是他問我，召開國民大會有什麼事做？我說：『當然是選舉總統與副總統。』……這最後一段話頗使我驚異，難道他們真的估計可以不要憲法嗎？」

１９６０年１１月１８日的日記中更記載著，胡適當面告訴蔣中正：「十年前總統曾對我說，如果我組織一個政黨，他也不會反對，並且可以支持我，總統大概知道我不會組黨，但總統的雅量，我至今不會忘記，我今天的盼望是，總統和國民黨的其他領袖，能不能把十年前對我的雅量分一點來對待今日要組織新黨的人？」這便是真實的胡適，堅持不作官以保持講真話的空間，表面上不參與政治，私下又以直率的方式促使政治往民主政治的方向改變。

▲胡適逝世之後，無數民眾前往瞻仰胡適遺容。

當胡適逝世後，胡適的靈柩於3月15日安葬在南港中央研究院大門對面的山坡上，數以千計的人群，絡繹不絕地湧進胡適先生的靈堂，向胡適先生行三鞠躬禮，很多人黯然神傷，默默無言。告別式由副總統陳誠主持，禮成後，雖然擴音器請來賓離去，可是大多數人仍然冒著細雨站在靈堂戀戀不捨。胡適的夫人江冬秀女士則一直在後輩親友扶持下不停飲泣。

1975年8月22日，江冬秀女士也過世了，與胡適合葬在一起。他們育有兩個兒子，長子胡祖望在駐美單位做事，次子胡思杜不幸留在大陸，在中共批判胡適思想期間自殺身亡。胡適與江冬秀雖是媒妁之言的老式婚姻，一位是才氣縱橫的大才子，另一個則是鄉下姑娘，但胡適並沒有像許多當時的男性那樣另娶受高等教育的女學生，而是與鄉下老婆廝守了四十年，成為蔣中正所稱的「新文化中的舊道德」，此亦為胡適一生之中常為人提及的事蹟之一。

1990年，胡適百歲冥誕，海內外華人舉行了許多紀念活動，包括出版書刊專集，舉行學術研討會、文物展等，其中兩岸學者專家舉辦了「胡適與近代中國研究會」。此時大陸政治局勢已有了重大的改變，烏托邦式的共產主義經過實踐後被否定掉了，理性與實證精神又重獲肯定，這種情況使得胡適在中國大陸的形象又變得良好起來，尤其他溫和寬容的風範，使得許多經歷鬥爭之苦的大陸知識分子更加喜歡他。

無論如何，胡適在提倡白話文，做為五四運動的啟蒙導師，以及研究古典文學、古代哲學史的貢獻已為蓋棺論定之事。至於他的自由和理性的主張，雖然隨著海峽兩岸政治局勢的演變而有不同的評價，然而隨著民主真諦日漸成為普世的價值，胡適在這個領域所開創的風氣也愈益令人感懷。

1962 五月大陸逃港難民潮

極左錯誤路線造成嚴重飢荒 境況悲慘舉世矚目

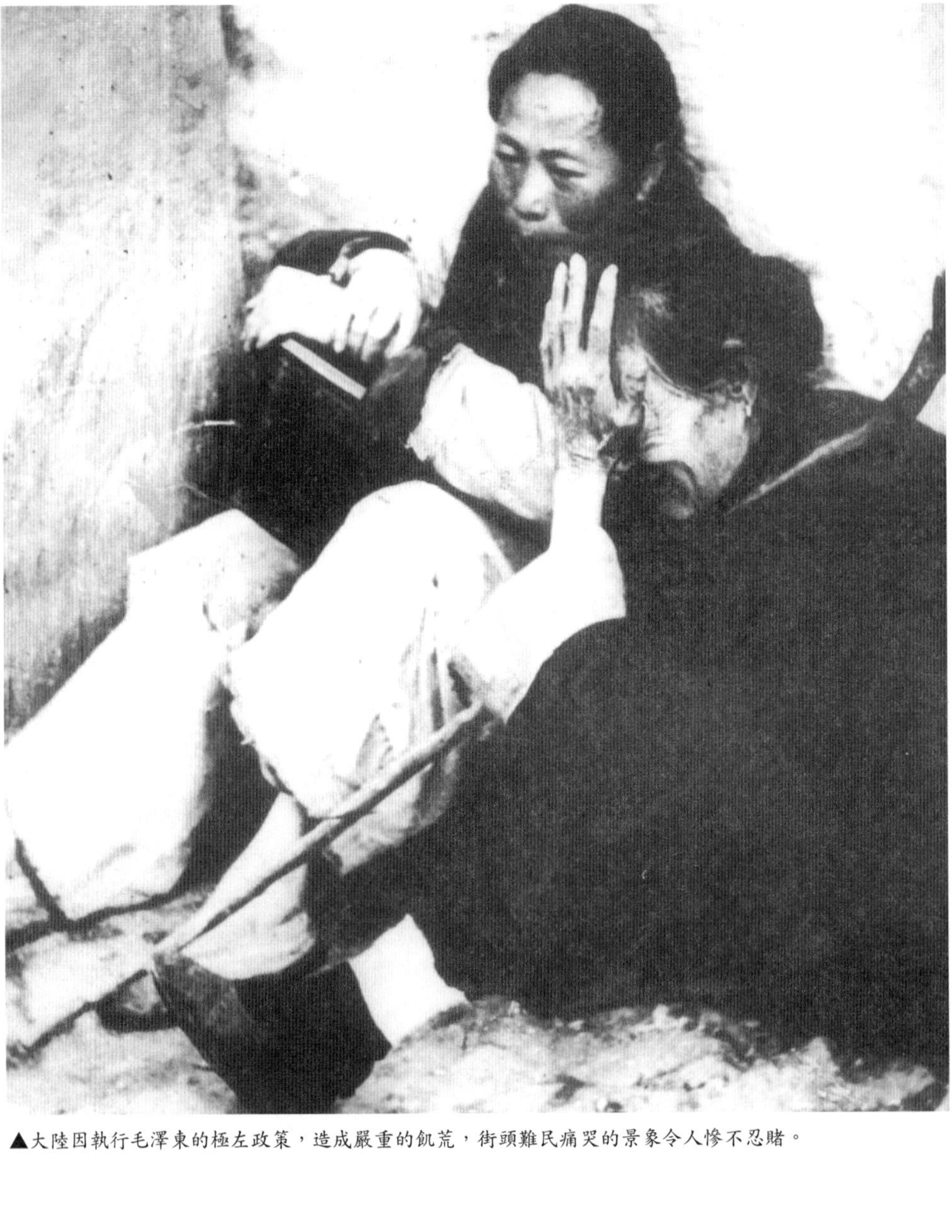

▲大陸因執行毛澤東的極左政策，造成嚴重的飢荒，街頭難民痛哭的景象令人慘不忍睹。

中國大陸廣東省與香港新界的接壤處於1962年5月間爆發大批的難民逃亡潮，成千上萬的飢民翻山越嶺，衝破邊境警戒線，進入新界。由於景象慘烈，不僅驚動香港，也震撼整個國際社會。台灣亦加入國際支援行動，並接受一部分難民來台定居。

大約從本年4月底起，香港政府發現由大陸偷渡香港的人迅速增加，到了5月初，逃亡人潮動輒過百，而且沿著邊境，無數人潮湧流，共軍捕不勝捕，防不勝防。香港方面，一開始是拘捕後立即遣返，但隨著來人日以千計，於是在邊界設立臨時集中營，拘捕後先送往營區，予以飯食，並進行個別調查，有特殊情況送往移民局辦理，其餘則遣返大陸。

大陸飢民主要的逃港路線是邊界梧桐山的山路，據邊境小坑村的居民指稱，天黑後山上便不斷有人下來，全是拖著疲憊身軀的男女，餓得連聲音都嘶啞了。守梧桐山的共軍對於難民的逃亡行動，不但不加以制止，反而替他們指出偷渡香港的路線，到了5月間，逃入新界的難民已近三萬人次，對香港社會形成重大的壓力。此外，飢民落難的悲慘景象透過外電傳真震撼國際，也引來普遍的人道關切。

▲大陸災區的飢民正在結伴沿街乞食。

▲大陸五月逃港難民潮中的偷渡客正試圖越過邊境的鐵絲網。

大陸難民潮的出現是中共政府極左政策實施的後果，１９５８年中共提出「三面紅旗」政策，即「土法煉鋼」、「大躍進」謊稱獲得前所未有的豐收，以致錯誤迅速深化擴大，終於爆發駭人的飢荒。

二十年後，中共自己估計至少有二千萬至三千萬的農民死於飢餓，許多村莊人民整批整批地死亡。儘管事發當時，中共嚴格控制消息外洩，但部分官方文件仍反映了問題的嚴重性。１９６１年１０月，國務院發出「關於制止農村人口外流」的指示，指稱：「從１９６０年冬至１９６１年春以來，有大量農民逃出公社，毫無把握的流入都市求食，不斷發生遣送又返回的畸形現象，為制止農村人口任意流入都市，在離村者最多的山東、江蘇、安徽、河南、河北五省，應在京漢、津浦、隴海、平瀋等鐵路沿線，選擇適當地點或車站，設立離村阻止機構，進行勸告回鄉。」

１９６１年是飢荒的高峰，隔年５月的逃港浪潮主要是廣東地方政府放鬆邊界管制，刻意造成難民逃向境外，以舒緩本身的壓力，此舉立刻使飢民聞風趕至，也使外界得以一探大陸飢荒的慘狀。《中央社》由香港發出的一篇特別報導，生動地反映了難民

◀ 大陸爆發五月逃港難民潮，圖為難民在路中等待的景象。

的處境：「儘管當局動員大量軍警全面展開搜捕，但飢民仍然源源不斷由四面八方湧來，邊境漫山遍野都是人潮洶湧，成千上萬的飢民正在焦急地等候親友的救助。同時，前往各個山頭找尋親人的本港居民，為數也有三、四千人，因此每一個山頭都出現人山人海的現象。前往找尋親人的本港居民，在山頭頻頻呼叫其親人的名字；而從大陸逃來的難民，亦頻頻呼喊在港親友的名字，到處都是一片淒厲的的呼喊聲。」另一篇報導描述：「當飢民們被拘獲時，來自山頭的悲慘哭聲，使人一掬同情之淚。寂靜的荒郊，被一片哀愁籠罩，在許多尖銳的哭聲中，有一家姓吳的母子三人，被截時抱成一團，其長子呼號，而幼子僅六歲，伏在母親懷抱，動也不動，為母者已呆若木雞……。」

儘管飢民大批湧入衝擊到香港居民本身的生存環境，但是基於同胞的感情和人道的關懷，新界一帶的居民紛紛主動將乾糧生果、麵包西餅送到難民集中的山頭，香港各界亦發起捐獻濟助活動。香港政府一開始採取立即遣返的政策，不過難民若在港有親友者大多可以獲准留下來。由於國際媒體對此事大篇幅地報導，同時發出一批怵目驚心的照片，引起國際普遍關注。國際難民救濟委員會向英國政府提出嚴重抗議，要求英國政府應立刻停止將難民遣返大陸，應提供難民至少三個月的緩衝時間，以安排安置的地區和國家。該會甚至進一步建議中華民國政府率先宣佈採取一項立即計畫，於１９６３年底前收容和安置逃港難民。

事實上，五月逃亡潮爆發後，立刻引起台灣社會的高度重視與關注，新聞每天均有大幅的追蹤報導，各界開始發起救助大陸難胞活動，社會上亦出現接運逃港難民來台定居的聲音。５月２１日，副總統兼行政院長召見內政部長連震東、大陸災胞救濟總會理

◀一名十九歲的難民在得知自己將被遣返中國大陸後，不禁痛哭失聲。

事長谷正綱、港九難民救濟委員會主委謝伯昌等人，指出中華民國政府對於最近由大陸逃港難胞，已準備依其志願接運來台，不計困難，行政院並決定由大陸逃港難民專案小組負責處理此事。

２４日，內政部社會司透露，有關接運難胞來台，第一批難胞預計一萬人左右，將暫時住在高雄市二、三個月，有關食宿衛生醫藥等均由高雄市計畫準備，經費則由國庫負擔。接著難民將分別送往花蓮、台東、屏東三地定居墾殖，以長期安置。內政部、經濟部、農復會、省農林廳、林務局等單位分赴以上三個地方，規劃待墾的土地。台東縣長黃拓榮表示，台東縣極歡迎大陸投奔自由的難胞參加東部的開發建設工作，至少海岸山脈有萬餘公頃待開墾土地可資利用。

在中央和地方政府完成規劃準備之後，第一批難胞六十二人於６月２７日搭乘「四川輪」抵達基隆港，當輪船靠近碼頭時，難胞們在甲板上排起隊伍，高呼「中華民國萬歲！」、「蔣總統萬歲！」他們發表了八百多字的書面聲明，敘述自己愉快的心情與對各界表達謝意。

第二批難胞一一九人於７月１０日來台，難胞們在台多半已有親友，譬如江蘇崇明人施秀林到台灣與丈夫重聚，台中農學院院長王正培的女兒王珠也來台灣與父親重聚。另外三個小兄妹呂文沛、呂文銳和呂文秀，父親是國民黨廣東鶴山縣書記長，１９４９

▲香港來台第十五批難胞，洪錦鐘一家七口終於順利抵達台灣。

年後父親即遭中共槍決，母親亦不堪折磨而死，最長的文沛今年十六歲，三人接運來台後，由住在台北的姑母呂孟勤撫養。

雖然根據原始的構想，中華民國政府有意排除一切困難，接運十萬大陸難胞來台定居，但因此事涉及複雜的國際因素，一方面中共顧及國際形象開始嚴堵難民的流動，另一方面英國政府也不願意因協助大量難民來台而招致中共的外交壓力。此外，大量難民來台，對台灣的財政必然造成龐大的負擔，對建設經費形成排擠作用。因此，最終來台的大陸難胞僅有數百人，而且大部分是在台已有親屬者，其餘的難民仍只能被遣返回中國大陸。

事實上，自中共建制以後，便陸續有難民逃往境外。這一年，中國大陸災胞救濟總會發佈了一項資料，自１９５１年至１９６２年止，由該會協助來台的難胞已達七一二六八人，顯示由於政治和經濟因素，由大陸流向台灣的移動現象始終存在。而五月逃港難民潮涉及中共極左政策的失敗，規模特別浩大，不僅引發國際關切，也被做為當時台海兩岸經濟建設的優劣之比，見證了當時中共極左路線的錯誤，提醒世人不要再犯同樣的錯誤了。

1963 梁祝旋風

淒美古典悲劇感動全台
黃梅調電影掀起風潮

◀ 電影「梁山伯與祝英台」的宣傳海報，這可說是中國電影史上最經典的電影海報之一。

如果談到１９６０年代台灣的流行文化，黃梅調必然獨占鰲頭，以「梁山伯與祝英台」一片引領風騷的凌波則是其中的超級偶像。１９６３年10月３０日，「梁兄哥」凌波小姐應邀來台，掀起了空前熱潮，台北估計有十五萬的影迷沿途爭睹她的丰采。當她在中國、遠東兩戲院獻唱「遠山含笑」、「春水綠波映小橋」等黃梅調歌曲時，台下的影迷熱情叫好，幾乎鼓痛了手掌。

凌波搭乘班機由香港抵台時，同行的有邵氏公司代表鄒文懷，當凌波甫下飛機時，停機坪立即陷入千餘影迷瘋狂的包圍中，雖有數十名警察的護衛，但仍歷時十多分鐘才使她登上轎車。此外，獻花的儀式也無法順利舉行，中影公司的獻花小姐被現場瘋狂的影迷嚇住了，兩束鮮花幾乎是用扔過去的。隔天的《徵信新聞報》描述此情景：「京華十里路捲起一片風，影迷鼓痛掌人牆隔幾重」。

這一年４月２４日，《梁山伯與祝英台》一片在台灣上映，光台北一地賣座就超過了八百五十萬元，打破了以往中、西、日片的任何賣座紀錄。近百萬人口的台北竟有近

▲政府高層亦感受到了「梁祝」流行的熱潮，陳誠副總統（右）有說有笑的與李翰祥導演寒暄。

六十萬人次買了門票進入戲院觀賞，此片能夠如此賣座的原因，不僅由於觀賞的人數眾多，也由於許多人連看數遍，從五遍到三十遍者皆有。此外，黃梅調歌聲從電台、唱片到各種模仿者的歌聲，充塞著台灣的街道，形成前所未有的流行文化奇觀。這種空前的盛況，至今仍為老一代的影迷所津津樂道。

《梁山伯與祝英台》是由中國民間傳說改編而成，傳說梁山伯是東晉時代一位樸實的書生，祝英台則是富裕人家的女兒。英台求知心切，想像一般男子一樣讀書學習，卻因是女兒身而難以如願。後來英台假扮男子，與山伯在負笈途中相遇，此後結為知己。幾載同窗後，山伯與英台各自返家，英台向山伯暗示自己其實是女兒身，而且以身相許，不過山伯未解甚意，等到意會過來，要到英台家提親，不料英台的父親卻因門第之見強烈反對，不僅要拆散這段良緣，而且堅持把英台嫁給馬文才。最終故事的結局是無比淒美的，山伯病倒不起，下葬時，正巧英台的花轎抬往馬家，行經郊野，朔風乍起，天色昏暗，英台破轎而出，衝向山伯的墓，哭墳之聲驚天動地。眾人衝向前，只見山伯與英台已化成兩隻蝴蝶，翩翩飛舞，黃泉之路終結連理。

梁祝是傳統中國戲曲，導演李翰祥邀集一些文人改編為適合電影的形式，由凌波反串梁山伯，樂蒂飾演祝英台。因劇情流暢，曲樂優美，導演、演員表現俱佳，無意間掀起了流行文化的熱潮，而且令人意外的，這股熱潮流並非引自西方的摩登音樂，而是傳統的中國戲曲，這種特殊的人文景象引發了許多討論。中國戲曲的權威學者俞大綱認

◀ 由明朝正德皇帝「遊龍戲鳳」故事所改編的黃梅調電影「江山美人」劇照，左為林黛，右為趙雷。（邵氏製片廠提供）

為，梁片的成功是由於該片將中國傳統的歌舞劇以新的型態表現，他表示中國文學及戲劇處理悲劇的方法有四種形式：一、是大團圓的結束。二、死後寄望於再生姻緣。三、宗教化、文藝化的結束，即今生不能結合，死後則化為連理枝、並蒂蓮或者鴛鴦，如《孔雀東南飛》的結局，如「在天願為比翼鳥，在地願為連理枝」的寄望。梁祝悲劇最後之變為蝴蝶，亦是文藝化情感的昇華。四、驚天動地的結尾，如孟姜女哭倒長城。

俞大綱教授認第三種型態是中國悲劇的最高型態，梁片便是這種型態的悲劇，最為感人。著名政治學教授薩孟武也公開寫文章對梁祝大加讚賞，薩孟武說他自已看了七遍，還拉了幾個教授去捧場。他說：「看過此片，此後中外任何電影，恐怕都不夠標準了。什麼『飄』，什麼『十誡』，什麼『暴君焚城錄』，看了一次就不想再看，只有本片可以再看，甚至三看四看。外國電影描寫男歡女愛，不過擁抱接吻，此種作風不合我們中國人的胃口。我們中國人乃愛在心頭。愁呢？略現眉心，不肯暴露出來。」他後來又解釋說：「我為什麼寫那篇文章呢？因為有一部分人對梁祝電影極盡詆毀之能事，甚至罵及觀眾，斥為程度低級，我不會寫那樣的文章。」

相對於高級知識分子的理性析辯，一般百姓對梁祝的瘋狂程度則是很直接而不留餘地的。凌波訪台所過之處皆是人山人海，他在台北登台獻唱梁祝的「樓台會」，用男聲和女聲交互唱出，用女聲唱英台的「我為你淚盈盈，終宵痛苦到天明」，接著再用男聲唱山伯的「我為你汗淋淋，匆匆趕路未曾停」，唱得蕩氣迴腸，現場許多婦女被她唱哭了。唱完後，大家又不斷要她再唱，幾乎無法散場。此外，同一天由新聞局舉辦的金馬獎頒獎典禮中，梁祝獲最佳劇情片，李翰祥獲得最佳導演，樂蒂獲得最佳女主角，凌波因為反串角色無法提名為「最佳男主角」，所以特頒「最佳演員特別獎」。

在台灣停留三天後，凌波帶著寶島影迷的盛情離去，她在書面致詞中說：「時間雖然短，但是祖國特有的溫情，我卻深深體會到了。有句話說：『美不美，家鄉水，親不親，家鄉人』，做一個中國人，實在是有福。」

作為超級偶像，凌波的一切自然都引起影迷的高度興趣。她的身世其實就是如同她所演的戲一樣，充滿著坎坷的色彩。凌波被送給人家當養女，親生父母不明。凌波從小在廈門長大，後來搬到香港。由於家境十分貧困，凌波只讀了小學後便去演戲，演話劇，拍粵語片和廈語片。十七歲那年，她嫁給了菲律賓富商施維雄，生了一個兒子施永輝。但不久雙方仳離，凌波似乎重演了上一代的悲劇，在自己年紀稍輕無力承擔撫養責任的情況下，將施永輝送給人家當養子。

在凌波因梁祝而大紅大紫後，這段婚姻經歷似乎成了禁忌的話題，不過後來在凌波嫁給忠厚憨直的金漢後，這段人生遭遇便公諸於世。在夫婿的理解下，凌波打了幾場官司，要回了自己的兒子，並與金漢再生了兩個兒子，家庭生活十分幸福。

當年凌波掀起的這股梁祝熱潮具有十分特殊的社會意義，因為這一年剛好是蔣中正總統積極準備軍事反攻大陸的一年，社會上備戰氣氛濃厚，領袖的訓示被重覆的宣導；凌波卻突然崛起，為１９４９年政府遷台以來，民間首位的超級偶像，其受歡迎的程度甚至凌駕於政治領袖之上，形成某種格格不入的奇特現象。事實上，這正意味著，台灣經濟發展經過十餘年的累積之後，已獲得初步的成果，大眾娛樂的需求開始出現，物質成長正催生新的社會精神，要求一種更寬鬆自我、更娛樂、非教條的生活方式。黃梅調正是這股大眾文化浪潮的第一波，除了「梁山伯與祝英台」之外，「七仙女」、「江山美人」等曲調歌聲皆跨越了十年以上的歲月，在電視節目、社團或學校的文娛活動中不斷被反覆的演唱。

至於凌波，雖然隨著時代的變遷，由絢爛歸於平淡，但她始終是台灣最好的友人之一。１９９３年梁祝放映三十周年紀念時，凌波、李翰祥、李昆，以及當年幕後代唱的席靜婷，又重聚一首，在台北真善美大戲院隨片登台，台下擠滿了老影迷。

當電影裡的凌波與樂蒂開始唱「十八相送」時，所有的觀眾竟然打開嗓門跟著唱，整個戲院變成大型的ＫＴＶ包廂，蔚為奇觀。當凌波與老影迷面對面時，台上台下掌聲不斷，一時之間彷彿又回到那膾炙人口、激動青春的時光之中。

1963 楊傳廣、紀政傳奇

屢創佳績揚名國際體壇 力爭上游編織榮譽夢想

▲為了提振國內體育發展，楊傳廣特地發起「一人一元運動」，紀政也全力響應，圖為二人於體育場奔走宣傳情形。

橫跨1960年代，台灣體壇有兩顆閃耀的巨星，由於他們的優異表現，名震國際體壇，因此成為永不磨滅的傳奇，為人所津津樂道。他們是「亞洲鐵人」楊傳廣以及「飛躍的羚羊」紀政。

楊傳廣與紀政的成績不僅是個人的，也反映著這個時代力爭上游的朝氣與夢想，他們不斷地往前衝刺，不斷地創下更好的成績，就在一場又一場的比賽中展現不服輸的鬥志，編織創造榮譽的夢想。

這段金色傳奇始於1960年的羅馬奧運會，中華民國田徑選手楊傳廣與美國選手強生爭奪十項全能的金牌，賽程扣人心弦，雙方互有領先，又因天雨，比賽走走停停，

◀楊傳廣在1960年羅馬奧運前夕，與亦敵亦友的同窗美國選手強生在校園練跑。

讓全場五萬多名運動迷緊張得喘不過氣來。最後在兩天的比賽後，楊傳廣在十項中領先了七項，卻因鉛球和鐵餅落後太多，以總分八三三四分輸給了強生的八三九二分，獲得亞軍。

儘管楊傳廣以總分五十八分之差輸給了強生，但這場精彩的賽事卻成為日後國際體壇的美好回憶，楊傳廣也因此名揚千里。也由於長年以來，亞洲人天生體能的限制，鮮少能在田徑場上與西方國家選手一較長短，更別說是十項全能比賽，因此楊傳廣的優異表現不僅是國人的體育成就，也讓所有亞洲人引以為榮。楊傳廣為台東阿美族青年，二十歲那年以跳高和跳遠兩個項目入選亞運國手，不過集訓期間，他在鉛球、鐵餅、標槍等項目都表現得相當有潛力，於是總教練張換龍決定讓楊傳廣改為報名十項運動。這個決定離馬尼拉亞運開幕僅剩三個星期，楊傳廣趕緊惡補撐竿跳與一千五百公尺長跑。結果楊傳廣一鳴驚人，1954年亞運以五四五四分奪得十項運動冠軍。這項成績振奮了中華民國體壇，也喚醒了選手們的競爭意識。1956年，楊傳廣在墨爾本奧運會中以總分六五二一名列第八名，楊傳廣在世界性的比賽中首度嶄露頭角。1958年東京亞運會時再以七一〇一分奪得冠軍。

隨後楊傳廣到美國接受專業訓練，在加州大學洛杉磯分校受訓，與美國選手強生同為名教練德瑞克的弟子。在美國期間，楊傳廣的體能和技巧逐漸達到巔峰，從1958年到1960年，他在全美十項運動比賽中，成績突飛猛進，連拿第一名。羅馬奧運會中，楊傳廣與美國的干貝爾、強生、蘇聯的庫茲涅佐夫、德國的勞爾、芬蘭的拉森尼斯

◀ 紀政在國內參加比賽時，就已展現了「飛躍的羚羊」的田徑天分。

等世界一流選手同台競技，原先國際體壇並沒有特別看好他，中華民國代表隊也只將楊傳廣進入前六名列為主要目標，沒想到他竟奪下了國人在奧運會的首面銀牌，也成為世界級的知名人物。

羅馬奧運之後，楊傳廣仍繼續揚威世界田徑場上，並於１９６３年４月２９日在美國的一場比賽中以總分九一二一打破世界紀錄。不過隔年，１９６４年在東京奧運比賽上，被賦予極高的楊傳廣表現並不理想，僅以七六五〇分拿到了第五名。此時楊傳廣三十五歲了，在無比的榮耀中結束了選手的生涯。

另一位閃耀的體壇巨星紀政的傳奇與楊傳廣大抵為同一時期。事實上，她的名字與楊傳廣經常是並列的，成長的背景也有雷同之處。唯獨紀政的童年更為窮困坎坷。她的父親原本是在騎樓下修理皮鞋，後來改做賣肉丸的流動攤販。由於家境極為貧困，紀政三歲半時即被送給人家當養女，後來被要回來再送另外一家，不過第二個養母常常打她，所以紀政常常跑回家。最後父親心裡不忍，還是把她要回來。上學以後的紀政發現自己很會跑步，幾乎每次賽跑都拿第一名，小學時候跑第一名可以拿到鉛筆和筆記本等獎品，對一個從來一無所有的女孩來說，這代表了極大的滿足感。

十六歲那年，紀政獲得中上運動會初中女子組跳高第一名，同時獲選為參加羅馬奧運會的國手。這一年也是楊傳廣在世界體壇大放異彩的光榮時刻，紀政這時還只是一個羞怯的小女孩，一個奧運會的見習生。不過曾大力培植楊傳廣、有「中華民國田徑之父」稱譽的關頌聲先生，卻已看出紀政的體育天賦，對紀政特別關照和支持，並有送紀政到美國受訓的計劃，但可惜不久後關頌聲的過世使這項構想中止。雖然如此，１９６２年美國國務院派遣教練瑞爾到台灣協助訓練選手，瑞爾看了台灣的選手後，認為紀政是可造之材，於是寫信給教育部，建議讓紀政到美國受專業訓練。隔年，教育部接受此項建議，提供紀政全額獎學金到加州受訓，此後五年紀政在美國度過，參加各項比賽，充分地發揮潛力。

１９６８年後，紀政的體育生涯步入巔峰，這一年她在墨西哥奧運會中，贏得八十公尺低欄的銅牌，１９６９年她在歐洲和日本的各項比賽、邀請賽中連贏二十三場，１９７０年，紀政連創五項世界紀錄，包括一百碼短跑十秒、一百公尺十一秒、二百公尺二十二秒四、二百二十碼二十二秒六，以及一百尺低欄十二秒八。其中一百公尺和二百公尺的紀錄後來十餘年無人能破，在亞洲更無人能望其項背。《美聯社》和美國《婦女田徑世界雜誌》選她為「當年世界的大體育家」，各種特殊的封號如「飛躍的羚羊」、「亞洲女鐵人」、「世界上最快的女人」、「黃色的閃電」等紛紛而來。然而也就在這一年的曼谷亞運，處於巔峰狀態的紀政在四百公尺比賽中卻不慎跌傷足踝，當場痛苦不已，只好退出比賽。這一跤實際上為紀政的選手生涯畫下了句點，此時紀政才二十六歲，卻已在世界體壇上留下金色的紀錄，也使得台灣民眾在一場場的競賽中與她共享心情的起伏。

楊傳廣與紀政兩人的體育巔峰恰好分別在１９６０年和１９７０年，橫跨十年，在媒體接連的報導、民眾熱情的獻花、家鄉親友的簇擁中，這段黃金歲月無疑給人們留下了難忘的熱情與欣悅。這是一段共同奮鬥的日子，也成為他們兩人人生的主要意義，以至於他們在美國生活多年之後，最後還是決定回到自己所悉的土地。

１９６８年，楊傳廣返台時，發起了「一人一元運動」，希望人人獻出一分心力，興建現代化的體育館，培植優秀的體育人才，建立全民體育的觀念，雖然這項捐款活動最後並沒有達成預定的目標，但喚起了民眾支持體育的熱情。從選手生涯中退休的楊傳廣雖然經常由美國返台協助指導體育的發展，但他本人在美國的事業遭遇了諸多阻力，他曾拍過電影、電視，並且經商，但畢竟放不下曾帶給他無比榮譽的體育活動。１９８１年，楊傳廣舉家返台，出任全國體總左訓中心總監，並在１９８３年以國民黨員的身分當選平地山胞立委。

至於紀政，１９７０年在家人的反對下嫁給了大她三十歲的教練瑞爾，儘管有瑞爾的全心照料調養，但紀政的腿傷仍無法完全康復。而遠嫁異鄉的現實問題卻逐一浮現，無法忘情田徑的紀政在懷孕期間甚至返台協助處理田徑比賽的相關事宜。１９７７年，紀政與瑞爾離異後回到台灣，出任了中華民國田徑協會總幹事，同時擔任了二任立委。

１９８０年代以後，楊傳廣與紀政均曾為台灣的體壇貢獻心力，協助發掘和訓練有潛力的選手，並創造一個有利的體育環境，這些努力確曾帶來新的氣象，不過因為台灣社會價值的改變，願意為體育奉獻、犧牲享受的年輕人日減，二十餘年來台灣的田徑成績可說乏善可陳。也因為如此，楊傳廣和紀政的輝煌成績才格外顯得彌足珍貴，也更令人懷念不已。

1964 山東半島突擊行動

軍事反攻轉型沿海突擊　英雄歷劫凋零泰半

▲凱旋歸來的突擊隊英雄接受歡迎群眾的獻花與贈書。

在國府遷台初期，兩岸軍事對立衝突持續不斷，１９６４年6月１１日，《中央日報》頭版頭條新聞標題是「奇襲山東半島成功，傷斃匪軍三十餘人」，此外還有一張在奇襲行動中喪生的李秉銘烈士的遺照。

在全國矚目下，李秉銘的公祭獲頒蔣中正總統所書「成功成仁」輓額，公祭當天，前往極樂殯儀館瞻仰遺容者絡繹不絕，一般團體之外，五院和所屬部會多達六十幾個單位，政府首長皆前往上香致敬。這次突擊行動一共十六人參加，李秉銘烈士獲立銅像，蔣中正總統親自召見嘉勉其餘的１５人，頒發勳章、獎狀和獎金。同時在媒體的大幅報導下，掀起了青年投效反共救國軍的熱潮。

１９５５年，隨著韓戰的結束，美國與蘇聯、中共之間的對立逐漸冷卻，彼此間大規模軍事衝突的可能性大幅降低，加上中共在近海作戰的機動性增加，國軍在東山島戰役中損失慘重，國民政府軍事反攻大陸的計畫，無論在國際條件或登陸作戰的優勢上，都出現走下坡的趨勢，如何重新推動反攻的事業，成為政治、軍事首長面臨的問題。此時，國防部情報局偵防組組長谷正文以明代的倭寇為例，同時又舉後來的鄭成功父子在海上建立堡壘揮軍大陸的史實，說明沿海武裝騷擾行動可以對大陸造成重大威脅。情報局長毛人鳳接受此議，向蔣中正總統報告武裝人員突擊大陸的計畫，蔣表示同意此案。

層峰意向清楚之後，情報局開始在社會各階層招兵買馬，同峙在日本神戶設立一個據點，藉國際轉運港吸收大陸船員，蒐集有關大陸沿海港口的情報。不過這一年１０月，毛人鳳過世，新任情報局長張炎元對此案不感興趣，以致計畫停擺了五年，一直到１９６０年葉翔之接任情報局長之後，對此計畫又轉趨積極。情報局延聘技術專才，成立了船艇技術研發部門，再由海軍總部情報署調來擅長水中爆破、曾任全國蛙人大隊隊長的劉醒華擔任海上突擊部隊總教官，積極展開組訓工作。

訓練完成，一切就緒後，海上突擊行動隨即展開，突擊範圍北至山東萊陽，南至廣東陽江。隨著突擊的頻率增加、範圍擴大，中共反擊也變得強烈積極，尤其１９６２年中國大陸出現大飢荒，大批難民湧至廣東與香港交界處，震動國際社會，中共高層政爭亦暗潮洶湧，所以毛澤東對於國民黨在沿海的武裝突擊行動加倍提高警覺。中共中央軍委下令，北自渤海灣、南至東京灣六千公里的沿海城鎮，解放軍與民兵須夜間輪流巡

▲亞盟中國總會理事長谷正綱（中穿西裝者）率各界歡迎突擊山東半島凱旋英雄。

◀ 登陸摸哨的蛙人。

視，出海漁船受到嚴格控管，力求將國民黨的海上突擊隊殲滅在海上或沿岸。

中國大陸沿海草木皆兵，自然使得海上突擊行動的困難度提高，１９６２年１１月底三十餘名武裝突擊人員喪生於廣東台山外海，無一生還，雖然如此，國軍仍繼續進行突擊行動。到了１９６４年，海上突擊行動達到了高峰，這一年的「海虎專案」與「立功專案」獲得成功。「海虎」是情報局第一次奇襲山東的長程遠征計畫，登陸地點選在山東省榮城縣龍山前。情報局挑了十六名野戰部隊出身的好手，組成一支「山東省反共救國軍」，先到韓國，由韓國出海，６月１日晚上八點左右抵達龍山前海域。儘管那天颳著大風，起著大浪，但是十六人仍分乘兩艘突擊快艇向目標區挺進。任務中擔任副隊長的是于東岱，時年已五十六歲，本來離開部隊已有二十年，但因是山東榮城人，一口山東土腔，為了這個突擊案又被找回來。

凌晨二點，突擊隊兩路人馬分別上了岸，于東岱這一隊走不到二十公尺就被哨兵發現，雙方開起火來。大約同時，另一支隊伍趁亂潛入了營房，將存放檔案的櫃子整個搬走，本來他們想喬裝漁民離去，但因另一邊已經打得很激烈，於是他們只好拿出卡賓槍加入戰局。儘管寡不敵眾，但因反共救國軍攻其不備，準備充裕，長達十個小時的激戰過後，解放軍被擊斃三十餘人，反共救國軍中則有李秉銘和劉翰德兩人掛彩。此時登陸行動宣告中止，兩組人馬分別登上小艇，奮力駛回母船，其中于東岱那船八人幾經波折後，終於找到母船。另外載著李秉銘和劉翰德等人的小艇則不見蹤影。

事後了解，原來他們的小艇機器故障，在風雨交加中迷航，只好在黃海中隨波逐流。漂流期間，為了不讓小艇飄回大陸，他們在槳上綁上青布條，豎在船頭，作為克難的風向儀，同時用手腳代替搖槳，與狂風巨浪搏鬥，在飢寒交迫之餘，甚至飲尿解渴止飢，歷經四晝夜，直到６月６日才在全州島上被一艘韓國漁船救起。此時，李秉銘已經死亡，劉翰德則被送到醫院開刀急救，取出子彈。為了讓死者入土為安，本來李秉銘的屍體打算在韓國火化，不過劉翰德卻堅持帶他回來，因為兩人都隻身由大陸來台，兄弟一場，他不忍獨留李的屍骨成為異鄉孤魂，於是和第一組的八人先乘漁船返回台灣，第二組剩下的六個人隨後搭機返台。

這次山東半島突擊行動鼓舞了台灣社會的人心士氣，蔣中正總統似乎同時對北京和華府示威，表示不管國際環境如何改變，國民黨政府反攻大陸的政策和決心絕不改變。至於另一「立功專案」則是同年間對福建沿海的心理作戰計畫，總共進行了四十五天，主要是利用遙控快艇誘使解放軍快艇出海，再予以炸毀。在十一次的突擊行動中，總共犧牲了總隊長陳介民等十餘人，卻使解放軍沿海部隊疲於奔命。

儘管１９６４年是大陸沿海突擊行動的高峰，但中共的防禦力量也提高許多，加上北京在華沙會議中向華府施壓，使得台灣的軍事突擊行動未獲國際社會的認同。１９６５年７、８月，國軍進行「田單作戰」的蓬萊一號、蓬萊二號計畫，由兩棲特種部隊取代反共救國軍，祕密突擊大陸。海軍則出動「劍門」與「章江」兩艘軍艦擔任護送工作。８月５日清晨六點，這兩艘軍艦尚未穿過海峽中線，即被中共雷達網截獲，指揮官不知敵方已有了充分準備，結果被中共的快速砲艇和魚雷艇層層包圍。在激戰四個小時後，「劍門」和「章江」皆遭擊沉，官兵三百餘人犧牲。在這場著名的「八一六」海戰中，國軍大敗，海軍總司令劉廣凱引咎辭職，蔣中正總統的反攻計畫遭到重大的挫敗。

在內外條件皆不利的情況下，國防部長蔣經國開始降低「海威計畫」的重要性，很多人由於這項計畫失敗多，成功少，開始懷疑其價值。１９７０年代初，蔣中正總統身體衰弱，蔣經國掌握大權，政策由反攻大陸轉變為建設台灣，「海威計畫」喪失其存在的基礎。情報局悄然地收起這項計畫，那些曾風光一時的船艇最後棄置在澎湖漁翁島，經風吹日曬之後，終成一堆破銅爛鐵。

在情報局寫下這段海上傳奇中，約有兩千人參與，本省人占三分之一。整體損失狀況為死亡、失蹤者過半，約四分之一被俘，不是遭到槍決就是被送去勞改。其餘活下來的人分別散居台灣、香港、美國等地，到了１９９０年代，已凋零大半。

１９７５年，中共為了對台統戰，宣佈釋放一批「美蔣特務」，共有五十六名前反共救國軍人員被送到香港，１９８０年代以後，兩岸環境出現巨大的變化，許多被俘人員陸續回到台灣。此外，曾任「海虎行動」副隊長的于東岱於１９９０年返回山東老家探親，當地縣政府派車接他到公安局作客，態度十分殷勤。至於曾任海上突擊隊總教官的劉醒華則於１９９５年首度回南京掃墓，在大陸期間，處處被奉為上賓，彷彿重溫英雄舊夢，不過這一次卻是在當年他所領導突擊的大陸。

1964 麥克阿瑟公路通車

全台首條高速公路　見證難忘時代記憶

▲施工中的麥克阿瑟公路高架工程。

台灣第一條高速公路，「麥克阿瑟公路」於１９６４年5月２日舉行通車典禮，由省主席黃杰主持剪綵，觀禮者有三千多人。

黃杰表示，這條公路是在美援的協助下完成，它使基隆與台北間的公路交通更加發達，並有助於本省的繁榮。他又說：「我們將這條公路命名為『麥克阿瑟公路』，以表達我們對美國和麥帥的謝意與敬意。」交通部長沈怡在致詞時也說，麥帥是中國和亞洲的友人，他在４月５日訪美時，在華盛頓適逢麥帥去世，４月８日離開華盛頓時曾參加麥帥的葬儀，回到國門之後，又逢麥帥公路通車典禮，他為新路的命名感到高興。

至於美國方面，由美國駐台大使館代辦高立夫與美國國際開發總署駐台美援公署署長白慎士應邀出席，高立夫表示：「這一條新建的公路將為中美兩大民族間持久友誼的一個永恆象徵，它並將使我們懷念麥帥在他長期經歷中所表現的品格：勇敢、堅定、忠誠以及永不動搖為自由獻身的意志。」

台灣第一條高速公路運用美國的援助興建而成，同時又以美國著名將領命名，成了台灣戰後經濟史的縮影，這條公路儘管日後出現許多問題，但它曾讓台灣社會引以為豪，當成台灣步入現代化的象徵，「麥帥公路」曾是課堂上老師對學生們津津樂道的話題。

麥帥公路原稱北基新路，於１９６２年５月開工興建，目的在於紓解台北到基隆之間壅塞的交通。由於第二次世界大戰之後，世界各國競相興建高速公路，尤其美國的四線道、六線道、八線道極為普遍，既便捷又美觀，因此公路局決定將北基新路興建成現代化公路。這條公路起於台北市南京東路羽毛球館附近，跨越基隆河沿北岸山麓，經五分、南港、汐止、北五堵、七堵，與基隆市孝仁路相接。全長二十三點四公里，全線工

▲通車車隊緩緩駛過麥克阿瑟公路，見證了台灣第一條高速公路的誕生。

費新台幣二億餘元，美援占一半，其餘為省款。北基新路在台北市區部分為四線道，路面寬十四公尺，其餘為雙線道，七點五公尺，全線穿過平原與丘陵兩個地區，有十二處地下通道，三十二座橋樑和一座長四百三十公尺長的隧道。通車以後，台北到基隆只需二十分鐘，效益極高。

公路興建完成後，美觀的外形令人刮目相看，一些新聞報導也指出，這條公路的所有設計全由本國工程師包辦，全部以機械施工，工程品質已達國際標準。不過另外也有一些報導直率地指出，這條公路離國際標準的高速公路相去甚遠，公路的管理和民眾的教育工作嚴重不足，存在許多隱憂。《徵信新聞報》記者陸珍年的一篇報導指出許多細節上的問題，她寫道：「雖然的立體交叉、彎度、坡度都合於國際標準的，但是雙線道卻不合標準。合於國際標準的快速公路應該是四線道，在公路上行駛的汽車也都是以時速一百公里為準的。如果有一輛車子以時速四十公里行駛，你可以從另一條車道超車，但是雙線道不能超車。假如你在路上遇到一部開得像牛一樣慢的車子，你必須跟在他後面牛步而行。」「至於行人禁止在麥帥公路上行走這個問題，幾天以來報上說破了嘴，但是昨天在通車典禮的回程路上，就看到鄉民十餘人扶老攜幼，朝基隆方向而行。我們曾強調斑馬線權威，但是在慘案未發生前對『快車道權』也需要同樣的強調，斑馬線權威是以行人的血激盪出來的，希望快車道權威不是如此。」

▲來自全國各地的來賓和民眾踴躍參加了麥克阿瑟公路通車典禮。

報導還說：「記者昨天乘一部小轎車曾請司機以一百公里的速度行駛，適逢對面一部小轎車也以同樣速度駛來，兩車交錯耳邊只聽『嗖』一聲，車內人連呼『過癮』。但是我也不難想像假如因為超車而迎頭撞上這部車子的話，其車禍的慘狀必也相當『過癮』。」

這篇體察細心的報導不幸預言了通車以後的一連串問題。通車之後的第三天，即有機車騎士硬闖收費站，衝上麥帥公路過飛車癮，還告訴管理人員：「這條路完工以後，我還沒走過一次，我非得走一趟不可！」還有沿路的一些鄉民為了自己方便，自行剪斷鐵網穿過公路，此時麥帥公路管理站也發現他們只有六名員警，以及常常故障的四輛作為巡邏之用的老爺機車。此外他們沒有拖吊車、救護車和無線電通訊設備。

麥帥公路工程處處長方恩緒也坦承，這條路實際上是趕出來的，他說日本人在建築這種現代化快速公路時，都是在興建的時候，先將可能坍方的山丘移去或者築牆阻擋，但我國因為經費不足，無法面面俱到，只有暫時先將路開好通車。方恩緒又說，在外國，凡做一項大的工程，都有事先充分的準備，同時，他們的工具比較完善，如探測地質與地層的組織情形，外國是用爆炸法，利用爆炸的震力，用儀器記錄地層組織情況，又快又準，國內此刻仍用鑽探法，在時間上、準確上都不如外國。同時，我們一旦確定某一工程要建，是馬上要動工，因此在準備上都不如國外。

這一段話誠實地反映麥帥公路雖然是建設上的一大成就，但建設過程也帶著求功心切的急迫感，在經費條件不足、準備不充裕之下，興建出來的公路必然暴露許多問題。兩線道的公路中間沒有護欄或區隔，卻容許車輛以近一百公里的速度行駛，如此幾乎是注定車禍慘劇不斷。同年６月，行駛麥帥公路的金馬號就曾經發生兩次互撞事件，隨後的兩年間車禍統計竟高達五十一件，傷亡二七三人，公路路面也變得滿目瘡痍，公路分段翻新。

另一方面，雖然車禍連連，但是駕駛人似乎很快地習於這條公路所帶來的便捷。隨著台灣經濟實力的增強、工程技術的提高，麥帥公路的品質亦逐年修補改善，車禍事件開始受到控制。１９７９年，真正符合國際標準的南北中山高速公路通車，麥帥公路之名逐漸不再為人提及，接著中山高速公路再延長至基隆，等到十八標工程以及北二高等大台北地區的公路網完成後，麥帥公路的功能已完全被取代，成為一條普通的公路。

儘管麥帥公路已褪去昔日的光彩，但這條公路的存在意義，不管是正面或是負面的，都是台灣重要的時代記憶之一。

1965 李顯斌駕機來台始末

投誠事件發展猶如羅生門
晚年返鄉不幸被捕入獄

◀ 駕機向中華民國政府投誠的中共飛行員李顯斌（右）剛下機的情形。

1965年11月11日，一架中共伊留申28式噴射轟炸機由中國大陸杭州起飛，中途轉向直奔台灣，在寶島掀起一股熱潮。

駕駛這架飛機的中共飛行員李顯斌當天即透過廣播向中國大陸喊話：「我是中共空軍第八師二十二團的飛行員李顯斌，我與領航員李才旺、通信員康保生三人一同商量好，於11日中午十二點三十分，駕伊留申噴射機一架，由杭州機場起飛，於下午一點十八分，安全降落台灣某空軍基地，達到我們多年來渴望投奔蔣總統，飛向自由的目的。我們的飛機安全降落以後，立刻受到中華民國空軍總司令徐煥昇上將、政治部主任梁孝煌中將均去機場歡迎我們，國防部長蔣經國先生立刻接見了我，給我很大的安慰與鼓勵。」

▲李顯斌駕駛的伊留申28輕型轟炸機，屬中共較先進的飛機，李顯斌迫降時，飛機偏離軌道，地勤人員正在察看這架飛機。

李顯斌接著說：「中共空軍弟兄們，中華民國才是我們真正的祖國，是我們真正嚮往的地方，蔣總統才是中華民國真正的救星，中華民國政府今天已經宣佈，我依照規定可以獲得四千兩黃金。希望你們拿我做榜樣，趕快尋求機會，投奔自由。在蔣總統的領導下，共同摧毀中華暴政，拯救大陸同胞。我的家屬都在大陸，如果他們遭到迫害，即將用血來還血的債。」

自１９６０年起，中共空軍共有四架飛機向台灣方面投誠，最早是１９６０年1月１２日，一架米格15型噴射戰鬥機飛到宜蘭縣南澳，不過飛行員因墜機而喪生。１９６１年9月１５日，中共空軍飛行員邵希彥、高佑宗兩人，合駕一輕型運輸機飛到南韓，再輾轉來台。１９６２年3月3日，中共飛行員劉承司駕駛米格１５型噴射戰鬥機，成功降落在台灣北部空軍基地。接著就是這次李顯斌、李才旺、康保生等三人的投誠事件，從時間上來看，中共自１９４９年１０月建立政權的初期，威信極高，加上初期致力於建設工作，民心相對安定，不過自「社會主義改造」工作展開後，路線急速左轉，政治上高度集權、手段趨於嚴厲殘酷，經濟上模仿蘇聯的集體化政策，嚴重破壞生產，無論是人民或中共黨內均出現不滿的聲音。１９６０年起開始有中期飛行員向台灣投誠，時間上也正是「三面紅旗」帶來飢荒的時期。李顯斌在旅台山東同鄉會上解釋他思想上的轉變，他說：「１９６２年，我獲得了三天假期，於是我決定回家探親一趟；我入空軍以後，就沒有回過家，上級批准了。我就先飛到濟南，然後由濟南坐車回陽信，

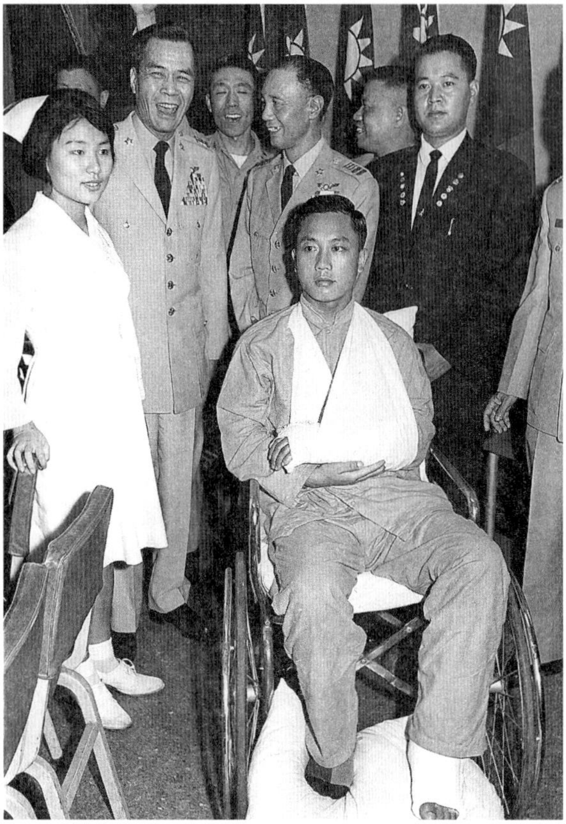

◀ 與李顯斌駕駛同一架飛機來台的李才旺，因飛機衝撞而受傷，李才旺帶著傷會見新聞界。

從濟南到陽信有二百八十華里。一路上，我發現兩旁所種的楊樹都成了光禿禿的柱子，樹皮枝葉已全被人們吃光，當時我很悲傷，對陽信的家更掛念。到了陽信，完全變了，簡直沒有一棵是完整的樹。」

李顯斌哽咽地說：「我急急忙忙跑回家，家裡也同樣慘不忍睹。雖然家人對我回去都表示歡迎，但已失去了往日的歡笑。最慘的是，到了吃飯的時候，伯父突然要出去，我原本不知為什麼，等到他回來的時候，我才知道他出去找樹皮樹葉去了，為的是拌家裡每人定量配給的二兩米煮的粥，不是親眼看到，我怎麼能相信！」「１９６１年，我的二伯父就是因為沒有吃的，得了水腫病，而且得不到治療，不久就死了，１９５９年我的祖母也是少吃少穿，生活困苦死的。我回去的那年，母親也患著水腫病，身體很壞，我真是憤怒悲傷到了極點。我發現縣裡的鄉親也個個悲憤之色，可是大家都敢怒不敢言。」

可以說，１９６０年至１９６５年連續四次中共飛行員投誠事件，與中國大陸惡劣的生存環境有密切的關係，因此即使在嚴密的政治監視系統下，仍然擋不住部分軍人內心的動搖。此時，台灣對中共空軍的「六大自由、三大保證」的號召發生了作用，李顯斌表示他計畫這一刻已經很久了，一直在等待單飛的機會。降落台灣機場時，由於對地形不熟悉，飛機衝出了跑道，鼻輪折掉，產生了很大的震動，李顯斌安然無恙，李才旺受了臂傷，康保生頭部流血，傷勢嚴重，當場暈厥，隨後送醫不治。儘管如此，這個事件大大振奮了當時的台灣人心，李顯斌和李才旺被視為英雄人物，受到各界盛大的歡迎和接待，蔣中正總統親自接見，並予以勉勵，成為重大事件。

▲李顯斌出席記者會前與空軍將領們握手，隨後李顯斌在記者會上正式宣佈脫離中國共產黨。

李顯斌，二十八歲，在大陸已有妻兒；李才旺，二十六歲，四川人。兩人隨後均加入中華民國空軍，官階加晉一級，並巡迴全島進行政治宣傳工作，兩人後來在台定居，結婚生子，並因個人事業、家庭生活持續受到媒體的關注和報導，成為知名的公眾人物。

雖然如此，二十年後，這個事件的真相出現了戲劇性的轉折，當時已由台灣移居美國的李才旺回大陸探親時向中共說明，當年飛機向台灣投誠完全是李顯斌個人的行動，他和康保生事先並不知情，等到他們發現有異時，與李顯斌發生爭執和扭打，飛機因此在降落時撞掉鼻輪。換言之，李顯斌是真正的投誠者，李才旺和康保生是被強押過來的。以１９６０年初中共軍中嚴密的監視制度來看，三名飛行員事先共同串通預謀叛逃，確實十分困難，其洩密的機會很高，所以李才旺的說法有其合理性；不過飛機降落後，李顯斌並未「舉發」李才旺，使其被視為「戰俘」，顯示其無意置李才旺於險境的本意。對於李才旺二十年後在大陸的證詞，由於李顯斌和中華民國國防部均保持了沉默，所以真相仍未獲最後的證實。

至於李顯斌本人最後遭遇則更戲劇化，或許受了李才旺得以自由返鄉探親的鼓舞，１９９１年，李顯斌獲得中共簽發的旅遊通行證回到大陸，在由家鄉陽信準備返台時，遭當地公安逮捕，經中共中央批示，李顯斌仍以叛逃罪名遭起訴，判刑十五年。儘管台灣社會以「誘捕」之嫌強烈譴責中共，李妻亦四處奔走，然而中共視李顯斌為叛逃空軍人員，而非台胞或國民黨戰俘的決定並未改變。李顯斌因一時大意，在中共牢房中度過晚年，成為中共飛行員投誠來台中極為特殊的例子。

1965 林絲緞人體攝影展突破禁忌

藝術新視野　衝擊傳統觀念

▲林絲緞在山谷間留下美麗的身影。

１９６５年元月，當了九年人體模特兒的林絲緞舉辦了人體攝影展覽，儘管這項活動在保守的台灣社會中造成了極大的轟動，但藉此總結模特兒生涯的林絲緞卻說：「我不再做模特兒，是因為我已對它厭煩到極點。」

如果說打破舊法則是某種觀念藝術，那麼無疑地林絲緞是戰後台灣史中具有劃時代意義的藝術家，也由於她的人體模特兒生涯在高峰中收場，留給人們清晰美麗的影像，因此林絲緞的名字經過時間的沉澱，更綻放了幾許傳奇的色彩。

林絲緞是中日混血兒，在九個兄弟姊妹中排第二。台灣光復後，林絲緞的日本父親因外祖母的成見回去日本，絲緞從母姓稱卓絲緞，至於林絲緞是後來雕塑家楊英風叫出的名字。由於家貧，絲緞國校畢業後就跟那個時代的女孩們一樣到工廠做工，也由於嬉戲於郊野的童年，絲緞擁有一身健美的身材以及黝黑光滑的皮膚。

１９５６年，畫家江明德注意到隔鄰而居的林絲緞身材健美姣好，開始遊說她擔任人體模特兒。那年絲緞年方十六歲，基於家庭經濟因素以及年輕女孩的率真勇氣，她開始嘗試這份工作。第一次當人體模特兒顯然是極為複雜的感受，她在五、六位畫家——一些素不相識的男人面前，展示身體。那些畫家在作畫前後，都曾給她鼓勵和安慰，但無論他們如何和善，他們終究是穿了衣服，而她卻是袒胸裸露，充滿著卑怯孤獨。那天，她回到家，一言不發地躺在床上，一個人思索那可怕的經驗，後來她回憶說：「如果我能夠跟大家一樣到學校接受教育，我一定不會硬起頭皮做這種明知容易被鄙視的工作。」

做過幾次模特兒後，絲緞開始到師範大學藝術系服務，成為台灣第一位專業的人體模特兒。她必須學習展現各種姿勢，走出畫室還要以冷漠堅定的眼神回敬那些好奇、有色以及不敬的目光。這樣的毅力和耐性不是「為藝術犧牲」等開玩笑的話所能支撐的，那畢竟是十分保守的社會、十分保守的年代，連女孩外出與男友約會都要帶著自己的弟妹，裙子短於膝蓋就被當成賣身女子，何況是裸著身子的模特兒，要獲得社會的敬意，必然要歷經痛苦的觀念衝撞。這樣的衝撞實際上就是絲緞九年模特兒生涯的主要精神內容，她招致了批評與譏諷，也獲得了鼓勵和讚賞。或許對一位孤軍作戰的年輕女孩來說，這樣的擔子太沉重了。

在師大擔任模特兒期間，絲緞也曾自設畫室，供畫家作畫，同時也接受攝影家的邀請，作人體攝影。此外，絲緞也利用閒暇時間練習舞蹈，準備開拓其他的生涯。１９６１年，林絲緞首度在台北舉行人物美展，轟動一時，由於人體模特兒原本只在藝術圈內工作，一旦舉行美展，等於將自己公諸於社會，使得大眾認識到這項工作的存在，也知道了林絲緞這個名字。林絲緞表示：「我不知如何才能將這種不能獲社會體諒，又不傷大雅地工作告知親友。由於我始終瞞著親友，以致生活習慣、思想行為都極端矛盾。然而，愈是苦惱，脾氣愈易衝動，愈不被諒解，情感愈被壓抑，愈是祕密從事人體模特兒工作。

◀林絲緞放棄人體模特兒生涯後，開始投入舞蹈工作。

第一屆人物美展除了使社會人士普遍感覺到這行職業的存在，還將我原苦於無法向親友解說的悶氣藉此宣洩，當時親友們感到異常驚訝，但輿論界的態度，很快地使我獲得他們的諒解，隨之我也能放膽，或說坦然地做起我的正當工作了。」

１９６４年底，林絲緞決定結束人體模特兒的生涯，她開始在《中華日報》連載「我的模特兒生涯」，文筆優美情感豐富。隔年初舉辦人體攝影展，吸引了大批的參觀人潮，此時社會上有關色情和藝術的爭論達到了最高峰。一名省議員在質詢時公開責難：「脫衣舞與裸體照片，究竟那個是色情？那個是藝術？戲院裡表演脫衣舞時需要取締，但是裸體照片卻可以公開展覽。」內政部主任祕書汪岳喬表示，內政部曾邀有關單位會商，但因藝術觀點見仁見智，未能獲得結論，不過目前國家尚在戰備狀態，為顧及社會風氣，應勸導林絲緞展覽期滿後，勿再展出。《自立晚報》社論贊成內政部的立場，寫道：「把林絲緞的裸體照片舉行展覽，而展覽中又由穿了衣服的林絲緞站在不穿衣服的林絲緞的照片下面參觀，一若電影明星隨片登場，青年男女紛紛排隊入場，使得警察單位迷惘於查禁或放行，這與藝術的性質相距太遠了，內政部勸她不要再搞，也是對的。」

不過站在林絲緞這邊的輿論聲浪也很大，《徵信新聞》短評認為：「脫光衣服的模特兒：在藝術家眼中是全是光、影、線條、色彩之綜合，他把這種綜合調整到優美的程度，這種照片就公認是藝術品。」香港《工商日報》則鼓勵林絲緞：「她應該把計劃繼續下去，因為這不僅僅是一項展覽，而是一項戰鬥，向舊勢力舊觀念的挑戰。」師大藝術系四年級學生林星嶽憤怒地批判道：「傳統教條教我們『非禮勿視』、『非禮勿聽』，它固然在理想的情況下可以減少犯罪，但也在我們的情感與外界的事物中升起了許多恐懼，有些恐懼是必要的，有些恐懼則是莫須有的，這些『畏懼的道德』長期統治的結果，使我們變得木訥寡言、喜怒不形於色，使我們過著矛盾的感情生活，使我們吵架時泰然公開，接吻時暗地進行。」

林絲緞退出模特兒生涯的攝影展覽帶來了社會觀念正反兩面的衝擊，如前所述，衝擊是痛苦的，但無疑催生了一個新的時代，一個以更坦然開放的視野看待人體藝術的時代。林絲緞的模特兒生涯的價值隨著時光飄流，日益受到高度的肯定。

後來，林絲緞與音樂評論家李哲洋結婚，生有一男一女。四十二歲那年，她又到紐約習舞，返台後從事舞蹈教學的工作，繼續她對生活的熱愛態度。這位來自貧困家庭的女孩，在偶然的情況下走入了台灣的人體藝術史，她承受了巨大的身心壓力，但她的付出與貢獻較之這個年代任何事業的頂尖人物，顯然毫不遜色。

1966 朴正熙總統來訪

中韓關係淵源深遠　攜手反共寫下外交重要史頁

▲韓國總統朴正熙夫婦抵達台灣訪問，接受在台韓僑的歡迎，蔣中正總統在後觀看。

大韓民國總統朴正熙夫婦來台訪問，造成外交旋風，亦是冷戰期間台北與漢城關係的高峰，雙方在政治、軍事和情報的往來達到空前密切的地步。同時，自越戰爆以後，在美國的支持下，同處內戰分裂狀況下的中華民國、大韓民國和越南民主共和國也形成特殊的反共盟邦，這個三邊關係正是台灣戰後外交史上極為重要的一頁。

1966年2月17日，朴正熙總統夫婦來訪，蔣中正總統率主要政府官員到機場迎接。隨後，蔣中正總統與朴正熙總統乘同一輛座車駛過敦化北路、南京東路至中山北路，據估計，沿途約有二十萬的歡迎群眾，包括學校動員來的學生，他們揮舞著中韓兩國的國旗，形成一片「夾道歡迎」的熱烈景象。隨同朴正熙總統來訪的尚有副總理兼經濟企劃院長官張基榮、外務部長官李東元、國防部長金聖恩、公報部長官洪鍾哲、總統府祕書長李厚洛以及韓國駐華大使金信等人。在晚間的國宴上，蔣中正總統致詞時說：

「韓中兩國唇齒相依，過去的歷史文化關係極為密切。二十世紀初，兩國愛國志士先後掀起反侵略的革命浪潮，兩國的國民革命運動互相策應支援，堅持爭取國家民族獨立自由的長期鬥爭，更加深了兩國之間傳統的深厚友誼。第二次世界大戰結束之後，中韓兩國又遭受共產帝國主義的侵略，以致兩國的部分領土，均淪入鐵幕，為共黨偽政權所竊據。現在我們的處境相同，光復河山、解救同胞、恢復國家統一的目標也完全一致，因此韓中兩國必須緊緊團結，互相策應，以爭取反共鬥爭的勝利。」

朴正熙總統在答詞中則使用了激烈的反共語言，他說：「我們所感到痛歎的事情莫過於在我們自由世界陣營裡面，居然仍有人認為可與共產主義者協商；主張容納共產主義者加入國際機構，冀圖謀取一項和平的成果，這無疑是由一種迷妄和誤算而來，結果招致共產主義的膨脹！總統閣下，有人比喻中華民國和大韓民國共為守護自由的防波堤，可是本人對於這一比喻不能予以同意，因為我們難道一任洶湧的波濤，一波又一波地襲擊著我們，而我們卻要像防波堤一樣靜靜地存續下去嗎？我們正在前進著，為了把共產主義暴政驅走，為了達成爭取自由的目標，我們正在前進又前進，我們才是自由的波濤，在不久的將來，必能捲向北平，直搗北平和平壤！」

▲蔣中正總統蒞臨台北松山機場歡迎來華訪問的大韓民國總統朴正熙伉儷（左一、左二）。

中韓兩國關係不僅有著長期淵源，同時自近代以來更涉及另一亞洲鄰邦日本。１８９５年中日甲午戰爭中，朝鮮半島淪為主要陸地戰場，戰爭結束後，朝鮮脫離清廷的保護，進入日本的勢力範圍，後再遭日本併吞。同時，中國則受苦於帝國主義勢力的侵略與瓜分，在貧困與分裂中救亡圖存。由於同受帝國主義的侵略，國民黨定都南京以後，始終同情和支持韓國革命分子。事實上，中國是韓國革命分子的主要流亡地，包括組織臨時政府和規劃暗殺日本政要的計劃都在中國進行，不少革命韓僑子弟亦就讀於中國的軍事和政治學校。１９７３年中日戰爭爆發，韓國脫離日本統治爭取主權地位的時機隨時可能降臨，尤其對日抗戰末期，大韓民國臨時政府成立於重慶，主席金九等革命領袖在蔣中正委員長的支援下，指揮朝鮮義勇軍在中國境內積極對日軍作戰，並號召朝鮮籍的日本兵起義來歸。同一時期，在延安的中共則支援韓國的左派武裝力量。

▲在韓戰中有不少中共志願軍投降，要求前來台灣。圖為韓國境內反共義士營的生活景象。

１９４３年，蔣中正總統在開羅會議中首度提議在日本投降後，讓朝鮮獨立，會後並發表宣言。這是國際法中朝鮮的獨立地位首次獲得確認。儘管隨著日本戰敗，韓國獨立的光榮勝利終於來臨，但是戰後全球共產主義的壯大，又使得中韓兩國陷入慘烈的內戰。１９４９年，中共在北京建立共產政權，隔年，韓戰旋即爆發。在三年的戰事中，韓國百姓流離失所，傷亡慘重。韓戰也決定了東亞冷戰的格局，台北與漢城存在著密切的軍事合作關係，尤其在中共全力支持北韓金日成武力統一朝鮮半島的政策下，中韓兩國政府的戰略目標可說是完全一致。但是１９５０年代的韓國政局紛擾不安，學生運動頻仍，美國與李承晚總統的關係惡化，造成政治起伏不變。

１９６１年5月１６日，由美國支持的四十四歲少壯派軍事強人朴正熙發動軍事政變，成為「國家重建委員會」主席，將韓國置於軍事統治之下。朴正熙是戰後韓國社會發展過程中的關鍵人物，他出生於韓國慶尚北道的農家，後就讀於偽滿時期的長春陸軍軍官學校，後又分發到日本士官學校。中日戰爭末期，朴正熙服役於華北日軍，日本戰敗後，他出任韓國獨立軍第三團第二連連長，回到韓國後又進入韓國陸軍官校。韓戰期間，朴因戰功晉升為准將，１９５８年升為少將，並先後任陸軍總司令部作戰副參謀長和第二軍副軍長等。

１９６１年朴正熙聯合一批少壯軍人發動政變，之後即致力於穩定內外局面，使得新政權能夠迅速合法化。這一年，他獲美國的邀請，赴美訪問並會見了甘迺迪總統，並派「青龍」、「白虎」兩師精銳部隊到越南作戰，其戰鬥之強悍，受到國際矚目。內政上，１９６３年１０月，韓國舉行國會大選，朴正熙所組民主共和黨獲勝，隨後朴正熙順利當選總統，正式成為最高國家元首。１９６５年，朴正熙又克服了內部困難，與日本簽署和約恢復邦交，終止了紛擾十多年的韓日建交談判。大局底定之後，在金九的兒子金信大使的費心安排下，朴正熙來到台灣訪問，受到極為熱情的接待，他強硬的反共立場也使得中韓關係空前緊密。此外，朴正熙在台灣也有三位長春陸軍軍官學校的同學，他們是台灣籍的蔡崇樑、遼寧大連的張善以及遼寧義縣的高慶印，前後期的同學也有十餘人。這批軍校同學過去訪韓時常受到朴正熙的接待，這回朴氏來訪期間，也特別在圓山飯店行館以茶會招待了這批軍校的老同學，並在會中開口講了一些許久未使用的中國話。

朴正熙當政期間，韓國經濟發展迅速，社會控制嚴厲，有觀察家批評這是韓國民主政治的黑暗期，也有史學家稱讚朴正熙的社會與經濟改革，並稱許他是韓國現代化的奠定者。至於中韓關係則經歷了近十多年的蜜月期。１９７０年代初，中蘇共交惡導致世界戰略情勢出現巨大變化，韓國亦面臨調整的壓力，出現與中共緩和關係的想法。

1966 中共發動文化大革命

政治極左路線大實驗 十年動盪留下社會傷痕

中共中央於１９６６年5月１６日通過了一項「通知」，簡稱「五一六通知」，號召「高舉無產階級文化大革命的大旗」，指出「混進黨裡、政府裡、軍隊裡和文化領域裡的資產階級代表人物，是一批反革命的修正主義分子，一旦時機成熟，他們就要奪取政權……。」

這項通知火藥味十足，而且將鬥爭的矛頭指向所有階層，引起黨內外的強烈震驚。這項文件後來被視為文化大革命的開端，不同於中央黨史上歷次的政治運動，這次運動的整肅對象並非只是黨內異己，而是毛澤東極左思想的一大實驗，實驗的對象是全中國大陸的百姓，目的在於打碎國家和社會建制，摧毀所有的舊事物，以創造某種原始共產主義的文明。由於這場運動源於建立完美主義社會的精神，因此所有的瘋狂破壞行為皆被合理化為革命行動，這注定了這場文化大革命的災難既深又廣，成為中華民族一場空前的夢魘。

▲毛澤東首度在天安門廣場接見紅衛兵，大陸正式進入十年文革的動盪。

◀ 周恩來（右）與康生在接見全國各地來北京的革命師生大會上。

１９６５年１１月１０日，毛澤東授意左派文人姚文元在上海《文匯報》發表〈評新編歷史劇「海瑞罷官」〉，表面上是批評作者吳晗同情被罷官的前國防部長彭德懷，實際上也是批評中央領導階層的政策。自１９６０年大躍進政策造成慘重的飢荒以後，中共高層的一些領導採取了較務實的補救措施，容許農民保有一部分收成，以刺激生產。這些溫和的政策有效地挽救國民經濟免於崩潰，並使得生產秩序逐步恢復。然而毛澤東內心對此極為不滿，雖然在餓殍遍野的慘況中，他被迫妥協，但在人民休生養息的幾年間，毛澤東卻在構思一項翻天覆地的社會改造行動，姚文元寫的文章猶如這場空前行動的起跑槍聲。

儘管中共高層已嗅得山雨欲來風滿樓的氣息，但並不清楚毛澤東心中的實際藍圖，他們試圖以本身的影響力將這場運動控制在一定的範圍內，不過毛澤東卻連同林彪、江青、張春橋、姚文元、康生等人，將政治鬥爭的步驟逐步加溫，先是發動輿論，製造氣氛，取得發言權，「五一文通知」後再以中央文革小組的名義跳過中央政治局向全黨發號施令。６月１日，《人民日報》發表社論〈橫掃一切牛鬼蛇神〉，當天晚上中央人民廣播電台播出北大教授聶元梓的大字報，鼓動全國各校學生造黨委的反，毛澤東利用涉世不深的青年學子鬧事，鬥爭校長和教師，中國大陸的校園立刻陷入一片混亂當中。就如聶元梓所說：「北京城爆炸了！全國也爆炸了！一場無產階級文化大革命進入高潮！」面對這種失序的狀態，中共中央高層的劉少奇和鄧小平以領導這場運動的名義對各校派

▶紅衛兵在天安門廣場跳「忠字舞」，宣揚忠於領袖毛澤東。

出工作組，真實的目的則是避免混亂狀態的擴大，如此自然與毛澤東的目標相左。８月１日，毛澤東在政治局常委擴大會議中厲聲指責派工作組是「鎮壓革命行動」，隨後會後又印發了毛澤東的《砲打司令部——我的第一張大字報》，指出「從中央到地方的某些領導同志，卻反其道而行之，站在反動的資產階級的立場上，實行資產階級專政，將無產階級轟轟烈烈的文化大革命打下去，顛倒是非，混淆黑白……聯繫到１９６２年右傾和１９６４年形左實右的錯誤傾向，豈不是可以發人深省嗎？」

因此，在這次八屆十一中全會中，毛澤東政治上的打擊對象完全暴露出來。８月８日，全會通過了「中國共產黨中央委員會關於無產階級文化大革命的決定『十六條』」，同時還改組了中央政治局常務委員會，將一批左派納入常委名單，林彪成為副主席，劉少奇從常委的第二位降至第八位。至此，文革在中共黨內完成其法定程序，居於完全的主導地位。８月１８日，毛澤東在天安門廣場接見百萬紅衛兵，鼓動他們鬧革命，廣場上一片瘋狂的情緒，紅衛兵們高舉毛語錄，呼喊毛主席萬歲，又叫又跳，熱淚盈眶。然而這股熱情經由極左政策的煽動，扭曲成破壞一切的瘋狂行為。紅衛兵衝向文化教育界，衝向黨政機關，衝向社會，肆無忌憚地批鬥、抄家、毆打，不少被定性為「封、修、資」的優秀專業人才遭到羞辱，甚至被迫害至死。此外，中央文革小組在毛澤東的支持下，鼓動各地的造反派衝擊各黨政領導機關，造成全中國大陸陷於嚴重混亂的狀態。１９６７年2月，中共軍事首長譚震林、陳毅、葉劍英、李先念、徐向前、聶榮臻等人在中南海懷仁堂嚴詞痛斥文革，此舉令毛澤東震怒，導致大批軍事首長遭到批鬥，稱為「二月逆流」。

１９６８年是文革的高峰，各城市爆發激烈的武鬥，甚至使用槍砲，死傷慘重，許多著名的古蹟遭到永久性的破壞，專業教育被徹底摧毀，毛澤東的個人崇拜達到了空前的高峰。１０月，中共國家主席劉少奇被打成「叛徒、內奸」，被永遠開除出黨，撤銷其黨內外的一切職務。劉少奇在被審查期間受盡折磨，隔年因病死於河南開封。

此時，毛澤東在達到破壞教育體系、搗毀黨政機關的目的後，開始解決紅衛兵的問

▲大陸上海文革的街頭運動景象。

題。1968年12月22日，《人民日報》傳達毛澤東的指示：「知識青年到農村去，接受貧下中農的再教育，很有必要」，正式開啟了知識青年上山下鄉的運動。中學生畢業後奔赴北大荒、內蒙古、新疆、雲南等邊疆地區。他們去時抱著建設國家、改造世界的熱情，但很快地便體會到偏遠地區生存的困難，既無書可讀，亦無青春可享，原有的革命熱情成了一場幻覺。許多知識青年下鄉期間開始反思文革的種種，並從中省悟過來，隨著時代環境的改變，數百萬的知識青年紛紛爭取回到城裡，爭取上大學的機會，有一部分則在農村永遠地安家落戶。

從1966年後的3年間，毛澤東達到了將中國大陸翻天覆地的目的，但新的權力矛盾卻也開始浮現。1969年4月，中共九大通過了黨章明定「林彪是毛澤東同志的親密戰友和接班人」，林彪權力的高度膨脹直接威脅到毛澤東，兩人的摩擦日增，彼此尋找對對方下手的時機。1971年9月3日，在一場流產的政變後，林彪等人搭乘飛機

▲中共「中央文革小組」副組長江青到北京大學鼓動學生從事鬥爭活動。

外逃，在外蒙墜機身亡。林彪的叛變死亡予人心極大的衝擊，由「毛主席的接班人」變成「叛徒」這種轉變無疑宣告了文革的破產，毛澤東在人民心目中的形象開始受到質疑，不如過去般的神聖絕對。

至於毛本人，在受到林彪事件的衝擊下，重新平反一批老幹部，試圖緩和局勢，不過他的革命幻覺並沒有絲毫的改變，江青等人仍然繼續在毛的支持下，發動「批林批孔」運動，將矛頭指向周恩來，左的思想路線仍然主宰著政治、經濟和教育文化路線。雖然如此，經過了七、八年的折磨，一般人民的看法出現了根本的轉變，對於極左政治深惡痛絕，人心望治。１９７５年，毛澤東重新啟用鄧小平以安定局面。鄧小平採取務實的政策，以恢復正常的經濟和教育體制，深獲民心。

１９７６年1月8日，周恩來過世，上百萬北京市民藉著悼念活動聚集天安門廣場，公開反對江青等人，有人甚至將批判的矛頭直指毛澤東。儘管這場大規模的群眾自發性示威活動隨後即遭到鎮壓，但它反映了人心的向背，不僅是否定了文革，實際上也是對共產主義的思想和制度提出了根本的質疑。在這種人心狀態下，1976年9月9日，毛澤東過世，10月6日，以華國鋒、葉劍英、李先念等為代表的中共中央逮捕了江青、張春橋、姚文元、王洪文等「四人幫」，實質上結束了文化大革命。到了1978年12月，中共十一屆三中全國提出了「實踐是檢驗真理的唯一標準」，在理論的層次上否定了極左的空想主義，並通過一系列發展國民經濟的政策，中國的歷史又出現了重大的轉折。

▲大陸文革時，充斥街頭的大字報與標語。

綜觀十年文革對中國大陸的災難是筆墨難以形容的，大陸出版的《中國共產黨七十年》一書對文革的評論如下：「文化大革命的長期動亂使黨、國家、各族人民、使社會主義建設事業遭到建國以來最嚴重的挫折和損失，黨的組織和國家政權受到極大削弱，大批幹部和群眾遭到殘酷迫害，民主和法制被肆意踐踏，全國陷入嚴重的政治危機和社會危機。十年間國民收入損失約五千億元，人民生活水平下降。科學文化教育事業遭到嚴重摧殘，科學技術水平同世界先進國家的差距拉得更大，歷史和文化遺產遭到巨大破壞。黨和人民的優良傳統和道德風尚在相當程度上被毀棄。形而上學猖獗；唯心主義盛行，無政府主義、極端個人主義、派性嚴重氾濫。因此，文化大革命不是任何意義的革命和社會進步，它是一場由領導者錯誤發動、被反革命集團利用，給黨、國家和各族人民帶來嚴重災難的內亂。」文革遭到了中共自身全盤的否定，如果說文革有任何正面的意義，大陸知識界一般咸信，就是因為文革的災難過鉅，使經歷過文革慘痛經歷，包含許多中央高層幹部在內的大陸人民，對極左的政治路線有極大的反感與警覺，也才使隨後大陸走向開放改革的決定越發堅定，不再重蹈文革極左的政治風暴。

雖然如此，由於文革打著反對官僚主義的理想主義旗幟，亦曾在當時世界許多地方燃起一股革命運動的熱情，由東京到巴黎的學生運動中，高舉著毛澤東的畫像，「毛派」成為共產運動中一個重要派別，成為了某種時代的象徵。至於在台灣，由於資訊環境十分封閉，一般人民與世界尤其是大陸的政治氣氛相當隔離，因此未受任何的影響。相反地，國民黨政府為了與中共的文化大革命互別矛頭，於1968年發起了「中華文化復興運動」，加強維護傳統的文化與價值。至於民間的大眾文化，則受到美國文化的影響，阿哥哥舞、迷你裙、披頭四音樂大行其道，年輕人望風披靡，與中國大陸一片極左的肅殺氣氛，形成極為強烈的對比。

1967 王曉民的故事

青春年華不幸車禍成植物人 照顧卅載父母辛酸令人感傷

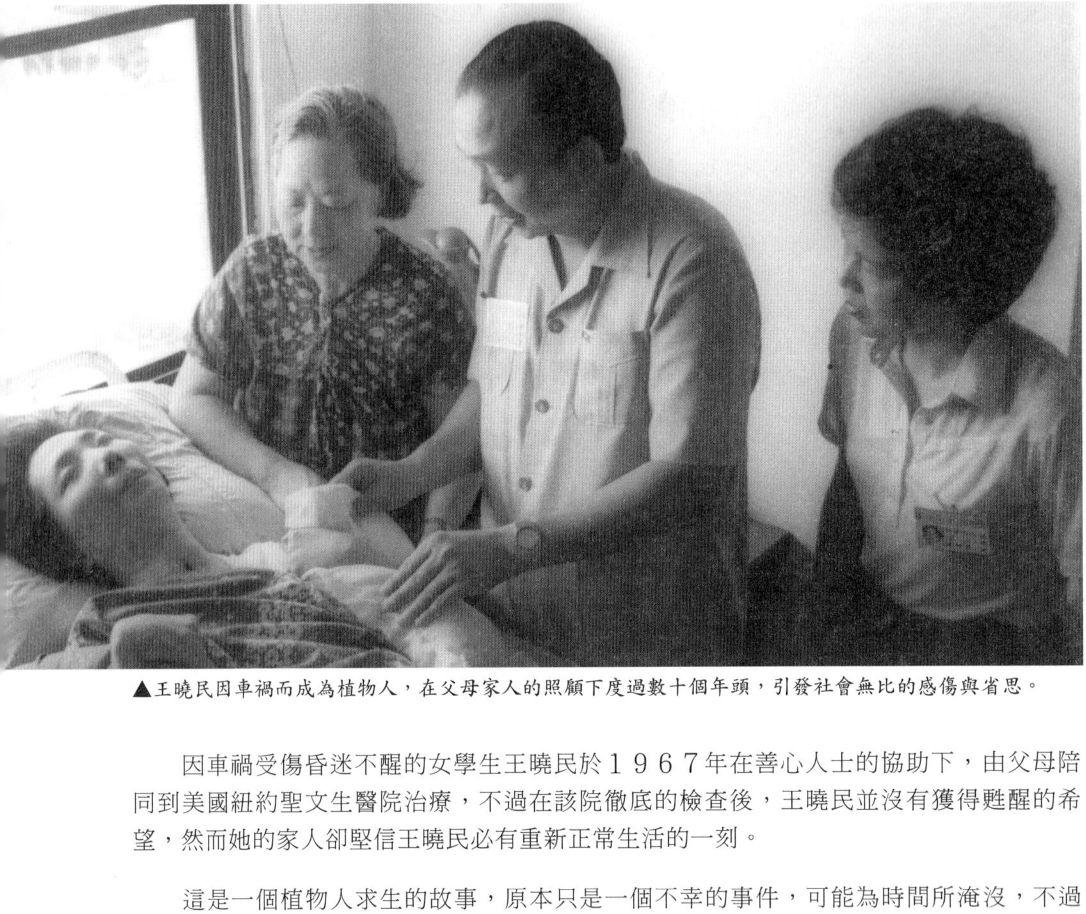

▲王曉民因車禍而成為植物人，在父母家人的照顧下度過數十個年頭，引發社會無比的感傷與省思。

因車禍受傷昏迷不醒的女學生王曉民於１９６７年在善心人士的協助下，由父母陪同到美國紐約聖文生醫院治療，不過在該院徹底的檢查後，王曉民並沒有獲得甦醒的希望，然而她的家人卻堅信王曉民必有重新正常生活的一刻。

這是一個植物人求生的故事，原本只是一個不幸的事件，可能為時間所淹沒，不過因當事人堅強的意志，事情延續了數十年，圍繞著生死的掙扎，激盪著至情與痛苦，並在人生的意義上不斷發人深省。王曉民以沈默方式讓台灣社會聽到她的聲音，並迫使台灣社會嚴肅思考人的本質。這個故事沒有喜劇的結尾，事實上自始至終它都帶著沈重的悲劇色彩，或許，也只有在這樣的悲劇中，生命的光輝更顯燦爛。

１９６３年9月１７日午間，在台北市中正路（後改為八德路）台灣療養院前，一輛超速的計程車將一名騎腳踏車的少女撞倒，少女的身體經強烈的撞擊拋向空中，掉落在肇事車的車蓋上，然後衝破擋風玻璃，當場不省人事。這名不幸的少女是當時年僅十

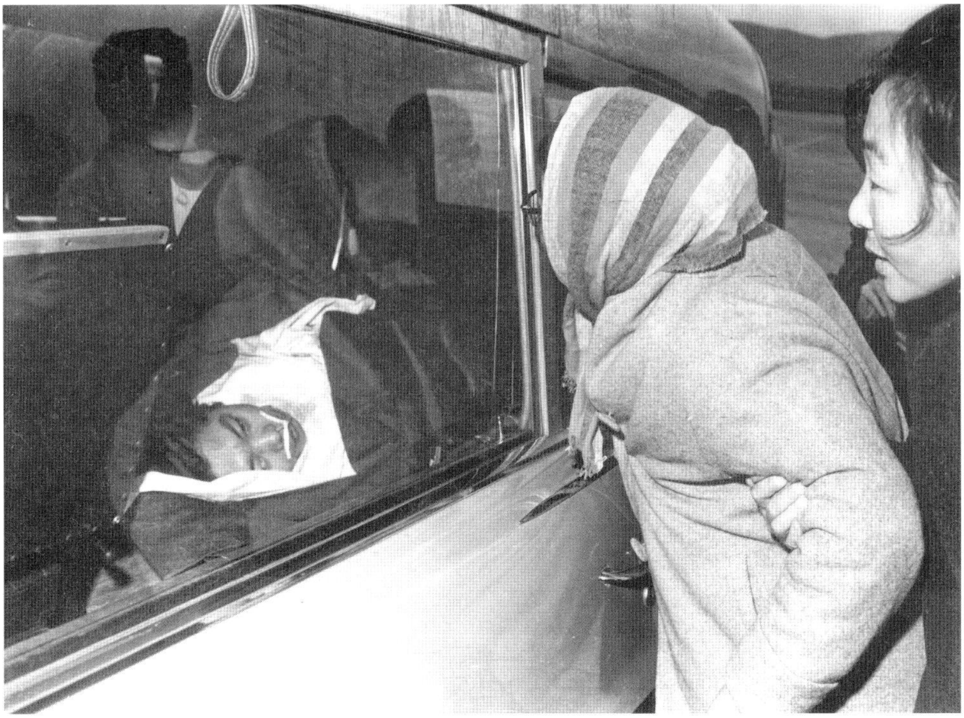

▲被計程車撞傷的中山女高學生王曉民（左），在有心人的幫助之下赴美接受治療。

七歲、就讀中山女高的王曉民，父親王雲雷是空軍上校，母親趙錫念，家中還有三個妹妹，這個小康之家原本有著幸福的生活，王曉民出事之後，全家立刻陷入愁雲慘霧。王曉民終年昏迷，躺在台北縣新店簡陋的家中，由家人全天候耐心照顧。每天，王曉民的四肢需要有人幫著運動，身體需要按摩和翻轉，每隔十分到二十分鐘需要抽取喉管、氣管中的痰，每天定時從口腔或胃部開的孔道餵下稀飯、定時換尿片，並且用套了手套的手指，挖取體中的糞便。此外，每天還需漱洗牙齒、擦洗身體等，以保持清潔。

負責照顧工作的是王曉民的雙親，日夜操勞，犧牲了自己的生活，背後支撐的力量無非是一絲希望，希望有一刻女兒突然醒過來叫一聲爸媽，日子就在這種痛苦的煎熬與堅定的信心中一天天過去。

１９７６年，也就是事情發生的十三年後，一則外電新聞報導，美國紐澤西州最高法院判定，腦部破壞的安·昆蘭小姐有權安樂死。人們突然想到仍處於昏迷中的王曉民，這樣痛苦的生存著，是不是也該安樂死呢？王雲雷認為，他並不反對醫學上或法律上的安樂死，因為世界上已有許多安樂死的存在，許多病人或家屬，在醫藥無力無天時，為了減少病痛的苦楚，或沈重的經濟負荷，默默採取了安樂死的方式，不過王雲雷

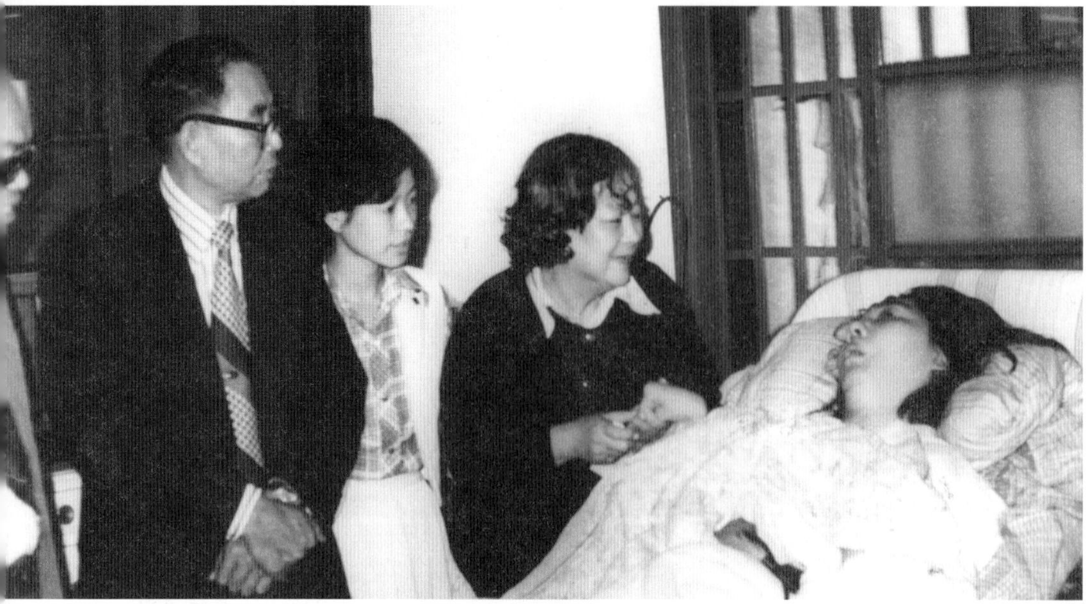

▲王曉民的母親（右二）帶領親友探視仍然臥病床上的王曉民。

並不認為王曉民的昏迷在醫學上已屬絕望。他說，王曉民車禍之後，雖然可以診斷腦部受創是昏迷的主要原因，但從來沒有醫師為王曉民作腦的外科手術，因為醫生們擔心手術失敗。他和他太太都相信，如果有醫師能徹底地為王曉民診斷，以最新的腦外科儀器和手術技術開刀，王曉民仍有甦醒的可能。因為，王曉民的頭腦仍有少許的智力，能聽懂父母的招呼，以目光、咬齒或微笑來表達她的意念。

雖然如此，此刻的王家無論在經濟和精神上，均已陷入淒苦的狀態，不過當趙錫念被問到王曉民是否能實施安樂死時，立刻流下兩行熱淚，說：「我絕不會讓我的曉民單獨離開我，你摸摸看，她全身還熱呼呼的，她會吃、會看人、也會笑。」

《聯合報》的一篇專訪描述：「雖然，王曉民的笑，只有半個臉肌肉的顫動，那是一個悽楚的、痛入心肺的笑容，但是對於一個母親，卻願意為這種笑容，接受漫長無涯的痛苦煎熬。」王曉民躺在床上，不能說話走動，更無青春可享，她的存在是靠著維生的管子以及雙親苦心的照顧，這樣算不算活著？就算活著，這樣活著有沒有意義？

到了１９８２年８月，在歷經所有的嘗試和努力之後，王母終於放棄希望，她決定先顧及自己的丈夫，她不願意自己先走一步，把女兒單獨地留下。她向中國人權協會提出申請，希望該會設法使她的女兒安樂死。王母說，丈夫因勞累過度病倒了，她自己也因中風無法下床，從電視監視器看見女兒因痰堵住氣管的痛苦情形，更堅定了她為女兒解除痛苦的決心。王母在寫給中國人權協會的信上說：「人有生的權利，也有死的權利，希望貴會能幫助曉民以法律途徑解決十九年來懸在全家每一個人心上的問題。」

不過台灣的法律不承認安樂死的權利，王曉民的事例在醫學界和法律界引起了廣泛的討論，各方並沒有達成結論，因為目前沒有任何一名醫師可以確定一個植物人無救，現代醫學科技隨時都有新藥出現，病人又或許有救治的可能，所以一旦准予安樂死，醫生操控病人的生死大權，可能會有其他的後遺症。事實上，絕大部分的醫生也不願意作出這樣的判決，因為這種醫學上的不確定會形成自己良心上永遠的陰影，既然醫學界持著保留的態度，法律也就缺乏醫學倫理的基礎而無法進行修改。

事實上，在當今世界上安樂死並不普遍，主要是從道德上人們對於扮演判決病人生死的角色感到不安。美國是由各州法院判決，海洋法系的國家對安樂死較為開放，大陸法系的國家如日本、西德、奧地利等對安樂死採取了相當保留的態度。王家向政府部門反覆陳情，希望能讓王曉民安樂死，但都沒有獲得正面的回覆。

１９９６年6月，在病榻旁照顧愛女三十三年的王母因胃癌惡化引發肺炎，終於先撒手人寰。這一年她已經七十四歲了，死前拒絕戴上呼吸器，不願意接受深入治療，求生意志薄弱，似乎選擇了以死縮短痛苦。１９９９年3月，八十一歲的王父也因呼吸道感染併發呼吸衰竭而過世，死前也同樣拒絕緊急急救措施。據報導，王曉民在聽到雙親病故時，呼吸急促，雙眼有如銅鈴，好像要表達什麼又說不出來。王家雙親的過世帶給社會很大的衝擊，引起一股悲憐的強烈感受，從十七歲起就一直躺在床上不能言語、不能走動的王曉民，到了五十三歲時，日夜照顧她的雙親終於先走一步了。沒有人知道她是否知道這件事情？是否有感覺？還是一切都是空白的？

雙親走了以後，照顧王曉民的擔子落到三個女兒的身上，這也是父母的遺言，然而他們畢竟是帶著傷痛與遺憾走的，王母希望有生之年能聽見女兒叫他一聲「媽！」但最終仍無法如願。有一年母親節，王母寫了一首歌曲名為「媽媽，為什麼？」歌詞如下：

當我年幼的時候，知道的不太多，我跟媽媽要什麼，媽媽就給我什麼。當我長大後知道已經夠多，而媽媽從不跟我要什麼，而我也沒有給她什麼。媽媽活在這個世界上，就是為了我，我給她的那麼少，她給我的那麼多。媽媽始終沒有告訴我，為什麼，為什麼？

社會上沒有人真正唱過這首歌，但大部分的人都能了解王曉民父母數十載艱苦歲月的苦楚。據統計，本世紀末台灣共有上萬名植物人，每一植物人的家庭都多少重複著王家的故事，王曉民是存活最久的植物人，不僅代表著一個平靜無聲的人生，更觸及多生命裡最深沈的問題。

1967

阿哥哥風潮席捲台灣

國際情勢撞擊掀起流行風潮

理想與狂亂交織出狂飆年代

▲阿哥哥舞時代的香港藝人，受到美國風潮影響，並進一步吹到台灣，使港台流行風連成一片。

大翻領襯衫、寬管喇叭褲、扭腰擺臀似乎成了「阿哥哥舞」的正字標記。這是１９６０年代席捲全球的流行風潮，不僅是流行，也帶著時代革命的內涵。

毫無疑問，二次世界大戰以後的６０年代，世界又經歷了一大轉折。在國際政治大環境上，分別以美蘇為首的軍事資本主義和社會主義陣營，無論在意識型態或實際軍事的衝突上均達到巔峰，雙方均宣稱代表人類的終極價值，前者凸顯的是「自由」，將社會主義形容成極權獨裁的社會，後者揭櫫的是「平等」，將資本主義描繪成利用、壓迫以及充滿種族歧視的體系，因此應以革命的方式達到人類的平等與幸福。

雙方在各自領域上均出現逆反現象，例如，波蘭、捷克人民反抗蘇聯的占領，古巴人支持卡斯楚革命成功，從而驅逐了美國的大公司，非洲的安哥拉爆發革命，至於印支半島的共黨革命更是如燎原之火，而１９６６年毛澤東在中國大陸發動了文化大革命，試圖成為世界革命的中心。毛的狂熱號召吸引了大批的年輕人，他的游擊戰術指導被許多毛派團體的領導人包括著名古巴革命領袖切．格瓦拉在內，奉為圭臬。

▲新加坡藝人組成本土合唱團，充分反映南洋阿哥哥的風味。

至於美國本土，自由派的思潮洶湧澎湃，黑人民權領袖金恩以動人的演說震撼了世人，促使美國國會通過關於種族平等的法案。美軍加入越南戰場出現大量死傷，慘狀透過電視畫面傳到美國家庭的客廳，造成前所未有的震撼。即將被派至遙遠東方作戰的年輕人及家屬群起抗議，知識分子也開始質疑保守主義思想和行為所帶來的戰爭禍害。自由主義高漲，越戰的反思順勢帶來了性解放、女權觀念與追求擺脫世俗的嬉皮風潮，他們反對戰爭，唾棄資本主義的一切象徵事物，挑戰基督教保守道德的約束，追求自由自在的原始生活，蓄長髮、著長袍、終日歌舞、食迷幻藥、居無定所，過著流浪的生活。總之，６０年代是一個理想與狂亂交織一片的時代，它的特徵就是不斷地叛逆，不斷地提出問題以及不斷地追尋答案。

阿哥哥舞（A-gogo dance）就是誕生於如此的時代背景，它首先是音樂風，由貓王艾維斯普里斯萊掀起，並由一系列的男女偶像歌手繼承並發揚光大。它的出現如在平靜的湖水中丟下一塊巨石，激起四濺的水花，壯觀異常。阿哥哥風的偶像梳著爆炸頭或飛機頭，穿著喇叭褲，抱著吉他，唱著快節奏的歌曲，臀部劇烈扭動，唱到興奮處或全場奔跑，或倒地狂叫，皆能激

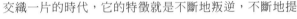

◀ 台灣藝人歐陽菲菲赴日發展，歐陽菲菲崛起於阿哥哥舞時代，動感十足，日後成為一代搖滾女神。

起台下觀眾如痴如醉的反應。在保守的50年代眼光中，這種充滿性暗示與亢奮的音樂和姿勢無疑離經叛道，難登大雅之堂。然而60年代的特點正在於一切講求背叛傳統，隨著偶像明星在整體時代氛圍的典範作用，阿哥哥音樂和舞蹈迅速席捲全美，並隨著美國在世界的領導地位而擴散到整個資本主義社會。

在亞洲，做為美國主要反共盟邦的日本、韓國、台灣、香港、新加坡等地，迅速領受到這股流行風，年輕人很快地喜歡上阿哥哥舞。在台灣，新一代的歌手在餐廳裡模仿美國阿哥哥偶像的曲調，青年男女借用簡單的家庭客廳作舞場，在昏黃的燈光中播放阿哥哥的唱片，男女成對地扭腰擺臀，讓青春的熱情盡情奔放。儘管如此，受反共教育宣傳與資訊封閉的影響，台灣青年並不知道阿哥哥舞與美國社會中的叛逆風潮有關，更無從意識到當代的流行風受到全球左派思潮的牽動，後者正是當局所急於阻攔的。

因此，阿哥哥風進入台灣基本上是一種純消費與娛樂的形式，由於台灣社會並不富裕，雖然每年有大量的大學畢業生赴美留學，但他們多半是清寒學生，在美國打工唸書，省吃儉用，與美國主流社會相去甚遠，更無力成為美國流行文化的引介者。因此，美國流行文化進入台灣多半與美軍的駐在有關。美軍眷屬享有美國的生活水準，帶來美國的唱片、雜誌、家電用品，並流入了本地市場。此外，第七艦隊長年巡弋西太平洋，官兵們登陸度假，創造了龐大的消費市場。為了供應了美軍官兵的消費需要，特定的餐廳、酒吧、商店準備了大量最新流行的商品，本地歌手自然以英文原版的阿哥哥歌曲娛賓，因此美軍官兵成了美國流行文化的窗口，在本區的主要港埠如東京、釜山、香港、基隆、馬尼拉、新加坡等地，均盛行這種「第七艦隊文化」。

對於台灣而言，60年代的思潮近乎一片空白，倒是阿哥哥舞成為某種青春的回憶，到了90年代則又轉變為懷舊的象徵，尤其香港電影導演王家衛在其作品中把阿哥哥舞經時代沈澱後的餘緒，極為生動地描繪出來，甚至於勾起世紀末青年莫名的感傷。2000年《北京青年報》一篇署名「半支」的年輕人寫道：「關於60年代，我們的記憶是從父母那裡聽到的氫彈爆炸和紅衛兵的戰鬥。在王家衛的電影那裡卻是聽到貓王、喝可樂、跳阿哥哥舞、梳飛機頭……完全陌生的懷舊的花樣年華，但這並不妨礙我們懷舊，也許我們懷的並不是那遙遠的日本的香港的舊，而是正在逝去的青春，那像沙一樣的從指縫間悄悄流走的歲月，讓人無限惆悵。」阿哥哥舞正是這樣記著60年代的流行浪潮，也見證了動感十足的歷史軌跡

1968 九年國民教育實施

促進台灣教育現代化　奠定社會發展新基礎

▲台北市實施九年國民教育慶祝大會暨國民中學聯合開學典禮。

台灣省與台北市於１９６８年9月9日早上九點分別舉行第一屆國民中學聯合開學典禮，台灣省在台中體育館舉行，由省主席黃杰主持，台北市則在中山堂中正廳舉行，由市長高玉樹主持，透過中廣廣播系統，台灣四百六十七所國民中學的師生正式走入九年國民義務教育實施的第一年。

這是台灣教育史上重要的一刻，儘管新制所需經費龐大，籌備時間短促，但在政府與民間齊心合力之下，終得貫徹完成。《中國時報》社論說：「這次九年國民育之實施，就國家財力說，三年預算多達三十六億元，自然相當吃力。就籌備時間說，最初決策到完成，時間不過短短一年，也實在相當匆促，因此，為了經費等籌措，政府不僅動用了中美基金，而且開徵了教育捐和增加若干捐稅，這些日子物價的波動，不能說與此

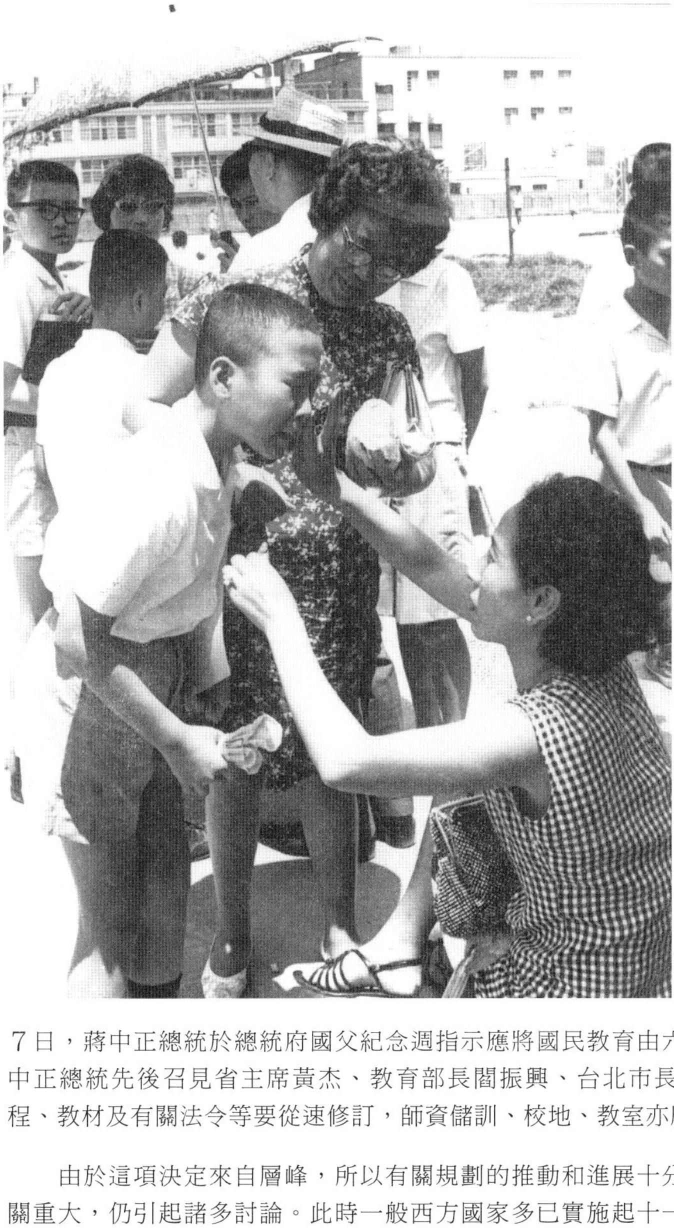

◀ 聯考不僅是考生的事，家長更是集體動員，圖為陪考家長細心照顧考生的景象。

無關。又為了如期開學，四六七所國民中學的六千多間教室，晝夜開工，不僅忙壞了主其事的省市政府，而且由於建築材料和營造工人的不敷調度，也大大影響了原定預算和原定標準，如今這兩大困難總算大致克服了，這證明任何大事，只須吾信其可行，就必然有成功之一日。然而，政府與人民為此所付出的精神與財力，無疑是至巨且大的！」

1967年6月27日，蔣中正總統於總統府國父紀念週指示應將國民教育由六年延長為九年，隨後，蔣中正總統先後召見省主席黃杰、教育部長閻振興、台北市長高玉樹，就這件事指示課程、教材及有關法令等要從速修訂，師資儲訓、校地、教室亦應從速籌劃。

由於這項決定來自層峰，所以有關規劃的推動和進展十分迅速，雖然如此，由於事關重大，仍引起諸多討論。此時一般西方國家多已實施起十一年的義務教育，不僅在啟迪民智、提高人口素質上有重大作用，實質上亦成為國家教育事業進步的基本準則。台灣九年國教的迫切性不僅在於提高國民基本的教育訓練，也在於國民小學的教育衍生了許多弊端，中國人傳統上重視教育，相信高等教育可以決定個人的發展前途，還可以光

▲中學聯考，每當一節考完休息時，陪考家長無不為自己的子女加油打氣。

宗耀祖，這是傳統金榜題名觀念的延伸。反映到現實裡就是人人想上大學，於是小學生考中學，中學生考高中，高中生考大學，一關接著一關。由於粥少僧多，層層的聯考成了各方可以接受認同的制度，對於學生們而言，這種學習制度無疑極為殘酷，考試彷彿成為學習的唯一目的，絕大部分的家長自然不願意自己的孩子在小學升中學的第一關考驗中即遭到淘汰。其結果就是，國小兒童背負了過多的功課負擔，過多的大人期待，以及過早決定了他們人生的進程。為了通過人生的第一大關，各校惡性補習的現象十分普遍，十一、十二歲的學童每天下課還要留在學校補習，或者到老師家中補習。家境清貧無力補習的學童學習競爭力可能受到影響，或受到歧視。以上種種現象皆是國民教育的嚴重弊端，長期下去必將對民族幼苗造成深遠的身心傷害，改變這種教育不良現象實際上已成各界一致的看法。

雖然如此，問題無法在短期內解決，主要原因仍在台灣經濟條件未臻成熟，國民平均收入未及一千美元。國民教育由六年延長到九年所牽涉的教育投資問題雖然由總統親自下令，但是仍引起議論紛紛。

１９６７年１２月３０日，省主席黃杰、教育廳長潘振球接連巡視全省各縣市籌備情形，並就地解決所發生的問題。省方所主管的稅收，就地價稅、土地增值稅、甲種車輛、田賦與營業稅中徵收教育捐，縣市政府的教育捐則附加在屠宰稅、筵席稅、娛樂稅、房屋稅等之內。儘管教育捐多附加於商業與娛樂業的稅收項目上，避免由生產事業加稅，以免加重生產成本的負擔而不利於台灣經濟的競爭力，不過因營業與消費稅收的提高，物價也不免跟著上漲，而且教育投資的增加對其他建設經費也帶來排擠作用，這是九年國教在經濟和財政上的代價，但鑑於教育事業的重要性，事後證明這項政策是具有遠見的。

１９６８年1月6日，各縣市國民中學校長初選甄試舉行，２６日，全台國民中學新建校舍破土。3月１６日，辦理國中師登記，志願任教之大專畢業生計八千三百餘人。８月1日，全省初級中學和國民學校正式更名為國民中學和國民小學，由閻部長在台中縣主持象徵性的換校牌。一直到８月３１日，也就是國民中學開學的前一天，全台新建的國中教室始趕工完成。台北市第一所竣工的介壽國中，副總統嚴家淦在竣工典禮上致詞說：「國民教育的意義，就是養成學童德智體群四育兼備，使他們都具備做一個國民應有的基礎，不論他們將來接受大專教育也好，接受職業教育也好，都不失為好國民，正如總統昭示我們：『做一個堂堂正正的中國人。』」至於省教育廳長則在台中縣市國民中學校舍聯合竣工典禮中致詞：「國民中學教學的主要內容是生活教育、品德教育和職業教育，而主要目標即在培養現代化有用的真正中國人。」

國民中學教育在各界馬不停蹄的趕工之下終於順利地展開，雖然許多新學校的教室還沒完全蓋好，操場還未整平，但第一屆的國中生終於可以擺脫國小種種考試加諸的桎梏，順利地入學，到了１９７０年也就是國民中學第三屆的時候，有關國中的整體規劃，包括校舍、師資、課程、入學名額等等，大抵上已相當完備了。

九年國民義務教育的實施初期儘管也遇到諸多行政層面的困擾，但它的實質作用仍然重大，尤其是讓國小教育恢復正常效果顯著，不過這項新的制度並無法真正達致其美好初衷，主要原因是升學主義作為教育問題的根源沒有改變。國中生為了在高中聯考中取得好成績，開始面對當年國小所遭遇的問題，惡補現象由國小移到國中；此外國民中學也可被分為升學率高的和升學率低的學校，家長們競相把孩子遷往升學率高的國中學區。在國民中學的升學率區分外，同一所學校又可分為「好班」、「實驗班」、「前段班」以及「壞班」、「後段班」、「放牛班」等等，後段班的學生們常衍生自暴自棄的心理，這些現象累積三十年下來，已然成為另一重大問題，成為１９９０年代教育改革的主要議題之一。

儘管有著種種問題，教育改革的工作需要不斷進行，但九年國民義務教育的實施不僅促成了台灣教育的現代化，隨著人口素質的提高，更是日後台灣創造經濟奇蹟、政治奇蹟的重要原動力。

1968 越戰與台灣

冷戰影響結為重要盟邦
寫下戰後外交史上重要一頁

▲南越政府軍出動坦克部隊與越共進行艱苦的巷戰。

隨著越戰的擴張與升高，堅持反共國策並配合美國圍堵中共的國民黨政府，也逐步捲入越南戰火之中。１９６８年2月底，蔣夫人宋美齡女士發起救助越南難民的號召，全台人民熱烈響應，紛紛捐出衣物、食米和現金，台灣與越南的關係逐步走向高峰。

歷史上台灣與越南、韓國的關係並不深，不過二次世界大戰以後，冷戰結構卻將三個地方緊密地連結在一起，以美國的軍事和經濟力量為後盾，共同對亞洲共黨進行圍堵。到了１９６０年代中期以後，由於中南半島共黨武裝叛亂活動日益升高，美軍正式介入越南戰場，台灣與越南更建立了緊密的戰略關係，從政治、軍事、經濟、社會等各層面幾乎全部涵蓋，越南可說成了台灣最重要的亞洲盟邦，在台灣戰後外交史上寫下了重要的一頁。

１９６８年1月３１日，南越共黨「越南民族解放陣線」和北越部隊向南越各重要城市發動「新春攻勢」，戰火遍及全城，美軍與南越部隊亦予以全力反擊。2月間，雙方進行激烈的巷戰，尤其是在西貢市，具有象徵意義的總統府和美國大使館都遭到了越共猛烈的攻擊。在順化市，大約１２萬的市民無家可歸，全市已淪為廢墟一片。雖然越共最後遭到擊退，但是世界各地的人都從電視上看見了越戰的慘況，同時對於美軍在越南戰場上打勝的能力感到懷疑，對於越共而言，這無疑是宣傳上的一大勝利。

越戰的激烈戰況同時也傳來台灣，對於台海戰事記憶猶新的台灣百姓而言，心理衝擊十分巨大。事實上，過去十多年，基於戰略需要，台灣與越南已建立深厚的關係。１９５４年，越南一分為二，北越為共黨控制，南越則於１９５５年由吳廷琰出任首任總統。１９５７年，台灣派遣袁子健為首任駐越公使，後來美國干預越南政局，支持少壯派軍官發動政變推翻吳廷琰，此舉導致越南政局陷入傾軋的亂象之中，軍人主控政權，政治威望不足，社會凝聚力缺乏，使得南越政局始終無法如台灣和韓國般步入發展正軌，反而陷入過度依賴外力支持，內部動亂不斷的惡性循環中。

儘管如此，受到國際政治的影響，１９６５年起，台灣成了美軍的後勤基地之一，美軍軍需品的採購、補給，美軍度假等均將台灣列為主要的地方。此外，美國也運用台灣

隨著越戰局勢升高，台灣與越南的合作關係也越來越密切，軍人出身的駐越南大使胡璉（左三）視察堤岸戰況。

▲同受共黨威脅的台灣社會，對越南戰亂也感同身受，在政府的號召下發動捐助越南難民活動。圖為救援物資裝運情形。

與東南亞華人的密切往來關係，加強對越南華人的反共思想教育，同時也運用台灣日漸成熟的輕工業技術，實現對越南的經濟援助。因此，台灣與越南的關係迅速升級，台灣除了派出援越軍事顧問團，以柯遠芬為團長之外，還派出醫療、農業、工業等援助團體。1966年，雙方簽署空運協定，由中華航空和越南航空往返台北和西貢之間。由於兩地經貿、貨物和人員的來往十分頻繁，當越共發動新春攻勢時，烽火漫天，引起台灣方面極度的關切，台北駐越大使胡璉將軍親自前往西貢的華埠堤岸市了解戰況。由蔣夫人發起的援助越南難民活動獲得了積極響應，3月21日，首批捐贈物資包括白米、衣物、肥皂、毛巾和罐頭食品等上萬噸貨品抵達西貢市，由胡璉大使和越南國防部長阮文偉舉行移交儀式。

隨後幾年，越戰的發展出現不利美軍的情況，越共的游擊戰術，軍人和百姓互為一體的人民戰爭概念以及東南亞燠熱的叢林，對美軍而言，都是過去所沒有的戰爭體驗。美軍為了迅速取得勝利，爭取談判桌上的優勢，加重了對越共活躍地區的轟炸，並將戰火擴大到鄰國的柬埔寨，結果造成大量無辜人民的傷亡，這種慘狀透過電視畫面傳回美國，在美國激起反戰的情緒，而且這股情緒日漸升高，衝擊到美國的政局，並迫使美國政府逐步由越南撤軍，以使「越戰越南化」。1973年1月27日，巴黎和約簽署，美軍正式撤出越南，美國和美國的盟友改以經援的形式協助越南政府抵禦共黨的叛亂活動。

雖然越戰自1968年後進入白熱化階段，並在1970年後變成國際政治角力的主要議題，台灣與越南之間的往來更形密切頻繁，越南主要領導人阮文紹、阮高祺、楊文明等人均曾訪問台灣，不過基於台灣內部的反共宣傳以及反共教育的灌輸，一般人民對於越戰的複雜性並不理解，對於越戰在國際知識界掀起的反思浪潮亦無相對的反應。尤其是１９６８年全世界掀起一股反威權的人民運動，包括巴黎和東京的學生運動，捷克人民的起義等等，使得這一年日後成為史學界所稱的「不可思議的一年」，不過這一切與台灣社會似乎均相去甚遠。

１９７３年以後，美國、日本、法國、西德、澳洲、紐西蘭等國加緊對越南的援助，其他諸如國際貨幣基金會、國際銀行、亞洲開發銀行等組織也積極對越貸款。台灣提供美金五百萬元的貸款給越南，作為越南向台灣採購機器之用。儘管越南擁有國際慷慨的支援，又戰亂經年人心求治，但依賴美軍保護多年的越南政府卻無法適時團結民心，建立有效能的政府；另一方面，經過兩年的修補整編並在國際政治上取得主動的越共卻完成了發動全面戰爭的準備。１９７５年３月，北越軍隊配合南越共黨發起全面攻勢，越中城市紛紛淪陷，難民舉家南逃，綿延數公里。４月底，越共已包圍西貢市，城內出現末世景象，烽火連天，大批難民湧往機場、海港、美國大使館等地，試圖逃難。４月３０日上午八點，最後一架美國直昇機由美國大使館屋頂飛離。

至於中華民國大使館工作人員則於４月中旬開始逐步撤離，駐越大使許紹昌於２６日晚搭乘華航最後一班飛機自西貢飛抵台北，２８日大使館正式關閉。此外，值得一提的是，越南總統阮文紹２５日清晨乘美軍一架螺旋槳專機前來台北，越南陷共後，阮文紹一家人以及前政府的一些要人曾在台北短暫停留，深居簡出，隨後再轉往西方國家。

南北越的武力統一結束了台灣與越南一段特殊的歷史關係，越南的變色不僅打擊了美國國際威信，對台灣也產生了莫大的心理衝擊。有關共黨為何在越南獲勝的討論在台灣曾持續多年，不過政府宣傳部門多歸咎於南越民主人士為共黨滲透利用，成為共黨顛覆活動的先鋒，其情其景一如１９４９年前中國大陸的翻版。而越南統一後大量難民逃難海外，更成為政府反共教材，如喧騰一時的「南海血書」，便曾受到政府的大力宣揚。

至於外交方面，台灣與赤色越南完全中斷了關係，不過世事多變，１９７８年後，越共與中共發生戰略摩擦，甚至發展成大規模的武裝衝突，越南當局開始善待持中華民國護照的人，並透過台北駐曼谷辦事處同意華僑到台灣定居。１９９０年，越南派出官方經貿訪問團，與台北就直航、簽證、工業區建設簽署協定，越南成為台灣企業家對外投資的重點之一。此外，也有大批的未婚台灣男性透過仲介公司到越南尋找結婚對象，台灣與越南的關係又步入了一個新的階段。

1969 金龍少棒揚威威廉波特

克難環境造就勝利基礎 振奮人心開啟棒運時代

▲榮獲第二十三屆世界少年棒球賽冠軍的中華金龍少棒隊凱旋歸國，乘坐吉普車在市區遊行，大批民眾熱情的夾道歡迎。

中華台中金龍少棒代表隊於１９６９年8月２４日在美國威廉波特城舉行的世界少棒冠軍賽中，以５Ａ比０擊敗美西隊，勇奪世界冠軍。此刻在台灣，深夜坐在收音機前收聽比賽實況轉播的球迷們無不欣喜若狂，大街小巷傳出鞭炮聲，如春節般喜氣洋洋。隔天，人人都津津樂道著這場比賽，報紙的特刊一出來，旋即被搶購一空，用「舉國同歡」一詞形容社會的心情，實不為過。

對於長年積弱不振的中國人而言，「世界冠軍」這個頭銜彷彿天上的星星，永遠是可望不可及，現在卻由一群打棒球的孩子們順利地從天下摘下來，瞬間似乎難以置信，不過這種嶄新的勝利體驗立刻轉變為無比的興奮與驕傲，以及期待不斷勝利的渴望。

這種要贏的心理凝聚成強大的社會共識與精神力量，支持著各級球隊一場一場地打下去，為勝利歡呼，為失敗打氣，如此譜成戰後台灣社會最動人的一篇運動樂章。而這一切，主要是由金龍旗揚威威廉波特開始。

1968年8月間，日本少棒明星隊來台訪問，並與本地少棒隊舉行友誼賽。由於日本棒球水準高出台灣甚多，加上日本少棒隊剛剛兩度獲得世界少棒冠軍，因此台灣棒球界是以學習觀摩的心情迎接比賽。這時台灣較出色的少棒有台東紅葉和嘉義垂陽，其中紅葉隊球員都是原住民子弟，一般原住民小學無力買棒球裝備，兒童們平常甚至以石頭代替棒球，以木棍代替球棒，做「棒球遊戲」。由於學校送球隊到外縣市比賽都嫌經費短缺，因此球員的比賽經驗並不豐富。此外，也由於從未派少棒球隊出國比賽過，一般棒球界人士對於國際少棒的通用規則和標準設備為何，亦不清楚。

雖然如此，比賽的結果卻令各方振奮無比，在連續三場的比賽中，紅葉隊在第二場以7A比0大勝日本少棒隊。最後一場，中華少棒明星隊以5A比1擊敗日本少棒隊，這一場比賽的結果打出了台灣少棒的信心，投手胡武漢和強打吳勇輝被熱情的觀眾高高抬起，人人滿面笑容，這一幕成了台灣棒運史的歷史鏡頭。中華少棒隊發現自已竟能輕易地擊敗世界冠軍的隊伍，不僅本身感到意外，連日本隊都很吃驚，不過日本少棒隊的團長吉倉利夫的解釋是，國際通用的是硬式棒球，中華少棒用的是軟式棒球，日本少棒隊打不慣軟式棒球，所以輸了。於是在台灣球迷的心中出現一個大問號，到底硬式棒球和軟式棒球有多大的差別？紅葉國校校長胡榮禮笑說，紅葉國校的學生每天都以石頭當球，以樹幹為棒，作投打練習，即使硬式棒球比軟式棒球來的硬，但硬度總比不上石

▲不少熱情華僑在現場揮舞著國旗，為中華金龍少棒隊加油。

頭。按這個原理推想，未來紅葉隊打起硬式棒球來，也會有佳績。這個聽似戲言的判斷，雖然不代表專業意見，隨後卻證實為正確無誤。

一年後，以台中金龍少棒為主體的中華少棒隊初試啼聲，踏上世界少棒的征途。這支隊伍一行十九人，由棒協理事長謝國城領隊，隊中有強投陳智源、郭源治、強打陳弘丕、余宏開、黃正一、林連良、李俊杰等人。經過集訓之後，他們已經完全適應了國際少棒的比賽準則，結果中華少棒不負眾望，在日本五場比賽全勝，獲得太平洋預賽冠軍，取得遠征美國的資格。

中華少棒隊凱旋返台後，搭乘巴士在台北市區凱旋遊行，受到市民熱情的歡迎。太平洋區預賽冠軍這個頭銜一下子喚起了全國民眾的注意，為了讓中華少棒能夠順利在美國比賽，各界紛紛慷慨解囊，資助旅美。8月12日，小球員們量身定做西裝，這是孩

▲榮獲第二十三屆世界少年棒球賽冠軍的中華金龍少棒隊返國遊行，經過台北市西門鬧區，受到無數民眾的熱情歡迎。

子們第一次穿這麼正式的衣服，美國是個大地方，地大物博，強手如雲，去美國畢竟和去日本不同。8月12日，教育部長鍾皎光為中華隊授旗，救國團主任蔣經國勉勵少棒隊員將愛國家、守紀律、有生氣、肯上進的中國少年良好精神，帶到國外去。8月15日，中華隊抵達美國威廉波特之後，先練習四天，正式比賽時第一場碰到的是加拿大隊，結果順利以5A比0取勝。陳智源完全封鎖了加拿大隊的打擊。這一場比賽中出現一個小插曲，上屆冠軍的日本隊雖然在太平洋區預賽中輸了球，但還是來威廉波特觀摩，其中以譯員身份隨行的日本關西少棒聯盟總幹事山崎五郎向大會提出抗議，說中華少棒所用的球棒「太粗」不合規定。由此可見日本隊對於遭到中華隊奪走丰采一事，始難以釋懷。

接著第二場比賽，中華隊以4比3擊敗美國北區俄亥俄州隊，最後一場比賽，中華隊再以5A比0擊敗美西隊，登上冠軍寶座。這場比賽中，許多台灣留學生開車趕到威廉波特球場，揮舞著國旗，為中華隊嘶聲加油，陳智源再度發揮凌厲的投手威力，使美西隊的打擊無法越雷池一步，比賽呈現一面倒的情況。

在閉幕典禮中，中華隊隊長代表致詞，大會並頒贈一面冠軍錦旗給中華隊，這是台灣有史以來在任何比賽中，第一次拿到有「世界冠界」的頭銜的獎項。副總統嚴家淦代表蔣中正總統馳電祝賀：「駐美大使館周大使轉中華少年棒球隊謝領隊國城兄全體隊員：欣悉榮獲世界冠軍，為國爭光，殊堪嘉慰，特電馳賀，連日比賽辛勞，飲食起居尚希珍重。嚴家淦。」

台灣社會為這場勝利瘋狂成一片，各界歡欣鼓舞，準備盛大歡迎中華隊的凱旋歸來。9月7日，中華少棒球員在松山機場一下飛機，機場外等待的是成千上萬熱情的民眾。小球員們每人各乘一輛吉普車，繞行台北市區。此時台北萬人空巷，人人爭睹小英雄們的英姿丰采。

因世界冠軍所帶來的激動心情畢竟是一時的，如何讓這股社會情緒提升為勝利的意志，則需要依靠更多耕耘和努力。十多年來對推動棒球運動從不鬆懈的謝國城在接受訪問時，勾勒出一幅美麗的藍圖，他說在美國三周的停留中，他們參觀了威廉波特、洋基、麥迪遜、道奇、巨人棒球場，在這些寬廣、舒適、標準的棒球場裡，美國不知培養出多少傑出的棒球明星，也不知風靡了多少棒球迷。他多年的宿願就是在台灣蓋一座可以容納三萬人左右的棒球場。此外，謝國城還考慮的是，小球員們一升上國中以後，如何能繼續練球，如何創造一個大環境，讓打球的孩子有發展的出路。

這些都是有關棒球運動長程發展的嚴肅課題，需要整個社會長期的付出。而在打贏球賽爭取榮譽的渴望中，社會大眾顯然是不吝付出的，那是一個追求更好、建立民族自信心的夢想，中華少棒揚威威廉波特的那一剎那，無形中開啟了一段棒球的黃金歲月。

1969 楊金虎與陳彩鳳

一生經歷多采多姿　寫下地方政壇動人回憶

▲高雄市長楊金虎（右二）與陳彩鳳女士，舉行訂婚典禮，由阮德輝牧師福證。

台灣地方政壇有許多傳奇人物，在鄉土氣息濃厚的南部，楊金虎具有十足的代表性。

１９６８年6月2日，七十歲的楊金虎以十三多萬票對九萬多票，擊敗競選連任的陳武彰市長，榮登第六屆高雄市長的寶座。儘管楊金虎為民社黨提名，但競選期間的政治動作卻有濃厚的黨外色彩，包括當眾焚燒國民黨黨旗，因此楊金虎在高雄市挑戰國民黨成功，立刻震撼全台政壇。

這場選舉是楊金虎長年從政經歷的高峰，不過楊金虎的傳奇卻遠遠不止如此。尤其在南台灣，楊金虎作為地方政治領袖，其一生經歷橫跨幾個時代，他的出身、求學、從政、婚姻、愛情、家族等等，交織成一個又一個生動的故事，反映地方社會的傳奇色彩，說楊金虎的故事就是台灣的故事，並不為過。

▲因貪污罪嫌被檢方扣押的高雄市長楊金虎夫人陳彩鳳（右二），走向法庭時的悲怒表情。

楊金虎祖籍福建漳州，祖先務農，後隨鄭成功渡海來台，住台南縣農村，以養魚種田為生，傳子孫十代，到了楊金虎的父親楊眼，一面耕農，一面行醫，始為地方望族。楊眼育有三男二女，三男即楊金虎，原名耀田，別號宗勳。幼年的楊金虎受家庭教育的影響，民族意識極強，曾在私塾中苦學漢文與唐詩，由於天資聰穎，楊金虎循當時的求學之路進入日本醫科大學，返台後在高雄開業行醫，又由於反抗日本殖民統治的意識強烈，楊金虎加入台灣文化協會，接著又任台灣民眾黨高雄支部負責人。家中掛著孫中山的遺像，號召同志展開反日鬥爭，為此已任兩屆高雄市參議員的楊金虎還曾因反日言論遭日本警察押到台北監禁。中日戰爭爆發後，日本殖民當局深恐台灣人的中國意識抬頭，強行在台灣推行皇民化運動，提供更多的物質誘因，吸引台民改日本姓氏，供奉日本神祇，希望用這種方式消弭台民的中國意識。因此，殖民當局邀請楊金虎擔任皇民奉公會高雄州支部的生活部長。許多年後，楊金虎回憶這件事時說，日本人要利用他，他也要利用日本人，當時日本處於戰敗前夕，生活必需品一律採配給形式，好的物質由日本人獨享，台灣人只能分配一些次級品，因此他以「生活部長」的身分向日本人爭取給台灣人更好的待遇。

台灣光復後，楊金虎參加第一屆國大代表選舉，挾著日據時代的政治聲名，以最高票當選，並到南京參加國民大會。由於熱中政治，並且以擔任高雄市長為最大的心願。１９５４年起，楊金虎以民社黨員的身分參選高雄市長，而且連選三屆均失利，到了１

◀因貪污罪嫌被檢方扣押的高雄市長楊金虎（中）由法警扶持出庭。

968年時，楊金虎已七十歲了，但戰志不減，經過十多年參選所形成的政治氣候，加上人心思變，此時楊金虎網羅四位名嘴，以講古風靡南部地區的陳天龍、高雄縣黑派大將林景元、蘇秋鎮，以及甫由大學畢業的莊文樺，在高雄市連續舉辦七十場演講，場場爆滿，其中蘇秋鎮、莊文樺等人屢有激進的反國民黨政府的言論，因此掀起一股政治熱潮。最後楊金虎大獲全勝，成就他個人以及台灣地方史的奇蹟。

雖然如此，登上市長寶座並非整個傳奇的終點，而是另一段傳奇的開始，這次牽涉到的卻是楊金虎個人的風流韻事，比政治更為多采多姿。楊金虎生性浪漫，日據時代就讀醫校期間，曾一度沈迷於台北稻江的風塵場所，荒廢學業，甚至與一名風塵女子苦苦相戀，私定終身，後來在父母下達最後通牒的情況下，才不得不結束這段畸戀。

楊金虎後來結婚的女友林玉華畢業於當時台灣女性最高學府，儀容端莊，為楊金虎所深愛，加上門當戶對，結婚時，楊家席開一百二十桌，盛況一時。林玉華是位嫻淑的妻子，相夫教子，陪伴著楊金虎走過載浮載沈的政治生涯，然而不幸地，在楊金虎就任市長一年後，林玉華因病過世，未能享受官場夫人的尊貴。隨著元配的過世，楊金虎感情空白，但卻又隨即發展出一段人人津津樂道的韻事，這一次闖入這位老市長心扉的是一位出身風塵的女子陳彩鳳。

陳彩鳳二十一歲時就喪夫守寡，為了生活，曾下海執壺，與人同居，算是見過世面。後來楊金虎經人介紹認識了陳彩鳳，兩人情投意合，經常在市長公館幽會。然而，儘管楊金虎的兒女希望父親再找個伴，但卻強烈反對陳彩鳳，想了許多辦法把她趕出去，然而這一回楊金虎已非年少之時，他是一家之主，要娶誰當老婆，已經沒有人攔得住他。此時流傳一個說法，楊金虎的兒女為老爸公開徵婚，陳彩鳳與楊金虎串通好，也寄函應徵。兒女們看見陳彩鳳的應徵信函，大吃一驚，批註條件不合，不料楊金虎大筆一揮，寫上「約談」兩字，從此兒女們知道老爸心意已定，知難而退。楊金虎告訴友人，「寧願娶婊為妻，不願娶妻為婊」。

１９７１年7月１７日，七十四歲的楊金虎與四十七歲的陳彩鳳高雄地方法院公證處完成了婚禮，出席婚禮的親人，男方只有楊金虎的三女楊麗珍及媳婦黃愛惠，其他人都沒來，反映出楊家家人的抵制情緒。不過對於高雄市民而言，老市長娶妻的故事無疑是最熱鬥的話題，尤其這中間還牽涉到豪門恩怨、麻雀變鳳凰的情節，其吸引力遠超過市政建設。因此，楊金虎與陳彩鳳的婚禮中，擠滿了許多不請自來的市民，當這對「新人」當眾吻頰時，引來眾多的笑聲。

婚後，兩人恩愛異常，但作為公眾人物的市長家庭，沒有個人的生活，楊金虎與陳彩鳳幾乎成了高雄市民的電視連續劇的演員，他們的住所稱為「虎鳳大樓」，陳彩鳳與楊家人關係持續緊張，還有「夫人干政」等等，這些似乎成了高雄市民主要的視聽娛樂生活。從另一個角度來看，楊金虎似乎將政治娛樂化，給予政治一個凡人的真面目。雖然如此，作為黨外市長，楊金虎面臨的政治挑戰並不因其多采多姿的感情生活而中輟。１９７２年，楊金虎、陳彩鳳以及市府顧問洪劍峰被控鬻官案，結果楊金虎依貪瀆罪被判刑五年，陳彩鳳被判八年，洪劍峰被判十四年。楊金虎走下市長的寶座，以七十五歲的高齡身繫囹圄。

楊金虎在監獄內待了一陣子後即保外就醫，此案後來經最高法院八次發回更審，近二十年間始終無法定讞。當時許多高雄市民相信這件案子本質上是政治案件，目的在打擊黨外政治人物，隨著台灣政治環境逐年開放，持這種看法的人越來越多。

楊金虎的晚年相當淒涼，由於生性浪漫，不擅經營，財務官司纏身，以致生活越來越困難。陳彩鳳坐了三年牢後保外就醫，於１９８３年病故，這一年楊金虎八十六歲生日時宣佈將與六十歲的鍾玉葉結婚，第三度做了新郎。在眾多賓客前，這位老情人親吻了新娘。

婚後的楊金虎生活堪稱平靜，自己到公保排隊拿藥，跟一位普通的老人沒有兩樣，偶爾接受新聞媒體採訪時，他會表達生活上的寂寞與無奈，他的兒女們個個有成就，但多散居美國、加拿大等地，沒有一個在身邊。１９９０年7月１２日，楊金虎病逝於台北台大醫院，一篇報導文章似乎為這一段傳奇的興衰做了生動的總結：「楊金虎自知生命的最後一絲火花即將熄滅，最近在言語、眼神之間，常對第三任妻子鍾玉葉流露出關懷與歉疚，逢人也會說，晚年能與鍾玉葉為伴，實在是上帝的恩賜。……楊金虎的遺體昨天運回高市青年二路住宅，氣氛淒涼，獲悉此事而登門慰問其眷屬的人很少，與當年他入主高雄市政府賀客盈門的情況相比，令人感慨世態炎涼。」這一段南台灣的地方傳奇，也就自此畫下句點。

1970 鄧麗君崛起歌壇

笑容甜美歌聲動人廣受歡迎
英年早逝空留無限追思懷念

▲鄧麗君（右）赴軍中勞軍演唱，親切地與國軍官兵握手致意。

十七歲的少女歌星鄧麗君於１９７０年第一次到香港演唱，同時還當選「白花油慈善皇后」，這位外形極為甜美的可愛少女藉由更為廣大的國外舞台，開創其廣闊的演唱生涯。

在一般情況下，少女鄧麗君可能只會像許多個年代起起伏伏的偶像歌星一樣，不久就嫁作商人婦或為其他更新潮的少女歌星所取代。然而鄧麗君卻不同，她甜美的笑容、

◀ 年僅十八歲的歌星鄧麗君前往東南亞獻唱時，一臉丰采煥發、笑容迷人的模樣。

黃鶯般輕柔的歌聲並未因歲月的流逝而魅力稍減，反而由台灣傳至香港、再到日本，１９７０年代末期則進入了中國大陸，紓解了大陸人民苦悶的心靈。鄧麗君成了本世紀最受歡迎的華人歌星，她的名字已成了溫柔、善良、悅耳以及無限懷念的代名詞。

鄧麗君從小就喜歡唱歌，她的父親是榮民，家中有五個小孩，生活相當拮据，為了幫忙貼補家計，鄧麗君很小就到街頭獻藝，童年生活十分艱苦。十一歲時，鄧麗君參加中華電台的黃梅調歌唱比賽，以「訪英台」一曲獲得優勝。後來鄧麗君無法完成中學學業，原因是課外時間她在夜總會擔任專業歌手，校方不准學生有這麼複雜的社會背景，所以鄧麗君只好休學了。她的張姓老師後來回憶說：「我問她父母親的意見如何？她自已又如何打算？她說因為家庭經濟因素，她需要那份工作，如果休學的話就能安心的唱歌。很明顯的，她是為了改善困苦的家境而犧牲自已。」鄧麗君的情況在清貧人家中並不孤立，尤其是女孩子為了幫忙家裡，很早就輟學出來工作，到工廠作工，替有錢人家幫傭，或者到酒家、夜總會獻藝。鄧麗君只是其中一個，而且可能跟大多數人一樣，終其一生在社會的底層度過。

雖然如此，鄧麗君很快就證明了自已擁有非凡的歌藝，她年紀雖輕，卻不斷在各種歌唱比賽中得獎。她可愛的笑容也很討人喜歡，被為「天才少女歌手」，十五歲時就已灌了七、八張唱片。１９６９年，鄧麗君主唱「一見你就笑」，風靡大街小巷，同時她也主唱了台灣第一部電視連續劇「晶晶」的主題曲。這一年，她第一次踏出台灣，到東南亞

▲鄧麗君（右）在國軍將領陪同下，自金門外島眺望對岸大陸。

的華人社會獻唱。一旦走出去後，鄧麗君似乎走出一個新的世界。１９７３年，鄧麗君以「香港最受歡迎的歌手」身分踏上日本，隔年，她的「空港」紅遍東瀛，得到「１９７４年度大賞新人獎」，二十一歲的鄧麗君從此步入璀璨的歌唱生涯。

日本作曲家古賀政男曾分析：「歌唱的天才，是積存於民族之間數十年的感情突然爆發時所形成的噴火口。所以歌唱的天賦和本人的血統、遺傳無關，從某種意義而言，它是民族沈默意志的表現。」這一段有關歌唱歷史化內涵的論斷，如果加諸於鄧麗君的身上，並不為過。鄧麗君確實唱出戰後中國人的感情，尤其那種追求平靜甜美的直覺，是經歷戰亂流離的中國人共同的感受。鄧麗君「甜蜜」、「小城故事」等歌曲正代表了這個時代期待和諧真情的特點。

１９７０年代末期，鄧麗君的歌曲傳入中國大陸時，正好是文革結束不久之時，人們剛從鬥爭窒息的夢魘中甦醒過來，聽到鄧麗君甜美的「何日君再來」時，產生一種心靈上的震撼，這種自在悠然的歌聲與剛強自律的革命歌曲一遭遇，立刻進入一場無形的較勁。中共官方指責鄧麗君的歌是「黃色歌曲」，下令禁止。不過在現實生活中，大陸人民已厭倦了無止盡的繃緊神經的革命宣傳，希望能過著更自然優閒的生活，鄧麗君的歌似乎滿足了這種感覺，因此在短短數年之間，即使在官方的禁令之下，她的歌仍風靡了全中國大陸。相對於鄧小平的「老鄧」，鄧麗君被大陸人民暱稱為「小鄧」。

隨著大陸經濟改革的推進，社會氣氛亦跟著更為開放，鄧麗君的歌不僅得以解禁，大陸各大媒體更開始大幅介紹鄧麗君，作為頭條的娛樂新聞。１９８５年，《北京青年報》首度刊載了鄧麗君的專訪，鄧麗君告訴大陸記者：「很想在大陸年輕朋友們面前高歌。」

１９８０年代中期，鄧麗君的歌唱生涯達到巔峰，她連續數年獲得日本有線電視大獎，各地迴演唱會均造成轟動，不僅風靡台港、大陸，實質上已成了亞洲歌后。這段時期也是兩岸關係開始轉變時候，兩岸交流日益頻繁，帶來彼此觀念上的改變。鄧麗君有很強的中國人情感，熱烈的愛國心，希望看見中國變得更好。在台灣，鄧麗君經常參加勞軍演唱會，由於父親是榮民，鄧麗君對國軍有一份特殊的感情，她的表現也被稱為「愛國藝人」。不過隨著大時代氣氛與政治認知的演變，尤其是１９８７年台灣開放大陸探親後，台灣人民赴大陸已不再是政治禁忌，鄧麗君收到了許多赴大陸演唱的邀請，這樣的時機似乎也已經成熟；然而不幸的是，就在這個具有歷史意義的大陸之行即將實現的前夕，天安門事件爆發，鄧麗君公開含淚說：「天安門事件粉碎了我的夢想。」這一段時間，鄧麗君義憤填膺地為民運高歌，為中國人的命運落淚，彰顯她真摯的情感與充滿正義的性格。

另一方面，儘管鄧麗君的演藝事業相當輝煌，但她私人的感情世界卻頗不順暢。雖然她的歌迷遍佈各地，走到各處都有崇拜者請求簽名，也不乏各式各樣的追求者，不過她在感情的道路上十分孤寂，幾段戀情無疾而終，甚至留下滿身傷痕，似乎幸福一直與她無緣，歌唱巔峰的背後常是迷惘與不快樂。天安門事件後，她的情緒更低落到了極點，到法國消失了好一陣子。此時，她認識了一位小她十多歲的法國男子保羅，兩人情投意合，對鄧麗君而言，兩情相悅的快樂時光終於降臨。保羅對她很好，而且不知道自已的中國女友是一代超級巨星。

１９９５年5月8日，當鄧麗君與保羅在泰國清邁度假時，突然病逝，事後醫生診斷死因為「氣喘造成肺功能衰竭」，消息傳來，震撼世界各地的歌迷。四十二歲的鄧麗君竟然就這麼走了，令人難以相信，無法接受。她安葬在金寶山墓園，每年都有眾多的歌迷從各地趕來獻花，表達無限的追思與懷念。

對於住在台灣的人，尤其是與鄧麗君共享整個時代甘苦的人而言，這種感受特別強烈深刻，那位十七歲的少女鄧麗君似乎永遠對著你笑，對著她所生長的台灣笑，笑出了永遠婉約迷人的歌聲。

1970 黃俊雄布袋戲掀起熱潮

改良傳統戲曲躍上螢幕
風靡全國注入豐沛文化活力

▲黃俊雄布袋戲能廣受歡迎的主要原因之一，便是由於戲偶造型生動，布景精緻，因此受到廣大觀眾的喜愛。

傳統布袋戲演師黃俊雄於１９７０年率領「五洲園」戲團在台北一家戲院演出，觀眾反應熱烈。台灣電視公司節目部經理聶寅在場看了之後大為激賞，於是將黃俊雄和他的布袋戲帶入電視，無意間開啟了布袋戲表演的輝煌歲月。

在台視的三年多時間裡，黃俊雄以求新求變的態度製作了「雲州大儒俠」、「六合三俠傳」、「西遊記」、「三國演義」、「濟公傳」等，其中以他的招牌戲「雲州大儒俠」最為轟動，播出時曾創下９０％空前的收視率，每天中午十二點半時，幾乎是家家守在電視機前，形成某立法委員所形容的「學童逃學、工人怠工、農民廢耕」的景況。在傳統掌中戲逐步式微之際，一齣改良的布袋戲透過現代電子媒體的傳播成為新型的大眾流行文化，確實始料未及。

「雲州大儒俠」取材自明代的一個民間故事，主角史艷文出身民間，行俠仗義，後得罪於當道，遭構陷入獄，發配充軍，後取得天書，破除亂黨造反陰謀。此外，故事中的反派角色藏鏡人原為交趾國大將，率軍討伐中原大敗，懷恨之餘，滯留武林，血刃忠義之士，因此形成武林中以史艷文和藏鏡人兩個正邪中心，各有其追隨者，纏鬥經年，恩怨不斷，而帶出一系列忠孝節義的人物與情節。其中膾炙人口的角色有「劉三」、「二齒」、「苦海女神龍」、「怪老子」、「小金剛」、「女暴君」、「孝女白瓊」等等。這些角色皆被賦予鮮明的個性和象徵意義，無論是暴虐、討喜、離恨、迷情等等均反映出特定的人生意境。另外，他們出場的用語口頭禪，如藏鏡人的「轟動武林、驚動萬教」、「順我生、逆我亡」，二齒的「哈麥、哈麥」等均隨著電視播出的成功，流行於坊間，成為戲謔之語。

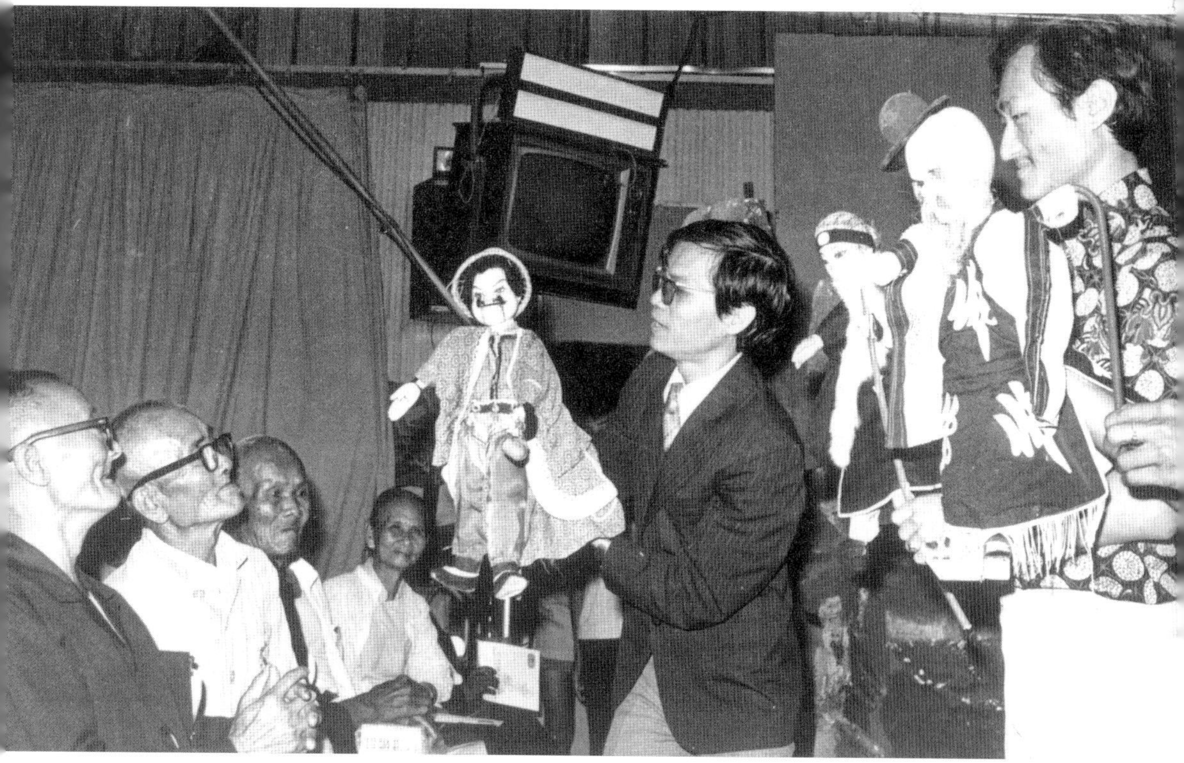

▲知名布袋戲藝師黃俊雄（中）現身說法，為阿公阿婆表演布袋戲。

▲黃俊雄（右）與「雲州大儒俠」的戲偶劉三。

雖然黃俊雄藉電視傳播成為掌中戲的奇人，但他的成功並非僅是機遇，而是有著個人勤奮不懈的努力以及時代背景的配合。

台灣的布袋戲最早由福建的漳、泉一帶傳入，時間大約在清中葉嘉慶以後，隨著大量漳泉移民的到來，社會呈現榮景，漳、泉布袋戲團也應邀來台演出，開班授徒，此為布袋戲在台灣的肇始。就風格而言，主要有南管布袋戲、潮調布袋戲和北管布袋戲三種，其中以北管布袋戲最為普遍，音樂曲調高亢，除了傳統文戲劇目之外，也添加許多熱鬧的武戲，娛樂性高，因此深受民眾歡迎。

中日戰爭爆發後，日本殖民當局為了加強控制台民，禁止了所有宣揚漢民族歷史文化的傳統戲曲。布袋戲被迫演出「皇民戲」，穿日本服裝、唱日本歌謠，歌頌日本軍國主義。此外，隨新的表演技術出現，皇民劇的布袋戲已局部以留聲機唱片作為配樂，並增設立體化的寫真布景。戰後，不倫不類的皇民戲瞬間消失，不過唱片配樂、燈光的使用、舞台布景的變換卻隨著大眾娛樂的要求，進一步的發展，以滿足觀眾的視聽享受，這種現代聲光效果的布袋戲稱之為「金光戲」。

黃俊雄出身於雲林虎尾，四代均以布袋戲為生。祖父黃馬、父親黃海岱均是頗有名氣的布袋戲師傅。黃俊雄中學畢業便隨著家人在各地跑碼頭，一開始先在後台打鼓，接著再作演師。十九歲那年，黃俊雄隻身到高雄闖天下，最初先向朋友租了五十一個木偶，再買了八個木偶，掛上「真五洲園」的招牌，開始行走江湖，第一齣戲即是父親所創造的角色「史艷文」。與父親不同的是，黃俊雄有著敏銳的商業嗅覺，他針對市場的需求改良布袋戲偶，將原來八吋大的戲偶加大為一尺八吋高，眼嘴會動，讓戲園後座的觀眾能看得更清楚，同時加快劇情的節奏，以適應工商業社會的生活步調。布袋戲搬上電視螢幕後，更添加了新的戲劇元素，譬如加上人物出場的主題曲，高潮迭起的劇情設計，旋轉的立體舞台，燈光和乾冰的效果以及攝影機的長短鏡頭等等；簡言之，就是把布袋戲拍的有如連續劇一般，使得它娛樂效果十足，老少咸宜。黃俊雄這一出招，果然創造了木偶戲史上最轟動的黃金期，使得史艷文、藏鏡人、二齒等幾尊戲偶彷彿一舉手、一投足之間有了真實的生命，牽動了觀眾的喜怒哀樂，並長期活在一代人的記憶之中。

「雲州大儒俠」總共播出了五百八十三集，盛況比起當時的電視連續劇「晶晶」、「情旅」等有過之而無不及。由於影響甚大，國民黨中央黨部第四組提出異議，認為布袋戲的風行阻礙了國語運動，立法委員接著申論布袋戲不利於社會風氣之處，最後立法院以「妨害晨工作息」為由建議禁演布袋戲。１９７４年6月，布袋戲正式禁演，後再度開放，卻規定需以國語配音，黃俊雄於１９７６年推出國語布袋戲「二十四孝」、「神童」和「百勝棒」等，但因失去傳統地方藝術的原味，無法激起觀眾情感的共鳴，而迅速走下坡。

▲布袋戲表演的歷史悠久，而且有各種不同的變化與技巧，圖為另一古老的偶戲——傀儡戲表演的情形。

儘管官方的禁制政策是對布袋戲的一大打擊，但這並非布袋戲式微的唯一原因。首先，黃俊雄的成功並不必然代表著傳統戲劇的復興，而是他將電視娛樂的特性融入布袋戲中，藉著電視龐大的傳播力量，創造了一種新型的流行文化。在電視布袋戲大行其道之時，傳統廟口的布袋戲不但沒有跟著吸引更多的觀眾，反而因相對顯得老套而迅速乏人問津。此外，電視布袋戲既然作為流行文化，就必然具有流行文化潮起潮落的特點，人們遲早要失去新鮮感，或被其他日新月異的娛樂項目吸引。與布袋戲同時流行的歌仔戲、連續劇、摔角節目、五燈獎歌唱比賽等等，最後都回歸平實，成為一般性的娛樂文化，其實是同一個道理。

在「雲州大儒俠」轟動之後的十年時間，黃俊雄卻面臨了人生的低潮。退出電視演出的幾年內，黃俊雄與友人在台北合夥開餐廳，卻因不善經營血本無歸，後來再回虎尾老家蓋了一棟九層樓的觀光飯店，情況也不理想。此時，那尊曾讓無數學子崇拜萬分的史艷文，讓人敬畏的藏鏡人，讓人開心的二齒都放在老家客廳的擺飾櫃裡，成為歷史文物。「五洲園」劇團還在，但已從五十多個人縮編成十個人。為了維持這個團的存在，黃俊雄仍應各地的邀請，在全省巡迴演出。畢竟布袋戲是他的最愛，他正積極構思回到老本行，而且要以錄影剪接的方式拍出更具特效的布袋戲。

１９８２年，新聞局再度開放布袋戲，黃氏家族的布袋戲再度登上電視螢幕，不過時空條件已經改變，娛樂文化進入分眾的時代，電視布袋戲已無法重現往年的熱潮。雖然如此，到了１９８０年代末期，布袋戲又找到新的生機：其一是社會富裕之後帶動了傳統文化的精緻化，人們富足之餘開始重視傳統文化的保留，於是早已消失的野台戲重新出現在國家劇院的藝術殿堂，受到重視。其二是隨著政治環境的改變，本土意識興起，本土傳統文化被賦予崇高的地位，傳統戲劇的資深藝人被尊為國寶。在掌中戲的世界中，另一位一代宗師李天祿經由著名導演侯孝賢所拍攝的電影「戲夢人生」名聞國際，也讓外界更認識台灣布袋戲所走過的路。

１９９０年代，布袋戲的表演藝術擁有一批固定的愛好者，有人願意學，也有人喜歡欣賞，儘管已經無法像以往那樣造成萬人空巷的風靡狀況，但仍受到廣大觀眾的喜愛。同時隨著錄影帶、ＶＣＤ、ＣＤ等新產品的流行，欣賞布袋戲的管道也更為多元，同時也產生了新一代的「名角」，如霹靂布袋戲的素還真等人物，依然廣受大眾觀迎。

不過此時布袋戲已非早年農業社會的廟口娛樂活動，而轉型成一種精緻文化，黃俊雄的父親黃海岱被譽為桃李滿天下的掌中戲至尊，以九十多歲的高齡繼續春風化雨。至於黃俊雄則繼續尋找布袋戲步入商業領域之道，他先拍攝布袋戲錄影帶，後再進入有線電視。１９９９年，黃俊雄與黃立綱共同改編金庸小說，並參考徐克的電影，推出更令人眩目的電視布袋戲，他那股永遠樂此不疲的幹勁，似乎正是雲州大儒俠的真正靈魂，為台灣民間傳統文化注入生生不息的永恆活動。

1900

1.20 台灣首座現代化圖書館台灣文庫召開成立大會
1.23 台灣總督府設置臨時對岸事務掛（股），負責處理有關閩粵日本僑民事務。
1.24 台灣總督府公佈「台灣新聞刊物條例」。
2.6 台北大稻埕中醫師黃玉階倡設天然足會，矯正纏足弊風。
2.20 台北、台中2縣設置隘勇，以警備原住民。
2.22 台灣總督府發佈律令，禁止以任何名義占有使用「番地」。
2.24 基隆燈塔竣工完成，4月1日起點燈啟用。
3.11 逃往中國漳州的抗日領袖簡大獅被捕，遣返台灣。
3.15 台灣總督兒玉源太郎主持淡水館揚文會。
3.25 台灣守備隊完成「台灣史料」編纂工作。
3.31 簡大獅總督府公佈「電話交換局官制」，隨後在台北、台中、台南設置電話交換局。
4.28 各郵局開始辦理一般國外郵件。
5.5 日本軍警攻討雲林抗日義軍。
5.27 伊能嘉矩與粟野傳之丞合編之《台灣番人事情》完成。
6.12 台灣總督府殖產部林務課小笠原技師發現阿里山大森林。
7.1 台北、台南等地開辦一般公眾公共電話。
7.25 台灣鹽業株式會社今日召開創立總會。
9.8 大嵙崁（大溪）原住民與樟腦業者衝突，100多名腦丁被殺害。
9.9 抗日義民百餘人攻擊台中縣沙仔崙派出所。
9.11 抗日分子300多名襲擊阿緱街（屏東）日人。
10.30 台灣慣習研究會成立，發行「台灣慣習記事」。
11.28 台南、打狗（高雄）間鐵道完工通車。
12.10 台灣製糖株式會社創立。
12.28 土地調查局之「清賦一班」宣告完成。

1901

1.15 台灣總督府民政部法務課發行之《台灣慣習記事》第1號發刊。
1.15 台灣總督府諭令日人杉橋新次郎等7人歸日，是為對日人執行保安規則之嚆矢。
3.20 《台中新聞》停刊。
4.1 台中、台南2縣開始施行「土地調查規則」。
5.23 台灣總督府公佈「台灣土地收用規則」，以實施市區改正。
5.23 台灣總督府公佈「總督府專賣局官制」，樟腦、鴉片、食鹽3專賣事務設於同一局內。6月1日成立開辦。
6.1 加拿大傳教士馬偕在淡水去世。
7.4 台灣總督府發佈「台灣公共埤圳規則」。
7.15 台中地區飛鸞降筆會迷信盛行，漸波及全島，民政長官後藤新平指示地方官取締。
7.23 台灣總督府公佈「台灣醫生執照規則」。
7.23 清廷福建按察司潘震德及知縣候補俞戴祐今日來台調查鴉片及樟腦制度。
8.25 台北至桃園間鐵路改良線及淡水線鐵路開始營業。
9.26 台灣總督府發佈「台灣保安林規則」。
10.25 台灣總督府公佈「臨時台灣舊慣調查會規則」。
10.28 台灣總督府公開舉行神社落成大祭式典。
11.24 黃茂松率抗日軍襲擊樸仔腳（今嘉義朴子）支廳，殺害支廳長等11人。12月10日，黃茂松被捕遭到槍斃。
12.20 台灣總督府制定「農事試驗場規則」，設置台北、台中、台南農事試驗場。
12.31 鼠疫流行，今年自發生以來患者4,496人，死亡3,619人。

1902

1.1 去年5月「台灣度量衡條例」實施，今起鴉片煙膏、食鹽買賣等及公設市場開始使用新度量衡。
2.26 台南博物館舉行開館典禮。
3.4 民政部博覽會委員會決定第5回勸業博覽會特設台灣館。
3.9 日軍討伐隊在後大埔擊斃抗日軍首領黃國鎮。
3.12 日本政府公佈「六三法」延期至1905年。
4.1 台灣總督府發佈「台灣小學校規則」。
4.1 日人組織台灣文藝社，發行《台灣文藝》。
4.8 抗日首領林添丁被擊斃。
4.15 日軍討伐隊擊斃阮振於店仔口（今台南白河）。
4.22 熱帶植物種育場於恆春成立。
5.1 醫學校舉行第1屆畢業典禮，有3名畢業生。
5.25 斗六抗日軍歸順式中，日方藉反抗妄動之名，殺戮張大猷等150餘人。
5.30 台灣總督府討伐林少貓、吳萬福、林天福等抗日集團，殺死122人。
6.16 台北火車站設置公用自動電話。
6.21 杉房之助編纂完成《日台會話大全》。
8.2 台灣醫學會成立。
9.5 台灣總督府對原住民在普通行政區內有一定住所且負擔租稅者，依查定土地結果而認定其業主權歸屬。
10.1 基隆開始供應自來水。
10.28 台北武德會演武場舉行完工落成典禮。
11.1 伊能嘉矩所著之《台灣誌》今日發刊。
11.21 台灣總督府公佈「台灣人赴美國護照規則」。
11.27 台灣總督府設立台北消防隊。
12.16 大阪鐵工所仙洞工場舉行浚渫船恆春號下水典禮。
12.26 本島沿岸航線定期船開始每月寄港紅頭嶼（蘭嶼）1次。
12.31 今年霍亂流行，患者746人，死亡多達613人，為日據時期霍亂患者、死者最多的1年。

1903

1.11 體育俱樂部成立，民政長官後藤新平任會長，警視總長大島任副會長，台灣銀行董事長柳生任理事長。

1.25 嘉義模範製紙工廠今日舉行開廠典禮。

1.29 《南溟文學》在台南發行。

2.12 台灣總督府批准土倉龍次郎設立水力電氣事業。

2.24 台灣總督兒玉源太郎命名本島林投葉所編之草帽為淡水帽。

3.14 台灣總督府設置臨時番地事務調查掛（股），組織番地事務委員會，審議有關番地開發方法及計畫、番地事務等。

3.15 台灣總督府在淡水館成立「台北風俗改良會」。

3.17 《台灣實業新報》奉准發行。

5.1 基隆及澎湖設置要塞司令部。

5.11 日本軍警攻討阿里港原住民。

5.27 民政部殖產局在桃仔園廳安平鎮設置製茶試驗場。

7.21 台灣總督府依「銃獵取締規則」制定保護鳥之種類，禁止獵殺。

7.27 台灣商業銀行改組，並將台北分行改稱台灣商業銀行。

10.31 台北艋舺、大稻埕無賴之徒45人，被送往台東廳下賀田組農場強制勞動。

10.31 本年8月以來，澎湖發生流行性感冒，總計患者1,460人，死者103人。

11.14 抗日首領詹阿瑞兄弟等人為原住民所殺。

11.15 林爾嘉等本地仕紳在板橋林本源花園招待日本官紳150人，舉行園遊會。

12.5 台灣總督府公佈確定土地業主之大租權。

1904

1.11 日本政府任陸軍中將黑瀨義門為首任台灣守備軍司令官。

1.12 台灣總督府發佈「罰金及笞刑處分例」。

1.27 因紅頭嶼（蘭嶼）原住民曾對海難之美國船隻乘員施暴，總督府於今日派討伐隊前往討伐，29日返台。

2.15 台南廳下焦吧哖（玉井）發生前所未見的流行性腦脊髓膜炎，並蔓延南部地方。

2.25 民政長官後藤新平巡視中南部地方，後並撰詩追念吳鳳。

2.27 台南、斗六間鐵路通車。

3.5 伊能嘉矩著《台灣番政志》今日刊行。

3.12 台灣總督府發佈「犯罪即決例」。

3.24 台灣總督府發佈「外國輔幣禁止輸入令」。

5.15 台南大糖商王雪農等創辦之台南製糖會社舉行創立大會。

5.27 台灣總督府發佈「銃砲火藥取締規則」。

6.6 蘇澳、羅東間輕便鐵道通車。

7.1 台灣銀行發行銀行券，實施幣制改革。

8.16 台灣總督府制定「台灣公醫官制」。

9.16 台灣總督府指定斗六廳管內官有森林為東京帝國大學農科大學實驗林。

9.21 日軍警搜索隊在嘉義廳水底寮擊斃抗日分子吳萬財。

9.29 公學校和國語傳習所准許中國兒童就學。

10.24 台灣婦人慈善會成立。

11.6 嘉義、斗六、彰化、鹽水港等4廳發生大地震，住屋全壞590戶、半壞1,000餘戶，死亡145人，輕重傷150人，其中以嘉義廳災情最為嚴重。

11.20 杉房之助編纂之《日台新辭典》刊行。

12.1 苗栗支廳內北洗水坑隘寮原住民襲擊警察駐在所，殺害巡查等28人。

12.8 陸軍中將上田有澤繼任台灣守備軍司令官。

1905

2.3 台灣總督府公佈「番人公學校規程」。

2.20 深坑支廳屈尺原住民出擊，12名日本人和2名台灣人遇害。

3.10 為防止台灣銀行發行之銀行券的偽造與變造，台灣總督府發佈「貨幣犯罪規定」。

3.31 台灣總督府裁撤臨時台灣土地調查局。

5.1 嘉義銀行開始營業。

5.13 因日俄戰爭，台灣全島實施戒嚴令，7月7日，解除戒嚴。

5.29 台灣總督府設置臨時台灣戶口調查部。

6.10 台灣總督府公佈「臨時台灣舊慣調查會章程」，設2部。第1部調查台灣法制、經濟及行政；第2部調查有關大陸華南之農工商經濟事項。

6.10 葫蘆墩（豐原）至二八水（二水）間鐵路通車。

6.16 台灣名家林本源之主人林維源歿於廈門。

7.15 日本赤十字社台灣支部醫院舉行開院式。

8.2 日本天皇暨皇后撥3千圓救恤6月中各地暴風雨受災難民。

9.9 竹越與三郎所著《台灣統治志》出版。

9.11 台北市街開始裝設電燈，使用戶有569戶。

10.1 台灣全島實行臨時戶口調查。

10.1 彰化銀行開始營業。

11.29 台灣總督府公佈「私立學校規則」。

12.5 台灣總督府發生火災，土木課及學務課倉庫重要文書與標本燒毀頗多。

12.29 臨時台灣舊慣調查會之《清國行政法》出版。

12.31 今年罹患鼠疫者2,398人，死亡2,100人。

1906

1.5 出征日俄戰爭之台灣總督兒玉源太郎勝利返台，台北各界開歡迎大會。

1.13 台灣舊慣研究會以「生番在國法上的地位」為題，懸賞募文。

1.16 台灣總督府公佈「台灣種痘規則」，規定出生兒童必須種痘以防天然痘。

3.13 台灣總督府發佈「台灣浮浪者（流浪者）取締規則」。

3.17 嘉義、斗六間發生強烈地震，延續4、5日，房屋倒塌6,700餘家，壓斃千餘人，傷1,900多人。4月14日，嘉義地區再發生地震，房屋倒塌8,300餘戶。

4.5 台灣總督府頒佈「國語學校第2附屬學校規則」，對台灣女子初施師範教育及技藝教育。

4.10 日本政府公佈「六三法」有效期間延長1年。
4.14 台灣總督府在警察本署內設置番務課，期以武力方式鎮壓征服原住民。
4.23 新任台灣總督佐久間左馬太今日到任。
4.30 台灣總督府發佈「台灣度量衡規則」。
5.10 台中與台南間電話通話。
5.31 台灣總督府公佈「水道費徵收規則」。
6.21 台北唯一的官民紳士娛樂場所淡水館，因簡陋不堪，關閉停用。
6.22 《桃園廳誌》編纂完成發行。
6.23 台灣總督府公佈「印鑑規則」。
7.10 臨時台灣糖務局在台南廳大目降（新化）設置糖業試驗場，隸屬台南支局。
8.1 太魯閣原住民襲擊花蓮港支廳，官吏23名被殺。
9.6 桃園廳出動警部以下1,454人，擴展大豹社、阿姆坪隘勇線，原住民節節抗拒，日警戰死18人，負傷47人。
10.23 台灣總督佐久間左馬太巡視基隆廳及宜蘭廳完畢回府。
11.10 明治製糖股份有限公司在台灣設立，資本金5百萬圓。
12.22 台灣總督府修正「製糖廠管理規則」。
12.27 台北、台南間長途電話通話。

1907

1.20 台南廳虎頭埤竣工。
2.1 東洋製糖股份有限公司在台灣設廠，資本金5百萬圓。
2.26 台灣總督府發佈「台灣公學校令」，廢止敕令第17號之「台灣公學校令」。
3.8 《台灣監獄》月刊發行。
3.19 台灣總督府發佈「台北公園管理規則」。
3.20 台灣總督府公佈中止發行彩票，一共發行5期，因受爭議乃遽然停辦。
3.28 大嵙崁（大溪）兩岸原住民舉行歸順儀式。
3.30 《新竹廳誌》編纂完成。
4.1 台灣總督府發佈台灣「命令航路」，以保護日商權益。
4.18 台北自來水工程興工。
5.5 大嵙崁隘勇線前進行動開始。動員桃園、深坑2廳警察隊。苦戰3個月始占領枕頭山、插天山，日警死75人，傷191人。
5.20 台灣總督府公佈「中學校及女學校規則」。
5.29 台灣製糖公司著手興建橋仔頭酒精工廠，此為台灣利用糖蜜製造酒精工廠之嚆矢。
6.16 新竹廳管內馬福社隘勇線前進隊與原住民激戰，日警隊員700人，戰死者9人，傷者15人。
6.20 縱貫線鐵路濁水溪鐵橋舉行通車典禮。
7.1 台灣總督佐久間左馬太為鎮壓台東廳太魯閣原住民，請日華南艦隊派浪速、秋津洲2艦開砲協助，將威利2社6部落全部燒毀。
7.7 台灣總督府發佈「本島人產婆（助產士）講習生規則」。
7.12 台灣總督府發佈「台灣永久地租整理規則及調查規則」。
7.30 台灣總督府公佈「公共埤圳聯合會規則」。
8.17 日台灣守備隊混成旅團司令部改為台灣守備隊司令部，牛島少將任首任司令官。
8.29 二八水（二水）列車翻覆，重輕傷者9人。
10.1 打狗、六曲堂間鐵路通車。
11.14 新竹廳北埔蔡清琳等深夜襲北埔支廳，支廳長以下日人死56人，台灣人巡查死1人，傷6人，此即北埔事件。

1908

1.21 台灣總督府警視賀來倉太等一行人，由埔里社橫貫中央山脈到吳全城（今花蓮縣壽豐鄉）探險，今日返回台北。
2.17 縱貫鐵路三叉河（三義）、後里段通車。
2.20 插天山今日積雪3尺，為未曾有之大雪。
2.26 台灣總督府發佈「鼠疫預防組合規則」。
3.23 台灣總督府官制修改，置民政部、陸軍部、海軍幕僚。
3.31 台灣總督府廢止「臨時台灣戶口調查部官制」。
4.1 打狗（高雄）港正式開工築港，第1期工程為自本年起6年計畫，工程費473萬3千圓。
4.9 台灣總督府開始調查隘勇線內的「番界」土地。
4.20 全長405公里的南北縱貫鐵路全線通車。
5.22 台灣總督府許可台灣製糖股份有限公司設立後壁林糖廠及大農場，面積達3千坪。
5.24 台灣總督府公佈在台北龍山寺設立總督府民政部殖產局附屬博物館，在其中陳列台灣之學術與產業標本。
7.4 德國撤廢駐台領事館。
7.22 台灣總督府廢止「台北赴日渡航證規則」。
8.7 台灣總督府實行官租調查。
8.13 台北實業協會成立。
8.15 台北醫院開始台灣人產婆（助產士）講習，為台灣人助產士講習之嚆矢。
8.28 台灣總督府制定「台灣陸軍召集諸費支出規程」；公佈「刑事令」、「民事令」及「台灣監獄令」。
10.4 台北鐵路旅館新廈落成，是當時台灣唯一的洋式旅館。
10.8 嘉義建立北回歸線標塔。
10.23 台灣總督府廢除警察本署、總務及土木2局，新設番務本署、內務局。
10.24 慶祝縱貫鐵路全線通車，在台中公園舉行通車典禮，到會來賓千餘人，是夜舉行提燈大遊行。
10.29 紅十字社台灣分社今日召開首屆總會。
12.15 台灣總督府公佈「台灣農會規則」，各廳均先後設立農會。
12.26 台灣總督府公佈「台灣私設鐵路規則及施設鐵道營業規則」。

1909

1.7 台灣製糖會社募集450名日本人移民來台。
1.16 蘇澳、南澳間道路開通。
1.20 東洋協會台灣支部發行《台灣時

報》創刊號。
1.28 休職之澎湖廳長橫澤次郎，經法院覆審判決有期徒刑3年。
1.31 台灣總督府決定廢止淡水、廈門、福州之間的三角航線。
2.21 台北－台南間直通電話開通。
2.25 台灣總督府鎮壓霧社原住民，擴張霧社隘勇線約11日里。
3.4 打狗（高雄）築港速成案，經日本眾議院議決通過。
3.25 台灣總督府發佈「台北自來水規則」，自本年4月1日起供水。
3.28 台灣總督府公佈「農事試驗場規程」，允准台灣人學習農林業。
3.29 台灣總督府公佈「台灣總督府中央研究所官制」。
4.21 6,120噸的日本－台灣間定期航輪鎌倉丸號駛抵基隆港，為基隆港棧橋築造以來，首次停泊6千噸級船舶。
6.1 台灣總督府開辦台灣－日本間的新聞電報。
6.15 台灣總督府許可林本源製糖會社設立。
7.20 台灣總督府發佈「砂糖消費稅施行細則」。
7.25 新竹油羅山隘勇線開始行動；至8月18日，桃園隘勇線亦開始行動，死傷頗多，到該月底，桃園新竹兩廳下隘勇死傷164名。
9.15 暴風雨侵襲北部，台北淹水房屋達2千多戶。
10.1 日人石坂莊作捐書成立「石坂文庫」，於基隆開館。
10.12 日本參謀本部陸地測量班來台測量地形，開始製作台灣地圖。
10.30 日本參謀本部陸地測量班今日測定新高山（玉山）標高為1萬3,075尺。
11.21 林本源博愛醫院開幕。
11.30 台灣總督府宣佈廢止本島慣行的太陰曆。
12.25 鹽水港製糖工場開始製白糖，為台灣製造耕地白糖之始。

1910

1.16 愛國婦人會台灣支部設立番地部，經營原住民山地之開拓及產物交換。
1.18 台灣總督府廢街庄社制，改為區制，改街庄長為區長。
2.9 首次全台撞球比賽，假台北鐵路飯店舉行。
3.15 台南郵便局新建大廈落成。
3.23 英國政府撤除安平英國領事館。
3.26 錫口（松山）成德學院舉行開院典禮。
4.1 《台灣私法》完成出版。
4.1 富貴角無線電信建塔工程竣工。
4.18 台灣總督府公佈「阿里山作業所官制」。
4.21 台灣總督府公佈「番務監視規程」。
5.21 宜蘭隘勇前進線開始行動，至6月底止，日方共計死傷80名。
6.14 南投、二水間輕便鐵路開通。
6.18 台中、松岡、協和3製糖工廠合併改設帝國製糖株式會社。
6.21 台灣總督府公佈「拓殖局官制」；日本內閣設拓殖局，台灣總督府由內務大臣改隸總理大臣監督。
8.5 台灣總督府宣佈暫停新式製糖廠之設立及擴充。
8.12 台灣商工銀行開幕。
9.12 內田嘉吉接替大島久滿次為民政長官。
9.24 斗六製糖會社召開創立大會。
10.7 台灣砂糖聯合會成立。
10.11 富貴角無線電信局開辦無線電信作業。
10.30 台灣總督府公佈「台灣村郡調查規則」及「台灣高等林野調查委員會規則」。
11.3 台灣總督府在台北鐵路飯店舉行海底電線複線敷設完竣開通慶祝大會。
12.15 花蓮港、鯉魚尾間鐵路通車。
12.30 朝日座劇場落成。

1911

1.17 台灣總督府公佈「市場取締規則」。
2.2 台南、嘉義、阿緱（屏東）3廳在台南舉行南部物產共進會，總督佐久間左馬太蒞會參觀。
2.8 阿里山登山鐵道通車。
2.11 黃玉階等倡立之斷髮會，假台北大稻埕公學校舉行斷髮大會，獎勵台人剪除辮髮。
3.8 台灣總督府發佈「官設埤圳灌溉地營帳（登記簿）及水租徵收規則」。
3.22 大安圳及後村圳竣工。
3.28 梁啟超今日由日本神戶搭船抵達基隆港。
4.1 台灣總督府公佈「台灣實行貨幣法」。
4.1 台灣總督府施行「台灣林野調查規則」。
5.8 台灣總督府討伐北勢原住民陷入苦戰，池元警部補及巡查等戰死9人。
5.11 彰化慈惠院舉行落成典禮。
5.15 東部鐵路全線通車。
6.2 台灣總督府公佈「飲食物防腐劑取締規則」。
6.14 南投廳白狗社原住民襲擊日警，共有巡查等10人死亡。
8.2 新竹前進隊開始行動，至8日共戰死21名，生死不明者5名。
9.20 台灣總督府發佈「藝妓酒女取締規則」。
10.16 台灣總督府官制改正，廢土木部置土木局；廢糖務局置糖務課於殖產局；廢內務局置警察本署、地方部、法務部及學務部。
10.26 台灣總督府依據「巡查看守規則」，開始採用現職巡查捕中之台灣人為巡查。
11.1 重建之原山曹公祠舉行落成及遷座典禮。
11.23 台灣瓦斯株式會社舉行開業典禮，開始供應台北城內及西門一帶用戶。
12.1 基隆－打狗間鐵路今日開始夜間通車。
12.16 台灣總督府修正台灣在鄉軍人戰時召集規程及其細則。

1912

1.23 台中北勢原住民與日本討伐隊激戰，日方死13人，傷數人。
1.26 台灣總督府發佈「台灣私設鐵道規程」。
2.15 台灣總督佐久間左馬太在官邸接見來台北觀光的南澳原住民。
2.17 台南禁酒會舉行成立大會。
2.23 台灣總督府公佈施行「永久租地權令」。

2.25 台灣總督府禁止台灣人及在台中國人使用「會社」名稱。
3.2 台北廳召開市區改正協議會，選定市區改正委員，並於3月8日著手改革台北市區。
3.3 艋舺斷髮會在龍山寺舉行。
3.23 抗日份子劉乾糾眾攻打林圯埔（竹山）支廳頂林派出所，此為林圯埔事件。
3.24 台灣糖業聯合會在台中舉行。
4.12 台灣總督府為林圯埔事件設立臨時法院，劉乾等8人被判死刑。
4.13 林獻堂等人今日發起成立中部剪髮會，在台中公學校內實行第1次剪髮。
5.16 台灣總督府發佈「基隆水先（領港）規程」。
6.14 台灣總督府發佈「台灣米穀檢查規則」。
6.21 鯉魚尾（壽豐）到鳳林鐵道竣工，花蓮港至鳳林鐵路通車。
6.27 雲林大埤頭庄黃朝等密謀起事，此即土庫事件。
7.30 明治天皇崩，皇太子嘉仁嗣位，改元大正，8月2日公佈大赦。
8.8 台灣總督府發佈「台灣理髮營業取締規則」。
8.29 暴風雨侵襲台北，市街淹水3尺高，房屋倒塌3,400餘家。
9.2 台灣總督府工業講習所開學。
10.1 民政長官內田嘉吉假鐵路飯店成立生番研究會，並於次年發行機關報《番界》雜誌。
10.13 高砂酒造株式會社在阿緱(屏東)會館舉行創立大會。
10.27 台中神社鎮座式，總督佐久間左馬太親自參加。
11.20 宜蘭電氣株式會社成立，設宜蘭、羅東兩火力發電所。
12.26 基督教馬偕紀念醫院開幕。

1913

1.2 台北市區至圓山間公共汽車開通，為公共汽車通行之始。
1.20 台灣總督府廢止一切官廳命令、文告附譯漢文。
1.25 台灣總督府公佈「銃砲火藥取締規則」。
1.25 日本郵船株式會社開闢基隆—花蓮港間自由航路，每月由小倉丸定期靠港8次。
2.9 台灣總督府發佈「台灣產業組合規則」。
2.16 台南製糖株式會社今日召開創立大會。
3.10 通霄—銅鑼間輕便鐵路通車。
3.19 嘉義吳鳳廟翻新落成，總督佐久間左馬太親臨會場舉行祭典。
3.31 台北廳新店支廳原住民襲擊樟腦寮，殺7人。
4.1 台灣總督府公佈「台灣國稅徵收規則」。
4.5 台南濟生病院落成。
4.20 抗日分子張火爐企圖攻大甲、大湖。失敗，多人被捕，並處以死刑，此即大湖事件。
4.24 台灣總督府發佈「恩赦令施行規則」。
5.4 花蓮港吉野村埤圳今日舉行通水儀式。
6.17 北投公共浴場落成。
6.24 新竹、桃園2廳出動軍警2,778人，大規模攻擊大嵙崁溪上游之原住民。
7.1 關帝廟發生李阿齊抗日事件。
9.3 南投聽禁止原住民獵首刺面。
9.3 日本陸海軍部隊出動，攻討宜蘭原住民。6日，總督佐久間左馬太親赴李崠山司令部督戰。
9.25 總督佐久間左馬太親率軍隊探險隊，探險合歡山及能高山。
10.21 殖產局農事試驗場舉行全台產繭及水果展覽會。
10.24 台北明治橋（中山橋）至台灣神社間道路竣工，橋亦完成。
10.30 台北大稻埕公學校校舍落成。
11.22 馬力埔抗日事件發生。
12.6 基隆高砂（中山）公園宣告竣工開放。
12.14 關仔嶺溫泉浴場落成。
12.16 羅福星被捕。
12.20 阿緱（屏東）—九曲堂間鐵路開通，縱貫鐵路全線完成。

1914

1.13 台北蠶業株式會社開業。
2.6 宜蘭「番地」駐屯日官兵，被原住民殺死3人，殺傷2人。
2.16 為再審羅福星事件，台灣總督府在苗栗開設臨時法院。
2.17 台灣同化會提倡者板垣退助等一行來台視察，林獻堂等到基隆港迎接。3月6日返回東京。
3.12 台北廳組織風俗改良會，以改革纏足、辮髮、鴉片等惡習。
3.14 日本政府修改「台灣銀行法」，台灣銀行營業科增加信託業務。
4.1 淡水長老教會創辦的淡水中學今日開學。
4.5 圓山動物園開幕。
4.8 台灣總督府公佈「蔗苗取締規則」。
4.14 台灣總督府公佈「台灣總督府圖書館官制」。8月6日任視學官隈本繁吉兼任首任圖書館館長。
4.18 台灣總督府公佈「番人公學校規則」。
5.7 六甲事件發生，羅臭頭率眾攻打派出所，自稱皇帝。
5.17 討伐太魯閣原住民開始，總督佐久間左馬太親任司令官由埔里社入山，民政長官內田指揮警察由花蓮登陸，採夾攻方式，苦戰90天，日軍官兵戰死61人，負傷122人。
7.1 太魯閣討伐隊召集花蓮各「番社」頭目，令繳武器。
8.23 太魯閣原住民討伐隊在花崗山解散，總督府於28日假台灣神社舉行番地平定奉告祭典。
10.1 台灣銀行今日創立銀行擔保票據制度。
10.4 台灣總督府發佈戰時工業原料輸出之規定，實施工業原料輸出許可制度。
10.7 原住民攻擊阿緱廳奇里奇里社駐在所，殺警部補等22人。
10.25 台灣總督府公佈「檢疫委員設置規則」、「船舶檢疫規則」、「火車檢疫規則」及「傳染病預防令施行規則」。
11.22 板垣退助再度來台。12月20日，假台北鐵路飯店舉行台灣同化會成立大會。
12.31 今年鼠疫又流行，患者567人，死者達488人。

1915

1.7 台灣總督府授意縉紳組織台灣同風會，以對抗台灣同化會。

1.27 台北成立北部棒球協會。
1.28 台中同化會中部支部撤廢。
2.3 台灣總督府公佈「台灣公立中學校官制」，5月1日林獻堂等創立之台中中學校開校。
2.26 台灣總督府解散台灣同化會。
3.5 台灣總督府發佈「圖書館規則」。
3.11 新莊楊臨糾眾抗日，事洩，70餘人被捕，是為新莊事件。
4.18 紀念前總台灣督兒玉源太郎及民政長官後藤新平而建的博物館落成。8月20日，正式開館。
5.1 日本政府任陸軍大將安東貞美接替佐久間左馬太為第6任台灣總督。6月5日到任。
5.23 阿公店（岡山）人蘇東海欲乘輪渡廈門，為基隆警署所扣，暴露西來庵事件祕密。
6.15 台灣總督府發佈「臨時戶口調查規則」。
6.17 日本在台始政20周年紀念，於台北開各種展覽會慶祝。
7.1 台灣通信社成立，橫山虎次任社長，發行《台灣通信》。
7.22 台灣總督府設營林局，並廢止阿里山作業所。
7.27 台北溫度高達華氏99.5度，為日領台以來最高溫。
7.30 桃園電燈株式會社今日召開創立大會。
8.2 余清芳欲建大明慈悲國，日軍出動山砲猛攻，屠殺庄民，是為焦吧哖事件。
8.5 第5任台灣總督陸軍大將佐久間左馬太去世。
8.17 鐵道部開始在北投、台北間行駛汽動車（汽油快車）。
10.1 台灣總督府實施第2次臨時台灣戶口普查，每滿10年舉行1次。
11.19 台北江瀕街廣場舉行競馬大會，為台灣賽馬之始。

1916

1.17 新高銀行奉准成立。22日開始在台北營業。
2.9 台灣總督府廢止「彩票施行規則」及「彩票施行委員會規則」。
2.23 埔里電燈株式會社東埔發電所（55KW）及埔里火力發電所（14KW）竣工。
4.1 北投至新北投新鐵路線及新北投車站竣工，並開始營業。
4.5 福建省特派巡按使代理汪陽、將軍代理沈觀源來台視察。
4.10 台灣勸業共進會舉行開館典禮，5月15日閉幕。
4.10 台灣勸業共進會今日舉行飛機展覽會。
4.12 日本全國記者團來台觀光，並於15日假台北鐵路飯店開全國新聞記者大會。
4.12 台灣總督府發佈「國庫金地方稅規則」。
4.16 西來庵事件首領江定自首。
4.20 台北圓山動物園舉行開園式。
4.22 全台圍棋比賽在台北舉行。
4.23 全島馬拉松比賽大會及聯珠大會在台北舉行。
5.7 全台網球比賽大會在台北舉行。
5.18 台灣總督府發佈「台灣地租修正規則」。
5.30 台灣製糖株式會社合併台北製糖株式會社。
6.6 航行基隆－卑南間的輪船鳳山號沈沒，船員、乘客皆平安無事。
7.3 西來庵事件首領江定以下37名被判死刑。9月13日共13人執行死刑，本事件告一段落。
7.12 台南電軌鐵道設立株式會社。
9.12 南部抗日義民張旺等5人今日執行死刑。
9.23 台北美音會在台北榮座戲院舉辦2天的演奏會。
10.26 淡水縣火車脫軌，墜落溪底，20餘人受輕重傷。
12.2 桃園廳角板山舉行番產物品評會，為期2天。

1917

1.5 南投大地震，壓死50人，傷50餘人，震毀家屋5百餘戶。
1.8 台中廳原住民包圍丹大社襲擊警察駐在所。
1.8 台北大屯山下雪，積雪之多為日本領台後前所未見。
1.11 台灣總督府發佈「台灣電話規則」。
1.18 台灣總督府發佈「腳踏車取締規則」。
2.21 英國傳教士甘為霖（William Campbell）歸國。
3.27 台灣總督府公佈修正「台灣地方稅規則施行規則」。
4.17 花蓮港太魯閣支廳饅頭山新開道路崩壞，造成1,800餘尺之斷層。
5.23 新竹、桃園兩廳下原住民械鬥。至9月8日雙方講和，立石為誓。
5.26 台南高等女學校舉行開校典禮。
5.28 台灣總督府發佈「台灣總督府商業學校官規則」。
6.8 羅馬大司教魯多比克斯來台視察各地。
6.17 台灣總督府殖產局附屬商品陳列館，在台北苗圃開館。
6.17 台南公園及自來水工程落成，舉行開園典禮及通水典禮。
7.8 台北理髮師同盟罷工。
7.12 新竹攻討原住民搜索隊計自6月1日開始行動以來，死傷人數達170人。
7.20 日本陸軍耐熱飛行隊來台。8月5日假台中練兵場表演耐熱飛行。
9.4 輔幣短缺，台北、台南兩郵局發售輔幣代用郵票。
9.9 台灣總督府發佈「郵政儲金預存規則」、「郵政劃撥儲金收受規則」及「郵票卡紙銷售規則」。
9.30 台灣總督府發佈「戰時船舶管理令」施行案。
11.7 覆審法院宣告蓄婢在法律上不生效力。
12.18 台灣總督府公佈「台灣新聞紙令」。
12.23 廈門商務總會總理黃慶元率觀光團一行10人抵台北。
12.29 日本早稻田大學棒球來台，與台北棒球隊比賽，從此台灣之棒球熱進入高潮。

1918

1.3 七堵煤礦瓦斯爆炸，死21人，傷5人。
2.23 台灣礦業株式會社設立。
2.24 嘉義廳樸仔腳（朴子）支廳舉行鼠疫撲滅慶祝會，從此鼠疫幾乎絕跡。
3.6 阿里山火災，連燒3天。
4.2 台灣總督府公佈「醫學校附設醫

學專門部規則」，專收日本人子弟。6月11日規定附設熱帶醫學專門科。

4.10 廣東觀光團江孔殷等一行8人來台視察。

4.29 台灣果物株式會社設立。

5.1 台灣拓殖製茶株式會社設立。

6.1 孫中山由汕頭乘船抵基隆，住台北梅屋敷旅舍，次日離台。

6.1 台灣總督府指定腦脊髓膜炎為傳染病。

6.6 陸軍中將明石元二郎任第7任台灣總督，7月22日到任。

6.6 台灣總督府發佈「臨時國勢調查部規則」。9月25日公佈施行令。

6.22 鶯歌石車站火車相撞翻覆，死傷50餘人。

7.26 倡立斷髮會之黄玉階逝世。

8.18 台灣總督府公佈「工業學校官制」。10月4日發佈規則。

9.27 台南孔廟修建落成。

10.1 台灣總督府公佈「軍需工業動員法」施行案由。

10.1 中央山脈橫斷公路完成，開始遞送郵件。

10.7 林本源製糖株式會社股東間發生糾紛，社員40餘人聯袂辭職。

10.13 花蓮港街發生火災，燒毀4百餘家民宅。

10.19 台中櫟社社員蔡惠如、林幼春倡立台灣文社。

10.25 新竹神社舉行鎮座式。

11.14 台北市各界假鐵路飯店開第1次世界大戰結束慶祝大會。

12.1 台灣總督府今日令飭郵局發售輔幣代用郵票8萬1千圓，以疏輔幣之短缺。

1919

1.4 台灣總督府公佈「台灣教育令」。

1.13 高砂麥酒（啤酒）株式會社設置成立。

1.21 新高砂製冰會社與大日本製冰會社合併成立。

2.29 華南銀行召開成立大會（資金1千萬日圓）。3月15日開始營業。

3.23 宜蘭—蘇澳間鐵路舉行通車慶祝典禮。

3.24 俄人約翰・亞米諾夫（Aminoff）逝世，在台33年期間從事樟腦業，後盡瘁於語言學界。

4.9 大阪商船會社開設台灣—新加坡航路。如月號於4月15日啟航。

6.1 淡水高爾夫球場開幕。

6.8 台灣總督府公佈「商業專門學校規則」及「農林專門學校規則」。前者設於台南，後者設於台北。

6.27 台灣總督府改正官制，民政部下設內務、財務、遞信、殖產、土木、警務6局，並設立法務部，同時廢除警察本署、地方部及學務部等單位。

7.1 台灣總督府舉行第1次大戰媾和成立慶祝典禮，並在台北古亭庄練兵場舉行紀念和平閱兵典禮。

7.9 強烈颱風來襲，台東街幾乎全滅，死傷百餘人，全台各地發動捐物捐款賑恤。

7.20 台北市內公共汽車開始營業。

7.31 台灣電力株式會社設立。

8.19 日本政府修改「台灣總督府官制」第2條：總督為親任官，以陸海軍大將或中將充任，開啟任用文官總督之門徑；並改民政長官為總務長官。

8.19 日本政府公佈「台灣軍司令部條例」，置軍司令官，廢止守備軍司令官。翌日，總督明石元二郎擔任台灣軍司令官。

10.24 總督明石元二郎今日去世，享年56歲。

10.26 男爵田健治郎繼任第8任台灣總督，為日據時期首任文官總督。11月11日到職。

11.1 東京衛戍總督陸軍大將柴五郎繼任第2任台灣軍司令。

1920

1.10 大成海上火災保險株式會社召開創立大會。

1.11 留日台灣學生今日在東京創立新民會。

1.14 嘉義廳下西螺支廳管內大火，1庄60餘戶幾乎全毀。

1.14 台北記者俱樂部設立。

2.14 總督府發佈「國稅徵收規定」。

4.1 總督府警務局設置警察航空班。

4.3 架設在淡水河上的木造台北橋，舉行竣工通車典禮。

4.20 台灣炭業株式會社今日召開創立大會。

5.6 嘉義廳打貓（今民雄）支廳下發生旋風，吹倒住家數十棟。

5.16 警察航空班進行原住民區偵察飛行，爾後每日進行偵察與練習投擲炸彈。

5.27 中北部豪雨成災，居民受害頗為巨大。

6.2 總督府連續5日召開農業基本調查會。

7.6 台中東勢角原住民襲擊隘勇線，警官以下死傷10人。

7.8 總督田健治郎公開發佈霍亂預防諭告。

8.1 總督府公佈「台灣所得稅令」。

8.2 總督府召開地方官會議，一共為期3天。

8.10 總督府制定州廳郡市街庄名稱、位置與管轄區域。

8.26 總督府制定公佈警察署名稱及管轄區域。

9.3 強烈颱風襲擊台灣各地，去年甫竣工之台北橋流失，各地房屋流失倒潰，災情慘重。

10.1 總督府正式開始實施州、市、街庄制。

10.4 大溪郡原住民襲擊萱原分遣所，殺害巡查等9人。

10.17 台灣飛行家謝文達今日在台中進行鄉土訪問飛行，為台灣人飛行之嚆矢。

11.10 總督府公佈「台灣州戶稅規則」。

11.28 在日台灣人組織之新民會及台灣青年會，假富士見町教會舉行聯席會議，討論推行「六三法」撤銷運動。

12.15 總督府公佈「嗎啡、蔻喀蘭取締規則」。

12.17 國勢調查發表結果，本年台灣總人口為365萬4,388人。

1921

1.8 美國職業棒球隊來台，在台北與全台灣棒球隊比賽，後赴中南部巡迴比賽。

1.24 明治製糖會社農場進行燒除甘蔗黑穗病。

1.26 日本政府禁止「清國人台灣上陸條例」。
1.28 台灣磷礦株式會社成立。
1.30 林獻堂等開始第1次台灣議會設置請願運動。
2.10 片岡巖編纂《台灣風俗誌》發行出版。
2.17 日本眾議院議決「台灣總督委任立法案」。3月5日貴族院亦通過。3月15日起開始實行。
3.18 總督府制定「學校學生、兒童身體檢查規則」。
4.17 台北鐵道株式會社在新店舉行萬華至新店間鐵路通車典禮。
4.27 總督府發佈「公立中學校、公立高等女學校及公立實業學校各校官制」與「公立中學校、公立實業學校及公立工業學校各校規則」。
4.28 總督府廢止「笞刑處分例」。
5.3 總督府補助航線、海防航線開始航運，山下汽船會社所屬大華號作處女航。
6.1 總督府公佈「評議會員官制」，並任命高等法院院長谷野格等25名為總督府評議會員。
6.2 第3任軍司令官福田雅太郎今日到任。
7.18 台北府前街發生大火，燒毀住家13戶。
7.31 今日台灣最高溫高達攝氏38.6度，為日本據台以來之新紀錄。
8.15 總督府假台北江濱街填築地舉行衛生展覽會。
8.15 東洋汽船株式會社大洋號駛入基隆港，是基隆築港以來第1艘靠岸之2萬噸級的輪船。
8.18 台灣教育會今日派遣台灣宣傳活動寫真映畫（電影）委員前往日本內地。
10.12 菲律賓總督戊特來台訪問田健治郎總督。
10.24 台灣總督田健治郎在官邸舉行茶會，招待全台漢文詩人，以柔化民心。
10.27 台灣文化協會在台北市靜修女學校舉行成立典禮。
10.30 屏東召開市民大會，發起設置中學校運動。

1922

2.5 台北師範學生包圍到該校出差辦事的警察，加以惡罵投石，南警察署長岡野才太郎拔刀制止，稱之為「師範生暴行事件」。
3.18 「農業倉庫令施行規則」發佈。
3.26 艋舺女紅場舉行落成典禮。
4.1 台北市街改名稱，以町代替街。
4.1 總督府公佈「高等學校、高等商業學校、高等農林學校、師範學校、公立小公學校、中學校、高等女學校、農業學校、工業學校、商業學校、實業補習學校、高等女學校演習科及講習科各規則」。
4.20 鈴村串字所輯《台灣全誌》由台灣經世新報社刊行，全書共8冊，每冊1卷，自本月起每月刊行1冊，於11月全部刊行。
4.21 總督府公佈「公立盲啞學校官制」，5月1日發佈其規則。
4.26 總督府公佈「感化院官制」，4月30日公佈其規則。
5.6 總督府發佈「海岸防防砂造林用種苗免費分發規則」。
5.14 總督府制定「總督府史料編纂委員會規則」。7月24在總督府開設史料編纂委員會。
5.25 陸軍耐熱飛行隊在屏東飛機場實施耐熱飛行，台灣軍福田軍司令官蒞場參觀。
6.5 總督府自今日起連續3天召開對岸領事會議。
6.27 總督府發佈「私立學校規則」。
7.30 殖產局在台北植物園商品陳列館主辦家庭工業品展覽會。
8.29 總督府公佈「台灣官設鐵道建設規程」。
9.29 林獻堂、林幼春、甘得中等28人向總督詢問議會設置問題。
10.10 竹南到彰化海岸線通車典禮在通霄舉行，總督田健治郎等多數官民參加，並即日起開始營業。
10.17 蔣渭水、石煥長等組織新台灣聯盟，設辦事處於台北市永樂町的長安醫院。
10.29 台北博物館舉行孔子2400年紀念展覽會。
10.30 總督府公佈拓殖事務局官制，廢止拓殖局官制。
12.16 杜聰明博士在日本獲頒京都大學醫學博士證書，為第1位台灣人博士。
12.19 台南州新營郡今日召開地主佃人協調會，為本島地主、佃人協調之嚆矢。

1923

1.1 「海港檢疫法施行規則」發佈。
1.8 總督府公佈實施「治安警察法」。
1.15 美國觀光團一行450餘人，搭乘拉哥尼亞號入基隆港並到台北市內遊覽。
2.1 黃呈聰、黃朝琴等在《台灣》雜誌上發表〈論普及白話文的新使命〉和〈漢文改革論〉，開台灣白話文運動之先河。
2.2 總督府援用「治安警察法」條文，勒令上月30日成立的台灣議會期成同盟解散。
2.9 台灣第1事業家顏雲年去世。
2.26 謝文達開飛機在東京市散發台灣議會設置請願傳單。
3.10 總督府罷黜評議會員林獻堂，另任楊吉臣、鄭拱臣為總督府評議會員。
3.14 國際聯盟醫務次長諾曼懷德來台，視察衛生狀況。
3.26 台南州曾文郡下營庄火災，燒毀民房137戶。高雄州鳳山郡林園庄亦失火，燒毀住宅280戶。
3.29 總督府依照「台灣教育令」，發佈有關台灣畢業或在學之學生均可轉入日本本土各學校肄業之規程。
4.6 總督府公佈「私立圖書館規則」。
4.16 日本皇太子來台巡視，台北官民提燈迎接。
5.27 日本化石採集家澤田後治，在阿里山發現1,200萬年前貝的化石。
6.12 「台灣茶檢查規則」公佈施行。
6.29 蘇澳漁港舉行開港典禮。
7.16 文化講演團學生成員，利用暑假返台巡迴演講。
7.28 新高、嘉義兩銀行合併，改稱台灣商工銀行。
8.13 總督府依「治安警察法」禁止台

北青年會的結社。
9.11 台灣文化協會聘請連橫講授「台灣通史」。
11.8 辜顯榮、林熊徵等在台北創立台灣公益會。
12.11 蔡培火在《台灣民報》發表〈台灣新文學運動與羅馬字〉。
12.16 總督府以蔡惠如等在日本再組台灣議會期成同盟會，有違「治安警察法」，開始全島檢舉，是為治警事件。

1924

1.1 總督府實施「刑事訟訴法」。
1.21 上海台灣人大會舉行。
1.30 第4次議會請願運動展開。
3.1 台灣議會設置期成同盟會員蔣渭水等14名以違反治安警察法被日方起訴。
4.1 「台灣米穀檢查規則」實施。
4.4 湖汕公司總理代理張公理等今日來台。
4.10 總督府舉行華南領事會議。
4.11 蔣渭水〈入獄日記〉刊於《台灣民報》，為最早的報導文學。
4.21 張我軍〈致台灣青年的一封信〉首先砲轟舊文人。
6.12 日本神戶－基隆間直航船蓬萊號首航。
6.16 雲南省長唐繼堯特派全權代表王九齡來台。
7.13 台灣文化協會召開無力者大會。
7.20 基隆體育場落成。
7.26 機械製茶競技會舉行。
8.10 文協夏季學校第1屆在霧峰林家召開。
8.18 治警法違反事件開庭審理，蔣渭水等被判無罪。
9.1 伊澤多喜男今日就任第10任台灣總督。
9.6 北部發生暴風雨，台北廳18人死亡，房屋全潰3千餘戶。
9.7 稻江巨賈李春生歿。
9.21 原住民棒球隊能高隊到台北與各棒球隊比賽，頗獲好評。
10.15 治警事件2審開庭。
11.1 台北大稻埕媽祖廟建醮。
11.19 台北師範學校學生罷課。
11.30 宜蘭鐵路全線通車。
12.25 總督府官制改正。
12.25 基隆、高雄施行市制。

1925

1.1 全省開始實施米突制（米制）度量衡。
1.1 黃呈聰發表〈應該創台灣特種的文化〉。
1.2 二林召開農民大會。
1.5 悶葫蘆生發表〈新文學的商榷〉一文，為日治時期台灣新舊文學之爭正式揭開序幕。
1.17 林本源製糖會社勞資糾紛。
2.8 彰化婦女共勵會成立。
2.17 第6次議會請願運動展開。
2.20 治警事件判決。
2.23 花岡一郎入台中師範為原住民進入師範之始。
3.11 楊雲萍等刊行《人人雜誌》。
4.1 中上學校開始實施軍訓。
5.12 「治安維持法」正式在台實施。
6.17 總督府慶祝始政30年紀念。
6.18 台北橋完工。
6.21 新店溪護岸堤防完工。
6.28 員林蕉農罷工，使置放於基隆港口的外銷芭蕉任其腐爛。
6.28 二林蔗農組合成立。
7.1 私立淡水中學新建落成。
7.25 《台灣民報》改為週刊。
7.26 2,700位蕉農在員林召開大會，商討芭蕉輸出問題。
7.30 台灣文化協會夏季學校（第2）開學。
8.31 新竹州立圖書館落成。
9.27 二林召開農民大會。
10.1 總督府實施戶口普查。
10.5 鳳山烏山庄成立小作組合。
10.17 台灣文化協會召開大會。
10.21 二林蔗農組合罷工。
10.22 二林事件爆發。
11.5 新南讀報社成立。
12.16 鵝鑾鼻無線電信局開局。
12.27 高雄市管轄區域改正。

1926

1.1 賴和發表〈鬥鬧熱〉一文。
1.2 台北市營魚市場開始營業。
1.10 中華會館基隆分會創立。
1.10 蔗農爭議中，水林庄長林四川帶領庄民抗議，被免職。
2.5 林獻堂向日本政府提出「大正14年發生的台灣問題」。
2.11 嘉南大圳烏山頭堰堤興工。
2.24 台中市橘町以下30町改正，並改正街名。
3.10 神田正雄、清瀨一郎向眾院提「關於朝鮮及台灣的施政調查機關設置案」。
3.14 台南中華會館創設。
3.19 新興製糖會社與大寮庄發生小作（佃農）爭議。
3.27 台東至花蓮鐵道開通。
4.11 大肚庄民群起抗議退休官僚強購民地。
4.25 台南運河開通。
6.2 大湖郡警察因為鎮壓小作農引發爭議。
6.14 大甲農民組合成立，21日至台中州廳示威。
6.17 台中教育博物館開館。
6.17 連溫卿、王敏川、蔣渭水等人舉辦台灣文化講座。
6.21 日本政府設置澎湖廳。
6.28 黃石順成立台灣農民組合。
7.1 台北市營游泳池開放。
7.1 基隆無線電報局今起開始處理一般電報。
7.7 台中州大甲溪大安護岸完工。
7.14 「米穀法」第2條實施。
7.15 基隆－台北間汽車通行。
7.15 東石郡義竹庄發生土地糾紛。
7.16 上山滿之進今日就任第11任台灣總督。
7.23 諸羅婦女協進會成立。
8.1 總督府公佈實施「電影檢查法」。
8.28 二林事件召開1審。
10.17 台灣文化協會召開第6次大會。
11.10 大肚庄民130餘人至台中州廳進行請願。
12.4 日本共產黨第3次大會決議，促台灣獨立於日本帝國主義之外。
12.7 日月潭發電工事停工。
12.19 廣東台灣革命青年團成立。
12.25 大正天皇崩殂，昭和元年始。

1927

1.3 台灣文化協會分裂。
1.17 大肚學生罷課，壯丁團長、甲長辭職抗議退休官員強占土地。
1.19 第8次議會請願運動展開。

2.1 黑色青年聯盟44人被逮捕。
2.10 蔡培火、蔣渭水等人籌組台灣自治會。
2.17 新文化協會召開第1次中央委員會，會員包括王敏川、連溫卿、林碧梧、張信義等人。
2.21 鹽水港製糖合併林本源製糖。
3.30 帝國大學教授矢內原忠雄來台視察二林事件、竹林事件。
4.18 經濟恐慌影響，台灣銀行整縮。
4.22 許乃昌在東京成立社會科學研究部，研究馬克思共產主義。
4.30 台北市人力車夫2千名罷工。
5.4 日勞農黨古屋貞雄來台演講。
5.7 蘇澳燈台完工。
5.12 台北師範學校改成台北第1師範學校、台北第2師範學校。
5.16 台中一中學生實行同情罷課。
7.1 「公證人法」在台實施。
7.3 農民組合中壢支部向日本拓殖省要求改善田租。
7.10 台灣民眾黨成立。
7.16 《台灣民報》在東京發行。
7.31 鈴木商店本支店全部關閉。
8.1 《台灣民報》發行島內版。
8.8 廣東台灣革命青年團成員多人被逮捕。
8.13 台北海山郡農民抗議土地問題。
9.10 第1屆全台棒球賽開賽。
10.1 台中水道擴張工事完工。
10.27 第1屆台灣美術展覽會開幕。
11.27 新竹騷擾事件，鄭明祿等109人被捕，71人判刑，轟動全島。
12.14 農民組合第1次大會召開。
12.14 台北龍山寺改建完工。
12.21 高雄火力發電所完工。

1928

1.1 台灣銀行宜蘭、桃園、屏東、花蓮港、澎湖出張所升為支店。
1.16 宜蘭電信局開局。
2.1 「台灣土地收用原則」實施。
2.2 台灣民眾黨提出「地方自治改革案」。
2.8 台灣文化協會中央委員會支持日本勞農黨。
2.19 蔣渭水組織「台灣工友總聯盟」。
2.20 農民組合斗六支部要求水租降低，水不足處將成立不納同盟。
2.21 黑色青年聯盟事件判決小澤一等人有罪。
2.25 台灣商工銀行減資。
2.25 華南銀行資本金減半。
3.17 台北帝國大學官制公佈。
4.1 總督府設立台北帝國大學，即今台灣大學。
4.13 高雄淺野水泥廠罷工。
4.15 日本共產黨台灣民族支部（即台灣共產黨）成立。
4.15 花蓮港郵局處理無線電事務始，台北花蓮港間直通電話始。
4.18 台灣共產黨第1次中央委員會今日召開。
6.3 連溫卿籌組的台灣總工會被王敏川改組為台灣勞動統一聯盟，終使勞工運動的領導角色由蔣渭水所取代。
6.16 川村竹治今日就任第12任台灣總督。
6.17 由於彭泰英辭職，導致台灣民眾黨分裂。
7.1 高雄壽山海水浴場落成。
7.3 台灣解放運動團體台中協議會今日召開。
7.15 台灣民眾黨召開第2次大會。
9.1 州立台北盲啞學校設置批准。
10.6 日本共產黨渡邊政之輔在基隆被捕自殺。
11.19 台中師範事件爆發。
12.6 總督府修正「台灣家屋建築規則施行細則」。
12.13 台灣革命青年團林文騰等依治安維持法違反事件判決有罪。
12.22 台北廣播局開局。
12.30 農民組合第2次大會，台灣共產黨奪取領導權。

1929

1.9 總督府修正「台灣鴉片令」。
1.27 總督府公佈「河川法施行規則」。
2.12 農民組合遭檢舉。
2.16 第10次議會請願運動展開。
3.12 竹林問題終獲解決。
3.15 高雄琉球嶼燈台落成。
3.20 宜蘭北部平原排水工事完工。
4.13 前台灣總督府民政長官後藤新平今日過世。
5.20 台灣民族運動先驅蔡惠如歿。
5.30 王敏川出獄重振台灣文化協會。
6.1 台北板橋庄、新莊中壢庄改制升為街。
7.16 台灣市制與街制改正。
7.30 石塚英藏今日就任第13任台灣總督。
9.18 林獻堂向總督石塚英藏建議，完成地方自治，開放言論自由，嚴禁鴉片。
9.30 台灣關係史料展覽會開幕。總督府所編之《台灣關係史料》出版，並在會場展出。
10.6 彰化無產青年退出台灣文化協會，另組勞動互助社。
10.10 矢內原忠雄《帝國主義下的台灣》刊行。
10.17 台灣民眾黨第3次大會召開，開始左傾。
10.30 「台灣河帳規則」發佈。
11.3 台灣文化協會召開第3次大會。台灣共產黨開始控制台灣文化協會，排斥連溫卿，造成文化協會第2次分裂。
11.10 台北市交通整理開始。
11.16 東勢郡水道完工。
11.20 「資源調查法」公佈。
12.1 「台灣資源調查令」公佈。
12.5 農民組合中央委員會通過台共領袖港的新行動綱領。
12.12 痲瘋病院樂生院落成。
12.22 台灣民眾黨反對總督府重發鴉片吸食特許狀。

1930

1.2 台灣民眾黨向國際聯盟控訴日本當局准許吸食鴉片。
1.15 臨時鴉片癮矯正所創設。
3.1 台北市市場實施「十進制」。
3.1 基隆—金山間輕鐵開通。
3.1 國際聯盟派員至台調查鴉片。
3.20 《台灣新民報》獲得發行許可，《台灣民報》廢行。
3.24 台北盲啞學校新建落成。
4.10 嘉南大圳通水啟用。
4.12 「臨時產業調查會規程」制定。
5.1 台北市營公共汽車通車。
6.17 台北郵局暨電信局廳舍落成。
7.28 暴風雨襲擊，全島損失田野23,966甲餘。
7.30 台灣農民組合曾文支部300餘人

包圍糖廠要求改定地價。
8.1 全國盲啞教育會召開成立大會。
8.8 糖業大亨陳中和歿。
8.16 黃石輝發表〈怎樣不提倡鄉土文學〉。
8.17 台灣地方自治聯盟成立。
10.2 第2次戶口調查實施。
10.15 《台南新報》創刊1萬號。
10.23 台北－東京無線電話通話成功。
12.26 台灣文化300年紀念會召開。
10.27 霧社事件爆發。
10.27 台灣共產黨松山會議成立台灣赤色總工會。
12.20 雕刻家黄土水歿。

1931

1.6 台灣總督石塚英藏因霧社事件引咎辭職，由太田政弘繼任。太田於次月到任，發表治台方針。
1.27 「台共改革同盟」成立，鬥爭謝雪紅。
2.12 第12次議會請願運動展開。
2.18 台灣民眾黨舉行全台第4屆代表大會，台灣總督府下令禁止結社及活動。
2.19 「台灣地方自治改革建議案」在日本眾議院提出，25日經委員會通過。
3.13 美國大使來台，台北舉行官民歡迎會。
3.24 台灣共產黨於日陸軍紀念日（3月10日）散發傳單，總督府下令檢舉。
5.4 高雄港海洋觀測所開幕，同時舉行氣象展覽會。
5.8 台北帝國大學總長（校長）幣原坦博士首倡於台灣總督府舉行「故天才雕刻家黄土水之遺作展」，為期3天。
5.10 台中州教育會成立。
5.24 台灣自治聯盟台北分會成立，於蓬萊閣舉行典禮，推李延旭為分會長。
7.7 台北印刷工人、基隆炭坑礦工、基隆港碼頭工人聯合要求調整待遇，活動持續至9日。
8.5 台灣民族運動先驅蔣渭水逝世。
8.16 「地方自治聯盟」大會在台中公會堂召開。
8.29 台灣話文推動者郭秋生發表〈建設台灣話文一提案〉，提倡台灣話文改革。
10.3 台灣總督府定舊總督府廳舍改建為台北公會堂。
12.23 嘉義吳鳳廟改建落成。

1932

1.1 郭秋生等創《南音》文學雜誌。
1.9 日陸軍中將阿部信行任台灣軍司令官。
2.3 福州發生反日運動，該地難民383人紛至基隆。
3.1 台北、馬尼拉間無線電信完成。
3.2 南弘任第十五任台灣總督，太田政弘罷，台灣總督府所轄官員大調動。
3.20 巫永福、張文環等組織台灣藝術研究會。
4.12 新竹州竹南農民組合支部今日於大湖發起農民運動，遭總督府大力鎮壓。
4.15 《台灣新民報》改周刊為日刊，發行創刊號。
4.26 「台灣自治聯盟」於台北召開全台理事大會，決向總督府及日本拓務部要求台灣實施自治制度。
5.19 楊逵小說《送報伕》發表。
5.27 中川健藏代南弘出任第十六任台灣總督，官界抗議動輒因總督易人而至人事大調動，故此次長官以下均不調動。
8.21 「台灣自治聯盟」第1次大會於今日召開。
10.26 台北明治橋（現中山橋）竣工。
11.2 全台圖書館代表大會今日在台北召開。
11.28 台灣最早之百貨大樓菊元百貨宣告落成。

1933

1.28 總督府公佈船舶令施行。
2.6 第14次議會設置請願運動展開。
2.2 台北－東京間無線電話今日試話成功。
3.1 台、日通婚法令實施。
3.29 總督府公佈米統制法施於台灣。
4.22 答馬烏社番被征服，為最後被日軍征服之台灣原住民。
5.1 《台灣日日新報》舉行創立35周年紀念典禮。
5.15 村上直次郎編著之《新港文書》由台北帝大文政學部刊行。
6.14 日本拓務省召開重要會議，否決台民提出台灣地方自治案，並對所提設台灣議會案表示反對。
7.1 台灣總督府公佈實施「台啤專賣制」。
7.1 台灣紙業公司成立。
7.15 《福爾摩沙》雜誌創刊。
7.23 「台灣自治聯盟」於台中舉行全台大會。
10.2 財團法人主辦乞丐收容所「愛愛寮」獲准設立。
11.1 米統制令施行日本全國；唯台灣、朝鮮、樺太（庫頁島）三地實行公定價格，尤其台灣更蒙受重大損失。
11.1 日本政府發表台灣高砂族集體移住10年計畫。

1934

1.1 票據等法施於台灣。
1.25 總督府決以甘蔗、甘薯等代稻米種植。
1.30 台灣民眾千餘人再聯名簽字籲請設置台灣議會。
4.5 台灣銀行東京分行因「帝人事件」(「帝國人造絹絲株式會社」股票低價出售之官商勾結事件）被日警加以搜查。
5.1 台灣瓦斯公司成立。
5.6 台灣文藝聯盟成立。
6.5 台北市營公車職工要求改善待遇，29人被市政府革職。
6.20 台日無線電話開始通話。
8.11 東京台灣同鄉會主辦鄉土訪問演奏會。
9.2 台灣總督府召集林獻堂等30餘人於台中會談，諭決停止自1921年以來歷15年之台灣議會設置請願運動。
9.20 台灣米統制對策研究會開會討論台灣米被差價收購問題，並一致議決通電日本政府聲明反對。
10.20 樟腦製造業公會開創立大會。
11.3 台灣第一位飛行員清水楊清溪，不幸於鄉土飛行時失事罹難。
11.5 湖口油田第一號井今日舉行開掘典禮。
11.17 台灣米擁護協會成立。

12.17 大日本製糖公司與新高製糖公司簽訂合併初約。

1935

1.8 總督府預算案經日本內閣決定為1億1,898萬圓。
1.23 全台米穀大會於台中舉行。
2.8 台灣米商踴躍參加反對米自治管理全國同業大會。
4.21 台中、新竹兩州今日清晨兩次大地震，損失約2千萬日圓，災民35萬人。
5.4 台陽美術協會舉行首屆展覽會。
6.17 台灣總督府為治台40周年紀念表彰各界有功者5,692人。
6.21 日本鋁業公司在台成立。
7.17 竹南、苗栗地方強震，壓死44人、傷93人、房屋倒1,214間。
8.28 總督府發表台灣地方有權選舉者計25萬2,382人。
10.5 台北市大稻埕台灣第一劇場今日落成。
10.8 台日定期航空郵件開始。
10.10 總督府為慶祝始政40周年紀念，本日起在台北開台灣大博覽會，盛況空前，歷50日。
10.25 台灣南迴汽車路線完成。
11.22 首屆全台地方議員選舉舉行。
12.31 總督府發表台灣現住人人達531萬5,642人。

1936

1.1 楊逵於元旦創刊《台灣新文》雜誌。
1.2 日本航空公司主辦台日定期航空對開，飛行成功。
1.12 台灣東部開發委員會成立。
2.14 總督府決在新竹設天然瓦斯試驗場。
3.30 台北松山機場竣工。
5.2 台日無線電傳真成功。
5.18 米三法案（「米穀統制修訂法」、「米穀自治管理法」、「稻穀共同儲藏藏助成法」）付日眾議院議決通過。
6.23 日本政府積極獎勵移民台灣，於沙山成立秋津移民村。
7.15 宜蘭飛機場舉行落成典禮。
7.29 總督府公佈「台灣拓殖股份有限公司法施行令」。次日，發表台灣拓殖股份有限公司籌設委員名單，兒玉秀雄任委員長。
8.1 島內定期航空線西部本日開始航行，東部3日開始航行，同時開辦島內航空郵政。
8.6 台灣國民防衛規程制定。
9.2 海軍上將小林躋造代中川健藏出任第17任台灣總督，森岡二郎代平塚廣義任總務長官。
9.5 台北新公園竣工。
11.20 第1屆州會議員選舉。
11.25 台灣拓殖株式會社成立。
11.26 台北市公會堂落成。

1937

1.13 總督府設置府政調查會。
1.14 總督府公佈「台灣稅制整理大綱」。
1.14 總督府公佈「山地開發委員會規程」。
1.22 總督府今日在上海成立台灣物產介紹所。
3.19 台北市實施新市區計畫。
4.1 台灣總督府公開下令各報禁刊漢文欄。
4.28 台灣化學公司成立。
4.30 龍瑛宗小說〈植有木瓜樹的小鎮〉入選《改造》雜誌佳作。
5.11 台灣棉花公司成立。
5.15 台北市設立市政調查會。
6.1 台灣船塢公司成立。
6.1 台南機場竣工。
7.2 台北市裝設自動電話。
7.7 中日戰爭爆發，日本重派武官總督鎮台。
7.8 台灣國產汽車公司成立。
7.14 台灣軍司令部警告台民勿發生「非國民之言動」。
7.15 台灣地方自治聯盟解散。
8.2 台灣總督府公佈「暴力取締令」。
8.10 台北州實施燈火管制。
8.15 台灣軍司令部宣佈台灣進入戰時體制。
9.8 台北州青年團開始總動員。
9.10 台灣總督府設置國民精神總動員本部。
9.18 「軍需工業動員法」實施。
9.27 台灣人軍伕奉召至中國戰場。
12.21 台灣總督府公佈「台灣農會令」。
12.27 台灣茶葉同業公會設立。

1938

1.7 日本財閥決定在台灣設立日本水產公司。
1.20 新竹天然瓦斯實驗所研究無水酒精成功。
1.22 台灣總督小林躋造發表「關於台灣志願兵實施」談話。
2.10 台灣紙漿工業會社創立。
2.23 中國空軍轟炸新竹油田。
3.19 台灣MOUVE美術家協會今日舉行畫展。
3.29 台灣畜產興業會社成立。
3.31 日本公佈「國家總動員法」。
3.31 花蓮港發現鎳礦。
4.1 台灣總督府公佈施行「中日事變特別稅令」及其他有關諸法令。
4.20 東部山地開發調查團入山。
5.28 日本移民入台設移民村。
6.28 台灣鋼材配給會社成立，資金45萬日圓。
7.20 台灣總督府決定「經濟警察股置大綱」。
8.20 開洋燐礦公司設立。
8.31 台北州汽車運輸會社創立。
9.28 台灣空瓶會社成立，為物資缺乏盡量利用廢物之舉。
10.1 台北廣播電台開始播送馬來語。
11.12 台灣船渠公司高雄工廠竣工。
11.28 台灣總督府對外公佈大高雄市建設計畫。
12.18 台灣實施燈火管制。

1939

1.6 總督府公佈「國民職業能力申告令」。
1.10 台灣棉布配給合作社成立。
3.5 「台灣民間造林獎勵條例」開始實施。
3.16 台灣電力公司北部發電所八斗子廠開始發電。
3.20 台灣木材商公會聯合會創立。
3.31 台灣總督府公佈「台灣家屋稅令」及施行細則，4月1日起實施。
4.14 台灣特殊窯業會社創立，資金45萬日圓，設於高雄，以金門島黏土為原料造耐火瓦。
4.18 南沙群島（新南群島）併入台灣

總督府轄下。
5.13 台灣化成工業會社成立，資金5百萬日圓，設水泥廠於蘇澳，將生產電塗、醋酸、人造塑膠等化學品。
5.19 總督小林躋造至東京時，宣佈治台重點為：皇民化、工業化、南進基地化。
5.30 台灣香料公司於苗栗成立。
6.1 曾文溪治水工事竣工。
7.28 台灣總督府公佈「限制雇工、工時令」。
8.20 首批台灣農業義勇團（軍農伕）720人由華中戰地返台。
8.24 櫟社詩人林幼春逝世。
9.25 台灣中部新高港開工。
10.2 花蓮港舉行築港竣工典禮。
11.21 各市街庄舉行第2屆議員選舉。
11.23 台灣總督府限制最高米價。

1940

1.1 日本文學家西川滿組織台灣文藝家協會。
1.20 台南機場竣工。
2.8 台灣總督府公佈禁止台灣人使用陰曆。
2.11 總務長森岡准許台灣人改換日本姓名。
2.17 台灣總督府命令各州設置經濟統制課。
3.20 台灣總督府制定工場、礦坑基本工資。
3.28 文教局主辦勤行報國青年隊，在高雄舉行入隊典禮。
4.18 台灣高級玻璃新竹廠開工。
5.13 台灣總督府今日發行第1期愛國公債。
6.5 台灣總督府強制旗山、屏東2郡原住民遷居山麓。
7.3 台中一馬公間開始定期航空。
8.2 嘉義市設立皇民化模範部落。
8.8 台灣總督府下令禁止台南市開設舞廳。
9.10 台灣精神動員本部公佈「戰時糧食報國運動要綱」。
9.20 台北市舉行全島體育大會。
10.12 大政翼贊會成立。
10.16 台灣初等教育制度審議委員會聲明，明年度起實施國民學校義務教育。
10.28 各州開始新設產業部，各部設勸業股。
11.1 台灣石油販賣公司開業。
11.22 台灣總督府調查會對外公開提出5大方案：擴充統制機構、確立文教新體制、確立經濟新體制、建立國土（開發）計畫、擴充南方政策。
11.25 台灣總督府公佈「台籍民改日姓名促進要綱」。
12.16 海軍大將長谷川清就任第十八任台灣總督。
12.16 台北市政府為解決住宅問題，著手建築市營住宅450座。

1941

1.19 大甲溪天輪發電廠開工。
1.19 總督府公佈「家庭防空群組織要綱」。
2.3 華僑成立新民總公會。
2.11 《台灣民報》改為《興南新聞》。
3.28 各州代表今日在台北召開物價聯絡會議。
4.17 南方貿易會在高雄成立。
4.19 皇民奉公會成立。
5.7 以梧棲、清水、沙鹿為主的「新高工業都市計畫」開工。
5.21 蘇澳築港舉行開工典禮。
6.7 花蓮港廳下原住民1萬4千人完成新部落遷居。
9.20 台灣總督府內設南方委員會，任命委員42人。
10.6 安平泊船灣舉行竣工典禮。
12.12 大陸「台灣革命同盟會」在重慶成立。
12.30 台灣總督府公佈「台灣青少年團設置要綱」。

1942

1.9 台灣米穀納入協會開始統制全台米穀。
1.23 台北州為解房屋荒，決定「都市住宅方築綱要」。
3.19 台中、台南、高雄三州鳳梨同業公會聯合會。
4.5 總督府公佈「重要物資管理營團法」。
4.25 日本政府准許總督府將各項預算編列臨時軍事費。
5.1 台灣總督府公佈「金融統制管理令」。
5.23 台灣總督府決定設立台灣製錫工業會社。
9.25 彰化銀行股東會議決定於台北市濱町、二林、斗南等多地設置辦事處。
10.31 太魯閣水晶礦准由日人七澤進行開採。
11.1 台灣總督府官制修正，使日、台行政一致。
12.8 台灣水利組合聯合會成立。
12.17 高砂義勇隊出發前往菲律賓。
12.26 台南造船會社創立。

1943

1.5 台灣各地今日召開宣傳志願兵入伍活動。
2.11 西川滿、張文環、濱田隼雄獲星民奉公會文學獎。
2.12 志願兵第2次徵額統計達60萬1,147人。
3.3 台灣特別行為稅公佈。
3.15 台灣產業奉公會成立。
4.1 台灣開始實施義務教育制。
4.3 皇民奉公會下設台灣青少年團。
5.12 海軍志願兵制度實施。
6.21 第2回志願兵入伍。
9.7 台灣總督府嚴禁製造紙錢、錫箔，節省物資，以正迷信風俗。
10.1 台北帝大工學部開課。
10.19 台灣總督府公佈「台灣決戰體制強化方案」：提高決戰意識、加強軍需生產、確保糧食生產及供應、徹底動員、整備防備。
10.25 台灣總督府徵集學生兵。
11.18 台灣總督府設置台灣出版會，制定「出版統制要綱」。
11.25 美國軍機轟炸新竹機場。
11.27 中、美、英3國簽訂「開羅宣言」。
12.5 台灣總督府公佈「戰時市街地養豬實施要綱」，准民間在街道養豬以解決肉荒。

1944

1.10 台灣總督府設台北職業輔導所。
1.11 全台理番視學會成立。
1.20 台灣總督府公佈「皇民練成所規則」，加強皇民化運動。

1.24 台灣總督府簡化手續，鼓勵台灣人改換日本姓。
1.28 大東亞航空公司成立。
3.13 全台6家報紙停刊。
4.1 全台報紙合併為《台灣新報》。
4.4 台灣總督府公告戰時犯罪將一概視為國內之敵人，將予嚴懲。
5.11 大東信託、台灣興業、屏東信託等3家公司合併為台灣信託。
5.15 台北市成立挺進隊。
7.15 台灣總督府進行戶口檢查。
8.22 台灣進入戰爭狀態。
9.1 日本政府正式實施台民徵兵制。
9.28 日本政府徵用台灣電化會社。
10.1 台灣總督府敕令民間賣出黃金、鑽石。
10.23 日機撞毀台灣神社。
11.15 台灣總督府宣佈嚴禁台灣民眾收聽短波。
11.15 美、日兩軍在台灣近海發生海空大戰，戰爭持續至17日。
12.29 金瓜石發現水銀礦。
12.30 陸軍大將安藤利吉就任第十九任台灣總督。

1945

1.1 新任台灣總督安藤利吉第1次發表「期以全力實幹」的談話。
1.15 美軍空襲台灣各地機場及交通設施，台中、彰化、高雄受創較為嚴重。
1.16 台灣總督府情報課發表《決戰台灣小說集》。
1.17 美機空襲各地，新竹州被炸尤為慘烈。
1.17 蘇軍占領華沙。
2.5 美國軍隊進入馬尼拉。
2.13 台灣革命同盟會召開第4屆會員代表大會，發表宣言，重申歸還祖國願望，並電蔣中正致敬。
2.16 美國空軍猛烈空襲東京。
3.7 盟軍攻占德國萊茵河沿岸重要城市科隆。
3.9 日月潭發電廠被炸毀。
3.17 日本通過訂立「殖民地政治待遇案」，決撥眾議院議員5席給台灣人。
3.29 總督府強迫台灣婦女持竹槍接受軍事訓練。
4.3 日皇敕選林獻堂、簡朗山、許丙3人為貴族院議員。
4.12 美國總統羅斯福逝世，副總統杜魯門繼任為美國總統。
4.20 蘇軍推進到柏林。
4.28 義大利法西斯領袖墨索里尼被義大利游擊隊處死。
4.30 納粹第三帝國元首希特勒自殺於柏林。
5.1 德軍在義大利戰線投降。
5.2 蘇軍攻克柏林。
5.3 盟軍進入緬甸仰光。
5.7 德國無線件投降。
6.22 美國占領沖繩。
7.3 台南市為避空襲而疏散，人口大減，改15區為5區。
8.1 台灣教會協會新設學生連絡部。
8.6 美軍在廣島投擲原子彈。
8.9 美軍在長崎投擲原子彈。
8.14 中蘇簽訂友好同盟條約。
8.15 日本天皇裕仁下詔廣播，宣佈無條件投降。
8.15 日本鈴木貫太郎內閣總辭。
8.15 日本接受「波茨坦宣言」，結束在台灣50年的殖民統治。
8.15 台灣末代總督安藤利吉發表日本天皇的「終戰召敕」。
8.15 國民政府下令停止徵兵令。
8.15 蔣介石公開廣播「以德報怨」對日政策。
8.15 中共領袖之一朱德通知美、英、蘇3國，要求擁有解放區人民代表權、對日和平會議參加權及美軍停止援助蔣介石等5點。
8.15 日本接受波茨坦宣言無條件投降（第二次世界大戰結束），估計此次大戰約有1,683萬人死亡（含行蹤不明），2,670萬人受傷。
8.15 朝鮮建國籌備委員會（委員長呂運亨）於漢城成立。8月16日發表建國準備大綱，10月7日解散。
8.16 辜振甫、許丙、林熊祥等人共同參加日本軍參謀所籌畫的台灣獨立計畫。
8.16 台灣總督安藤利吉為防止全台輕舉妄動，廣播等待善後措施。
8.17 法國貝當元帥被改判無期徒刑。
8.17 印度尼西亞共和國發表獨立宣言。8月18日制定1945年憲法，蘇卡諾當選總統。
8.19 台灣銀行發行千圓券及百圓券。
8.20 朝鮮共產黨重建委員會（委員長朴憲永）於漢城成立。蘇俄軍隊司令官發表「給朝鮮人民的紅軍公開信」。
8.21 蘇聯軍隊登陸朝鮮元山。
8.23 史達林宣稱解放中國全東北。
8.25 中共中央發表「當前時局宣言」（主張迴避內戰，成立民主聯合政府）。
8.25 日本內閣舉行「朝鮮、台灣、樺太（庫頁島）的善後處置會議」。
8.26 國民政府軍自重慶及其他後方地區開始進駐南京、上海、北平。
8.28 美國軍隊在日本登陸。
8.29 國民政府發表任命陳儀為台灣行政長官。
8.29 美國國務院、陸軍部、海軍部組成之「日本占領管理問題協調委員會」將製作之「戰後美國初期對日方針」概要，呈報麥克阿瑟。9月6日下令執行。
8.30 蔣介石與毛澤東2人於重慶開始會談。
8.31 楊逵在台中瓦窯寮成立「新生活促進隊」。
9.1 國民政府公佈「台灣省行政長官公署組織大綱」。
9.1 《一陽週報》在台中創刊。
9.1 蔡孝乾等被中共黨中央派任「中共台灣省工作委員會」書記，自延安來台。
9.2 盟軍總司令麥克阿瑟元帥，於東京灣上之密蘇里號軍艦簽署受降文書。
9.2 陳儀談治台方針，擬先著重教授國語、國文，實行三民主義，富強人民。
9.2 越南民主共和國發表獨立宣言（臨時政府主席胡志明）。
9.2 盟軍最高統帥麥克阿瑟，於第1號命令中命令駐韓日軍以北緯38度線為界，分別向美蘇2國軍隊投降。
9.4 美軍台灣訪問團今日抵台北救濟俘虜。
9.4 台灣革命同盟會電蔣介石主席及美杜魯門總統、麥克阿瑟將軍等人致敬。
9.5 台灣行政長官公署辦事處及台灣

警備總司令部前進指揮所於重慶成立。
9.6 朝鮮建國籌備委員會宣佈成立「朝鮮人民共和國」。
9.7 台灣總督府公佈廢止企業許可令，解散各種管制公司。
9.7 國民政府令陳儀兼任台灣省警備總司令。
9.9 林獻堂等6人擔任台灣人代表參加國民政府在南京舉行的日軍受降典禮。
9.9 蔣介石委員長派何應欽往南京參加中日兩國在中國戰區之受降典禮，接受日軍投降。同時，依據同盟國太平洋總司令麥克阿瑟的委託命令，台灣、澎湖島由國民政府接管。
9.9 美軍於漢城接受38度線以南之日軍投降。
9.10 美英法蘇中5國倫敦外長會議開幕，10月2日開始討論軸心國和談問題，並決定設立遠東顧問委員會。
9.11 台灣總督府公佈儲蓄封鎖辦法。
9.14 國民政府派遣陸軍上校張廷孟為台灣接管準備委員，預先來台。
9.15 三民主義青年團中央直屬台灣區團台中分團籌備處成立。
9.15 國民政府公佈台灣區日本紙幣回收辦法。
9.18 台灣行政長官公署在福州設置辦事處。
9.19 美國軍政廳於漢城設立（開始軍事管制）。
9.20 國民政府公佈台灣省行政長官公署組織條例。
9.23 法軍在英軍援助下，占領西貢。
9.25 第2屆世界勞工組織會議於巴黎召開，世界勞工組織聯盟正式成立（世界工聯）。共有56國、6,680萬人加入。
9.28 空軍司令張廷孟飛抵台北，辦理空軍接收事宜。
9.29 英國與荷蘭軍隊登陸印尼雅加達以解除日軍武裝。
10.1 行政長官陳儀設立台灣省接管委員會，接收總督府官有部分企業、財產。
10.1 台灣青年學生今日成立台灣學生聯盟。
10.5 謝雪紅籌備的台灣人民協會今日成立。
10.5 台灣省行政長官公署與台灣省警備總司令部於台北設台灣省前進指揮所，並任葛敬恩為主任；指揮所主任葛敬恩率員抵台。
10.6 台灣接收工作開始進行，首批官兵（憲兵第4團先遣部隊）由福建出發。
10.7 台灣總督府公佈聯軍最高司令部命令：9月30日前封鎖日本殖民地銀行，國外銀行及戰時特別機構。但台灣銀行、台灣拓殖株式會社則繼續營業至接收為止。
10.8 國民政府任命黃朝琴為外交部台灣特派員。
10.8 憲兵第1批先遣部隊今日由淡水登陸。
10.8 印尼人民軍宣告成立，與英荷戰爭開始。
10.9 日本幣原喜重郎內閣成立。
10.10 台灣前進指揮所公告：原台灣貨幣（台灣銀行券與日本銀行券）在國民政府的處理辦法公佈前繼續流通，法幣在台禁止使用。
10.10 國共在重慶談判，蔣介石、毛澤東簽定「雙十協定」。10月12日發表，國共雙方暫時停止內戰。
10.10 美國軍政首長聲明否認朝鮮人民共和國。
10.13 教育部具體計畫接管台灣教育，各縣設教育局、國民學校，添設師範學校，台北帝大改為國立台灣大學。
10.13 國民政府主席蔣介石密令國府各部隊參加內戰，於各地開始與共軍交戰。
10.14 平壤「歡迎金日成歸國市民大會」開始。
10.15 台灣省前進指揮所公告，禁止日本人公私財產轉移。
10.16 李承晚自美國返回韓國。
10.16 蘇俄將北韓所有行政權移交給北韓人民。
10.17 駐防台灣之國軍第70軍及公署官員分乘美艦40餘艘抵達基隆，受到台灣人民在基隆港熱烈歡迎。
10.20 日治時期的「農民組合」幹部在台中市成立台灣農民協會。
10.20 教育部調派魏建功赴台協助推行國語教育。
10.21 法國舉行制憲會議大選。共產黨以1席之差以152席成為第1大黨。社會黨151席、人民共和派138席。
10.22 林獻堂呼籲救濟流落海外台胞。
10.24 聯合國憲章經20國批准完畢後正式生效，聯合國正式成立。
10.24 第2批國軍分乘27艘艦艇到達基隆；另有憲兵3百餘名、憲兵第4團連隊、警備司令部特務團1,300餘名及警察1千名從福州到達台灣。
10.24 台灣行政長官陳儀抵台。
10.25 中國戰區台灣省受降典禮在台北公會堂（今中山堂）舉行，國府受降代表為行政長官陳儀，日本投降代表為總督安藤利吉，台灣正式宣告光復。
10.25 原日治時期《台灣新報》，由台灣行政長官公署接管，改名《台灣新生報》，由李萬居擔任社長。每日出刊對開一大張，至次年1月4日保持日文版，這是光復以後台灣省內發行的第一家公營報紙。
10.25 《政經報》半月刊在台北市創刊，為「政治經濟研究會」機構雜誌。發行人為陳逸松，主編為蘇新。
10.25 台灣省行政長官公署通告任陳儀為行政長官。
10.25 台灣行政長官公署正式成立，台灣前進指揮所隨同廢止。
10.25 印度各地由國民大會黨主辦之「東南亞日」開始，對派遣英國控制之印軍至印尼等事展開抗議行動。
10.27 立法院通過漢奸處理條例。
10.27 英國贈予中國軍艦11艘，第1艘巡洋艦震旦號抵達台灣。
10.27 教育部派員來台訓練師資，積極推行國語運動。
10.28 陳儀召開台灣軍事接收會議。通過台灣地區軍事接收委員會組織規程，預定11月1日開始分區進行接收。
10.30 台灣地區軍事接收委員會成立。
10.31 行政長官公署公佈管理糧食臨時辦法。

10.31 行政長官陳儀在公署召開第1次記者招待會。
11.1 黃朝琴奉命兼任台北市長，本日開始辦公籌組市政府。
11.1 台北日軍開始繳械，各行政機關接收竣事。
11.1 台灣各縣市街道原有「町」、「丁目」等日文名稱一律廢除，並依發揚民族精神、宣揚三民主義、紀念國家偉人、適應地理習慣等規則，重新訂定街道名稱。
11.1 接收「台灣映畫協會」、「台灣報導寫真協會」，合併改組成「台灣省長官公署宣傳委員會電影攝影場」。
11.1 行政長官公署今日成立台灣省糧食局。
11.1 接收氣象台今日改組為台灣省氣象局。
11.2 日本社會黨成立，由片山哲擔任總書記。
11.3 行政長官公署下令廢止所有榨取、壓迫台灣省民的法令。
11.3 國民政府財政部公佈台灣與中國本土匯兑流通管理辦法。
11.3 中共朱德抗議駐華美軍軍事干涉中國內政。
11.4 台灣省郵局發售加蓋「中華民國台灣省」的郵票9種。
11.5 中國新聞學會台灣分會成立。
11.6 行政長官公署公佈日本銀行券處理辦法。
11.6 各州廳接收委員會成立。
11.7 台省農林單位下令嚴禁濫伐各地保安林。
11.8 台灣省警備總司令部通告嚴禁法幣流通。
11.8 州廳以下各級機關正式接收。
11.8 台灣警備總司令部通告：以各項物價與內地相差懸殊，在未經明令規定法幣與台幣兑換比之前，內地法幣不准在台灣市面使用。
11.9 日本自由黨成立，鳩山一郎擔任總裁。
11.9 台灣行政長官公署公佈教育接收辦法。
11.10 開始對大陸電報業務。
11.11 國民黨台灣省黨部工作開始。
11.11 朝鮮「建國同盟」(前身為朝鮮建國籌備委員會)改組，成立朝鮮人民黨(委員長呂運亨)。
11.12 台灣人文科學會成立。
11.12 台灣同胞今日首次開會紀念國父誕辰。
11.13 戴高樂當選法國總統。
11.13 三民主義青年團台灣區團部要求各地分部須經核准始得組設。
11.15 台北帝國大學接收完畢。
11.15 衛生機關接收完成，預定實施公醫制度。
11.15 美英加3國領袖發表「原子能共同宣言」(提倡和平使用原子能、各國共同管理)。
11.16 日本進步黨成立，町田忠治擔任總裁。
11.17 行政長官公署公佈人民團體組織辦法。
11.18 澎湖地區開始接收。
11.18 「台灣農會」設立。
11.19 北韓成立五道行政局。
11.19 中國民主同盟主辦之「反內戰群眾大會」於重慶開幕，成立「反內戰聯合會」。
11.20 行政院決定設立國立台灣大會。
11.20 行政長官公署將台灣戰時物資營團改組為台灣省貿易公司。
11.20 審判德國戰犯之紐倫堡國際法庭軍法審判開庭。
11.20 行政長官署將台灣戰時物資營團改組為台灣省貿易公司。
11.21 立法院修正通過懲治漢奸條例。
11.21 戴高樂聯合內閣成立，1946年1月20日辭職。
11.23 農林處制定「台灣省食糧徵購調整委員會組織辦法」。
11.27 台灣省經濟委員會成立，陳儀兼任主任委員。
11.27 糖業討論會在農林處召開。
11.27 美國總統杜魯門任命馬歇爾為國共內戰調停總統特使。
11.29 南斯拉夫舉行制憲大會，宣佈廢除王制，成立聯邦人民共和國。
11.30 行政長官公署嚴禁食糖私運出。
12.1 行政長官公署公佈禁絕鴉片辦法，並廢止舊律令第5號「台灣鴉片令及其施行規則」。
12.1 台灣尚有10萬子弟在日本，據聞於當地飢寒交迫，政府指定林茂生、張鴻圖、廖文毅3人，擬往日本設法救濟。
12.1 台灣省司法機構由高等法院接收改組完畢，有6間地方法院、2間分院，及4所監獄。
12.1 行政長官公署今日舉行物價工資會議。
12.3 因台北市食糧不足，開始實施米配給。
12.4 農林處禁止用米釀酒及製粉。
12.5 留日台胞開始分批運返。
12.6 行政長官公署公佈省轄市組織暫行規程。
12.7 台灣省茶業有限公司成立。
12.7 美英借款協定成立，由美國提供英國43億美元。
12.9 行政長官公署公佈第2期稻作徵收獎勵辦法。
12.9 行政長官公署公佈台灣省徵購米穀獎勵懲罰辦法。
12.9 行政長官公署公佈台灣省民姓名回復辦法。
12.10 義大利蓋斯波里聯合內閣成立。
12.10 行政長官公署實施平抑物價對策，先從特種營業限價著手。
12.11 行政長官公署為處理日本銀行兑換券及由台灣銀行背書的日本銀行券，公佈特種預支收支及兑換辦法。
12.12 伊朗亞塞拜然民主黨人在蘇俄援助下，於伊朗塔布里茲成立「亞塞拜然自治共和國」。
12.13 因貨幣不統一，中國大陸4家銀行(中國、中央、交通、農民)暫時不設立台灣分行。
12.13 英法政府聲明將分批撤退敘利亞、黎巴嫩之兩國軍隊。
12.14 負責台灣司法接收之台灣高等法院首席檢察官蔣慰祖因貪污案被逮捕。
12.15 美國發表對中國之政策，主張停止內戰、支持國民政府、各黨派組成政府、軍隊統合。
12.15 台灣地區開始受理發往中國大陸的郵務。
12.16 美英蘇3國外長莫斯科會議開幕，討論軸心國之占領、和談問題、遠東問題。
12.17 行政長官陳儀在「紀念周」集會中，說明專賣制度的繼續和省營貿易的意義。
12.17 台灣省警備總司令部禁止軍人夜

閒外出。

12.18 日本協同黨成立，由山本實彥擔任委員長。

12.19 全省各地公會堂一律改名稱為中山堂。

12.19 台灣省教育處請求自上海派遣教員來台。

12.20 台灣民眾反對警務處留用日本籍警察。

12.20 為協助台灣電力事業的復舊，6名專家由美抵台。

12.21 新竹地區民眾反對戰時特別稅的課徵。

12.22 美國特使馬歇爾抵達重慶。

12.24 食糧騰貴，台南白米一斗百圓，政府督促各地地主供給食糧。

12.25 國民政府宣佈收復台灣，所有台灣人民恢復中國國籍。

12.25 國立台灣大學首次招生放榜，共錄取36名。

12.25 開始遣返日本人，在台日本戰俘首批582名遣返離台。

12.26 台灣行政長官公署將日治時期的5州3廳改設為8縣，原11州轄市改為9省轄市及兩縣轄市。舊制之郡改為區署，街庄改為鄉鎮。分台北、新竹、台中、台南、高雄、花蓮、台東、澎湖8縣，舊制的郡改為區，街改為鎮，庄改為鄉，州廳改稱縣政府，郡役所改稱區署，街庄役場改稱鄉鎮公所，其下則設村、里、鄰各辦公處。

12.26 公佈「台灣省各級民意機關成立方案」。

12.27 行政長官公署公佈各縣縣長，只有高雄縣長謝東閔、新竹縣長劉啟光（即戰前農民組合的幹部侯朝宗）是台灣省出身。

12.27 重慶再開國共會議。

12.27 莫斯科會議閉幕，發表「莫斯科宣言」。同意朝鮮託管、成立遠東委員會及對日理事會。

12.29 台灣各地物價騰貴，達到光復之初的數十倍。

1946

1.1 專賣局改善專賣品販賣制，廢除承銷商，由零售商組配銷會。

1.1 台灣省接收第1艘日本商船「大雅丸」，裝修完成後命名為「台北號」。

1.1 日本天皇頒佈敕書，宣佈放棄神道教及以天皇為神之信仰。

1.1 越南臨時政府成立，胡志明擔任主席。

1.2 行政院通過收復區（包括台灣）自淪陷日起至收復日止歷年田賦一律免予徵收。

1.3 原住民原有教育所，一律改為國民學校。

1.4 新高港改名台中港。

1.5 國民政府承認外蒙古獨立。

1.5 左營發生海軍射殺無辜市民事件，1月19日行政長官發出押送訓令。

1.6 麥克阿瑟總部發表台灣總督安藤利吉列為戰犯。

1.6 台灣省警備總司令部參謀長柯遠芬廣播台灣的軍事建設以空軍為中心，以海軍為輔。

1.6 台灣民眾協會今日成立，主席為張邦傑。

1.10 聯合國第1屆大會於倫敦舉行，共51國參加。1月12日安全理事會成立。1月17日召開第1屆安理會。2月1日挪威李氏當選首任祕書長。

1.10 台灣人民協會被強令解散。

1.10 政治協商會議於重慶開幕。

1.10 依3人委員會（馬歇爾、張治中、周恩來）決議，成立國共停戰協定。

1.11 行政長官公署修正公佈食糧管理辦法，決定停止配給制度，准許自由買賣。

1.15 聯合國善後救濟總署台灣省分署署長赴南部視察，發現屏東恆春一帶由於食米不足，貧民以檳榔葉止飢。

1.16 閩台監察使楊亮功等訪台。

1.17 行政長官公署公佈「台灣省專賣局組織規程」。

1.18 台北縣政府今日成立，連震東兼代縣長。

1.20 行政長官公署公告台民自光復日起恢復國籍。

1.20 瑞芳慘案復仇會成立。

1.20 台北市千餘人進行示威抗議物價暴漲。

1.22 台灣省專賣局自本日起派員取締專賣品私貨販賣。

1.25 自本日起至2月10日止公開辦理公民宣誓登記及公職候選人聲請檢覆。

1.27 行政院長宋子文抵台。

1.30 聯合國大會今日在倫敦召開首次會議。

1.31 政治協商會議結束，達成改組政府、施政綱領、建軍、整軍等5項決議。

1.31 《人民導報》創刊。

1.31 台灣省警備總司令部公告，台灣省漢奸檢舉數目，澎湖縣除外，總計達300件。

2.1 花蓮市《東台快報》創刊。3月1日改稱《東台日報》。

2.2 圓山動物園開放參觀。

2.4 各地配置政令宣傳員。

2.5 由台灣人合資的大公企業股份有限公司成立。

2.6 台灣省貿易公司正式改為台灣省貿易局。

2.6 美技術合作團抵台。

2.8 北韓成立臨時人民委員會，主席金日成，發佈土地改革法。

2.12 台灣省國民黨部組織民食救濟運動委員會。

2.15 《海疆》創刊。

2.15 中央通訊社台北分社成立。

2.16 台灣省縣轄市市民代表選舉規則公佈。

2.17 國民政府軍2師團登陸台灣。

2.17 全國體育協進會台灣分會成立。

2.18 游彌堅任台北市長。

2.20 《中華日報》在台南市創刊。

2.23 台灣省軍事接收完成。

2.24 台北市流行天花。

2.25 中國軍事3人小組簽署「國共兩軍整編合併協定」(整軍協定)。

2.28 據統計，1945年10月至1946年2月台灣接收總值：1.官有機關財產593單位，計2,938,500,000圓。2.私有企業財產1,295單位，計7,163,600,000圓。3.個人財產48,968單位，計888,800,000圓；共計50,856單位，10,990,900,000圓（台銀券對台幣1：1)。

3.1 財政部設置台灣鹽務管理局。

3.1 英國實施英格蘭銀行國有化，重要產業開始國有化。
3.1 台灣省地方訓練團開訓。
3.1 中國國民黨第6屆2中全會開幕，至3月17日閉幕，否認部分政治協商會議之決議。
3.1 台灣省加強宣導，車輛一律改靠右行。
3.3 豐原《風聲報》創刊。
3.5 邱吉爾於美國密蘇里州富爾頓發表「鐵幕」演說。3月13日史達林告訴《真理報》記者，指責邱吉爾為「挑起戰事的人」。
3.12 台灣省黨部今日舉行國語演說競賽會。
3.12 行政長官公署訓令各機關對本省人才應從寬錄用。
3.12 新竹專賣分局汪課長在專賣品檢查時，用手槍傷人。
3.15 行政長官公署函命各機關：日本人的留用範圍僅限技術人員。
3.15 台灣通訊社成立。
3.15 龍瑛宗開始主編《中華日報》的日文版文藝欄。
3.18 周恩來對外公開譴責國民黨2中全會決議，並警告其將不參加國民大會。
3.22 台大醫學院職員罷工，要求發給正式證書。
3.22 行政長官公署通告，獎勵台灣省民回復姓名。
3.22 台大醫院罷診。3天後，台大第2附屬醫院呼應第1附屬醫院進行罷工。
3.24 各地縣市參議員選舉。
3.26 台灣省參議員候選人登記開始，至30日為止達914名。
3.27 《公論報》發行人改為李萬居。
3.30 《日月潭週報》創刊。
3.31 國共在東北激戰。
4.1 省立台北圖書館、博物館開放。
4.1 國語普及委員會成立。
4.2 台灣省各農業會，奉令一律改組為農會。
4.5 4強對日管制委員會於東京舉行首次會議。
4.6 台灣地區戶口調查開始。
4.6 專賣局嘉義分局長周必璋因收賄遭收押。
4.6 監察院提案停止台灣法庭任用日本人。
4.7 台灣省政治建設協會開始運作（前台灣民眾協會）。
4.10 日本依新選舉法舉行普選。
4.12 慶祝光復後首次青年節，舉辦全省國語演講比賽。
4.12 美國駐台灣領事貝魯克抵台。
4.14 宜蘭發生天花。
4.15 全省參議員選舉舉行。
4.15 日本戰犯安藤利吉等14人押至上海受審。
4.15 《正氣》半月刊創刊。
4.17 三民主義青年團中央處直屬台灣區團部籌備處第1次代表大會今日召開。
4.19 《大公報》台灣分社成立。
4.20 日本戰犯安藤利吉（原台灣總督）在上海監獄自殺。
4.20 台灣省記者公會成立。
4.23 嚴家淦今日就任財政兼交通2處處長。
4.27 電影戲劇公會成立。
4.28 台灣科學振興會成立，杜聰明當選為理事長。
4.29 美國特使馬歇爾要求國府領袖蔣介石無條件立即停戰、維持東北現狀、東北國共兩軍之整編等4項停戰案。
5.1 台灣省參議會成立，舉行首次大會，黃朝琴、李萬居當選正、副議長。
5.1 國民政府自重慶還都南京。
5.1 《大公報》在台灣發行航空版。
5.2 國民政府任命連震東為台灣省參議會祕書長。
5.3 國際法庭於東京公審日本戰犯。
5.3 蘇俄軍隊自中國東北撤退完畢。
5.4 中共中央指示解放區進行土地改革運動。
5.4 台灣文藝社成立。
5.5 國父與蔣主席銅像在台北市分別舉行奠基儀式。
5.5 台胞1萬2千8百人乘美自由輪返回台灣。
5.5 郵電管理局成立。
5.13 中華會館正式改稱台灣省建設協進社。
5.15 國民政府任命任顯群為台灣省交通處處長。
5.16 台灣省婦女會成立，為台灣歷史最久、人數最多的婦女團體。
5.19 國民黨在各縣市設置成立指導員事務所。
5.19 朱昭陽等人創辦延平學院（台北延平中學前身）。
5.20 行政長官公署接收台灣銀行，成立新台灣銀行，資金600萬元，開始發行新台幣。
5.21 台灣銀行開始發行1元、5元、10元3種新鈔，並開始收回日據時代的台銀券與日銀券。
5.25 行政長官公署通令修正各縣市街道名稱。
6.1 台灣土地銀行成立，接收舊勸業銀行分行。
6.1 台灣省體育會成立。
6.1 台灣海員工會成立。
6.1 高雄市立醫院開院典禮舉行。
6.3 東京審判開庭。
6.3 憲兵為維持治安，同時兼任司法與行政警察之職務。
6.4 基隆、高雄、澎湖等3港成立要塞司令部。
6.7 國民黨中常委1級上將何應欽今日訪台。
6.7 國民黨中央黨部任命蔡培火為台灣省黨部執行委員。
6.14 聯合國原子能委員會第一次會議，美國提議設置原子能國際管理組織（巴克提案）。6月19日蘇俄提出「禁止核子武器條約案」（葛羅米柯提案）。12月30日通過巴克提案。
6.16 台灣省教育會成立。
6.16 台灣文化協進會正式運作，機關出版品為《台灣文化》。
6.20 行政長官公署公佈旅館女侍管理辦法，聲明8月底堅決實施廢止公娼。
6.24 台灣全省保險會社改為產物人壽保險公司。
6.25 台灣省第1次教育行政會議在草山（今陽明山）舉行。
6.30 東部暴風雨受災慘重，通信、交通均斷絕。
6.30 高雄造船場、水泥廠大罷工。
7.1 實施電影審查制度。
7.1 台灣棋社成立。
7.4 菲律賓宣佈獨立，對外發表獨立宣言。

7.8 台灣省鐵工業同業會成立。
7.12 國民政府軍50萬對中共蘇皖占領區展開正式攻擊，國共內戰全面開始。
7.15 民政廳發表台灣人口總數6,336,329人。
7.19 日本東京澀谷警察槍殺台胞，2人死亡，另14人受傷。
7.20 毛澤東以「保衛戰」為名阻止蔣介石進攻，宣佈準備正式交戰。
7.25 印度制憲國會代表選舉結束，國民大會黨大勝。
7.25 台灣區日本戰犯在上海判決。
7.28 上海的台灣關係團體代表楊肇嘉、陳碧生、陳榮芳等至國民政府請願。
7.30 台灣省電影攝製場在台北植物園內落成。
7.31 行政長官陳儀在記者招待會上表明台灣絕對不會有官僚資本主義存在，並且也禁止公務員有商業行為。
8.1 台灣省公路局成立。
8.1 毛澤東與美國史多隆女士談話中說「原子彈只是紙老虎」。
8.2 國民政府軍飛機轟炸延安。
8.2 行政長官公署把台灣劃分成8個糧食區，並允許區內食糧的移動販賣。
8.3 閩台區接收清查團抵台調查，至9月14日結束調查。
8.5 私立延平大學定9月中開校。
8.6 嘉義阿里山原住民舉行盛大小米祭，為光復後第1次，日據時代被禁止舉行。
8.7 台灣省編譯館成立。
8.7 開始取締日本唱片。
8.8 台灣省地方訓練團改名為「省訓團」，直屬行政長官公署。
8.9 原軍政部台灣區馬德尊少將因瀆職事件決定槍斃。
8.10 台北縣教員遲發3個月月俸。
8.11 台南縣新營發生持槍警員與民間野台戲觀眾衝突事件。
8.13 行政院例會通過陸志鴻接掌台灣大學。
8.16 台灣省發表參政員當選人林忠、林宗賢、羅萬車、林獻堂4人，因廖文毅、楊肇嘉各有一張爭議票，造成其餘4名員額無法產生，決由中央核定。
8.16 行政長官公署教育處通令各國民學校學生實行男女合班制。
8.18 台南工專、台中農專分別改制為農工學院。
8.19 台灣革命同盟會改稱台灣憲政協進會。
8.23 失業者普遍增加，地方以嘉義、澎湖兩地最多，職業以土木業占首位。
8.24 印度國民大會黨議長尼赫魯成立國大黨1黨過渡政府，印度「穆斯林聯盟」正式展開建設巴基斯坦行動。
8.27 台灣光復致敬團林獻堂等人飛往上海。
8.28 今日恢復台灣本島與澎湖間定期航路。
8.29 丘念台、林獻堂等人組成台灣光復致敬團，啟程赴大陸，作為期37天的訪問。
8.31 中央核示台灣參政員候選人廖文毅、楊肇嘉兩爭議票無效，楊落選，廖則與其餘4同票者抽籤。
9.1 勸業銀行台北分行改稱台灣土地銀行，並正式營業。
9.3 1946年徵兵制度開始實施。
9.6 抽籤決定其餘4名台灣參政員名單：吳鴻森、陳逸松、杜聰明、林茂生。
9.7 林茂生辭退參政員。
9.7 上海「中國音樂訪問團」到台北演出，由馬思聰率領。
9.8 台灣省山地行政檢討會議揭幕。
9.9 第1屆台灣省民政檢討會議今日揭幕。
9.10 行政院宣佈不論戰前戰後，日女嫁華男，不必遣送返日。
9.12 《新新月刊》在台北山水亭舉辦「台灣文化的前途」座談會。主席蘇新，參加者有王白淵、黃得時、張冬芳、林博秋等人。
9.14 中等學校禁止使用日本語。
9.17 中美農業技術團訪台。
9.17 專賣局長及貿易局長因貪污以停職處分。
9.20 旅外台胞回台人數迄今達8萬8千多名。
9.25 颱風來襲，損失慘重。
10.1 紐倫堡國際軍法審判判決，12人處絞刑。
10.1 竹東鐵路鋪設動工。
10.1 開始實施戶籍法。
10.3 行政長官公署公告，自10月25日起，新聞報紙雜誌之日文版一律撤除。
10.5 原產業組合金庫改為省營「合作金庫」，資金2千5百萬元。
10.5 中國合作事業協會台灣分會今日成立。
10.6 延平學院開學。
10.9 馬歇爾、周恩來會談破裂。10月11日國民政府軍占領張家口。
10.10 國民政府修正公佈兵役法，男18歲以上，45歲以下適齡。
10.11 有關當局公佈台灣地區戶口清查情形，總計1,000,597戶，人口則為6,336,329人。
10.13 台北工業職業學校改為工業專科學校。
10.14 為慶祝蔣介石60歲生日，原總督府大樓改建為「介壽館」，林獻堂獻金50萬元。
10.15 行政長官陳儀在民意機關工作檢討會中指出：政府最緊要要任務，首使台胞中國化。
10.15 紐倫堡大審頭號戰犯，前德國空軍總司令戈林自殺。
10.16 紐倫堡大審處死戰犯執行絞刑。
10.19 當局禁止使用日本姓名及學生在校穿木屐。
10.21 蔣中正夫婦搭乘「美齡號」專機訪台，27日返回南京。
10.22 第1屆全省美術展覽揭幕。
10.25 蔣介石、宋子文、麥克阿瑟在台祕密會談。
10.25 廢止報紙雜誌日文版。
10.25 《台灣月刊》在台北市創刊，編輯沈雲龍，為行政長官公署宣傳委員會刊物。
10.25 第1屆省運會揭幕。
10.27 台灣憲政協進會發起台灣新生活運動。
10.30 日月潭發電所戰後重建工作宣告結束。
10.31 發表台灣省制憲國大代表選舉結果：李萬居、顏欽賢、黃國書、林連宗、林壁輝、南志信、陳啟清、洪火煉、劉明朝、吳國信、簡文發、張七朗、鄭品聰、高恭、連震東、謝娥、紀秋水等17人當選。
11.1 嘉南大圳復建工程開始。
11.1 台灣省營鳳梨有限公司成立。
11.1 台北市立醫院成立。
11.3 日本天皇公佈新憲法。
11.4 國民政府、美國簽署中美貿易條約。
11.8 地政局制定承耕公有地辦法。
11.10 法國國會大選，共產黨成為第一大黨。12月16日社會黨布爾姆內閣成立。
11.11 台中縣警察局督察拒捕，與該局警察數十人聯合打死執行任務之法警。
11.11 司法保護會成立。
11.15 國民政府召開國民大會，至12月25日為止，中共、民主同盟拒絕參加。
11.15 荷蘭承認印度尼西亞共和國。
11.21 舉行全省第1屆高等考試。
11.26 周恩來聲明停止和談。
11.26 破獲台幣偽造案（偽造額達千萬元以上）。
11.30 行政院訓令台灣省署轉飭遵照：軍政機關不得禁止政論學術刊物發行。
12.1 《自由日報》在台中市創刊。
12.3 台灣省警備總司令部軍官團今日組成。
12.5 台南震災，毀屋千棟，死者69人，傷者170人。
12.5 紐約被選為聯合國永久會址。
12.9 嘉南大圳水利組合改名嘉南農田水利協會。
12.10 日本澀谷事件判決，台灣人34名被判有罪，國民政府向日本政府提出抗議。
12.11 台灣省畜產公司正式成立。
12.14 聯合國大會通過裁軍法案。
12.19 防空司令部第4區台灣支部今日成立。
12.20 學生冒雨示威，抗議日本對澀谷事件裁判不當，要求行政長官陳儀促進國民政府對日交涉。
12.24 法國公佈新憲法，第4共和正式開始。
12.25 制憲國民大會今日通過「中華民國憲法」。
12.25 吳濁流小說《胡志明》總計4篇出版（即日文長篇小說《亞細亞的孤兒》最初版本，各篇皆以單行本印行）。
12.25 田蒲漆王氏雕刻的蔣主席銅像今日揭幕，銅像高9尺4寸，御陸軍大禮服。
12.27 位於台南的省立工學院（成功大學前身）舉行升格慶祝典禮及第1屆展覽會。
12.31 結束公有地調查工作。
12.31 張學良被護送至台灣，軟禁在新竹縣竹東鎮的井上溫泉。
12.31 行政長官公署刊行《台灣省51年來統計提要》。
12.31 美國贈送牛奶給各國民小學學生飲用半年。

1947

1.1 國民政府公佈中華民國憲法。
1.1 政府公佈台灣人不列入檢肅漢奸、戰犯條例的法令。
1.1 行政長官公署接收松山機場，改供民航之用。
1.1 台灣省實行與大陸一致的新度量衡標準。
1.1 農田水利局成立。
1.7 國立台灣大學今日合併省立商學院，並改制為國立台灣大學法商學院。
1.9 台北學生團體示威，抗議北京女學生沈崇被強姦事件。
1.15 《文化交流》創刊。
1.23 為普及學齡兒童教育，省公署訂定18項辦法，實行義務入學。
1.24 行政長官陳儀聲明設置經濟警察，以從事食糧及專賣的取締。
1.27 體育會與警備司令部舉辦之中正杯籃球、排球、足球比賽大會，在台北中山公園舉行。
1.29 美國務院聲明美國退出中國軍事3人小組，停止國共調停。1月30日國民政府宣佈解散軍事三人小組、北平軍事調停處執行處。1月31日全華北戰事擴大。
1.30 台灣省商聯會今日選出理事長陳啟清。
1.31 台東紅頭嶼改名蘭嶼鄉。
2.6 台南市盛大舉行鄭成功春祭典。
2.10 各國簽署巴黎和約（含對義大利、匈牙利、保加利亞、羅馬尼亞、芬蘭和約）。
2.11 省內金融業休業，台北市金價封市時一兩突破台幣4萬2千元，食糧持續昂貴，其他物價受到影響，也跟著上升。
2.13 長官公署通令全省禁止黃金外幣買賣，黑市價格暴漲。
2.14 台北市民千人遊行請願，要求解決人為米荒，台北市決定按戶實施配米。
2.22 北韓人民委員會成立（委員長金日成）。
2.23 保護佃農，防止榨取，政府積極推行二五減租。
2.26 台灣省開始推行國語運動。
2.28 台北市民因不滿香菸緝私案，集結行動，沿途燒毀警察派出所，闖入專賣局。之後，民眾聚集長官公署廣場，當迫近警戒線時，遭機關槍掃射，當場6人死亡，多人受傷。228事件爆發。
2.28 板橋民眾阻擋北上火車。
2.28 以碼頭勞動工人為中心的基隆民眾於晚上集結起來，襲擊警察派出所。
2.28 桃園民眾聚集於廟前廣場舉行民眾大會。
2.28 警備總司令部發佈台北市區臨時戒嚴令。
3.1 民眾包圍台北北門旁「鐵路管理委員會」，突遭機關槍掃射，共被擊斃18人，負傷者40餘人。
3.1 省市參議員及國大代表緊急開會，決定提出私菸事件4點處理辦法。
3.1 台灣國大代表、國民參政員、省市參議員等在台北市參議會開會決議組織「緝菸血案調查委員會」，選出黃朝琴、周延壽、林忠等為代表，擬向行政長官陳儀提出5項「建議」。
3.1 行政長官陳儀首次在電台廣播向台灣人民提出4項約定：1.今晚12時解除戒嚴令，但以恢復社會秩序為條件。2.釋放被捕市民，由鄰里保釋並加以監視。3.禁止軍警開槍。4.指定長官公署5人為政府代表，組織「官民處理委員會」共同處理善後。
3.1 基隆要塞司令部宣佈戒嚴。

3.1 台中與彰化等處的縣市議員在台中市舉行聯席會議，並推選林連宗（國大代表、律師）趕赴台北做聯絡工作。
3.1 華南商業銀行成立。
3.1 台灣工商銀行成立。
3.2 桃園大批民眾襲擊桃園縣長官舍，占據縣政府，警察出來應戰，雙方傷亡頗大。
3.2 新竹民眾攻擊警察局，繳收憲警武裝，搗毀國民黨市黨部及商店多起。
3.2 從南部北上的軍用火車被擋住在新竹車站，占據車站的起事民眾與車內的國府軍開始戰鬥。
3.2 台中民眾假台中戲院召開「市民大會」，謝雪紅被推舉為大會主席。大會後，民眾包圍台中市警察局，收繳警察武裝，謝雪紅以警察的武器武裝學生，編成一支「學生起義軍」，接著宣佈「人民政府」的成立。
3.2 嘉義民眾襲擊政府機關，包圍市長官舍，並把警察武裝全數繳下，占領市政府。
3.2 屏東市參議會副議長葉秋木召集民眾大會。
3.2 宜蘭舊日本退伍軍人與青年學生集會遊行，襲擊軍隊倉庫，奪取武器武裝自己。
3.3 228事件處理委員會成立。
3.3 基隆碼頭工人襲擊第14號碼頭的軍用倉庫，事敗，死傷多人。
3.3 原「三民主義青年團嘉義分團」主任陳復志，在三青團嘉義分團與嘉義參議會聯席會議上被推為「228事件處理委員會嘉義分會」主任，並兼「嘉義防衛司令部」司令，率領「高山部隊」（原住民）、「海軍部隊」（舊日本海軍軍人）、「學生總隊」、「海外歸來者總隊」、「社會總隊」等，一同攻占第19機廠，並占領嘉義市政府。
3.3 228事件處理委員會召開台北市臨時治安會。
3.3 高雄部分民眾占領2個警察分局，到處發生打外省人事件。
3.3 鍾逸人在台中師範學校成立「民主保衛隊」。
3.4 228事件處理委員會決議協助糧調會採購米糧。
3.4 上海台灣人協會向國民政府主席提出請願書，要求徹查台北228事件。
3.4 警備總司令部派遣新竹出身的蘇紹文在新竹指揮憲警部隊宣佈戒嚴，但蘇紹文堅持不戒嚴。
3.4 舊日本退伍軍人的台灣青年編成「海外隊」、「陸軍隊」、「海軍隊」等屏東起事部隊開始示威遊行，隨即攻占警察局，並占領市政府。
3.4 葉秋木被推為「228事件處理委員會屏東分會」主任委員。並被選為屏東臨時市長；「治安本部」負責市內治安。
3.4 學生、民眾代表及陳炘、蔣渭川、林梧村等40人見陳儀，提出「改革目前台灣政治」要求。
3.5 台灣省自治青年同盟成立。
3.5 台北的228事件處理委員會通過該會的組織綱領與「本省政治改革方案」。
3.5 謝雪紅等取消台中的「人民政府」，聯合林獻堂、黃朝清等各界人士成立「台中地區時局處理委員會」，會內設立「保安委員會」，並任命吳振武擔任主任。
3.5 嘉義民眾與台中、斗六、竹山、新營、鹽水港等地民眾向嘉義飛機場發動攻擊，占領水源地與發電廠。
3.5 斗六陳纂地編成「斗六警備隊」攻擊虎尾飛機場，當地駐守部隊敗逃到林內的平頂被收繳武器，並集中於林內國民學校，委任林內民眾監管。
3.5 高雄市參議會號召市民參加起事，並成立「228事件處理委員會」。
3.6 228事件處理委員會發出告全國同胞書，謂爭取本省政治改革並非排斥外省同胞。
3.6 228事件處理委員會正式選出常務委員，並派員監理台灣銀行業務，煤岸千噸運市廉價配售。
3.6 謝雪紅之「台中地區治安委員會作戰本部」成立「二七部隊」。
3.7 陳儀宣佈將長官公署擴充為省政府，各廳長官員將盡量任用本省人才。
3.7 228事件處理委員會向行政長官陳儀提出32條「處理大綱」。
3.7 國民政府國防最高委員會檢討228事件，將於最近改組台灣行政機構，中央並決定派大員來台撫慰。
3.8 國軍第21師在高雄、基隆登陸。展開鎮壓活動。
3.8 閩台監察使楊亮功率領憲兵第四團從福州駛抵基隆港。
3.8 延安中共《解放日報》社論「台灣的自治運動」，支持台灣武裝鬥爭。
3.8 行政長官陳儀拒絕接受228事件處理委員會的32條要求。
3.9 台灣省警備總司令部再度在台北市區下戒嚴令。
3.10 行政長官陳儀命令解散228事件處理委員會。
3.10 國民政府主席蔣介石於中樞總理紀念週上表示中央對228事件處理方針。
3.11 國民政府發表派遣國防部長白崇禧至台灣處理228事件。
3.11 全省交通、通信機關管制開始。
3.12 二七部隊撤入埔里。
3.14 台灣省警備總司令部宣佈：至3月13日止，全省已告平定，即日起開始肅奸工作，台灣進入綏靖階段。
3.14 台灣省警備司令部下令解散政治建設協會。
3.15 台灣省宣傳委員會今日改制為新聞室。
3.15 台南開始白晝解嚴。
3.17 國防部長白崇禧抵台，發表228事件處理原則：1.行政長官公署改為省政府，各縣市長提前民選；2.省府人事儘先選用本省人士，各機關本省或外省人員之待遇一律平等；3.縮小公營事業範圍；4.228事變後之不合法組織應解散，與228事變有關之人員一律從寬免究。
3.19 國民政府軍隊占領延安。
3.20 國防部長白崇禧發表受害公教人員撫卹傷亡賠償損失辦法。
3.22 228事件受難公務員救濟辦法今

日公佈。
3.24 台北《和平日報》社長李上根行蹤不明。
3.25 據有關方面調查統計，228事件台北損失慘重，公教人員死傷9百餘人。
3.28 國防部長白崇禧指示，228事件人犯應從速依法審判，參加暴動青年學生免究。
3.28 行政長官公署成立228事變臨時救卹委員會，主任委員周一鶚。
4.7 台灣省設立經濟警察。
4.14 據台中市府統計，228事變台中損失數字，截至3月31日為止。公私財物損失千餘萬元，傷亡1百餘人。
4.14 台灣警備司令部發表限制軍服辦法，以取締非軍人穿軍服。
4.15 台灣省政府今日宣佈實施三七五減租。
4.16 省教育界通電全國，報告228事變真相，純係叛徒借題發揮乘機搗亂，希望輿論正視事實並主持公論。
4.17 實施戶口清查。
4.22 台灣省農林公司成立。
4.22 行政院決議撤廢台灣行政長官公署，改訂「省政府組織法」；決定任命魏道明為台灣省政府首任主席。
4.22 台南縣參議員、台灣省商會理事黃媽典因參與228事件被當局判處死刑。
4.25 嘉義地方原住民40多人因3月5日襲擊機場，攜械自首。
4.27 台南縣228事件參與自首者合計467名。
4.28 最後一批日僑集中基隆乘輪船返回日本。
4.29 政府決定台灣省政府委員、廳長、處長之人選（全部22名中，台籍人士占12名）。
4.30 台中區228事件參與自首者合計1千3百多人。
4.30 吳振南在日本橫濱創立「台灣住民投票促進會」。
5.1 台灣工礦公司成立。
5.10 柯遠芬開始在《台灣新生報》發表「事變10日記」(228事變)。
5.10 台灣警備總司令部成立，彭孟緝就職。
5.11 陳儀離台。
5.15 撤廢行政長官公署，台灣省政府成立，首任主席魏道明抵台，強調本省施政重點首重安定，再求經濟繁榮。發表省政有關重要措施各點如下：1.解除戒嚴令。2.完成清鄉工作。3.停止新聞、圖書、郵政之檢查。4.各項交通管制一律解除。
5.18 警備司令部公佈全省解除戒嚴，暫停郵電檢查。
5.20 南京、天津、北平等地學生反內戰示威轉強。政府鎮壓學生，發生「520血案」。
5.20 省農會第1次代表大會開會。
5.22 省漁業聯合會成立。
5.23 省政府委員會議通過改設菸酒公賣局案，決議設置公產公物整理委員會。
5.23 台灣省兒童福利協進會成立。
5.25 人力車職業公會成立。
5.27 台北市總工會成立。
6.1 台灣甘蔗協會在台南成立。
6.2 台灣省社會處成立。
6.5 生啤酒上市。
6.4 中央政府認定在台灣的62名革命愛國烈士。
6.5 美國國務卿馬歇爾發表歐洲復興計畫（「馬歇爾計畫」）。
6.5 前省林務局宣告撤銷，改設林產管理局。
6.6 台北市參議會通過反對日本移民台灣，同時發表公開聲明堅決反對國際共管。
6.7 警備司令部開始其工作事務，統一指揮全省陸海空軍。
6.9 公佈免除山地住民稅金。
6.12 台灣輪船公司成立。
6.13 省政府設置失業救濟委員會。
6.13 省政府制定人民失業調查及救濟辦法。
6.15 台灣省改革幣制，發行新台幣。
6.15 台灣省兵役協會成立。
6.16 台中大甲、大安、烏溪、濁水溪四溪山洪暴漲，造成堤防潰決淹斃多人。
6.19 遠東委員會通過「占領日本基本政策」。
6.21 《台灣銀行季刊》發刊。
6.21 台中水災潰決10處，難民共達2千餘名，流失水田813甲，死傷37人。
7.1 台灣省教育廳奉教育部令，此後畢業證書將廢除黨旗，一律改用國旗。
7.1 省府明文規定不得再使用「高山族」名稱，一律以「山地同胞」稱呼。
7.1 警備司令部新聞處成立。
7.7 中共中央發表「七七宣言」(成立民主聯合政府、實施土地改革)。
7.9 國民政府今日決定解散政治協商會議。
7.9 許丙、簡朗山、辜振甫、林熊祥、徐坤泉5人主張「台灣獨立」案宣判，簡朗山、徐坤泉無罪，餘均處徒刑。
7.31 228事件參與者自首期限至本日止（自首達3千多人）。
7.31 南北縱貫鐵路線，自今日起可行駛客車。
8.1 台灣省工程處成立。
8.8 省政府通過設立台灣省新聞處，圖書博物館改隸教育廳。
8.10 台灣紙業公司決定售予民營。
8.11 美特使魏德邁訪台。
8.13 台灣省水利協會正式成立。
8.14 巴基斯坦獨立，首任總理真納，首都喀拉。
8.14 全省鐵路工會正式成立，會員1萬6千餘人。
8.17 青年軍205師第1旅抵台。
8.21 台灣省政府新聞處成立，林紫貴任處長。
8.24 美國駐中國特使魏德邁，在離華聲明中指摘國民政府之腐敗。
8.25 決定本省國大代表名額為19名。
8.26 丘念台就任省國民黨主任。
8.29 台灣火柴股份有限公司今起開放民營。
8.31 國民政府陸軍副司令官孫立人抵達台灣。
9.3 為輔助省民參加選舉，省當局舉行本省選舉指導會報，省選舉事務所統計本省選民260餘萬人。
9.3 花蓮縣《更生報》創刊。
9.3 《台北晚報》創刊。
9.4 花蓮水災嚴重，淹沒房屋172

幢，災民5千餘人。
9.5 省府會議同意本省國校課本免費發給。
9.11 228事件關係者被檢察處依法提起公訴。
9.11 各縣市役齡男子調查工作已完成，全省計274,532人。
9.12 中共新華社發表「人民解放軍反攻總宣言」(二年內內戰勝利、成立民主聯合政府)。
9.16 行政院通過台省政府祕書長徐道鄰辭職，謝瀛洲接任。
9.28 政治大學決議通過台籍學生名額確保案。
10.1 中國民主社會黨台灣省黨部今日成立。
10.2 中學教員檢定考試，全省合格者13人。
10.2 新竹竹東間鐵路工程告竣，市府舉行試車典禮。
10.9 中央信託局台灣分公司開業。
10.9 原台灣省行政長官陳儀被任命為台灣省政府顧問。
10.9 省政府通過淡水、安平等5港16日起開放，及台南等8市增設社會科。
10.12 美軍駐台中校，因台灣區接收侵占黃金2千兩事件，在洛杉磯接受審判。
10.12 青年軍205師全師抵達台灣。
10.16 淡水、安平、布袋、蘇澳、舊港等5港開放為「省際商港」。
10.19 省政府開放基隆、高雄2港為國際港。
10.22 省保安警察總隊成立。
10.23 行政院資源委員會主任委員公翁文灝，國民政府委員繆雲台訪台。
10.24 行政院長張群蒞台。
10.25 英議會訪華團訪台。
10.25 行政院長張群答覆民意代表質詢，本省縣市長民選於憲政實施時實行，為期已近，另一方面，中央對台幣之制度決心予維持。
10.25 《建國月刊》於台北市創刊。
10.27 中美於南京簽署救濟協定，3千萬美元物資啟運來台。
11.3 陸軍訓練總司令部今日正式遷設鳳山。
11.5 竹東鐵路通車。
11.8 板橋發生廢彈爆炸，受傷10餘人，工廠附近2千公尺房屋大半毀滅。
11.9 陸訓部司令孫立人赴鳳山，美軍小組組員由台灣飛抵南京。
11.12 謝雪紅等於香港組成台灣民主自治同盟。
11.13 全省衛生會議通過恢復公娼制度，實施女侍檢查。
11.21 台灣省國大代表選舉開始。
11.24 台灣省國大代表選舉發表：台北市黃及時、台中市林朝權、新竹縣吳鴻森、新竹市蘇紹文當選。
11.27 台灣省國大代表選舉結果續報：基隆市李清波、彰化市呂世明、台南市連震東、高雄市楊金虎。
11.27 台灣省國大代表選舉結果續報：屏東縣張吉甫、台北縣王民寧、嘉義市劉傳來、台南縣吳三連、花蓮縣劉振聲當選。
11.27 為提高高台胞民族意識，政府開始取締日本式廣告。
12.1 新高山恢復其原來名稱玉山。
12.5 澎湖縣國大代表謝淨強當選。
12.7 美海軍上將柯克來台訪問。
12.8 職業團體及婦女會之國大代表選舉發表：農會代表洪火煉、謝文程、洪元煌，勞工代表陳紹平、蔡石勇、陳天順，婦女會代表林珠如、鄭玉麗當選。
12.15 台灣省電影製片廠開放民營。
12.21 《南方週報》創刊。
12.23 立法院通過訓政結束程序法。
12.23 省藝術建設協會成立。
12.25 「中華民國憲法」開始實施。
12.26 台灣省政府今日通過設置刑事警察大隊。

1948

1.1 行政院資源委員會所屬的台灣銅礦準備處今日改組為台灣金銅礦務局。
1.5 省政府函覆參議會表示已確實平等處理台籍公務員的待遇問題。
1.5 商務印書館台灣分館開幕。
1.8 國民政府撥法幣5億元，充作本省冬令救濟金。
1.9 台灣省政府主席魏道明宣稱：台灣省月產煤12萬噸，約5、6萬噸可交燃料管理委員會運銷外省，換取紗布。
1.10 監察委員選舉開始。
1.13 行政院訂定機關徵用日籍技工管理辦法，規定為防止逃亡須辦5人連環保。
1.14 教育部長朱家驊訪台。
1.15 蘇花公路通車。
1.17 省當局制定中等學校山地學生獎學金給予辦法。
1.18 台灣省首屆教育會議今日在台中揭幕。
1.20 光復後舉行首次縣長考試。
1.20 國民政府主席蔣介石言明免除本年度台灣省之徵兵。
1.21 立法委員選舉開始。
1.23 美國原子筆大王雷諾來台訪問。
1.23 台灣省首屆立法委員選舉揭曉，劉明朝、羅萬俥、黃國書、蔡培火、郭天乙、謝娥、鄭品聰、何景寮等8人當選。
1.23 公佈徵收礦區稅。
1.23 台灣中華國貨公司今日舉行創立大會。
1.28 省政府制定「台灣省出入境旅客登記暫行辦法」，決定自3月1日施行。
1.29 廢止管理食糧臨時辦法。
1.30 印度獨立領袖甘地於新德里遭極右派印度教徒暗殺。
1.31 美第15艦隊指揮官卡伊扣訪台。
1.31 民政廳統計戰時被日人徵召服役省民，傷亡人數計1萬4千餘名。
1.31 一年來本省報紙雜誌，因受228事變影響，或經營不善、言論失當等諸多因素，而不能繼續發刊者計有53家。本省新聞雜誌現有81家。
1.31 台幣與法幣兌換率上升為1：102。
2.1 台灣銀行新百圓券。
2.4 公佈台灣省合作農場耕作辦法。
2.4 錫蘭宣告獨立，成為大英國協自治領。
2.6 中美在上海進行談判，合作開發台灣鋁業。
2.7 行政院決定日產之收入（約台幣70億元）當作本省復興建設費。
2.8 法國承認柬埔寨為「法蘭西聯盟」內之自治國。3月21日以同一方式承認寮國。

2.11 嘉義市政府為鼓勵外省同胞學台語，舉辦台語演說比賽。
2.13 中美合營之高雄鋁廠之契約在南京簽字。
2.14 國民政府副主席孫科訪台。
2.16 新營紙漿工廠開工，規模為全國第一。
2.17 中央核准舉辦放領公地開墾荒地，推行耕者有其田政策，扶植本省自耕農。
2.17 本省開始輸出水泥（1,500噸到菲律賓）。
2.20 本省代用小學老師，特准申請免服兵役。
2.22 《精忠報》在高雄鳳山發刊。
2.22 橄欖球協會成立。
2.24 台灣省總工會成立。
2.25 共產黨在捷克奪取政權。
2.26 決定停止徵收本年度食糧稅。
2.27 台幣發行額到1948年1月止為17,902,016,000元。
2.28 台幣與法幣兌換率上升為1：142。
2.28 制定入台旅客登記工作規則。
2.29 省教育廳通令各學校，從本學期起各科都要用國語教授，禁用日語交談。
3.1 台灣省鐵路管理委員會改組為台灣鐵路局。
3.8 台灣樟腦公司改組為樟腦局（由省建設廳所管轄）。
3.9 國民黨中央黨部祕書長吳鐵城今日訪台。
3.9 新疆歌舞團一行抵台。
3.13 為加強推行國語，教育部令台大設國語專科，《國語日報》亦將移台出版。
3.10 省農林處所屬之實驗經濟農場今日成立。
3.17 嘉南大圳開始放水，灌溉面積達18萬甲。
3.17 英法荷比盧等西歐5國簽署西歐聯合條約（布魯塞爾條約）。8月25日開始生效。
3.18 行政院公佈台灣省各市政府組織規程。
3.18 中國大陸6百多件文化財產由上海抵台。
3.19 全國標準時間區域重新劃分。
3.20 全國各地郵局今日開始發行台灣匯票。
3.20 台幣與法幣兌換率1：210。
3.20 高雄煉油場發生爆炸慘劇，死傷8名技工。
3.22 台中潭子鄉甘蔗崙村發生大規模械鬥，起因為農民爭水灌田。
3.23 首批日本賠償物資，經濟部原擬撥交內地，經台省建設廳向經濟部申請，使本省工廠亦可以申請使用。
3.23 台灣省國大代表赴南京。
3.24 教育部主辦之文物展覽今日在台北揭幕。
3.25 省政府公佈台灣省國（省）有財產管理暫行辦法。
3.27 改用公制度量衡器。
3.27 海軍總司令部決定在左營設立海軍士官學校。
3.30 山地同胞省參議員選舉。
4.1 蘇俄加強柏林陸運管制，開始封鎖柏林，持續至1949年5月12日為止。
4.1 聯合國兒童救濟會台灣省分會今日成立。
4.4 全省慶祝兒童節，糖果、書店8折優待小朋友。
4.4 行政院資源委員會與省政府合營之台灣機械造船公司分立為造船與機械兩公司。
4.6 楊逵因「和平宣言」入獄。
4.10 參議會考察團飛滬。
4.11 為扶植自耕農，1萬甲公地進行放租。
4.12 台灣省新聞業同業聯合會在台北成立。
4.16 參加馬歇爾計畫之16國與西德占領區簽署「歐洲經濟合作組織」條約。
4.16 攝影家郎靜山應邀訪台，協助「光復後之台灣」畫集出版。
4.17 公佈「土地權利清理辦法實施細則」。
4.18 國民大會通過憲法增訂案「動員戡亂時期臨時條款」。
4.19 國民大會選舉第1任總統，蔣介石當選。
4.19 台大校長陸志鴻辭職，由莊長恭繼任校長。
4.19 美國試驗新型原子彈。
4.20 藥劑師公會暨中藥公會舉行成立大會。
4.22 國民大會通過建設台灣為自治模範省案。
4.22 中共人民解放軍奪回延安。
4.26 省病蟲害學會成立。
4.28 機器工業公會成立。
4.29 省政府公佈茶業檢驗施行細則。
4.30 台電向美借款成功，首批2百萬美元已簽約。
4.30 國民大會通過「全國動員戡亂案」。
5.1 中共中央提議召開新政治協商會議。5月5日各民主黨派公開表示支持。
5.1 即日起實施夏令時間，時鐘撥快1小時。
5.1 北京大學校長胡適抵台。
5.2 台灣省師範學院運動會閉幕，百公尺打破全省紀錄。
5.5 台銀開始發行面額台幣5千圓之本票。
5.7 聯合國遠東經濟委員會工業調查團訪台。
5.7 於香港成立之台灣民主自治同盟發表告台灣同胞書。
5.10 在聯合國朝鮮委員會監督、美軍備戰狀態下，南韓舉行制憲國會議員選舉。5月14日北韓停止向南韓輸電。
5.10 國民政府公佈施行「動員戡亂時期臨時條款」。
5.10 台灣省工業會成立。
5.10 北京大學校胡適及聯合國祕書長胡世澤抵台。
5.11 台灣省首次高考。
5.13 全國運動會田徑賽結束，總分台灣獲第1。
5.14 英國託管巴勒斯坦結束，以色列於特拉維夫公開發表猶太國成立宣言。
5.16 美蘇承認以色列，阿拉伯國家則開始攻擊以色列。第1次中東戰爭爆發。
5.17 台灣銀行開始發行5百圓及1千圓大鈔。
5.20 瑞典人貝納托迪擔任聯合國巴勒斯坦問題調停人。9月17日於耶路撒冷遭猶太恐佈分子暗殺。
5.20 蔣介石、李宗仁就任中華民國政府第1任總統、副總統。

5.23 美駐華大使司徒雷登由孫立人作陪到台灣視察。
5.24 省當局為尊重山地同胞地位，重申禁用「番族」等名。
5.28 新店溪橋上火車起火燃燒，車廂4節焚毀，乘客4死52傷。
5.28 上海電影界來台拍攝「花蓮港」，影片是描述原住民姑娘與平地醫生的戀愛故事，年底也曾在中山堂放映，頗為轟動。演員包括宗由、沈敏、凌之浩。
5.30 戶口（身分證）總檢查開始。
5.31 三民書局負責人蔣渭川涉案「228事變」，獲不起訴處分。
5.31 北市推行義務教育，及齡學童限期任入學。
5.31 吳濁流作品《波茨坦科長》日文版由台北「學友書局」出版。
6.1 台灣省文獻委員會之前身台灣省通志館成立，林獻堂出任館長。
6.2 台北市環境衛生委員會成立。
6.5 台灣區印刷工業同業會成立。
6.7 省政府設置山地行政處，處長王成章。
6.17 省物資調節委員會發表，本省由美方買入肥料8百萬美元，本省的茶、鳳梨、樟腦等貿易逆差60萬美元之赤字，由中央政府予以半數補助。
6.20 台灣地理學會成立。
6.22 台灣銀行開始發行台灣省結匯證明書。
6.23 警備司令部發動愛民運動。
6.24 蘇俄切斷柏林、西德占領區間之所有陸上交通。
6.25 台中舉行築港典禮。
6.26 史蒂爾曼調查團（美援技術訪問團）抵台。
6.26 西歐各國展開空中運輸，接濟西柏林人民。
6.28 台灣省合作社聯合社成立。
6.29 全省林務會議開會。
7.1 基隆港務警察所正式成立。
7.3 工礦團體計畫設立工礦銀行。
7.3 中美經濟援助雙邊協定簽署。
7.4 台大聘請教授出問題，未接獲聘書教授、副教授等150餘人正等候校方表示。
7.6 台灣省第1棉織合作工場成立。
7.7 台灣對日商務代表團訪日。
7.9 省參議會通過「收購糧食辦法細則」。
7.14 台灣區紡織工業同業公會決議設立印染整理工廠。
7.16 台灣省水利委員會聯合會舉行首次大會。
7.17 台幣與法幣兌換率1：1066。
7.17 大韓民國憲法公佈。
7.17 台灣省當局頒佈修正山地保留地管理辦法。
7.19 中央銀行增發較大面額鈔票4種：計關金1萬、2萬5千、5萬、25萬4種。
7.22 本省民營造紙工廠遭逢危機，有半數廠家宣告停業。
7.22 監察院通過組織台灣視察團。
7.22 教育部今日頒訂各級學校校曆統一辦法。
7.23 台灣省地方自治協會成立。
7.27 監察院設立監委行署，全國暫設12行署，台灣屬閩台區。
7.29 公佈台灣省食糧買入辦法及施行細則。
7.30 大中戶餘糧收購辦法公佈。
7.30 省衛生處為改善台北市環境衛生，特設DDT噴射服務隊。
8.1 台灣省小學國語讀本，當局即將免費分發。
8.5 中美簽約成立「農村復興委員會」，首任主任委員為蔣夢麟。
8.5 省政府批准台灣、廣東2省物資技術交流辦法。
8.5 中美簽約合作成立「農村復興委員會」。
8.5 當局擬定審核省籍人員資歷變通辦法。
8.10 《台灣文學》創刊。
8.13 台灣電力公司公告從8月份開始調高電費90%。
8.13 聯合國印度、巴基斯坦委員會勸告2國停戰，2國原則上同意。
8.13 大韓民國今日正式成立，總統為李承晚。
8.13 鐵路、省營公車運費自今日起上漲100%。
8.16 全省農業檢討會開幕。
8.16 當局訂定稽核人民團體財務處理辦法。
8.16 警方開始嚴厲取締「放水燈」之迷信。
8.18 台大學生自治聯合會開會討論校務問題，並發表告各界人士書。
8.19 總統蔣介石公佈「財政經濟緊急處分令」，實行幣制改制，決定兌換率為金圓券1圓對法幣300萬元，金圓券4圓對1美元。
8.19 廢止台幣與法幣之兌換，改以金圓券交換。
8.20 行政院決定金圓券對台幣的兌換率為1：1835。
8.21 台灣銀行開始買入黃金、白銀、銀貨、美金、港幣。
8.23 正式發行金圓券。
8.30 地價評議委員會成立。
8.31 國代、立委聯誼會舉行自治通則座談。
8.31 台大解聘教授增發薪津3月。
9.1 海外異議團體台灣再解放聯盟，向聯合國提出台灣託管請願書。
9.1 美援運用委員會委員嚴家淦發表台灣糖業公司從美援工業器材分配獲得1百萬美元。
9.1 廖文毅等所組台灣再解放聯盟從香港向聯合國控訴。
9.1 監察院閩台分署在福州成立。
9.3 台灣糖業公司改組為股份有限公司，資本總額定為金圓券4億8千萬元。
9.3 台北海關奉令徵收戡亂附加稅。
9.3 省政府派專門委員鄧伯粹繼任基隆市長，梁劼誠接任林管局長。
9.4 台灣紙業公司今日改組為股份有限公司。
9.6 省合作金庫信託部開業。
9.9 聯合國農業調查團訪台。
9.9 黃金、白銀、外國幣券一律禁止攜帶出國，台北海關奉令即日起實施。
9.9 北韓宣告成立。
9.9 監察院閩台區監察委員行署台灣辦事處成立。
9.10 基隆地方自治協進會成立。
9.10 台灣省為原住民同胞所辦的《山光新報》創刊。
9.11 縣市行政督導團開始進行其行政監督。
9.11 台北地方自治促進會成立。
9.12 中國農業科學研究社台灣分社正式成立。
9.14 台北市物價審議委員會成立。

9.24 中共人民解放軍占領濟南。
9.27 台灣省物價審議委員會成立。
9.27 中央頒佈「查禁民間不良習俗修正辦法」。
9.27 中國飛車走壁團首次自大陸來台灣演出。
9.28 監察院巡察團訪台。
9.30 教育局為糾正學童日式命名，特訂定改名申請法。
10.1 農業復興委員會正式成立，主任委員蔣夢麟。
10.1 台銀停止收兌金銀外幣。
10.3 公務員待遇從9月份調整，上升100%。
10.5 本省實施全面配米。
10.11 省當局下令各縣市一齊檢查全省所有存米倉庫，並命令將存米分期出售。
10.15 台灣省戶政學會成立。
10.17 恆春警察所為破除迷信，召開宣傳大會，並令乩童、法師、轡婆列隊遊行高呼破除迷信口號。
10.19 中共人民解放軍占領長春。
10.24 何應欽訪台。
10.25 台灣省博覽會開幕。
10.26 國軍開始撤出東北。
10.31 台灣省棒球協會成立。
10.31 台中狂犬病猖獗。
11.1 金圓券與台幣匯率訂為1：1000。
11.2 台灣省參議會議長黃朝琴主張，請政府發行新台幣，以穩定經濟、節省物力。
11.2 杜魯門擊敗共和黨杜威、進步黨華萊士，連任第33任美國總統。
11.2 山地建設協會成立。
11.7 監察院巡察團發表「告台灣同胞書」後離台。
11.9 總統蔣介石請求杜魯門緊急軍事援助。
11.10 朱家驊與王世杰、傅斯年等決將當年運往倫敦展覽之故宮文物精品5百箱，與中央研究院歷史語言研究所、中山博物院、中央圖書館等古物同時運往台灣。
11.12 國際法庭東京審判宣讀判決，東條英機等25名戰犯分別處絞刑、徒刑。
11.13 鐵路運費上升300%。
11.14 台灣水泥公司水泥價格上漲幅度達4倍。
11.16 台灣紙業公司紙價上漲幅度達8倍半多。
11.17 台灣工商銀行改名為台灣第一商業銀行。
11.19 省參議會議長黃朝琴從南京的全國食糧會議返台後表示，已與中央達成以棉布、肥料或其他生活必需品換購台灣糧食之協議。
11.20 《華報》創刊。
11.21 中共中央聲明，對中華民國政府的任何援助視為對中國人民之敵對行為。
11.21 台灣全省銀行放款委員會成立。
11.23 百餘大戶抗售餘糧。
11.30 東柏林新市政府成立，柏林市府正式分裂。12月7日西柏林市政府成立。
11.30 台北縣市狂犬病猖獗，市衛生院撲殺野狗。
12.1 中共人民解放軍占領徐州。
12.1 台灣電力公司電費上漲100%～150%。
12.1 鐵路局今日開始辦理鐵路旅客免費保險。
12.5 台灣礦業研究會成立。
12.6 台灣銀行發表台幣發行量達880多億元。
12.9 省乒乓球協會成立。
12.10 聯合國大會通過「世界人權宣言」。
12.10 總統蔣介石下全國戒嚴令，新疆、西康、青海、台灣、西藏等地除外。
12.10 警務會議開會。
12.12 台灣銀行發行1萬圓券。
12.12 聯合國大會認定南韓政府為韓國唯一合法之政府。
12.12 中航滬台班機失事。
12.21 美國政府決定停止對中華民國長期援助計畫。
12.25 《國語日報》創刊，是全國唯一加有注音符號的報紙。
12.25 台灣青年文化協會成立。
12.26 故宮博物院與中山博物院第1批文物運抵基隆。
12.29 省農業經濟輔導委員會成立。
12.29 行政院今日任命陳誠為台灣省政府主席。
12.30 行政院美援運用委員會台灣事務所成立。
12.30 國民黨中常會任命蔣經國為台灣省黨部主任委員。
12.31 央行為配合軍政經濟需要，籌設台灣等地區分行。
12.31 內政部通令現任省參議員任期再度延長。
12.31 中共指定蔣介石等43名為戰犯。

1949

1.1 台灣省政府改組，魏道明辭職，陳誠繼任。
1.1 中共人民解放軍成立北平市軍事管制委員會、北平市人民政府。
1.6 司法院大法官會議釋字第1號解釋：「立法委員未經辭職就任官吏者，視為辭職。」
1.7 艾奇遜繼馬歇爾任美國國務卿。
1.7 聯合國大會決議不介入中國內戰。1月8日中華民國政府要求美英法蘇4國調停。1月12日美國拒絕調停。
1.7 台大學生自治聯合會要求改善公共汽車管理辦法，憑證半價。
1.8 台灣省參議會通臨時動議，分別致電蔣介石與毛澤東，呼籲雙方和平。
1.11 省政府委員會通過台灣省公務員考選辦法。
1.14 中共領袖毛澤東提出國共和談8條件：懲處戰犯、廢除偽憲法、廢除偽法統、依據民主原則改編一切反動軍隊、沒收官僚資本、土地改革、解除賣國條約、成立民主聯合政府。
1.15 軍憲警聯合巡查隊正式成立，夜市營業限12點停止。
1.15 總統府祕書長吳忠信於南京致電台灣省政府，國民黨重要史料180箱將押運來台。
1.17 台南米價暴漲，米價封市時1大斗突破2萬元。
1.19 美英等國工會退出世界勞工聯盟執行局。於11月28日組成國際自由勞工聯盟，共有53國、4,700萬人參加。
1.19 傅斯年就任台灣大學校長。
1.20 台灣省米穀商業同業會聯合會討論米價抑制問題。
1.20 考試院核准「台灣省籍人員任用

資歷審核變通辦法」。
1.21 總統蔣介石引退，副總統李宗仁代行職權。
1.21 上海《大公報》轉載楊逵撰寫之〈和平宣言〉。
1.22 糧食局決定放出特殊食糧以抑制米價。
1.25 省主席陳誠聲明公務員實施實物配給。
1.25 蘇聯與東歐5國宣佈成立「經濟互助理事會」(CMEA)。
1.26 台灣省警備總司令部成立，總司令陳誠、副總司令彭孟緝。
1.26 中華民國政府軍事法庭將日軍將領岡村寧次作無罪判決。
1.27 上海－基隆間航運慘劇，兩輪相撞沉沒，死亡7百多人。
1.31 中共人民解放軍正式進入北平。
1.31 蘇俄大使館跟隨中華民國政府遷至廣東。
2.1 省警備正、副總司令陳誠、彭孟緝舉行就職典禮。軍管區舉行成立典禮，陳誠兼任司令。
2.4 省主席陳誠公佈實施「三七五減租」。
2.4 總統李宗仁私人特使程思遠訪台，並會見省主席陳誠。
2.4 中共聲明保留對日本戰犯逮捕之權利。
2.6 台灣省游泳會正式成立。
2.7 美國經合總署中國分署署長賴樸漢來台視察，返滬前對外公開發表「為台灣人民的一般福利而服務」之談話。
2.8 獎勵大陸來台者至台東荒地開拓投資。
2.8 國立中央圖書館遷至台灣，並於台中設立閱覽所。
2.9 省政府修正頒佈「收購糧食辦法」，規定收購大戶、中戶餘糧採用累進法。
2.10 省參議會決定派遣代表參加上海全國和平促進會。
2.11 省政府通過設立台東墾殖農場。
2.11 台灣省防空指揮部改組為民防司令部，彭孟緝兼任指揮官。
2.13 台北市警局為制裁糧商囤米抬價，限10日內售出，違者嚴辦。
2.13 裝甲兵副司令官蔣緯國抵台。
2.15 監察院就少數軍政機關非法逮捕拘禁人民，侵害人身自由，提案糾正。
2.17 台灣省物價瘋狂暴漲，米價比上海還高。
2.20 農復會主委蔣夢麟抵台。
2.21 台灣火柴公司新竹廠工人要求加薪，發生怠工糾紛。
2.25 省政府通過撤銷山地行政處。
2.27 前台灣行政長官陳儀涉嫌投共，在上海被捕。
2.28 《台灣兒童月刊》創刊。
3.1 開始執行取締非軍人穿軍服。
3.2 美援會核撥美金100萬元，興修花蓮立霧發電所。
3.2 台灣省國民黨部舉行中央委員歡迎大會。
3.4 大甲、嘉義等地流行天花。
3.6 省衛生處公佈統計天花患者近171人。
3.8 法國與越南簽署協定，法國承認保大政權及越南為法蘭西聯盟之一員。
3.12 《中央日報》發行台灣版。
3.16 總統李宗仁電召台灣省主席陳誠至南京。
3.17 省參議員郭國基抨擊來台避難之立監委有負人民付託。
3.19 《兒童周刊》創刊。
3.27 高雄蔗農代表向省府請願，要求收購糖價機動調整，並將分糖法改為蔗農六、糖廠四。
4.1 國共和談開始。
4.4 西歐12國在華盛頓特區簽署「北大西洋公約」(NATO)，8月24日生效。
4.5 警備總司令部電令台大、師院2校，拘訊不法學生20餘人。
4.6 楊逵因撰寫〈和平宣言〉轉載於上海《大公報》被捕，被判徒刑2年。
4.6 警備總司令部拘捕師院學生，發生衝突，約2百人被捕及自動隨車受捕。
4.7 師院成立整頓學風委員會，劉真任主委兼代院長。
4.8 聯合國安理會否決韓國加入案。
4.8 四六學生運動被逮捕學生中，19名接受審判，釋放百餘人。
4.9 國民台灣省黨部主委蔣經國辭職，由陳誠接任。
4.11 台幣、金圓券兌換率1：1。
4.11 師範學院院長謝東閔辭職，劉真接任。
4.11 台灣大學學生回復上課。
4.13 整頓學風委員會公佈辦法，師院4月15日起重新登記，合格學生再取得學籍。
4.14 監察院通過金銀移轉台灣案。
4.14 上海市長吳國楨夫婦抵台。
4.15 中共向中華民國政府提出國內和平協定決定案。
4.15 台大學生自治聯合會為被捕學生舉行記者會。
4.18 台大對外發表學生人數統計共2,631人。
4.20 行政院通過衛生署組織法。
4.20 中華民國政府拒絕中共和談方案，和談破裂。
4.21 毛澤東、朱德命令發動總攻擊，渡過長江。
4.22 省政府決定公娼制定在台北市開始試辦。
4.23 中共解放軍攻入南京。
4.24 大量飛機由上海飛來，政府要員及其家屬由大陸逃出。
4.26 各地物價普遍暴漲，市場呈混亂狀態。
4.29 師院復課。
5.1 戶口總檢查開始實施。
5.1 省主席陳誠就任國民黨台灣省黨部主任委員。
5.3 省警務處設立刑事警察總隊。
5.4 省警務處發表地下錢莊因七洋貿易行案抓起倒閉風，40餘家宣告破產。
5.4 《民族報》在台北市創刊。
5.6 德意志聯邦共和國（西德臨時政府）成立。5月8日西德舉行制憲大會，通過基本法（憲法）。
5.11 暹羅改稱泰國。
5.11 以色列加入聯合國。
5.12 台灣銀行的外國匯兌從1美元對台幣1萬9千元改為1美元對台幣8萬元。
5.16 台中市公教人員實施連環保證辦法，不具保者不得雇用。
5.17 米價持續暴漲，白米1石高達百萬元。
5.19 台灣省政府、台灣警備總司令部宣告自20日起全省戒嚴，基、高兩港宵禁。

5.20 台灣省今日起實施戒嚴。

5.23 德意志聯邦共和國（西德）成立，定都波昂。

5.23 發表全省戶口總檢查結果，總人口7,026,887人，總戶數1,245,188戶。

5.24 立法院通過懲治叛亂條例。

5.25 省政府認為《公論報》錯刊本省人口總檢查的人口統計數字，有意誇大，飭令停刊三天。

5.27 中共占領上海。

5.27 台灣省警備總司令部訂定「台灣省戒嚴期間防止非法集會、結社、遊行、請願、罷課、罷工、罷市、罷業等規定實施辦法」暨「台灣省戒嚴期間新聞雜誌圖書管理辦法」。

5.27 台幣、金圓券兌換率1：2000。

6.1 警備總司令部新設防空處（由省民防司令部改組）及兵役處。

6.2 台灣區美援聯合委員會成立。

6.5 台中《天南日報》遭市府查封。

6.7 銀樓業正式掛牌，統一價格收兌銀元。

6.7 教育廳核定外省來台寄讀生可取得正式學籍。

6.9 省政府發表林獻堂為台灣省文獻委員會首任主任委員，黃純青為副主任委員。

6.15 台灣省實施幣制改革方案，台灣銀行發行新台幣2億，兌換率為新台幣1元換舊台幣4萬元，保持美元連鎖制度，5元新台幣換1美元，金、銀、外幣及其物質為準備金。

6.15 台灣銀行發行1元、5元、10元新台幣券。

6.16 台灣銀行開始停止與金圓券之匯兌業務。

6.21 唐榮鐵工廠因地下錢莊倒閉，發生週轉困難。

6.23 國立編譯館從廣州市移至台灣。

6.24 閩台監察行署移至台灣。

6.25 基隆成立海防指揮部。

7.1 海南行政公署駐台辦事處成立。

7.1 台灣省文獻委員會正式成立。

7.1 軍校同學非常委員會台省分會正式成立。

7.2 全省各市「三七五減租」查對作業開始。

7.2 行政院公佈修正「台灣省縣政府組織規程」。

7.5 台灣銀行發行新台幣輔幣券：5角、1角、5分、1分。

7.9 為了防共，省級公務員開始連坐保證制度。

7.10 竹東鐵路內灣支線試車典禮今日舉行。

7.11 世界紅十字會台灣分會成立。

7.12 省體育籃球協會成立。

7.13 省警務處將各地警民協會與警察協會合併。

7.14 蘭陽代表公開請求省政府設置蘭陽縣。

7.14 省教育廳公開發表省立學校新校長18人。

7.15 台東火燒島改稱綠島。

7.18 國民黨中常會於廣州通過國民黨改造案。

7.20 國民黨非常委員會台灣分會由陳立夫管轄。

7.20 美新任駐台總領事麥克唐納今日來台。

7.22 「地下錢莊取締辦法」公佈。

7.22 省日產清理處發表結果，接收日人私有房屋24,147棟，出售1千6百餘棟。

7.23 總主教于斌來台協助台灣教會劃分南北教區。

7.27 總統李宗仁訪台。台灣省各界代表在台北中山堂舉行歡迎大會。

7.28 生產事業管理委員會決議公賣局不宜撤銷，改隸財政廳。

7.31 謝雪紅、廖文毅等於香港創立「台灣再解放聯盟」。

8.1 台灣銀行決定貸款給唐榮鐵工廠新台幣25萬元（舊台幣1百億元）。

8.1 中國國民黨總裁辦公廳於台北草山（今陽明山）成立。

8.5 美國國務院今日發表中美關係白皮書。

8.5 戰後首次來自日本的航空信件今日到達。

8.10 農復會主委蔣夢麟及美方委員莫葉來台。

8.11 警備總司令部通飭所屬，肅清全省散兵遊民，由各縣市政府集中收容。

8.13 省政府指令各縣市農會及合作社的合併改組期限至1949年12月10日為止。

8.13 省政府在各縣市設置防衛團。

8.13 國民黨非常委員會第2分會在台北設立。

8.15 東南軍政長官公署成立，撤廢台灣警備總司令部。

8.15 台灣省地方自治研究會成立。

8.18 立法院、監察院今日在台灣設立辦公處。

8.19 美第三艦隊增加在台灣海峽的防衛兵力。

8.20 糧食局發行食鹽購買券，從9月份起實施食鹽配給。

8.20 國民黨政治行動委員會於台北成立，唐縱為主持人。

8.22 台灣區對日貿易商務代表聯誼會成立。

8.22 台北市崇聖尊師運動週開始。

8.23 台灣新軍增援廈門。

8.23 東南軍政長官公署決定限制旅客入境，往來中共區船集一律予以沒收。

8.23 高雄港碼頭眾利輪爆炸沉沒，死傷人數約3百人左右。

8.24 省警務處長王成章主持治安座談會，會中宣佈突擊檢查，反抗者格殺勿論。

8.25 農復會總會遷台，開始辦公。

8.25 美國首次試驗傳播彩色電視。

8.26 草山管理局成立。

8.30 東南軍政長官公署任命孫立人為台灣防衛司令官。

9.1 東南區（蘇、浙、閩、台4省）官兵調整新待遇。

9.1 台灣省保安司令部成立。

9.1 新竹市參議會及地方人士聯合反對新竹縣市合併，要求保留為省轄市。

9.6 台省各特種警察統一改由警務處管轄。

9.7 德意志聯邦共和國（西德）今日成立。

9.9 台灣省社會服務事業協會成立。

9.10 基隆將試辦特種酒家。

9.16 國民黨台灣省黨部制訂公佈反共三字經。

9.17 韓國駐台灣領事館成立。

9.20 俞大維抵台出任省生產事業管理

委員會主委。
9.20 西德成立阿德諾（K. Adenauer）聯合內閣。9月21日起結束軍事管制。
9.21 中共人民政治協商會議舉行。
9.21 省防衛司令部成立，司令官為孫立人將軍。
9.22 全國氣象聯席會議今日在台北市揭幕。
9.23 美國總統杜魯門宣佈蘇俄原子彈試爆之事實。
9.27 中油公司今日於台北成立第一加油站。
9.28 實施全省戶口突擊檢查。
9.29 中共人民政治協商會議通過「建設新國家共同綱領」。
9.30 台盟投靠中共。
9.30 省主席陳誠在省府例會指示，男子著奇裝異服者應加取締。
10.1 中央造幣廠台北廠鑄造新台幣1角與5角兩種輔幣。
10.1 毛澤東於北平天安門廣場發表「中華人民共和國、中央人民政府」成立宣言。
10.2 蘇俄承認中共政權。
10.2 台北縣實施5人連坐保證制度。
10.3 外交部聲明與蘇聯斷交。
10.5 抗繳餘糧大戶79人遭提起公訴。
10.5 美國國務院宣稱：駐華大使司徒雷登將暫不返任。
10.7 德意志民主共和國（東德）成立。東德人民國會選舉戈德華為總理。
10.9 監察院長于右任抵台北。
10.10 政府播遷來台之後，首次舉行閱兵大典。
10.11 行政院長閻錫山從廣州抵台。
10.12 台南市實施5戶連坐保證制度。
10.15 中央政府在重慶辦公。
10.16 國民黨成立革命實踐研究院，蔣介石總裁兼院長。
10.17 台北、花蓮航空線試飛成功。
10.21 台灣省防衛司令部募集訓練台籍青年300名。
10.25 共軍5個團令進犯金門古寧頭，爆發古寧頭戰役，國軍將其全部殲滅。
10.25 台灣新軍送往金門。
10.26 台灣省警民協會成立。
10.28 民政廳制定「限制役男出境辦法」。
11.1 胡宗南、鄧文儀奉總裁蔣介石電召抵台。
11.1 為強化治安，實施「警勤區制」。
11.14 蔣介石從台灣飛往重慶，總統李宗仁是夜由廣西飛抵重慶。
11.15 中共總理周恩來要求聯合國取消中華民國政府之中國代表權。
11.16 蔣廷黻在美國成功湖招待記者，主張組成中國自由黨，並建議由胡適擔任黨魁。
11.16 東南軍政長官公署今日設置軍眷管理處。
11.16 高雄港口司令部成立。
11.18 省保安司令部開始實施有效管制燈火。
11.18 台北車站前民眾熱烈歡迎出征軍人上前線作戰。
11.27 省保安司令部為杜絕收聽中共廣播，決定開始登記收音機。
11.27 行政院總體戰執行委員會於重慶成立。
11.28 行政院遷往成都辦公。
12.1 全省開始實施冬防，各種營業場所入夜一律停止營業。
12.2 省農林處改制為農林廳。
12.2 省政府通過山地民生建設方案。
12.3 金門一帶諸島允許新台幣流通。
12.3 省政府訂定持他省身分證人民換發本省身分證辦法。
12.3 孫陵撰寫「保衛大台灣歌」歌詞刊於各報。
12.5 代總統李宗仁飛美就醫。
12.5 1950年度省行政會議開幕。
12.7 中華民國政府移至台北。
12.8 總統府、行政院等官員從成都抵達台北。
12.8 李中和作曲、孫陵作詞的「保衛大台灣」一曲出爐，但又因與「包圍打台灣」諧音而遭當局宣佈成為禁歌。
12.10 蔣介石從成都回到台北。
12.10 省保安司令部破獲中共地下組織，4主犯槍決。
12.11 國民黨中央黨部遷台。
12.12 美國國務院非正式表示，台灣為反共基地，不承認中共政權。
12.15 行政院決議改組台灣省政府：東南軍政長官陳誠辭去台灣省主席兼職，任命吳國楨為台灣省主席兼保安司令官。
12.16 毛澤東訪莫斯科。
12.17 省政府發佈徵集令，建立新軍加強防衛。
12.18 省農會正式成立。
12.19 省參議會第8次大會開幕，為表示對少數省府委員人選之反對，宣告臨時休會。
12.21 吳國楨就任台灣省主席。
12.22 澎湖《建國日報》創刊，為澎湖唯一地方性報紙。
12.23 英財政部今日宣佈凍結中華民國存款。
12.23 美代辦史特朗抵台籌設大使館。
12.26 愛因斯坦廣義相對論的新理論公開發表。
12.27 印度尼西亞聯邦共和國成立，首任總統蘇卡諾。
12.28 在菲律賓之中國政府銀元一批約值美金1千萬元，運存台灣。
12.30 印度承認中共政權，中華民國撤回駐印外交使節。
12.30 省政府會議通過表揚台灣抗日成仁烈士，並調查遺族現況。
12.31 台灣銀行召開董事會，決議：董事長嚴家淦辭職，由任顯群繼任；撤銷信託部；增加黃金儲蓄處所。

1950

1.1 日方賠償中方物資1萬噸陸續運達台灣。
1.1 雜誌《自由中國》刊出中國自由黨組織綱要草案。
1.1 省政府發行愛國公債。
1.1 美國麥克阿瑟將軍發表5點援台意見。
1.5 美國總統杜魯門正式聲明不介入台灣，但將繼續經援台灣。認為根據開羅宣言及波茨坦宣言，台灣應歸還中國，美國將不以任何方式干預中國目前局勢，或進行任何足以使美國牽涉於中國內爭的措施。
1.6 中華民國政府緊急遷移北京故宮博物館文物財產到台灣。
1.6 英國正式承認中華人民共和國。
1.8 東南軍政長官公署公告「台灣為接戰地域」。

1.8 中共外長周恩來致電聯合國，要求開除中華民國會員資格。

1.12 台灣各縣市第1次徵集新軍基層幹部4,500名，至省防衛司令部訓練處報到。

1.13 聯合國特別會議討論蘇聯所提「要求不承認中華民國的代表權」議案，以6票對3票予以否決。

1.14 美國國務卿艾奇遜命令美國領事撤離中國大陸。

1.20 台灣省防衛捐徵收辦法公佈。

1.22 省政府改組，楊肇嘉、陳尚文、吳三連分任民政、建設廳長及台北市長。

1.23 省參議會通過行政區域調整方案，設5市16縣。

1.26 行政院局部改組，由谷正綱任內政部長，顧祝同任國防部長，嚴家淦任經濟部長，陳良任交通部長，俞鴻鈞任中央銀行總裁。

1.27 行政院公佈「反共保民總體戰動員綱要」，以實施人力、物力總動員。

1.29 第1次台省軍士（新兵幹部）入營典禮舉行。

1.30 省政府籌募愛國公債，每張面額150元，以有錢人為認購對象。

2.1 代總統李宗仁滯美不歸，國大代表全國聯誼會請蔣中正繼續行使總統職權。

2.1 《大華晚報》創刊。

2.2 代總統李宗仁電覆監察院，以接洽美援，決在美國遙領國事。

2.10 美國國務院發表聲明，繼續承認國民政府，提供經濟援助，反對舉行公民投票以決定台灣前途。

2.11 政府開始保釋228事件等人犯，首批70餘人。

2.14 美國總統杜魯門簽署「延長援中、韓法案」。

2.14 中共與蘇聯在莫斯科簽訂為期30年的友好同盟互助條約。

2.24 立法院在台北首次集會，立法委員380餘人公開聯名電請蔣中正恢復視事，行使職權，以竟戡亂全功。

2.25 監察委員提出代理總統李宗仁彈劾案。

2.27 民航環島飛行正式開航。

2.28 廖文毅等在日本京都成立「台灣民主獨立黨」。

2.28 台北地區舉行第1次聯合防空大演習。

3.1 蔣中正在台復行視事。

3.1 閻錫山內閣總辭。

3.1 裝甲兵司令部改制為裝甲兵旅，蔣緯國任旅長。

3.3 中華民國退出關貿總協（GATT），並發表聲明指出，退出的目的在使中共喪失關稅減讓互惠權利。

3.8 為防止中共地下工作人員在山地潛伏，實施為期1週的山地統一檢查。

3.8 立法院以306票對70票同意陳誠出任行政院長。

3.9 金門發行新台幣，總額980萬元，基金3萬5千兩黃金。

3.14 行政院將全國包括海南島、台灣一併劃作接戰區域實施戒嚴案，經立法院予以追認。

3.14 號稱東亞最大之台南製紙工廠今日開工。

3.15 總統蔣中正正式核定國防機構系統，總統統帥陸海空三軍，國防部長行使行政權，參謀總長為執行官。

3.15 東南軍政長官公署撤銷，政務劃歸行政院，軍事由國防部接管。

3.15 行政院長陳誠宣誓就職。

3.17 周至柔任參謀總長，孫立人任陸軍總司令。

3.19 台灣省治安當局宣佈逮獲省政府外事室祕書李朋涉及諜報案。

3.22 美國參、眾兩院外交委員會，通過5千萬美元援華案。

3.25 總統蔣中正明令褒揚已故史學家連雅堂。

3.25 蔣經國就任國防部總政治主任。

3.31 私槍登記收購截止，逾限者將處以極刑。

4.1 省主席吳國楨下令省屬各機關及各縣市府，佈告採用簡單白話。

4.3 響應總統號召救濟鐵幕人民，各界掀起獻米潮；民間發起1戶1元運動，連北投特種營業女侍也捐獻征衣，潮州酒家女侍集體購買公債。

4.3 台灣銀行開始接受全省進口商，以黃金結購各類結匯證明書。

4.4 中國大陸災胞救濟總會成立。

4.5 行政院根據總統蔣中正指示，決將228事件人犯迅予保釋。

4.7 台北市商店平均配售愛國公債約900元，大戶平均每戶3,300元。

4.8 省政府決定地方自治分期實施，第1期區域為花蓮、台東。

4.9 蔣經國在中山堂演講，號召青年第4次團結，決成立反共抗俄後援會。

4.10 民政廳山地行政指導室統計，全省原住民同胞約22萬3千人。

4.11 開始發售第1期愛國獎券。

4.15 國防部防空司令部成立，由王叔銘兼任司令。

4.17 中華婦女反共聯合會創立，主任委員為蔣宋美齡。

4.20 國防部總政治部規定，借用中山堂表演，內容應宣傳反共。

4.20 國防部設立台灣防衛司令部，由孫立人兼任總司令。

4.20 省警務處宣佈破獲港台黃金大套匯案，逮捕嫌犯26人、祕密電台1處。

4.21 省政府委員會通過「日文書刊、日語電影管制辦法」。

4.22 中共大舉登陸海南島，向海口進攻。23日，國軍撤離海口。

4.27 英國正式承認以色列。

4.30 省政府規定本日為「興台紀念日」，並在台南延平郡王祠舉行隆重祭典。

4.30 全省舉行戶口總檢查。

5.1 科學性刊物《拾穗》月刊創刊，內容以介紹世界科學新知為主，文藝篇幅比例甚大，卻全為翻譯作品。

5.2 海南島軍隊退守台灣。

5.4 中國文藝協會成立。

5.4 中華文藝獎金委員會公佈反共抗俄、保衛台灣歌曲徵選得獎作品，分別為趙友培「反共進行曲」、黑女「反共抗俄歌」、孫陵「保衛我台灣」。

5.5 美參院通過經濟援華案，至少以5千萬美元援台。

5.5 國民黨發起戰時生活運動。

5.9 首批救濟米27噸空投大陸完成。

5.10 動物園今日舉行祭拜亡靈，由大象代表跪拜，並舉行放靈鴿及鬥雞比賽。

5.13 國防部總政治部主任蔣經國，宣佈破獲中共台灣省工作委員會祕密組織，蔡孝乾、陳澤民、洪幼樵、張志中等4人被捕。

5.14 台新社發表全省3月止人口統計，戶數1,332,905戶，人口數7,454,886人。

5.16 蔣中正總統演講指出：「1年準備，2年反攻，3年掃蕩，5年成功。」

5.16 舟山島軍隊退守台灣。

5.22 全省民眾熱烈歡迎國軍，台中市舉行擁護領袖反共抗俄大遊行。

5.22 中國國民黨中央黨部全體工作人員今日舉行宣誓典禮，至誠效忠總裁蔣中正，誓死保衛台灣，反攻大陸。

5.24 政府宣佈228事件結案。

5.25 台北市各居為救援大陸災胞，舉辦擴大勸募運動大遊行，沿街向全體市民勸募。

5.28 海軍官校700名學生，組成反共敢死隊。

5.30 省工會選出理事長林挺生。

5.31 麻豆鎮民謝瑞仁等33人，以「共同意圖顛覆政府」罪名被捕，其中3人處死刑，9人處無期徒刑，其餘分別處以10、12、15年不等之徒刑。

6.1 首期節約救國有獎儲蓄券發行，第1期共750張。

6.1 婦聯會發動「麻鞋勞軍」活動。

6.3 全省舉行養豬耕牛競賽，台南縣分獲兩錦標。

6.6 國軍海軍擊沉中共主力艦「桂山號」。

6.10 全省自0時起實施中央燈火管制，夜間發佈緊急警報即停止一切供電。

6.10 國防部處決前參謀次長陸軍中將吳石、聶曦、陳寶倉、朱諶之（女）等4名叛亂犯。

6.12 內政部草擬「布衣布鞋運動」實施辦法，決由公務員開始。

6.13 總統公佈「戡亂時期檢肅匪諜條例」。

6.15 省參議會通過「全省實行播音早操」臨時動議，送請政府辦理。

6.17 全省田徑運動會在台灣大學運動場舉行。

6.18 前台灣省行政長官陳儀以勾結中共罪名執行槍決。

6.23 省府會議通過各機關普設台語訓練班。

6.25 北韓軍隊越過北緯38度線向南攻擊，韓戰爆發。

6.25 聯合國安理會於下午2點開會，確認北韓為侵略者，通過美國提案要求立即停止敵對行為，蘇俄缺席。

6.26 總統關懷在台4千餘名流亡學生，特電令行政院應妥為安置，予以訓練。

6.27 美總統杜魯門聲明台灣中立化方針：1.第七艦隊阻止中國（共）對台灣攻擊；2.阻止國民政府進攻大陸；3.台灣的將來由聯合國檢討。

6.27 美國總統杜魯門發表聲明，宣佈武裝干涉韓戰，同時派遣第7艦隊協防台灣。

6.27 聯合國通過決議案，要求會員國集體援助南韓，擊退北韓之武力攻擊。

6.28 美國第7艦隊艦隻今日開抵台灣海峽。

6.28 中共外長周恩來強烈譴責美國總統杜魯門的聲明和美軍進入韓國、台灣及干涉亞洲事務。

6.28 外交部長葉公超對美國防衛台灣提議發表聲明，中美同負保護台灣之責，不影響中華民國維護主權之立場。

6.28 北韓軍隊占領漢城。

7.1 美國陸軍登陸釜山。

7.2 台灣地方自治今日起正式實施，花蓮縣投票選舉第1屆縣議員。

7.5 省政府發表台灣省至5月底人口統計：戶數1,354,318戶，人口7,532,591人。

7.6 中共外長周恩來向聯合國安理會發表聲明，指出安理會關於韓戰決議破壞了聯合國憲章；美國對台灣的侵略，阻撓不了中共人民解放台灣。

7.8 杜魯門任命麥克阿瑟為聯軍最高統帥，接管聯合國軍。

7.8 美國第七艦隊司令史樞波今日抵台訪問。

7.9 立法委員劉心如依叛亂罪被處以槍決。

7.16 聯軍統帥麥克阿瑟正式宣佈美國第7艦隊奉命巡防台灣海峽。

7.17 原台灣電力公司總經理劉書鈺因與中共內通，被處死刑。

7.19 台北市愛國西路發生軍用吉普車與軍用大卡車相撞事件，發生大爆炸，死亡10餘人。

7.21 新竹警察局長林英傑、台中警察局長許振庠，因與中共內通被處死刑。

7.22 國民黨中央常務委員會通過「中國國民黨改造方案」。

7.26 中國國民黨總裁蔣介石宣佈以陳誠、張其昀、谷正綱、蔣經國等16人為中央改造委員。

7.26 參與韓戰之聯合國軍隊（16國參加）組織完畢。

7.28 省政府通過省文獻委員會之提案，定8月27日為鄭成功誕生紀念日。

7.29 美國派藍欽為駐華大使館代辦。

7.31 聯軍統帥麥克阿瑟抵台訪問，進行考察台灣應付可能攻擊的防禦能力。

8.1 花蓮、台東縣議會成立。

8.3 聯合國安全理事會否決蘇聯提議「排斥中國代表權案」。

8.4 美第13航空隊開始駐台，F-80噴射機開始協防台灣。

8.5 國民黨中央改造委員會正式成立，張其昀任祕書長。

8.5 中共《人民日報》發表〈警告麥克阿瑟〉文章，譴責美國阻止中共解放台灣。

8.5 蔣渭水逝世20週年紀念大會在台北舉行。

8.6 農業教育電影公司改組，蔣經國出任負責人。

8.8 省政府公開申令報刊不得使用日文刊載。

8.10 美新任駐華大使館公使藍欽抵台履新，為我政府遷台後，美國派遣公使常駐台灣之始。

8.14 中國國民黨總裁蔣中正在中央改造委員會首次總理紀念週發表「本黨今後努力的方針」，以建設台灣成為三民主義模範省，確定思想路線，澄清黨內糾紛及釐清混亂觀念為方針。
8.16 行政院修正通過台灣各縣市行政區域調整方案，將台省重劃為16縣及5省轄市（原為8縣、9省轄市、2縣轄市）。
8.24 台灣省漁會成立。
8.29 美國總統杜魯門發表美國對台灣的政策聲明，要求聯合國研究處理台灣問題。
8.30 聯軍統帥麥克阿瑟有關台灣的聲明，奉美國總統杜魯門命令予以撤銷。
9.1 中國國民黨中央改造委員會發表「現階段政治主張」。
9.5 基隆《民鐘日報》創刊，後改為《民眾日報》。
9.6 經濟部顧問尹仲容與遠東盟軍總部代表J.J.Keche，共同簽署「台日貿易協定」。
9.10 行政院核准設立復興航空公司。
9.12 中國國民黨中央改造委員會決議改組台灣省黨部。
9.13 防止稻作蟲害DDT奏效，農復會分發90餘噸。
9.15 聯合國軍隊登陸仁川，開始進行反攻。
9.15 美國海軍士兵俱樂部今日在基隆成立。
9.17 中共外長周恩來再電聯合國，必須立即驅逐中華民國代表，由中共代表出席本屆聯大，否則一切有關中國決議均無效。
9.20 里長選舉揭曉，瑞芳沈梅女士為全省第1位女里長。
9.26 聯合國軍隊奪回漢城。
9.26 總統蔣中正手令：軍車壓死平民之肇事者應以命償命。
9.29 南韓總統李承晚回到漢城。
10.1 麥克阿瑟要求北韓立刻投降，3日北韓予以拒絕。
10.1 屏東縣政府成立。
10.1 大陸北京舉行40萬人集會遊行，慶祝第1個國慶節。
10.2 國防部總政治部主任蔣經國召開記者會，報告陸軍4617部隊發起「克難運動」的經過和意義。
10.3 南韓軍隊突破北緯38度線北進，8日聯合國軍隊亦向北推進。
10.8 中共中央作出抗美援朝保家衛國戰略決策：毛澤東向中共人民自願軍發佈入朝作戰命令。
10.9 台灣省政府頒佈「共匪及附匪分子自首辦法」。
10.10 新設宜蘭縣成立。
10.11 中共人民解放軍開始進軍西藏。28日印度政府表示遺憾。
10.16 鳳鳴廣播電台在高雄市成立。
10.19 國民黨台灣省黨部改造委員會成立，主任委員倪文亞。
10.20 中國國民黨台灣省改造委員會今日成立。
10.21 台中、彰化、南投縣政府成立。
10.25 新設桃園、新竹、苗栗、雲林、嘉義5縣成立。
10.25 中共人民義勇軍越過鴨綠江，開赴韓國戰場。
10.25 中共台灣民主自治同盟發表告台灣同胞書。
10.26 聯合國軍隊開始進逼鴨綠江畔新義州。
10.27 中共中央政治局委員，中共中央書記處記任弼時在北京逝世，年46歲。
11.5 麥克阿瑟報告聯合國有關中共參戰之事。
11.8 中共發佈人民志願軍參加韓戰之消息。
11.9 台灣省稅制改革委員會成立。
11.17 大陸西康藏區各界人民代表會議召開，通過成立藏族自治區域人民政府。
11.18 省政府今日通過山地行政機構調整辦法。
11.20 韓戰共俘上電蔣中正，請求重歸國軍隊伍剿共。
11.22 行政院通過耕地三七五減租條例草案。
11.22 中華民國代表團今日在聯合國大會政治委員會發表控告蘇聯侵略聲明。
11.23 省參議員林業考察團視察太平山林場完畢，由團長李萬居發表書面報告，指出太平山林場伐木成績為全台之冠。
11.23 中共外長周恩來發表聲明，譴責麥克阿瑟擅自釋放日本甲級戰犯重光葵。
11.24 省政府通過1951年起統一發票辦法試辦1年。
11.26 自由新聞社成立。
11.27 中共代表伍修權出席聯合國安理會，控訴美國侵略台灣。
11.29 台北市首屆議會成立，黃啟瑞任議長。
11.29 新聞界奉省政府令推行克難運動，自12月1日起縮減篇幅。
11.30 聯合國安全理事會以9票對1票，否決蘇聯所提「美國侵略台灣案」。
12.1 收音機開始登記到月底，並實行每月收費10元辦法，逾期未登記者沒收。
12.1 《民族晚報》創刊。
12.2 總統訓令：「來台之各級參議會一律停止活動，職員一律停職」。
12.5 劉健群、黃國書當選立法院正、副院長。
12.5 北韓及中共軍隊奪回平壤。
12.10 潛台匪諜自首截止日，覺悟自首者已達500多人。
12.12 省政府公佈「台灣省營利事業統一發票辦法」及「台灣省統一發票給獎暫行辦法」。
12.14 馬祖獲准使用新台幣。
12.14 聯合國大會通過亞洲阿拉伯13國所提出之韓戰停戰決議，決議設立「停戰3人委員會」。
12.15 《火炬》半月刊創刊。
12.16 杜魯門發佈「國家緊急狀態宣言」。
12.17 台北、高雄、屏東3縣及高雄市同時選舉縣市議員。
12.17 行政院規定「香港調景嶺難民請求入台辦法」。
12.18 中國廣播公司正式開對大陸進行廣播。
12.20 全省辦理戰士授田證完成，共計2萬3千9百餘市畝。
12.20 台灣大學校長傅斯年在省參議會答覆質詢時，突然腦溢血逝世議場，享年55歲。
12.23 國民黨中央改造委員會號召「黨員歸隊運動」。
12.26 台鐵內灣支線竹合段竣工，舉行通車典禮。
12.28 中共自願軍越過北緯38度線。
12.29 立法院以全場鼓掌通過總統蔣介石咨文：本屆立法委員繼續行使立法權，期間暫定為1年。

1951

1.1 全省各商號開始實施「統一發票辦法」。
1.1 北韓及中共軍隊越過北緯38度線南下。
1.4 中國國民黨開始辦理黨員歸隊。
1.4 中共、北韓軍隊進入漢城，聯合國軍隊自漢城撤退。
1.5 台灣省各縣今日開始設置地政事務所。
1.7 謝貫一、楊基先、葉廷珪、李玉林分別當選基隆、台中、台南市長及澎湖縣長。
1.7 教育部宣佈禁售不印民國年號之書刊。
1.8 上海魯迅紀念館成立。
1.10 當局規定特種酒家必須門懸綠燈，同時侍應生必須來歷清白。
1.14 吳三連當選為台北市第1屆民選市長。
1.16 行政院設計委員會正式宣告成立，以做為反攻大陸設計藍圖總策劃機構。
1.17 行政院頒佈「台灣省戒嚴時期外人進入山地管制辦法」。
1.18 中共新華社報導：中共已將東北之蘇俄資產移交完畢。
1.19 省政府制定山地施政要點。
1.23 省政府決定在台北、基隆、台中、台南、高雄等5都市實施食米配售。
1.25 預防鐵甲蟲害，農林廳下令各縣市農會秧苗要噴灑DDT。
1.25 國防部總政治部發表台灣省保安司令部破獲中共華東區潛台情報工作組織戴龍間諜案經過。
1.28 大陸北京4萬婦女舉行抗美援朝、反對美國重新武裝日本的大會及遊行，並通過愛國公約。
2.1 聯合國大會通過指控中共為對韓國侵略者。
2.1 台灣省12縣市增設山地行政室。
2.1 三七五減租考察團於花蓮舉行工作檢討會，聽取地方各界意見。
2.2 中共外長周恩來對外發表公開聲明，譴責聯合國大會2月1日非法通過污衊中共為（韓戰）侵略者的決議。
2.5 空軍飛機載運大批食米、傳單，空投救濟大陸災胞，遍及福建、廣東2省數十縣市。
2.5 為貫徹低物價政策，省政府同意10項必需品價格，遇波動即拋售供應。
2.7 聯合國政治委員會通過「台灣問題」無限延期。
2.10 中美兩國以交換方式成立「聯防互助協定」。
2.12 烏來發電所竣工。
2.12 刑警總隊破獲愛國獎券特獎變胞案，消息轟動全台，使下期愛國獎券創銷售新紀錄。
2.15 國軍成功殲滅侵犯高登島的中共軍隊。
2.15 中共志願軍指揮彭德懷今日回到北京，當面向毛澤東稟報朝鮮戰場情況。
2.19 圓山太原500完人塚今日舉行落成公祭。
2.20 總統蔣中正發表任命郭寄嶠為國防部長。
2.21 英國轟炸機以4小時40分的紀錄飛越大西洋。
2.22 美國國務院、國防部批准5千萬美元軍事援助中華民國。
2.23 總統命令各機關、學校、軍隊、工廠、民眾團體於每月上旬舉辦孫文紀念月會。
2.27 行政院院會通過由錢思亮接掌台灣大學。
3.1 台北市票據交換所成立。
3.7 聯合國軍隊奪回漢城。
3.10 省政府公告台灣銀行董事長免由財政廳長兼任，並任命徐柏園為台灣銀行董事長。
3.12 行政院政務委員董文琦於國父紀念月會，報告三七五減租考察團考察經過。
3.14 中共與蘇聯簽訂鐵路聯運協定，4月1日起建立兩國間旅客、行李、貨物的聯運。
3.14 聯合國軍重占漢城。
3.20 中國農村復興委員會派員赴南部防治蔓延中的水稻黑椿病。
3.21 宜蘭人士請求開放蘇澳為台、琉正式國際港請願團，向省政府主席吳國楨請願。
3.24 聯合國盟軍最高統帥麥克阿瑟聲明於攻擊中國大陸後將辭職。
3.25 高屏等3縣市選舉縣市長。
3.28 政府公佈去年12月底台灣人口總數為7,554,399人，其中男性3,853,799人，女性則有3,700,600人。
3.28 外交部同意日本於台北設立在外事務所。
3.31 國防部總政治部發表省保安司令部破獲中共台灣省蓬萊族解放委員會全案。
4.1 聯合國贈奶粉250噸，以全省學童及妊娠婦女為供應對象。
4.2 美新處有關美援與韓戰的新聞片在各戲院上映。
4.4 省政府公佈「台灣省日文書刊管制辦法」，自即日起實施。規定准予進口日文書籍為純科學、醫學；反對馬列主義、集權、暴力等有關書籍進口。
4.7 國防部總政治部召開記者會，宣佈軍人文藝運動的經過及意義，並發表告文藝界人士書。
4.9 行政院公佈取締黃金、美鈔黑市措施，省保安司令部轉飭各縣市憲警治安單位展開杜絕金鈔黑市交易工作。
4.11 駐韓聯合國軍隊司令官麥克阿瑟遭美國總統杜魯門免職，由李奇威中將接任。
4.17 美國反共名劇「中午的黑暗」在台灣重播。
4.18 西歐6國（法、西德、義大利、荷、比、盧）簽署「歐洲煤鐵鋼共同組織公約」，於1957年7月23日正式生效。
4.18 國防部總政治部發表「建立堅強的戰鬥心理」，指出追蹤謠言，闢斥謠言的途徑。
4.18 菲島華僑綠蓉、群生兩籃球隊來台勞軍義賽。
4.21 美國國防部宣佈派遣軍事援華顧問團協助台灣防務，並以蔡斯少將為團長。
4.22 美國軍事援華顧問團首批人員今日抵台。
4.22 由噶倫阿沛·阿旺晉美為首席代表的西藏談判代表團抵達北京，由中共總理周恩來等人赴車站表示歡迎。
4.23 可口可樂50箱被視為奢侈品，不准進口。

4.26 總統府前籃球場定名為三軍籃球場，首次舉行夜間籃賽。

4.27 班禪額爾德尼．卻吉堅贊和班禪堪布會議廳負責官員到達北京，中共領導人朱德副主席、周恩來總理赴車站歡迎。

4.29 南京處決一批反革命分子，共計376名。

5.1 美國軍事援華顧問團正式成立。

5.1 台灣省開始使用公制度量衡。

5.1 《工人報》在台北市創刊。

5.2 高等法院宣判，苗栗縣民選縣長劉定國因軍人身分，當選無效。

5.3 全省「三七五減租」耕地督導人員認為，退耕、假自耕、假買賣是實施減租後的3大問題。

5.5 台灣銀行為澄清謠言，宣佈於本月中旬邀請縣市議長、新聞界人士，實地點查新台幣準備金60餘萬兩。

5.8 省教育廳推行山地國語教育，規定教員限期補習國語，期滿不懂者免職，教學一律用國語，禁用日語。

5.10 李璜代理青年黨主席。

5.12 銀樓正式復業。

5.14 菸酒公賣局停止配售洋菸酒。

5.14 南台灣發生龍捲風，造成高雄左營士官學校學生3人死亡，80人受傷，高雄、屏東民房大量被毀，台南機場則有飛機2架被捲起後墜毀。

5.14 南非剝奪有色人種選民的權利。

5.16 中共發佈「關於處理帶有歧視或侮辱少數民族性質的稱謂、地名、碑碣、匾聯的指示」。

5.20 中國憲法學會在台北中山堂召開成立大會。

5.22 內政部長余井塘於立法院宣讀行政院訓令：第1屆立法委員法定任期5月7日之後，立委不再遞補，但已申請者仍得辦理。

5.23 中共與西藏政府簽署「西藏問題和平解決協定」。

5.23 美經合總署與農復會考選留美學生名單公佈，李登輝錄取於社會科學學門。

5.24 美國總統杜魯門向國會提出援外計畫，包括對台灣的經濟與軍事援助部分，以避免台灣落入中共手中。

5.25 為增強國軍空軍戰力，1人1元獻機委員會成立。

5.25 立法院通過「三七五減租條例」。

5.31 台北市報業公會開會決議，為加強反共宣傳戰，請美國增列文化援助。

6.1 雜誌《自由中國》發表社論〈政府不可誘民入罪〉，文中認為台灣省保安司令部有故意誘民入罪之嫌。

6.1 省政府制定「山地人民生活改進辦法」，在山地推行國語運動、改進衣著、飲食，以及改革風俗習慣等。

6.2 省政府第203次委員會議通過：日據時期台北州財產由基隆、台北兩市與台北縣分享所有權，已分別接受動產不再劃分。

6.4 青年黨臨全會宣佈由革命政黨改組為民主政黨，並且選出主席團主席。

6.7 本省耕地三七五減租以總統令公佈實行。

6.7 台銀發行新10元鈔。

6.13 行政院第190次會議通過簡化台灣省出入境申請手續，以便利大陸反共人士來台。

6.14 美、英兩國商定對日和約，中華民國將不列入簽字國。

6.15 省政府規定，對中共及蘇聯等共產國家任何貨物一律禁運。

6.20 行政院核定「無線電收音機收費暫行規則」。

6.24 省參議會通過保障人權案，嫌疑犯儘速訊理。

6.28 中共中央社會部潛台間諜組織被破獲，106名間諜遭逮捕。

6.28 中華民國駐美大使與美國務卿杜勒斯討論中日和約問題，杜勒斯主張「中日雙邊和約」在多邊和約之後簽訂。

6.30 北京舉行慶祝大會紀念中國共產黨成立30週年。

7.1 依1950年大英國協會員國外長會議決議之「可倫坡計畫」，亞洲各國經濟合作組織正式成立。

7.1 中共與北韓軍領袖金日成、彭德懷通知聯合國軍總司令李奇威，同意舉行朝鮮停戰談判，建議以開城地區為雙方代表會晤地點。

7.6 省政府通過新竹、彰化、嘉義、屏東、宜蘭、花蓮准設縣轄市。

7.8 省教育廳決定中等學校實施軍訓由師範學校先辦，再推及高中職及專上學校。

7.9 英法澳3國共同宣佈對德戰爭狀態結束。

7.10 韓戰停戰會談於開城舉行。

7.11 美國務院公佈對日和約草案全文，中華民國未被列為簽字國。

7.12 外交部長葉公超就對日和約草案未將中華民國列為簽字國一事，向美國提出嚴重抗議。

7.13 省教育廳規定嚴禁以日語或方言教學。

7.14 美紐約州州長杜威訪台。

7.15 國防部總政治部為培植優秀政工幹部，創立政工幹部學校，由副主任胡偉克兼任校長。

7.19 行政院長陳誠因中華民國未列入對日和約簽字國，引咎辭職，總統蔣中正批示慰留。

7.20 大陸完成控制淮河支流的潤河集分水閘工程。根治淮河第1工程至此完成，1700萬畝土地可免遭洪水危害。

7.20 英國霍克獵人式噴射戰鬥機首次飛航。

7.24 台灣省保護養女運動委員會在台北中山堂正式成立。

7.25 國防部自2次大戰後首次宣佈徵兵令，為在台灣的第1次正式徵兵令。特徵召1萬5千人入營。

7.31 政工幹部學校成立。

8.2 中共公安部公佈「華僑出入國境暫行辦法」。

8.4 台灣省第2期兵工開墾工程，經地政局核定為台東、花蓮、南投等7處。

8.6 中國農村復興委員會宣佈撥款13萬餘元，於烏山頭蓄水池周圍進行3年復林計畫。

8.10 台灣省首次徵兵1萬2千人開始入伍，各地懸旗鳴炮歡送勇士，出現從軍樂。

8.14 澎湖遭颱風侵襲，漁船50艘翻覆，多人失蹤。

8.14 美國報業大王赫斯特去世。

8.15 中共外長周恩來發表聲明，反對美英單獨對日媾和。
8.17 總政治部發表各部隊官兵留在大陸眷屬遭中共殺害之名單。
8.17 台北市議會通過寶斗里為特殊衛生管理區。
8.19 宜蘭叭哩沙圳幹渠竣工，羅東大排水管開工，同時舉行慶典。
8.21 空軍副總司令兼出席聯合國參謀團代表毛邦初中將，失職抗命，總統蔣中正本日下令免其本兼各職，並限其即日啟程回國，聽候查辦。
8.25 國民黨中央評議委員、CC派領導人之一陳果夫病逝台北。
8.30 國防部公佈統一政治名詞，對國軍全體官兵統稱為「國軍」或「三軍」，對士兵則稱為戰士。
8.31 省政府訂頒「台灣省各縣山地推行國語辦法」。
9.1 美澳紐3國簽署「太平洋協防條約」(ANZUS條約)，於1952年4月25日生效。
9.2 大陸北京各界舉慶祝大會，紀念抗戰勝利6週年。各民主黨派、各人民團體發表紀念抗戰勝利日6週年聯合宣言。
9.3 外交部長葉公超、政府發言人沈昌煥分別發表公開聲明：舊金山和約所簽條約，對中華民國無約束力。
9.3 台灣第1位律師蔡式穀病逝。
9.8 美英等49國於舊金山和會簽訂對日和約。
9.8 美日雙方代表於舊金山簽署美日安全條約。
9.9 中央、省市推行衛生運動，並在台北市辦理兒童健康比賽。
9.9 中共人民解放軍進藏先遣部隊抵達拉薩。
9.11 外交部長葉公超告合眾國際社記者：中華民國願與日本簽訂雙邊和約。
9.16 台北市《民族報》、《全民日報》、《經濟時報》3報發行聯合版，即今之《聯合報》。
9.17 國防部公佈實施「共匪及附匪分子自首辦法」及「檢舉匪諜獎勵辦法」。
9.18 斗六大圳竣工。
9.18 中共外長周恩來發表「關於美國及其他國家簽訂舊金山對日和約的聲明」，指稱它是非法的、無效的、絕對不能承認。
9.20 北約邀希臘和土耳其加入。
9.26 中型颱風經過澎湖北上，造成高雄港沉船4艘，嘉義輪擱淺於北島燈塔附近。
9.27 國軍部隊為慶祝總統蔣中正65歲生日，發起獻身效忠運動。
9.27 宜蘭發生50年來最大的水災。
10.5 立法院通過制定反共抗俄戰士授田條例。
10.7 中共潛台間諜組織金瓜山支部遭破獲，首謀2人被槍決。
10.8 中共潛台工作委員會負責人蔡孝乾親筆書寫「告匪諜書」，號召中共潛台間諜把握機會向有關機關自首。
10.10 美國總統杜魯門簽署之「共同安全保障法案」(援外法案)(MSA)正式成立(其中經濟援華8,100萬美元)。
10.11 中共最高人民法院、司法部發佈「關於檢查司法幹部思想作風及對干涉婚姻自由殺害婦女的犯罪行為展開群眾性司法鬥爭的指示」。
10.12 中共開始出版發行「毛澤東選集」第1卷。
10.13 羅東佃農李成家因被迫退耕而自殺，地檢處對陳進東等6人提起公訴。
10.16 泰國、台灣、日本等地航線今日正式開航。
10.20 總統蔣中正明令：特派蔣廷黻為出席聯合國第6屆大會首席全權代表。劉師舜、劉鍇、時昭瀛、于焌吉為全權代表。
10.20 岡山阿公店蓄水庫竣工。
10.20 各電台開始廣播教唱領袖華誕「祝壽歌」。
10.25 總統蔣中正發表「光復節告台胞書」，指示建設台灣為三民主義模範省。
10.25 第6屆省運動大會在台北市揭幕舉行。
10.25 英國大選保守黨獲勝。
10.25 美國總統杜魯門宣佈結束美、德戰爭狀態。
10.26 邱吉爾再度成為英國首相。
10.30 蔣中正總統撰文以「時代考驗青年，青年創造時代」勉勵青年反共抗俄。
10.31 國民黨各縣市黨部陸續成立。
10.31 「軍人之友社」總社成立。
11.5 國民黨台灣省第1次全省代表大會開會。
11.5 中共第1屆全國翻譯工作會議於今日舉行。
11.8 西藏那曲發生8級大地震。
11.13 第6屆聯合國大會，以37對11票，4票棄權，8票缺席，通過泰國提案，再度否決「蘇聯排我納中共案」。
11.18 各縣市議會選舉臨時省議員，一共選出55名。
11.18 前國民黨台灣省黨部副主席李友邦將軍以「包庇中共間諜罪」被捕收押。
11.23 前司法院長居正於台北病逝。
11.23 台北市舊貨攤發現國父給民初滇軍將領朱培德手令，並蓋有「大元帥」章。
11.24 前空軍副總司令毛邦初等人向美國聯邦地方法院提出李宗仁之法律誓詞，說明李仍是中國代總統，所以所有蔣之命令都是違法與無效，要求不受理中華民國政府對其之控訴。
11.25 花蓮測候所發表1月來花蓮地震統計，有感地震7百餘次，無感地震1千餘次。
11.26 中國人民保衛兒童全國委員會成立，宋慶齡任主席。
11.29 中華民國出席聯合國大會代表于焌吉，向聯合國經濟委員報告中華民國三七五減租成果。
11.30 前中國國民黨台灣省黨部副主委李友邦因包庇間諜罪嫌重大，遭治安機關扣押偵辦。
12.1 中共人民解放軍進駐西藏拉薩。
12.1 大陸首次全國足球比賽在天津開幕舉行。
12.5 李宗仁於美國在記者會上宣佈他計畫免去蔣中正之總統職位，並指出蔣是篡位者。李宗仁決定恢復自己的職位，並擊敗蔣。
12.7 中共下令進行反貪污、反浪費、反官僚主義思想改造之「三反運動」。其間五反運動亦開始逐漸發展。
12.10 臨時省議會在台北市成立，黃朝琴、林頂立當選正副議長。
12.10 美國地方法院法官拒絕毛邦初等人不受理中華民國政府對其控訴之要求。
12.11 開始辦理全省戶口總校正，至1952年1月31日截止。
12.14 立法院通過兵役法。
12.19 台灣省東西輸電聯絡線正式通電，足以從東部送電1萬5千瓦到西部。
12.20 中共新華社報導：北京市機關團體開會動員，大張旗鼓發動群眾消滅貪污浪費現象。彭真同志號召有貪污行為的人自動坦白。
12.24 利比亞獨立。
12.26 立法院通過「軍人婚姻條例」。
12.31 雜誌《台灣風物》季刊創刊。

1952

1.1 總統蔣中正發表「告全國軍民書」，號召推行經濟、文化、社會、政治4大改造，完成反共抗俄總動員。
1.5 美經合總署中國分署改稱美國共同安全總署中國分署。
1.5 省糧食局由中南部加強運米至台北市配售，以平抑米價。
1.5 胡璉激勵金門軍民，今年是反共搏鬥年。
1.6 省糧食局擴大在各縣市鄉鎮配售食米，以穩定糧價。
1.6 台灣共產黨台灣省委員黎明華、劉興炎、林希鵬等人發表脫離共黨宣言。
1.6 國防部總政治部發表3個月檢肅匪諜運動報告，自首者629人，檢舉案141件。
1.7 遭破獲之「台共省委」及各級幹部發表宣言脫離共黨。
1.7 台北市蓬萊米高漲，達到60公斤110元。
1.11 監察院全院審查會一致通過「彈劾李宗仁違法失職案」，失職部分提交國民大會，刑事部分送司法機關。
1.14 臨時省議員劉闊才在總質詢中詢及：本省戒嚴令之實施並無公佈期間，在法律上是否適當？
1.16 據舊金山和約原則，日本決與中華民國締約，決不與中共建立官方關係。
1.18 外交部長葉公超發表公開聲明：中華民國隨時準備與日本洽商締結和約。
1.22 經統計全省各縣市局養女總數為125,343人。
1.23 首期公地放領，共有7萬餘農戶受惠。
1.26 中華民國駐聯合國代表蔣廷黻向聯合國大會正式提出「中華民國控訴蘇聯違約案」，並請早日採取行動。
1.31 日本首相吉田茂正式照會中華民國駐日本代表團團長何世禮，日本政府將派河田烈為全權代表來台議定和約。
1.31 全省戶口總校正結束。
2.1 聯合國大會以25票對9票，24票棄權，通過「中華民國控訴蘇聯違約案」。
2.2 省政府通過全省國民學校增設1115班。
2.2 毛澤東批准將中共解放軍31個師轉為建設師團。
2.5 外交部長葉公超聲明：中華民國與日本政締結中日雙邊和約，以舊金山和約為藍本。
2.5 外交部接受中美雙方換文，中華民國政府同意接受美國軍經援助應予承擔之義務。
2.5 台北市劇場、理髮、澡堂、旅館、洗濯、裁縫各業價格上漲約30%。
2.6 英王喬治6世去世，伊莉莎白2世女王即位。
2.9 日本和約特使河田烈抵台。
2.12 中共自願軍歸國代表團長李雪三，要求中共政府嚴懲詐欺志願軍的奸商王康平等。
2.15 葉公超對記者發表談話，指中日和約談判，當以我方約稿為討論基礎。
2.17 省教育廳通令中學生蓄髮規定，男生不超過三分，女生留短髮，長度不過耳際。
2.17 中共《人民日報》報導：濟南奸商劉雲生等人承製自願軍食品，摻入大量不良食品，從中獲利20多億元。
2.20 中日和約會議在外交部開幕，我提出約稿共7章22條。
2.21 台灣省青年文化協會預備成立「台籍戰俘營救善後委員會」，請求盟軍總司令部與澳洲政府將被迫參加日軍之台胞再判為無罪或減罪。
2.25 參謀總長周至柔頒佈「41年度國軍克難運動綱要」。
2.26 英國首相邱吉爾宣佈英國擁有原子彈。
3.1 台灣省物資局成立。
3.1 台灣省開始實施日光節約時間，至10月31日止。
3.1 雜誌《中國文藝》月刊創刊。
3.2 台灣省各界向總統蔣中正敬獻29架飛機代金725萬元。
3.3 總統蔣中正題贈「毋忘在莒」贈金門島民。
3.4 中華民國政府於「毛邦初案」獲得勝訴，美國法庭令毛交出款項帳目。
3.4 中共發表聲明譴責美國在韓戰實行細菌戰。
3.8 中日和會陷入僵持狀態，日本派外務省亞洲局長倭島英二飛抵台北，表示日本已採積極行動。
3.8 美國防部發表台灣、菲律賓列入美太平洋艦隊管轄下，韓戰即使停戰仍將防守台灣。
3.11 張道藩當選立法院長。
3.12 國防部總政治部主任蔣經國宣佈整頓軍政3措施，含：實施現職軍官退役、建立主管官任期制度及建立實踐制度。
3.15 美安全總署紡織專家來台協助發展紡織工業。
3.18 台灣全省今日舉行第1次聯合防空演習。
3.21 迦納的恩克魯瑪博士當選為第1位非洲人總理。
3.22 省政府地政局宣稱首期放領公地逾2萬6千餘甲，受益農民共達40萬人。
3.22 龍捲風襲擊美國5州，造成200人喪生。
3.25 省政府公開通令無外交關係之集會一律不得使用日語或其他外國

語言。
3.27 中韓兩國通航。
3.29 蔣中正總統發表「告全國青年書」，號召創立「中國青年反共救國團」。
3.29 杜魯門退出美國總統競選。
4.1 台灣省政府為保護耕牛，辦理畜牛總登記。
4.8 教育部頒佈實施學生軍訓綱要。
4.9 自由中國影展揭幕，展期7天。
4.9 省政府會議通過「簡化進口貿易手續實施辦法」。
4.9 郭沫若在莫斯科接受「加強國際和平」史達林國際獎金。
4.12 總統蔣中正提名賈景德為考試院長，羅家倫為副院長。
4.13 監察院同意賈景德、羅家倫出任考試院正副院長。
4.17 台灣省同胞正告駐韓聯軍及美國，堅持韓境俘虜採取志願入境原則。
4.18 為使每縣設立1省立中學，省府通過7所中學於8月改為省立。
4.23 台籍叛亂犯李友邦執行槍決。
4.25 中共在台重建的台灣省委員會被破獲，各級書記黨員、外圍群眾團體等419人相繼被捕。
4.28 美日安全條約及盟軍對日和約正式生效，日本重獲獨立自主。
4.28 盟軍最高統帥艾森豪退役。
5.1 總統蔣中正咨請立法院贊同本屆立委繼續行政職權，今日經立法院通過。
5.1 金門開始發行「金門限定通用」之新台幣。
5.4 立法院院長張道藩發表「論當前文藝創作3個問題」，強調反共抗俄的作品可以消滅共產主義的毒素，以做為青年作家創作的指導原則。
5.6 美太平洋艦隊總司令雷德福今日訪台。
5.6 省教育廳為轉移社會風氣，達成文化政策改造及救國建國使命，命令各師範學校辦理民族精神教育講座。
5.7 韓國巨濟島之北韓俘虜收容所所長，要求停止虐待俘虜，停止虐殺並依自由意志加以遣送（巨濟島事件）。
5.16 中共軍機侵擾台灣海峽上空，台灣省首次發佈警告。
5.18 台灣大學學生發表文書告全省青年，號召學生為軍中將士服務。
5.19 省教育廳推行教育改革方案，公佈台灣省各級學校加強民族精神教育實施綱要等綱要與辦法。
5.19 大陸輔仁大學與北京師範大學今日合併。
5.21 國防部總政治部主任蔣經國任期屆滿，行政院准予連任1次。
5.22 總統蔣中正明令之廢止「政治犯大赦條例」。
5.23 大陸全國文聯舉行文藝座談會，紀念毛澤東「在延安文藝座談會上的講話」發表10週年。
5.26 美英法與西德簽署波昂協定（停止占領西德、恢復西德主權）。
5.26 韓國政府為阻止責任內閣制修憲案，宣佈緊急戒嚴令，包圍國會，將在野黨議員147人帶至憲兵司令部。
6.1 雜誌《文壇》創刊。
6.4 行政院通過大學畢業生實施預備軍官軍事訓練1年。
6.4 省政府教育廳推行訓練手、腦、身、心的「4H」運動。
6.5 省政府命令：光復前省民向日本抵押借款，一律免於清償。
6.8 美國第7艦隊司令克拉克宣佈美國空軍將協防台灣。
6.13 省政府通過「台灣省戶籍整理計劃綱要草案」，決定發行新式國民身分證。
6.15 台北民航飛行情報中心成立。
6.16 總統蔣中正發表「整理文化遺產與改造民族習性」文告，指示全國民眾如何研習經書與革除官僚鄉愿惡習。
6.18 中國歷史上第1次由南（廣州）到北（滿洲里）的直達貨運列車開出，全程長4,618公里。
6.19 扶植自耕農研究小組決定：不在鄉地主土地，政府全部收購；在鄉地主留用土地，須自行耕種。
6.20 省教育廳長在臨時省議會表示，全省普通中學教員人數本省籍1,020人，外省籍有2,800人，職業學校本省籍教員有949人，外省籍教員有1,400人。
6.22 罷免台南縣白河鎮長葉寶通一案，投票結果未能成立。
6.23 總統蔣中正應金門守軍司令官胡璉之請，親題「毋忘在莒」4字鐫刻於金門太武山，以資激勵。
6.27 中華民國與西班牙復交。
7.1 中國國民黨中央改造委員深入農村訪問佃農、自耕農、地主，討論限田政策。
7.1 國防部通令陸軍各部開始佩用陸軍新式領肩章。
7.4 韓國國會通過修定憲法，採總統直接選舉制，以確保李承晚連任總統。
7.7 總統咨請立法院召開臨時會議審議中日和約。
7.13 中共外長周恩來發表聲明，承認1929年8月7日以中國名義加入的1925年6月17日在日內瓦訂立的「關於禁用毒氣或類似毒品及細菌方法作戰議定書」；並承認1949年8月12日在日內瓦訂立的「改善戰地武裝部隊傷者病者境遇之公約」等4個公約。
7.16 台北市設立衛戍司令部，由台灣省保安司令部副司令彭孟緝兼任司令官。
7.17 奧林匹克委員會決定台灣與中共同時參加奧林匹克運動會，中華民國決定退出奧運，但保留憲章賦予的權利。台北市報業公會決定封鎖奧運消息，以示抗議。
7.17 總統夫人宋美齡暨中外名流發起組織「台灣省防癆協會」，省政府將撥450萬元做基金。
7.17 西德聯邦國會通過原納粹黨員之市民復權法案。
7.23 納吉布將軍奪取埃及政權。
7.24 國民黨中央改造委員會公佈從1953年1月開始實施「耕者有其田」政策（限田政策），並在本年內完成其準備工作。
7.24 美國鋼鐵工人罷工結束，工人獲得加薪。
7.26 阿根廷女政治家裴隆夫人去世。
7.27 歐洲6國煤鋼聯營組織（ECSC）成立。
7.27 中國伊斯蘭教協會籌劃會議在北京舉行。會議指出，中國伊斯蘭教協會的宗旨是：愛。

7.29 中日文化經濟協會於台北成立。
7.31 立法院批准中日和平條約。
8.1 日本成立安全廳。
8.1 省民政廳兵役處正式成立。
8.1 中華民國出席紅十字會代表劉瑞恆宣佈退出會議，以抗議中共代表出席。
8.1 遷台後第1本現代詩雜誌《詩刊》創刊，但只出版1期即停刊。
8.1 北京天安門廣場上的「人民英雄紀念碑」正式動工。
8.2 總統蔣中正簽署「中日和平條約」。
8.4 台灣防痨協會成立。
8.5 中日交換「中日和平條約」批准書，和約即日起生效：日本駐華大使館同時成立。外交部發表公報，裁撤駐日代表團，並在東京成立駐日大使館，橫濱、大阪設總領館，長崎設領館。
8.5 台南縣5萬農民聯名上書陳情，請求盡速實施限田政策。
8.6 行政院核定9月28日為孔子誕辰紀念日及教師節，將呈總統明令公佈。
8.6 中共財政部長薄一波在國家預決算的報告中指出，財政收支已經平衡，財政經濟情況根本好轉。
8.7 立法院臨時會議通過政府會計年度改為7月制。
8.7 李承晚連任韓國總統。
8.8 被中華民國控告盜用公款2,500萬美元的前空軍中將毛邦初，自美潛逃到墨西哥被捕。
8.9 日本政府今日任命芳澤謙吉為駐華大使。
8.16 蔣中正總統今日任命董顯光為駐日大使。
8.18 中國國民黨總裁蔣中正闡釋三民主義本質為倫理、民主、科學。
8.23 行政院制定公佈「改進台灣省各級農會暫行辦法」。
8.31 教育部通令大專以上各校自下學期起，增加「俄帝侵略中國史」、「國際關係」、「中國近代史」3門必修科。
9.3 英文中國郵報「China Post」在台北市創刊。
9.7 中國文藝協會舉辦星期文藝講座，由《詩經》學者李辰冬主講「文學家成功之路」。
9.10 哈林籃球隊來台訪問。
9.10 北京—上海無線電傳真線路正式開通，效果良好。
9.15 中蘇共談判公報發表，包括長春鐵路移交中共政府，和中蘇共延長共同使用中國旅順口海軍根據地期限的換文。
9.16 中蘇共高峰會議結束，發表共同聲明，決定至中蘇對日和約締結之前，蘇軍繼續駐專旅順，年內歸還長春鐵路。
9.17 總統令：特派葉公超為出席聯大第7屆常會首席全權代表，蔣廷黻、劉師舜、劉鍇、夏晉麟為全權代表。
9.18 芬蘭向蘇聯付清最後一筆關於戰爭賠款。
9.20 台灣省第1個「工人之家」—基隆碼頭工人大廈落成。
9.21 大甲溪天輪發電總廠今日舉行發電典禮。
9.21 國防部總政治部以「我們一定要回來的」為題，發表1封給中國大陸游擊隊的信。
9.23 轟動全省的第1、3建築信用合作社、第8倉庫利用合作社違法經營地下錢莊，造成週轉不靈倒閉案，今天由法院宣判。
9.27 省政府廢止「餘留日僑管理辦法」。
9.28 政府決定改「扶植自耕農條例」為「耕者有其田條例」。
9.28 總統蔣中正親自主持孔子2503週年誕辰紀念典禮。
9.28 中國文化學會成立。
9.30 劉少奇率中共代表團前往莫斯科參加蘇共19大。
10.3 中國青年反共救國團團務指導委員會決定救國團於10月31日成立，總團部先於3日正式辦公。
10.3 英國於蒙迪貝羅之首次原子彈試爆成功。
10.8 浙海游擊隊攻克浙江玉環縣屬雞冠山、羊嶼、塞頭等3島。
10.10 中國國民黨於台北陽明山莊舉行第7次全國代表大會。
10.10 《青年戰士報》在台北市創刊。
10.15 閩海游擊隊突襲福建省南日島奏捷歸來。
10.16 國民黨第7屆全國代表大會一致通過總裁手訂之「反共抗俄基本論」。
10.16 徐復觀於《自由中國》發表「青年反共救國團的健全發展的商榷」，認為救國團之性格不明顯，既非政府機構，亦非人民團體，且任務過多，有待商榷。
10.17 國民黨7全大會修正通過黨章。
10.17 省政府通過實施漁民保險。
10.17 新被梵蒂岡教廷晉升為台灣教區總教主的郭若石總主教抵台。
10.18 國民黨第7屆全國代表大會選舉蔣介石為總裁。
10.23 中國國民黨第7屆中央委員宣誓就職，並開首次會議，通過中央委員會組織大綱，並推選陳誠等10人為常委，以及張其昀連任祕書長。
10.25 中共於抗美援朝2週年紀念日，由彭德懷司令員向自願軍全軍發佈命令，將把抗美援朝戰爭進行到底。
10.30 華僑救國聯合總會在台北成立。
10.31 中國青年反共救國團正式成立，由蔣經國出任主任。
10.31 美軍援戰鬥機第1批運抵台灣。
11.1 中國國民黨中央委員會成立，與中央改造委員會舉行交接典禮。
11.1 美國於安尼威特克環礁進行氫彈試爆。
11.4 美國總統選舉，共和黨艾森豪擊敗民主黨史蒂文生，當選總統。
11.5 省政府修正公佈地方自治法規14種，同時廢止以前所公佈一切有關選舉的14種法規。
11.7 大陸第1座鐵路大橋—京滬鐵路黃河大橋加固工程完成，舉行通車典禮。
11.15 省主席吳國楨邀集南部受災縣市首長召開緊急會議，商定急賑善後辦法。
11.15 年度各縣市戶口總校正開始。
11.16 美國宣佈氫彈試驗成功。
11.19 胡適博士應邀自美抵台講學。
11.20 康藏公路康定至昌都段今日正式通車。
11.25 省社會處長謝徵孚宣佈，貝絲風災急賑工作結束。據統計，91人死亡，64人重傷，撥付緊急救濟金571萬元，善後部分則為1,500萬元。

11.25 美共同安全總署宣佈，美對遠東經援款中，中華民國獲6千餘萬元，其中1千5百萬元用以購置軍用品。

11.26 總統明令公佈實施耕者有其田。

12.1 台北市文獻委員會之《台北文物》發刊。

12.4 政府回答同意釋放日本甲級戰犯12名。

12.5 總統蔣中正於國防部擴大政工會議上，訓示政工人員將國軍訓練成有思想精神的戰鬥體。

12.5 請日賠償台戰災保險金處理委員會成立，並即受理登記。

12.5 美援500萬美元決定撥交台灣銀行，以供主要物資進口結匯。

12.10 總統蔣中正裁可台灣經濟建設4年計畫。

12.12 美駐華大使司徒雷登辭職。

12.12 省政府通過漁民保險辦法。

12.19 省政府通過制定山地人民稅金免除原則。

12.20 南日島戰役所俘中共官兵，舉行脫離共產黨宣誓典禮。

12.20 台灣煉鐵廠開爐。

12.26 國防部為加強軍事動員準備，在全省劃分師、團管區，已有4個師管區、12個團管區司令部先後成立。

12.28 第2屆縣市議員選舉舉行，包含台北市、台北縣、高雄縣、屏東縣、花蓮縣、台東縣、澎湖縣、基隆市、台中市、台南市及高雄市等11縣市同時舉行。

12.28 行政院今日通過整頓台灣電力公司辦法。

12.31 劫持菲航的暴徒洪祖鈞被押解來台，總政治部發表空軍救出被劫持客機之經過。

1953

1.1 總統蔣中正發表「告全國軍民同胞書」，要求全國軍民繼續反共抗俄總動員，發揚新、速、實、簡作風，完成反共復國準備。

1.2 台灣銀行發行「大陳島限定流通」新台幣100萬元。

1.4 台北市議會議員落選人召開記者會，公佈選舉舞弊內幕。

1.5 行政院長陳誠宣佈今年兩大施政方針：一、實行耕者有其田：二、實行4年經濟建設計畫。

1.5 美援民營的「台灣木材防腐公司」在新竹舉行開工典禮。

1.9 台灣省漁管處開始實施漁船放領工作，計畫放領漁船87艘。

1.14 狄托當選為南斯拉夫總統。

1.16 台灣光復後，繼內灣支線之後完成的屏東林邊至枋寮鐵路通車。

1.16 台北縣等11個縣市第2屆議會成立，並選出正、副議長。

1.20 立法院三讀通過「實施耕者有其田條例」。

1.20 艾森豪就任美國總統，隔日杜勒斯擔任國務卿。

1.24 台灣省開始恢復54國航空包裹之郵遞。

1.25 台北市為撲滅天花，動員市衛生院防疫工作人員及各區衛生所人員分赴各地實施種痘。

1.26 總統明令公佈「實施耕者有其田條例」、「台灣省實物土地債券條例」、「公營事業移轉民營條例」。

1.27 天花傳染病開始在台北市大安區蔓延。

1.27 遠東第1公路長橋—西螺大橋今天通車。

1.31 台北縣汐止鹿窟山區破獲「台灣人解放軍武裝保衛隊」，共有110人被捕。

1.31 行政院通令各機關1月起一律取消加班費。

2.1 新竹青草湖水庫舉行開工典禮。

2.1 各公私電台開始聯播節目。

2.1 日本國家廣播公司（NHK）開始播送電視節目（亞洲首次）。

2.2 美國總統艾森豪向國會提出國情咨文，解除台灣中立化，第7艦隊將不再被用來「保障共黨中國」，不再阻止台灣的國民政府反攻大陸。

2.3 總統蔣中正就美國艾森豪總統解除中華民國國軍對中共作戰限制之決定，發表鄭重聲明與保證，不要求友邦地面部隊協助中華民國對中共作戰，認為艾森豪之決定為合理光明舉措。

2.4 四健會運動正式展開。

2.5 美國總統艾森豪下令第7艦隊停止在台灣海峽從事中立巡邏。

2.6 台北市實行憑戶口配售食米，每隔5日或10日可購買1次。

2.8 台灣省第2屆第2期縣市議員選舉舉行。

2.11 台灣省土地測量隊抵達新莊測量共有分耕地，準備開始實施耕者有其田。

2.11 福建省金門縣政府正式成立。

2.16 中共中央指出，要求確實糾正農業生產互助合作運動中正在滋長著的急躁冒進傾向。

2.17 南韓總統李承晚表示反對中華民國軍隊參加韓戰。

2.18 美國總統艾森豪提名藍欽為駐華大使。

2.21 美陸戰隊官兵76人抵台，將協助國軍受特種訓練。

2.24 立法院決議通過廢止中蘇友好同盟條約。

2.24 西藏達賴喇嘛駐北京辦事處今日成立。

2.28 韓國大統領李承晚訪台。

3.1 漁民保險開始實施。

3.5 台北市新世界電影院發生爆炸案，造成3死，10餘重傷。

3.5 蘇聯總理史達林去世，享年74歲，由馬林可夫繼任。

3.6 省政府通過「耕者有其田條例台灣省施行細則」。

3.6 中共中央、中央人民政府、全國政協發佈通知，全國縣以上行政地區於3月9日聯合舉行追悼大會，哀悼史達林逝世。

3.7 中共總理周恩來率中共代表團赴莫斯科弔唁史達林逝世。3月17日，轉赴捷克參加捷共主席、總統哥特瓦爾喪禮。

3.9 原「澎湖防衛司令部子弟學校」遷至彰化員林，並更名為「教育部特設員林實驗中學」，專為安頓以山東籍為主的大陸流亡學生而設。

3.9 大陸北京各界60萬人舉行追悼大會，悼念史達林。

3.10 台電公司日月潭電管處霧社變電所新建工程全部完竣。

3.10 由台灣鐵路管理局委託拍攝的

「寶島大動脈」開拍，主要介紹台灣鐵路的發展傳奇。

3.14 省政府為配合實施耕者有其田，決定清理大、中戶欠繳糧，在土地債券項下扣繳。

3.20 美民主黨領袖史蒂文生今日訪問台灣。

3.20 第1批志願回國的日本僑民離開大陸返回日本。

3.21 司法院大法官會議釋字第14號解釋：立法委員、監察委員與國大代表均非監察權行使對象。

3.22 信用合作社聯合社成立大會於今日舉行。

3.24 台灣省生產事業管理委員會副主委尹仲容提倡吃麵省米運動。

3.25 中國攝影學會成立。

3.25 聯合國及美國遠東軍統帥克拉克上將抵台訪問。

3.26 緬甸向聯合國控訴國民政府支持滇緬邊境游擊隊。

3.28 教育部長程天放表示，教育部已核准基督教聯合董事會在台設立大學（東海大學）之申請。

3.30 晚間8時餘台灣海峽上空發現不明飛機，台灣省北部發佈空襲警報，南部實行燈火管制，至10點26分警報解除。此為台省本年度首次空襲警報。

4.5 由國大代表籌組之中國憲政學會舉行成立大會。

4.5 中央日報社開股東大會，胡健中當選董事長，陳訓畬任社長。

4.6 北縣中和鄉南勢角山谷發生廢彈爆炸案，1公里內建築大都被毀，死傷約3百人，損失財產逾千萬元（一說5、6百萬）。

4.10 台灣省主席吳國楨因病辭職，行政院決議由俞鴻鈞繼任。

4.10 外交部長葉公超針對美國輿論所傳託管台灣一事，斥為謠言、無稽之談。

4.11 總統蔣中正再咨請立法院，將立法委員行使立法權再延長1年。

4.11 聯合國和共黨聯絡官員在板門店簽訂交換傷病戰俘協定。

4.14 高雄、馬公航線船隻「聯盛輪」沉沒，48人遇難。

4.15 中共第2次全國婦女代表大會在北京舉行。

4.17 聯合國大會政治委員會，辯論「緬甸對中華民國控訴案」，蔣廷黻代表以我對滇邊反共軍隊並無控制之說駁斥緬甸指控。

4.19 中華科學協進會、中華國樂會分別在台北正式成立。

4.24 台北市統一拜拜日期，每年春秋兩次，其餘一律禁止，同時決定禁止迎神賽會遊行。

4.25 中共民主婦女聯合會舉行第2屆執委會第1次會議，選出宋慶齡、何香凝為名譽主席，鄧穎超等為副主席。

5.2 政府發言人稱，凡進入我國自由地區的任何商輪，必須保證卸貨後60天決不駛進中共控制地區，違者永遠不准再進入我國。

5.2 全省各地榮民之家揭幕，除役戰士紛紛報到。

5.6 高雄旗山、旗尾、旗南3大橋落成通車典禮。

5.10 《東方日報》在基隆市創刊。

5.10 美國17架飛機侵入大陸東北領空實施轟炸。次日8架飛機又侵入東北，炸死炸傷257人。

5.12 格倫瑟將軍今日出任歐洲盟軍最高統帥。

5.13 中國農村復興委員會撥助省政府新台幣1千萬元，以協助施行耕者有其田政策。

5.14 省糧食局為平抑糧價，開始在台北市辦理特種配售，每斤米搭配甘藷1斤，米每台斤配價2元，甘藷每台斤2角4分。

5.15 中華民國代表在聯合國大會特別委員會建議凍結聯合國當前會員國數，俟國際情勢改善之後再行解凍。

5.15 國防部派遣艦艇接運入越國軍抵達台灣。

5.20 各縣市救國團支隊今日舉行成立典禮。

5.24 中華民國中醫藥學會正式成立。

5.25 華僑服務社開始辦公。

5.29 銀行公會共商決定不准未成年者開戶。

5.31 中國語文學會成立。

5.31 主管軍訓當局通知各中等學校，限9月以前徹底實施軍訓。

6.1 實施耕者有其田處理委員會經複查統計後，全省徵收放領耕地有17萬9千甲，可扶植自耕農約30萬戶，並開始辦理耕地徵收及放領手續。

6.1 台北市議會通過電影商業公會所提籌募反共宣傳費，於每張電影票價附加1角。

6.1 全省各縣市普遍實施乙種國民兵訓練，一律採集訓留宿方式。

6.2 英國女王伊麗莎白二世舉行加冕典禮。

6.3 本省第1期國民兵訓練在各地開始受訓。

6.3 中國佛教協會於大陸成立。達賴喇嘛、班禪額爾德尼．卻吉堅贊、虛雲、查干葛根當選名譽會長，圓瑛為會長。

6.4 由美國訓練的中華民國首期噴射機飛行員，今日在南部舉行結業典禮。

6.14 中國婦女政治學會成立。

6.14 民社黨發起成立民主社會主義研究會。

6.14 中共中央舉行全國財經工作會議，著重討論如何貫徹執行根據毛澤東的建議，中共中央於1952年底提出的過渡時期總路線。

6.15 美國軍事援華首批噴射戰鬥機今日抵台。

6.15 自由中國詩人大會於台北孔廟舉行，參加者500餘人。

6.15 大陸北京舉行偉大詩人屈原逝世2230週年紀念會。

6.16 首批美援噴射機在台灣南部舉行移交典禮。

6.17 東柏林發生反共騷亂。

6.26 臨時省議員高順賢質詢教育部，對政府取締以羅馬符號拼台語聖經一事，要求當局提出原因說明原由。

6.27 苗栗抗日英雄羅福星紀念祠今日落成。

7.1 行政院經濟安定委員會成立，由俞鴻鈞出任主任委員。

7.2 從越南撤退之政府軍抵達台灣。

7.2 國際獅子會中國分會正式成立。

7.3 統率留越軍民之黃杰將軍抵台。

7.3 強烈颱風克蒂於花蓮登陸。

7.16 國軍突擊東山島，為中華民國最後一次對大陸沿海發動大規模軍事行動。
7.17 閩海兩棲突擊隊掃蕩福建東山島後，凱旋歸來。
7.18 省保安司令部公佈李媽兜、陳淑端等匪諜陰謀叛亂證據，分別處以死刑及有期徒刑。
7.18 中共潛台台南市工委會8名嫌犯以匪諜罪嫌槍決，另17名嫌犯分處徒刑。
7.18 外交部長葉公超針對緬甸境內中國游擊隊發表聲明，中國政府將貫徹既定政策，力促李彌部隊自緬甸撤出。
7.20 蘇聯與以色列恢復外交關係。
7.30 美國太平洋艦隊總司令史敦普今日訪台。
7.31 海軍在南日島附近緝獲萬噸中共輪船瑪利魯號。
7.31 全省開始辦理補償地主耕地被徵收的地價，地主可憑通知書換取債券股票憑證。
8.1 為實施耕者有其田，台灣土地銀行開始發放土地實物債券和公營公司股票以更換憑證，做為首期耕地地價補償。
8.1 第1期預備軍官結訓，於鳳山舉行畢業典禮。
8.2 中國青年寫作協會成立。
8.8 蘇聯總理馬林可夫在最高蘇維埃中宣稱蘇聯已擁有氫彈。8月29日宣佈試爆成功。
8.11 中共志願軍司令員彭德懷從北韓勝利歸國。
8.15 資助中共外輪漢端傑森號，被海上游擊隊截獲來台。
8.16 強烈颱風妮娜掠過本省東北部，台北市豪雨成災，台中縣大安溪潰堤，4千餘災民遭水圍困。
8.17 聯合國第7屆大會復會，外交部長葉公超發表公開聲明，重申中國政府主張：唯有參戰國方能出席政治會議，討論範圍應只限於韓國問題。
8.20 聯合國大會政治委員會辯論韓國政治會議，我首席代表蔣廷黻闡明立場，反對政治會議中討論中國問題。
8.20 國軍與美國第7艦隊作全島訓練大演習。
8.20 法國廢黜摩洛哥蘇丹。
8.22 美國第7艦隊司令克拉克在香港發表聲明：中華民國軍隊如決定反攻大陸，無須事先與美國商量，第7艦隊奉令不干涉且不採取任何足以妨礙進攻大陸海岸的行動。
8.23 轟動全省官商勾結「八仙山盜伐林木案」，計有11人被檢方提起公訴。
8.31 台北市民政局戶政科發表統計數字，台北市人口迄本年7月底止逾60萬人。
9.1 殷海光譯海耶克之《到奴役之路》一書開始於《自由中國》連載。
9.1 台灣海峽中美海空軍舉行大規模作戰演習。
9.2 省教育廳通令各省立中學、各縣市政府及陽明山管理局自1953學年起，一律採用標準教科書。
9.6 基督教民主黨在西德選舉中獲得勝利。
9.7 省政府擬成「台灣省促進山地平地化5年計畫大綱」。
9.12 中國青年反共救國團成立反共先鋒隊儲備幹部訓練班。
9.14 亞洲第2屆桌球賽，女子選手陳寶貝獲得女子單打冠軍。
9.15 中美重新簽訂「護照簽證互惠辦法」。
9.23 蔣中正總統批准第1屆國民大會代表之職權繼續行使案。
9.23 天文同好會建造日晷儀竣工，設在北市新公園博物館後。
9.24 美援運用委員會決定撥款新台幣3百萬元，以供興建石門水庫測量之用。
9.26 大陸著名畫家、中央美術學院院長、全國美術工作者協會主席徐悲鴻在北京逝世，終年58歲。
9.27 蔣中正總統採納行政院建議，依據憲法第28條規定，批准第1屆國民大會代表繼續行使職權，至次屆國民大會依法召集開會之日為止。
9.27 美、泰兩國同意國民政府自緬甸撤出反共游擊隊的建議。
9.27 中國市政學會成立。
10.1 省教育廳通令全省國民學校審查學校全部圖書，若有違反國策、詆毀政府、鼓勵階級鬥爭、影響兒童心理言論者，一律封存列冊報廳銷毀。
10.1 美韓共同防禦條約於華盛頓簽署，1954年11月17日生效。
10.2 東海大學董事會成立，推選杭立武為董事長。
10.2 韓國中立區內之反共華籍戰俘被印軍擊斃2名，傷5名。
10.6 聯軍統帥克拉克致函中立國遣返委員會，中共戰俘應依自願遣送台灣。
10.8 第1批反共義士63人由韓國釜山飛抵台北。
10.9 國軍機群飛大陸空投，投下大批食米及總統文告。
10.14 實施耕者有其田案處理委員會通過「實施耕者有其田公營事業轉移民營及民營後輔導辦法」，並決定工礦、農林、紙業、水泥4公司出售民營。
10.15 民初聞人馮玉祥骨灰今日安葬大陸泰山。
10.19 新創設的省立（基隆）海事專科學校舉行開學典禮。
10.24 中華譯學會成立。
10.27 立法院通過婦女參政權公約。
10.27 國防部總政治部制定「祝壽歌」，通令三軍練唱。
10.29 外交部長葉公超宣稱，如聯合國要求我國派兵制止韓戰復起，我國決允派兵赴韓。
10.30 中國國民黨中央評議委員吳敬恆（稚暉）今日在台北病逝，享年89歲。
10.30 中國青年航空、航海、登山、騎射4協會成立。
11.1 滇緬游擊隊將撤退來台。
11.3 總統府國策顧問谷正倫病逝。
11.5 台北市開始取締無燈三輪車，以維護市民生命安全。
11.6 台灣省手工藝推廣委員會今日正式成立。
11.8 美國副總統尼克森抵台訪問。
11.9 從滇緬邊境撤退之反共游擊隊第1批抵台。
11.11 美國副總統尼克森夫婦主持東海大學破土典禮。
11.14 中國國民黨總裁蔣中正在國民黨第7屆中央委員會第3次全體會議提出「民生主義育樂兩篇補

述」。

11.17 總統命令，總統府祕書長王世杰因蒙混舞弊、不盡職守，著即予以免職。

11.18 最高法院檢察官下令通緝附共國大代表張治中等18人。

11.20 曾文溪大橋重建舉行通車典禮。

11.23 中華民國政府發表聲明：反對美國將琉球群島所屬奄美大島交予日本。

11.24 全省各地農會會員資格初審完成，206個單位複審確定，共有合格會員38萬餘人。

11.26 滇邊第10批游擊弟兄抵台，空運工作暫停，來台反共游擊隊人員已達1,129人。

11.27 南韓總統李承晚蒞台訪問3天。

11.30 考試院副院長羅家倫提議簡體字標準化。

11.30 省政府通令各縣市禁止屠宰已死獸畜。

12.2 省教育廳函知各縣市局，通知政府之電影檢查法一律開始改用新標準。

12.2 艾森豪在國會提國情咨文，解除台灣中立化，不阻止中華民國政府反攻大陸。

12.2 美第7艦隊新任司令官蒲賴德中將就任。

12.7 台大醫院醫師江萬煊、吳家鑄在台灣醫學會年會中，宣佈人工授精方法試驗成功病例。

12.9 中共主席毛澤東發佈「1954年國家經濟建設公債條例」，決定發行公債6億元。

12.11 最高法院檢察署通緝附共叛國有據的國大代表唐生智、傅作義、翁文灝等人。

12.11 北越軍隊開始攻擊奠邊府。

12.12 本年度國軍運動會在台北北投復興崗舉行。

12.17 省政府通令個別機關、各級學校，一律禁用散兵游民。

12.30 台北市西寧南路大火，國際聯誼社燒毀，天后宮正殿亦遭焚毀。

12.3 中華民國各界援助留韓中國反共義士委員會，通過明年1月23日為反共義士自由日，發起反共義自由日運動。

12.24 日美簽署琉球歸還協定。

12.28 大溪到角板山公路通車。

12.29 立法院修正國民大會組織法第8條條文：修正國民大會開會法定人數為三分之一以上代表出席。

12.30 行政院經濟安定委員會工業小組召集人尹仲容公開發表「台灣工業政策試擬」，擬具台灣工業發展趨向。

12.31 中共代表團和印度代表團就中印兩國在西藏地方的關係問題進行談判。周恩來首次提出中共外交的和平共處5項原則。

1954

1.1 行政院新聞局成立。

1.1 省政府奉行政院令，自今日起恢復自1950年起停徵之皮革、化妝品貨物稅。

1.1 第4屆克難英雄大會在台北市中山堂慶祝，並舉行克難成果展。

1.7 行政院公佈台灣省進口貿易整理辦法。

1.8 省政府與有關機關代表為實施耕者有其田補償地價，成立撥發公營事業股票委員會，積極準備撥發股票工作。

1.9 省地政局發表統計，台灣省已放領耕地6萬餘甲，受惠農民12萬餘人。

1.11 總統蔣中正與訪台之韓境聯合國統帥赫爾上將進行會談。

1.15 司法院大法官會議解釋：立法委員不得兼任國民大會代表。

1.21 臨時省議會通過修正「台灣省各縣市實施地方自治綱要」。

1.21 臨時省議會通過修正「台灣省各縣山地保留地管理辦法」。

1.23 韓戰反共義士14,619名分3批抵台，以紀念「一二三自由日」。

1.26 行政院公佈修正「人民出國回國管理規則」及「海外僑民團體及國內僑務團體劃分管理辦法」。

1.29 司法院大法官會議解釋：在第2屆立法委員及監察委員未能依法選出集會以前，應仍由第1屆立、監委員繼續行使職權。

1.29 中共外交部長周恩來發表公開聲明，強硬抗議美方強迫扣留共軍戰俘。

1.31 前省主席吳國楨在美國發表言論攻擊國民政府。

1.31 北京－莫斯科直達客車今日正式通車。

2.6 中共7屆4中全會在北京舉行。會議揭發並粉碎高崗、饒漱石分裂黨及奪取黨和國家權力的陰謀活動，通過「關於增強黨的團結的決議」。

2.7 前台灣省政府主席吳國楨在台北各報刊登啟事，駁斥關於苟取巨額外匯之謠言。

2.8 韓戰反共義士1萬4千餘名分別在大湖、下湖、楊梅3地開始接受就業輔導教育，分4區舉行開學典禮，並簽訂救國公約。

2.9 省糧食局長李連春解釋糧食政策3大任務，為安定民食，供應軍糧，爭取外匯。

2.10 省糧食局為穩定糧食價格，今起恢復配米。

2.12 救國團成立青年先鋒營，以期在軍訓課程未實施前，台灣的年輕人有機會先歷練軍事戰鬥訓練。

2.13 中國國民黨中央評議委員、「中國國民黨史稿」著者鄒魯，病逝台北。

2.13 中共《人民日報》報導：大陸自製的第1台巨型螺旋式風車最近試製成功。

2.16 行政院政務委員吳國楨向美國合眾社記者發表其對台灣之政見，認為政府過於專權。

2.17 第2屆台灣省農會，亦即改組後的首屆會員代表大會開幕。

2.19 第1屆國民大會第2次會議開幕，胡適任臨時主席，宣稱本次大會之舉行，為維護法統，符合憲法而舉行。

2.21 自今日起實施1954年度全省戶口總檢查。

2.24 省農會召開首次理事會，林寶樹當選理事長。

2.25 第1屆國民大會第2次會議通過臨時動議，再電促副總統李宗仁回國，以便對彈劾案提出答辯。

2.25 《皇冠》雜誌創刊。

2.26 立法院長張道藩以立法委員身分，針對前省主席吳國楨7日與16日在美國之言論提出質詢。

2.27 立法委員106人提案反對變革中

國文字，提議制定「文字制定程序法」。
2.27 美國今日移交兩艘驅逐艦予中華民國。
3.1 為實施耕者有其田，補償地主地價，政府正式發給4大公營公司股票。
3.1 台灣水泥公司、台灣紙業公司、台灣工礦公司、台灣農林公司正式發行股票。
3.1 警察廣播電台開始正式播音。
3.2 政務委員吳國楨在美國表示，其有信件分致總統和國民大會，說明「政府之基本錯誤」及「民主改革的6項建議」。
3.4 立法院長張道藩以立法委員身分召開記者會，列舉行政院政務委員吳國楨違法亂紀情事。
3.7 詩人楊喚車禍去世。
3.7 中國歷史學會成立。
3.8 美、日簽訂共同防禦條約。
3.9 國民大會秘書處接獲行政院政務委員吳國楨由美來電，陳述意見，主席團決定提出大會報告。
3.9 《幼獅文藝》創刊。
3.10 國民大會第2次會議第6次大會投票表決監察院「彈劾副總統李宗仁違法失職案」，通過罷免其副總統職務。
3.11 國民大會通過繼續適用「動員戡亂時期臨時條款」。
3.14 台灣省山地9族中文名稱：泰雅、賽夏、布農、曹、魯凱、排灣、卑南、阿美、雅美，經省文獻委員會擬定，由省政府轉報內政部奉准確立。
3.15 莫德惠宣佈參加總統競選，並敦促王雲五競選副總統，2人已完成簽署手續。
3.15 台灣大學與台北市文獻會合作挖掘圓山貝塚。
3.16 考試院副院長羅家倫撰寫〈簡體字之提倡甚為必要〉，以提倡簡體字。
3.17 國民大會主席團公佈第2任總統候選人名單：蔣中正、莫德惠、徐傅霖。
3.17 總統令明令：吳國楨背叛國家、污衊政府，撤免行政院政務委員職銜，其在台灣省政府主席任內違法瀆職，應徹查究辦。
3.18 國民黨中央常務委員會開除吳國楨黨籍。
3.22 蔣中正今日當選中華民國第2任總統。
3.24 陳誠今日當選中華民國第2任副總統。
3.24 蘇俄宣佈將主權授予東德。
3.31 總統府「機要資料組」改為「國防最高會議」。
3.31 蘇聯提出加入北約。
4.1 台灣區製茶工會成立。
4.2 司法院大法官會議解釋：各省縣議會議長非監察權行使對象。
4.3 中共出版總署決定停止胡亂出版蘇聯文學名著改寫本。
4.5 韓戰反共義士1萬4千餘名舉行從軍報國宣誓典禮。
4.6 考試院副院長羅家倫在台灣大學演講「中國文字簡化問題」，鼓吹文字簡化。
4.6 美國贈送中華民國的3艘巨型登陸艇，由日本駛抵台灣。
4.15 石門水庫設計委員會正式成立。
4.20 副總統陳誠辭行政院長職務，由俞鴻鈞繼任。
4.22 修正公佈耕者有其田實施條例第16條，及台灣省土地債券條例第10條。
4.23 成吉思汗727週年大祭和成吉思汗新陵園奠基典禮在伊克昭盟伊金霍洛舉行。
4.25 大陸內蒙古自治區首府「歸綏」改名為「呼和浩特」。
4.26 台北市政府開會決定圓山兒童樂園由市政府經營，將擴充現代化設備。
4.29 有「原子彈之父」之稱的美國科學家歐本海默成為「可能有損國家安全的危險人物」。
5.2 善化車站以南平交道上卡車火車互撞爆炸，造成4死、4重傷、3輕傷。
5.4 運動選手楊傳廣今日在馬尼拉奪得第2屆亞洲運動會10項運動比賽冠軍。
5.7 立法院決議懲治貪污條例於今年6月1日施行期滿即予廢止。
5.7 北越共黨軍隊擊敗法軍，占領奠邊府。
5.8 第2屆亞運今日閉幕，中華民國足球隊榮獲冠軍錦標，籃球隊獲得亞軍。
5.8 法國提議在越南停戰。
5.14 中華民國公開宣佈退出奧林匹克委員會。
5.16 雜誌《自由中國》發表社論〈這是國民黨反省的時候〉，對國民黨在地方選舉中所表現的弊病頗加非難。
5.17 美國最高法院宣佈學校實行種族隔離為非法。
5.18 總統蔣中正任命張群為總統府秘書長。
5.19 行政院公佈「反共抗俄戰士授田條例施行細則」。
5.20 蔣中正發表總統就職宣言：1.實現民主，爭取自由。2.6年任期內完成反攻大陸使命等等。
5.20 總統蔣中正批准行政院長陳誠辭職，提名俞鴻鈞繼任行政院長。
5.21 立法院通過學位授與法修正案，決定軍校畢業者授與學位。
5.25 立法院同意總統提名俞鴻鈞出任行政院長。
5.27 美國原子能委員會特別委員會之顧問委員會委員長歐本海默博士因反對製造氫彈，被該會認為係危險人物。
6.2 臨時省議會第2屆大會成立。黃朝琴當選為議長，林頂立當選為副議長。
6.3 行政院決定改組台灣省政府，任命嚴家淦為省主席，各廳廳長：民政廳長連震東，財政廳長陳漢平，教育廳長劉先雲，建設廳長黃啟顯，農林廳長金陽鎬。
6.3 大陸中蘇造船公司建造成功第1艘遠洋拖船。
6.4 法國、南越簽署南越獨立協定。
6.6 第一、華南、彰化三商業銀行開始第一次美援相對基金之一般民營工業貸款業務。
6.9 國防部核准陸軍軍官學校改為四年制，正科畢業生由教育部授予理學士學位。
6.10 行政院修訂通過戡亂時期國產影片處理辦法。
6.12 河北省公安機關破獲3個重大反革命案件。

6.16 台灣水泥、紙業、農林、工礦四公司開始處理伴隨耕者有其田實施之股東過戶。
6.16 越南皇帝保大任命吳廷琰為越南總理。
6.19 外交部長葉公超就菲律賓總統麥格塞塞簽署「零售商菲化案」發表聲明，認為該法案違反「中菲友好條約」。
6.23 蘇俄油輪「陶甫斯號」載禁運品駛往上海，為中華民國海軍押到高雄港。
6.24 總統蔣中正任命國軍高級將領孫立人為總統府參軍長，黃杰、梁序昭、王叔銘為陸、海、空軍總司令，張彝鼎為國防部總政治部主任。
6.29 日本歸還於大戰期間劫掠中華民國之鑽石1,735顆運抵台北。
7.1 日本防衛廳、自衛隊成立。
7.3 中共總理周恩來在中越邊界與胡志明會談。
7.6 立法院3讀通過「外國人投資條例」。
7.8 政大復校籌備委員會成立。
7.11 教育部學術審議委員會決定編印《中華叢書》，修訂私立學校規程，恢復審查大專教員資格，並通過設立中華獎學基金委員會。
7.14 教育部公佈「國外留學規程」。
7.15 波音707飛機首航。
7.16 陳誠就任光復大陸設計研究委員會主任委員。
7.20 中央農業試驗所栽培成功「中農4號」之水稻新品種，比一般品種約增產30%。
7.21 經濟部長尹仲容在立法院報告水泥、紙業、工礦、農林4大公司移轉民營辦理情形。
7.22 臨時省議會召開美援座談會，行政院美援運用委員會祕書長王蓬報告美援運用情形。
7.26 中國文藝協會發起「文化清潔運動」，要求清除「赤色的毒，黃色的害，黑色的罪」文藝三害。
7.29 中華民國空軍飛往福建省空投大批宣傳物品。
7.31 亞洲人民反共聯盟中華民國總會成立。
8.2 臨時省議會臨時動議，一致通過請政府解除報紙篇幅限制。
8.3 立法院通過兵役法修正案。
8.9 希臘、土耳其、南斯拉夫於南斯拉夫簽署「巴爾幹軍事同盟條約」。
8.12 參謀總長桂永清病逝台北。
8.15 立法院今日通過實施都市平均地權條例。
8.16 監察院投票同意總統提名莫德惠為考試院長、王雲五為副院長。
8.17 美國總統聲明，中共若攻打台灣，將與第7艦長產生衝突。
8.20 孫立人將軍被扣押禁見，鳳山陸軍軍官學校第4軍官訓練班同學會等被捕600餘人。
8.20 中共政協通過「解放台灣宣言」。
8.24 中國農村復興委員會公開提倡吃胚芽米。
8.27 全省75家雜誌社響應文化清潔運動。但內政部指稱《中國新聞》、《紐司》、《新聞觀察》等10種雜誌誨淫誨盜，下令予以停刊處分。
8.31 台灣省山地巡迴文化工作隊正式成立。
9.1 山地巡迴文化工作隊開始巡迴全島，展開文化宣導工作。
9.3 中共大舉砲轟金門地區。金門前線遭受中共數千發砲彈轟擊。
9.4 教育部公佈施行修正私立學校規程，修正重點在於簡化程序，便利私人興學。
9.5 總統蔣中正明令任蔣經國為國防會議副祕書長、蕭毅肅為國防動員計劃局局長、鄭介民為國家安全局局長。
9.6 馬尼拉8國會議正式揭幕，締結東南亞公約組織（SEATO）。
9.6 中共志願軍總部發言人宣佈將從朝鮮撤回7個師，鄧華將軍繼彭德懷將軍為志願軍司令員。
9.7 廈門共軍擊落國軍飛機3架，擊傷20架。
9.8 東南亞公約組織今日閉幕，並簽訂東南亞集體安全條約、有關中南半島之附屬議定書，以及太平洋憲章。
9.9 美國國務卿杜勒斯來台訪問，與總統蔣中正會談3小時。
9.13 教育部學術審議會議修正通過大專學校教員出國講學、研究及進修辦法3案。
9.15 中共第1屆全國人民代表大會在北京舉行。
9.15 中共《新華社》報導：中共華東軍區委員會發出指示，號召全軍作好解放台灣戰鬥準備。
9.17 立委李公權認為政府停刊10家新聞雜誌與出版法規不符，於行政院進行施政報告時提出質詢。
9.21 外交部特發表聲明，我已批准中共油輪「高德瓦號」10餘位波蘭籍船員之政治庇護請求。
9.26 中國邊政協會成立。
9.26 日本北海道札幌線聯絡津輕海峽之渡輪「洞爺丸」，於函館港內遭瑪利颱風猛襲後沉沒，千餘人遇難。
9.27 中華民國駐聯合國首席代表葉公超在聯合國大會演說，中共砲擊金門是蘇俄侵略之延續，要求將蘇俄逐出世界組織。
10.1 大陸北京舉行盛大閱兵式和示威遊行，慶祝建國5週年，毛澤東親自到場檢閱。
10.2 行政院制定「都市地價評議委員會組織規程」。
10.5 立法院今日通過中華民國紅十字會法。
10.6 司法院大法官會議第40號解釋：僅人民始得為行政訴訟之原告，官署非鄉鎮自治機關，不得提出行政訴訟。
10.8 越南河內被共產黨部隊占領。
10.9 總統蔣中正任命胡適、曾寶蓀、左舜生、徐傅霖、徐永昌等5人為光復大陸設計研究委員會副主任委員。
10.9 臨時省議會通過「台灣省各縣市實施地方自治綱要」。
10.10 中共外長周恩來致電聯合國大會，控訴美國武裝侵略台灣。
10.12 立法院通過「中華民國國徽國旗法」。
10.12 上海商業儲蓄銀行總管理處在台北成立。
10.16 中共領袖毛澤東給中共中央政治局和其他有關人士發出「關於紅樓夢研究問題的信」。於是大陸展開對紅樓夢研究中的胡適派主觀唯心論、形而上學和煩瑣哲學的批判。
10.17 高雄醫學院正式開學。
10.19 毛澤東今日會見並宴請印度尼赫魯總理。
10.20 省建設廳通過制定各地輪流灌溉制度。
10.21 跨越台南、高雄兩縣的南雄大橋舉行通車典禮。
10.23 為實施耕者有其田政策而出售的4大公營事業之一台灣水泥股份有限公司首次股東大會在台北舉行。台灣水泥公司舉行移轉民營首次股東大會，通過章程，選舉董監事。
10.23 總統明令公佈「中華民國國徽國旗法」。
10.24 本省西部縱貫公路高級路面工程竣工，舉行通車典禮。
10.24 中國行政學會在台北市成立。
10.26 中華民國空軍人員胡弘一駕機投奔中共。
10.27 中華民國空軍攜帶食米5萬公斤，傳單200萬份，慰問信3萬5千餘件空投救濟大陸水災災區。
11.1 台灣省民防司令部成立。
11.3 原海南行政長官陳濟棠今日病逝台北。
11.5 內政部制定「戰時出版品禁止或限制登載事項」9條，引起新聞界一致反對，行政院於9日決定暫緩實施。
11.6 台灣省第一次舉辦後備軍人召集入營，接受一個月再教育。
11.6 台北縣三鶯大橋破土典禮。
11.11 台灣水泥公司移轉民營，本日正式交接。
11.12 國父行館及紀念碑舉行揭幕禮。
11.13 教育部公佈任命陳大齊為國立政治大學校長。
11.14 中華民國海軍太平艦於浙海遭4艘中共魚雷艦擊沉，計28人失蹤，1人死亡。
11.15 台南工學院學生，憤於太平艦為中共擊沉，發起獻艦復仇運動。
11.17 納瑟正式成為埃及國家元首。
11.29 美國將首批軍刀式噴射戰鬥機移交我空軍使用。
12.1 台灣紙業公司正式移轉民營，董事會辦理交接。
12.2 中國科學院院務會議和中國作協主席團舉行聯席會議，決定召開批判胡適思想討論會。
12.2 美國參議院通過麥卡錫譴責案。
12.3 中美共同防禦條約在華盛頓簽字，內容為中華民國政府無美國同意不得反攻大陸，中華民國代表為外交部長葉公超，美國為國務卿杜勒斯。
12.5 中共《人民日報》發表社論〈中國人民不解放台灣誓不罷休〉。
12.8 中共外交部長周恩來發表對於中美共同防禦條約的聲明，表示解放台灣是中國主權和內政問題。
12.8 金門駐軍突襲福建大伯島，深入內島，俘獲中共士兵14人。
12.15 澎湖火力發電所竣工。
12.18 總統蔣中正明令公佈「請願法」。
12.23 法國軍隊2萬名今日被派往阿爾及利亞。
12.24 浙海前線國軍突襲雞冠山極圍頭奏捷，殲滅中共部隊數十名。
12.24 中央電影事業公司在台北市成立。並開拍第1部劇情片「梅崗春回」，內容是描述村民萬眾一心，消滅土匪，順利保衛梅崗的經過。
12.25 大陸康藏（雅安至拉薩，全長2,255公里）、青藏（西寧至拉薩，全長2,100公里）公路今日正式通車。

1955

1.1 美國對南越、高棉、寮國展開直接援助。
1.1 《新新文藝》創刊。
1.1 中共國防部長彭德懷頒佈「關於寬待放下武器的蔣軍官兵的命令」、「對國民黨軍起義、投誠人員的政策及獎勵辦法」通知。
1.5 立法院外交、國防兩委員會舉行聯席會議，開始審查「中美共同防禦條約」。
1.5 為紓解美國間諜審判案造成之中美緊張關係，聯合國秘書長哈馬紹訪問中國大陸，與周恩來舉行會談。
1.7 中共機群今日猛烈轟炸上下大陳列島。
1.10 大陸中國京劇院成立，由梅蘭芳擔任院長。
1.14 立法院今日批准「中美共同防禦條約」。
1.16 宜蘭、桃園、新竹、苗栗、台中、彰化、南投、雲林、嘉義、台南等10縣進行投票選舉第3屆議員。
1.18 國防部前軍法局長包啟黃以擅權枉法，遭特別軍事法庭判決死刑確定後，依法執行槍決。
1.18 中共海陸空大舉進犯一江山，占領灘頭陣地。
1.18 蘭陽平原下雪。
1.19 大陸內河最大的一艘新客輪江新輪正式開航。
1.20 中共攻陷一江山，一江山守軍720人全部陣亡。
1.24 美國總統艾森豪咨文國會，授權緊急出兵協防台灣及澎湖。26日獲國會通過。
1.24 中共周恩來總理兼外長發表聲明，抗議美國政府干涉中國人民解放台灣。
1.25 法國將警察、司法、行政、軍事等主權全部移交南越政府。
1.25 蘇聯與德國正式結束戰爭狀態。
1.27 美國第18戰鬥轟炸機航空隊自菲律賓、琉球移駐台灣。
1.28 美國第7艦隊及航空母艦中途島號均集中台灣海峽巡防。
1.29 美國參議院以85票對3票通過協防台灣案，總統艾森豪隨即簽署，成為法律。
2.5 自今日起至7日，大陸中國作協主席團召開擴大會議，會中決定展開對胡風的資產階級文藝思想的批判。
2.6 行政院發表聲明：決定重行部署外島軍事，將大陳島駐軍轉移至金門、馬祖。大陳列島居民14,000餘人全部志願來台。
2.6 美國總統艾森豪下令第7艦隊協助國軍自大陳島撤退。
2.8 馬林可夫辭職，布爾加寧成為蘇聯部長會議主席。
2.9 大陳義胞1萬4千多人抵台。
2.12 大陸全國政協常委會、保衛世界和平委員會常委會聯席會議召開，通過發動反對使用原子武器簽名運動的決議。
2.13 省議會發動全省同胞響應1人1元救助大陳難民運動。
2.13 共軍攻占大陳島、漁山列島、披山島等島嶼。
2.14 總統蔣中正今日召開中外記者招待會，再次宣稱絕不放棄收復大陸，力闢停火提議及駁斥兩個中國論點。
2.16 美國國務卿杜勒斯發表外交政策演說：若中共侵略台灣，美國決以武力對付。
2.17 蔣中正總統親率各界追悼一江山烈士。
2.18 美國國務院發言人宣稱，任何討論台灣問題會議，倘無中華民國代表出席，美國絕不參加。
2.19 救國團宣佈，志願從軍愛國青年開始進行甄選。
2.21 台灣省22縣市成立民防司令部。
2.21 中共國務院發佈「關於發行新的人民幣收回現行人民幣的命令」。規定從3月1日起實施。新舊幣折合比率，訂為新幣1元等於舊幣1萬元。
2.23 轟動全省的台中挖寶案為人揭發原來是一樁騙局，挖寶工作遂告停頓。
2.23 國軍宋寶榮等人駕機今日投奔中國大陸。
2.24 台北市復興橋通車。
2.25 國防部宣佈放棄南麂島。
2.26 共軍攻占浙江沿海所有原為國軍所占島嶼。
2.28 河內－鎮南關鐵路全線今日修復通車。
3.1 省政府通過省立師範學院改為師範大學。
3.1 實施工商業普查。
3.3 外交部長葉公超、美國國務卿杜勒斯，代表中美雙方在台北市中山堂簽署「中美共同防禦條約」協定書，換文正式生效。
3.3 第一宗美民營企業來華投資獲美政府保證，由西屋公司投資台電增加火力發電設備。
3.7 國防部宣佈，決心堅守金門、馬祖兩島。
3.7 美援登陸艇22艘在高雄舉行交接儀式。
3.15 前國民黨高級將領衛立煌返回中國大陸。
3.16 台灣工礦公司民營移轉後之第1屆股東大會召開。
3.21 台灣電力公司、糧食局及石油公司共同在澎湖成立「人造雨實驗站」，以實施人造雨。
3.25 臨時省議會通過「台灣省各地農田水利會組織規程」。
3.25 中共志願軍總部發言人宣佈，中共志願軍6個師將從韓國撤回中國。楊得志司令員已返國，楊勇現任志願軍司令員。
3.28 台灣療養醫院正式開幕。
3.28 以色列襲擊加薩走廊地區，以示報復。
4.1 台灣省民防司令部中、南、東3督導處成立。
4.1 大陸中國人民銀行明令全國，原有1萬元、5萬元舊幣停止在市場流通。
4.4 自由中國號帆船今日自基隆出發，赴美參加國際帆船橫渡大西洋比賽。
4.4 美第16軍刀機航空隊自琉球移駐台灣。
4.4 中共7屆5中全會在北京舉行，批准中共全國代表會議通過的3項決議和所選出的中央監察委員會的人選。會議補選林彪、鄧小平為政治局委員。
4.5 音樂界人士集會慶祝第12屆音樂節，決心創造戰鬥音樂，並籌組中華民國音樂協會。
4.5 邱吉爾辭去英國首相，由艾登接任首相。
4.7 省建設廳發表，1954年底為止，登記工廠設立者計14,392家。
4.7 臨時省議會修正通過「台灣省茶樓茶室改設公共食堂公共茶室實施辦法」。
4.10 《民族詩壇》年刊創刊。
4.10 大陸所發起之反對使用原子武器簽名運動結束，共有4億多人參加簽名。
4.11 前省財政廳長任顯群以掩護匪諜罪遭保安司令部逮捕。
4.14 淡水漁港碼頭全部竣工。
4.18 周恩來、陳毅率中共代表團出席在印尼萬隆舉行的亞非會議。
4.18 物理學家愛因斯坦去世。
4.19 台北工業專科學校學生舉行支持政府確保金馬運動大會，響應總統蔣中正確保金馬決策。
4.28 美國第25戰鬥機攔截中隊今日調駐台灣。
4.28 行政院今日通過決定，提前發給戰士授田憑證。
4.29 省府建立戰時體制。
4.30 蔣中正總統核定縮短常備兵服役期間為1年4個月。
5.1 劉真出任改制後首任師大校長。
5.4 中國文藝協會舉行5週年紀念，發表「戰鬥！戰鬥！再戰鬥」宣言及「告大陸被迫害的文藝界人士書」。
5.4 中共空軍米格機首度出現在台海上空。
5.5 反共抗俄台糖鐵路宣傳列車在台中市舉行開車典禮。
5.5 巴黎協定生效，盟國結束10年占領狀態，西德恢復主權。
5.6 國防部表示，已在台灣領海內佈置水雷。
5.7 大陸旅大市「蘇軍烈士紀念塔」落成。
5.8 中國文字學會成立。
5.8 大陸旅大市11萬群眾歡送駐旅順地區蘇軍回國。
5.8 廣島原子彈受害者抵美作整型外科手術。
5.9 西德加入北約。
5.10 行政院長俞鴻鈞答覆立法委員質詢，宣稱政府堅決守住金、馬，不受盟邦任何限制。
5.13 大陸發表胡風《我的自我批評》和舒蕪《關於胡風反革命集團的一些材料》。
5.14 蘇聯與東歐8國簽署「友好互助條約」（華沙公約）及設立統一司令部議定書。
5.18 國軍空軍人員何偉欽今日駕機飛往大陸。
5.20 全省舉行「沖雷」防空大演習，進行反空降及民防演習。
5.24 中共與蘇聯發表共同聲明，決定將旅順一切設備移交中共。
5.26 蘇聯軍隊自旅順撤退完畢。
5.28 外交部長葉公超在記者會宣稱：

中華民國政府反對停火立場不變，絕不放棄光復失土與解救大陸同胞政策。

5.30 雲林縣草嶺公路通車。

6.1 省政府通令厲行戰時生活，訂定節約要點，送禮不超過20元，宴會禁用女侍陪酒，祝壽須年逾60等項。

6.1 瞿秋白遺骨在北京革命烈士公墓安葬。周恩來主祭。

6.5 省立師範學院今日改制為省立師範大學。

6.6 美F86「軍刀機」中隊自琉球移駐台灣。

6.8 救國團戰鬥訓練總部成立。

6.13 戰後第1部台語故事片「六才子西廂記」在台北大觀電影院正式放映。

6.15 省保安司令部宣佈自即日起，至8月15日止，展開前往大陸被迫附匪分子總登記運動。

6.20 總統蔣介石公任命彭孟緝為參謀總長。

6.20 美軍軍事援華顧問團團長蔡斯退役，繼任者為史邁斯少將。

6.20 近1200年來最長時間之日全蝕發生，於台灣可見偏蝕現象。

6.20 台北市衛生單位將含有毒性防腐劑的不合格醬油10餘萬公升傾入淡水河。

6.21 國防部成立陸軍供應司令部，由黃占魁兼司令。

6.21 台灣茶葉聯營股份有限公司宣告成立。

6.25 政府決定興建石門水庫，經費來源以轉售4大公司的2/3股票，約2億元為主，不足之數另向美洽貸。

6.27 中共軍機侵擾台灣海峽，國軍巡邏機1架中彈墜落，1架受傷後安然返回，復興民航公司藍天鵝號客機中彈受傷。

7.1 石門水庫建設準備委員會成立。

7.1 美國第7艦隊在澎湖列島海面舉行大規模巡邏演習。

7.1 中共中央發出「關於展開鬥爭肅清暗藏的反革命分子的指示」，肅反運動正式開始。

7.1 慶祝「七一」並歡迎胡志明主席和越南代表團，北京舉行盛大遊園晚會。

7.4 省主席嚴家淦宣佈政府將不計困難，決心禁菸。

7.7 遠東第1壩石門水庫開工。

7.9 省政府將百日咳、破傷風、小兒麻痺、瘧疾、流行性腦、恙蟲病列為應報告之傳染病。

7.12 台灣棉業公司成立。

7.13 省政府通過台灣省立地方行政專科學校及省立行政專修班合併改制為省立法商學院。

7.18 新竹市發生龍捲風，肆虐5分鐘，造成200餘家房屋受損。

7.18 中共國務院第15次全體會議通過決定，撤銷熱河省，將其所轄市、縣、旗劃歸河北省、遼寧省和內蒙古自治區；撤銷西康省，將其所轄市、縣、自治州劃歸四川省。

7.26 外交部針對美國與中共雙方會談發表嚴重聲明：中華民國政府獲得保證，會談將不涉及承認中共問題。

7.26 蘇聯油輪陶甫斯號的船員中有26人遣返蘇聯。

7.27 胡光麃弊案偵查終結，以詐欺罪提起公訴，尹仲容、周賢頌因涉瀆職，亦一併提起公訴。

7.28 美驅逐艦1艘移交台灣，更名為「咸陽號」。

8.1 中共與美國大使級首次會談在日內瓦舉行。兩國通過英國外交途徑通信的結果，同意解決平民遣返問題和其他實際問題。

8.4 中、美代表在華盛頓簽字「2,000萬美元貸款合同」，用以發展小型民營工業。

8.5 大陸北京各界人民舉行群眾大會，反對原子戰爭、反對使用原子武器。

8.6 中華民國各界舉行歡迎蘇聯油輪陶甫斯號反共船員大會。

8.8 「自由中國號」帆船橫渡太平洋，安抵舊金山。

8.9 美國與中共日內瓦談判代表發表聯合聲明，否認商議台灣問題。

8.11 穆斯林右翼政府接管印尼。

8.12 中華民國任命薛毓麒為駐聯合國副代表。

8.13 愛爾蘭共和軍襲擊英國伯克群訓練中心。

8.17 中共總理周恩來告訴日本新聞廣播界訪問代表，促進日本與中共關係正常化條件，必須日本放棄兩個中國立場及廢棄中日和約。

8.20 總統府參軍長孫立人將軍因郭廷亮案遭免職處分，蔣中正總統下令成立調查委員會（由陳誠等9人組成），進行客觀調查，並特任黃鎮球為總統府參軍長。

8.25 臨時省議員李萬居在總質詢中要求政府對於有關陷於大陸人士之著作一律禁售的情形設法改正。

8.26 「匪諜郭廷亮案」調查展開。

8.27 省政府主席嚴家淦宣佈，為加強基層建設，派大專畢業生600人下鄉作業。

8.29 陸海空軍第一總醫院舉行首次變性手術。

8.29 臨時省議會通過「台灣省現行養女習俗改善辦法」。

9.1 臨時省議會通過統一發票辦法。

9.2 台灣銀行印製10元新台幣開始流通市面。

9.2 第2次反共抗俄公路宣傳列車開始環島工作。

9.3 第1屆軍人節紀念活動舉行。

9.4 中華田徑委員會成立。

9.8 西德總理艾德諾訪問蘇聯，並與赫魯雪夫舉行會談。

9.10 國立台灣大學創設夜間補習班，不論學歷，不須考試，任何人均可報名入學，以求深造。

9.13 西德與蘇聯發表共同聲明，建立外交關係。

9.18 國軍陸軍成立預備部隊訓練司令部，司令官由劉安祺將軍出任。

9.19 中央圖書館遷入植物園新址。

9.19 山地文化工作隊決定巡迴全省山地22個村落，宣傳政令，灌輸山胞知識。

9.20 西藏自治區籌備會籌備處成立，阿沛·阿旺晉美任處長。

9.29 中共志願軍總部發言人宣佈，志願軍的6個師將於10月10日至26日撤離韓國，返回中國大陸。

9.30 新疆維吾爾自治區宣告成立，賽福鼎出任主席。

9.30 廖文毅等在日本東京創辦臨時政府機關報《台灣民報》。

10.1 中共解放軍全體官兵從今日起換著新式服裝。
10.4 臨時省議會議員《公論報》社長李萬居接獲恐嚇信，內附有三八式步槍子彈一顆。
10.7 道教奏職典禮在高雄苓雅區鼓山亭舉行，引起上萬民眾圍觀。
10.8 著名科學家錢學森從美國回歸中國大陸。
10.13 考試院制定「台灣省鄉鎮區長縣轄市長候選人資格檢覈規則」。
10.15 空軍上尉孫嗣文等今日在馬祖以北上空，擊落中共米格15戰鬥機1架。
10.15 大陸全國文字改革會議在北京舉行，會中通過有關文字改革和推廣以北京語音為標準音的普通話的決議。
10.17 中國留美同學會在台北成立。
10.20 孫立人案9人調查委員會今日提出調查報告，總統蔣中正以孫立人抗戰有功，諭令准予自新，無庸議處。
10.21 行政院對外公開宣佈，終止對德戰爭狀態，唯在和約簽訂以前，保留因對德戰爭所生之一切權利與要求。
10.25 台灣光復10週年，省垣舉行20萬人慶祝大會，21縣市議長代表800萬民眾向總統呈獻效忠書。
10.25 省政府舉辦光復10年行政院成果展，為期16天。
10.25 第10屆台灣省運動大會在台北開始舉行。
10.26 美國眾議院軍事委員會7人小組抵台考察軍援情形。
10.26 越南共和國（南越）成立，吳廷琰為第1任總統。
10.31 台北地方法院宣判胡光麃弊案3被告皆無罪。
10.31 省政府主席嚴家淦呈獻10年省政成果為總統蔣中正祝壽。
11.1 美軍駐台聯絡中心，改稱美國台灣協防司令部。
11.3 作家張我軍今日因肝癌病逝，享年54歲。
11.3 台北市國際學舍動工。
11.4 經濟部長尹仲容辭職，總統蔣介石任命江杓繼任。
11.8 大雪山公路工程處在台中東勢鎮成立。
11.9 大陸中國文字改革委員會擬定第一批簡體字整理表，廢除1,000多個繁體字。
11.10 橫貫柴達木盆地的茶卡－甘森公路正式通車。
11.11 中國生產力中心揭幕。
11.16 嘉義縣長李茂松因涉入「期約賄賂案」被判有期徒刑1年，褫奪公權2年。
11.17 毛澤東、周恩來為北京人民英雄紀念碑題詞和題寫碑文。
11.21 中國廣播公司增闢「好農村」節目，便利農民獲取農業新知識。
11.21 大陸中國伊斯蘭經學院成立。
11.25 唐代聖僧三藏大師靈骨，自日本運抵台灣。
11.26 台海風雲緊張，國防部長俞大維突專機飛美就醫。
11.30 中國國民黨舉行黨員自清運動。
12.1 第1期甲種國民兵分別入營。
12.2 中華民國首席代表蔣廷黻在聯合國特別政治委員會發表嚴正聲明，指責18國集體加入聯合國「違反聯合國憲章」。
12.7 有「廖添丁二世」之稱的高金鐘，其朋友在台北各大報第1版刊登廣告以聯絡事情，引起社會廣大的注意。
12.12 青海柴達木盆地第一口探井噴出了原油。
12.13 中國首席代表蔣廷黻在聯合國安全理事會否決外蒙古入會。
12.14 全省日環蝕，為百年難逢的壯麗景觀，美派遣專家來台觀測。
12.16 立法院通過退除役官兵就業輔導會組織條例。
12.16 立法院通過營業稅法。
12.16 中華民國外交部宣佈與越南建立外交關係。
12.20 東西橫貫公路定實測工作即日展開，分為4隊進行測量。
12.25 中央銀行造幣廠長韋憲章因違法失職，遭公懲會以撤職與停止任用8年處分。
12.25 《中國晚報》在高雄市創刊。
12.27 省刑警總隊發動百餘人於桃園龜山圍捕飛賊高金鐘，徒勞無功。
12.28 中國農業航空公司所派遣之烏魚探測機，順利偵測到烏魚群所在位置。
12.28 國共兩軍於金門發生激烈砲戰。
12.30 立法院正式通過後備軍人會組織通則。

1956

1.1 中華民國民航局台灣旅行社飛行員韋大衛等3人駕機投共。
1.1 《今日文藝》月刊創刊。
1.1 蘇丹成為獨立共和國。
1.4 美參謀首長聯席會議主席雷德福上將飛抵台北，主持協防美軍軍事會議。
1.6 竹南煤礦災變，2人死亡，8人下落不明。
1.7 針對台紙將於1956年2月停止供紙，北市報業公會決定將暫出聯合刊。
1.9 國防部與美國軍事援華顧問團發表聯合公報公佈「國軍後備及補充制度方案」，美國將協助台灣成立9個預備師。
1.10 台紙企圖變相加價，停止供應新聞用紙，報業公會揭發台紙公司蒙蔽政府手段。
1.10 大陸北京資本主義工商業在全國首先全部實行公私合營，6萬職工和資本家舉行慶祝遊行和遊園聯歡大會。
1.12 省政府公佈「都市平均地權條例台灣省施行細則」。
1.15 詩人紀弦創導新詩，「現代派」宣佈成立。
1.15 台灣日光燈公司新竹工廠開工。
1.16 石門水庫輸水隧道開通。
1.19 金門發生激烈砲戰，中共發砲2,943發，造成3人重傷，民房30餘間被毀。
1.20 大陸上海進行社會主義改造，全市私營工商業全部被批准實行公私合營。
1.22 信眾護迎玄奘靈骨赴苗栗泰安獅頭山開善寺供奉。
1.23 實踐女子家事專校核准成立。
1.27 華沙公約組織在布拉格召開政治協商會議，會中通過將東德軍隊編入華沙公約聯軍中。
2.1 台灣省縱貫鐵路開始行駛柴油特快車。
2.4 內政部對外公開說明3項兵役新

措施，1.恢復法定服役期限，2.建立梯次徵退制度，3.後備軍人教育召集。
2.4 中共《人民日報》發表社論〈為爭取和平解放台灣而奮鬥〉。
2.8 大陳義胞新村在5縣市15村相繼完成，今天舉行落成典禮。
2.13 美國經濟合作總署宣佈，該署批准6,290萬美元，作為1956年會計年度對台技術及經濟援助。
2.16 台閩地區戶口普查處正式辦公。
2.17 省政府擬訂本年度美援勞工住宅貸款680萬元分配計畫。
2.23 台北市證券商公會今日正式宣告成立。
2.23 臨時省議員李萬居在總質詢中建議政府精簡終身職的立法委員及國大代表。
2.25 林挺生大同公司侵占公物案，海軍總部勝訴，可追回1,500萬元。
2.26 教育部成立電影事業輔導委員會，撥港幣30萬，獎助海外國產影片。
2.27 中日貿易談判在台北舉行。
2.28 廖文毅在東京成立台灣共和國臨時政府。
2.29 巴基斯坦今日宣佈成為伊斯蘭共和國。
3.1 教育部通過國校畢業免試升學實施方案，及高中畢業會考升學實施要點。
3.1 高雄市衛生單位嚴格執行「禁止6歲以下兒童進入戲院等公共場所」之規定，以防傳染病蔓延。
3.1 中央圖書館正式開放。
3.2 教育部正式批准省立台南工學院改為成功大學。
3.2 法國與摩洛哥發表聯合宣言，法國承認摩洛哥獨立。
3.2 突尼西亞獨立。
3.9 警察奉命取締台北市萬華寶斗里風化區私娼，該區私娼代表召開記者會，呼籲警方暫勿取締。
3.12 國立歷史文物美術館正式成立，教育部長張其昀主持揭幕典禮。
3.13 高等法院對尹仲容及胡光麃瀆職舞弊案宣判無罪。
3.14 外交部正式宣佈中華民國駐伊拉克公使館升格為大使館。
3.16 美國國務卿杜勒斯抵台訪問，舉行中美協商會議。
3.17 外交部宣佈，中華民國與沙烏地阿拉伯同意互派使節。
3.19 中信局軍資聯絡組成立，實施集中採購制度。
3.20 駐美大使顧維鈞辭職。
3.20 大陸第1個煤炭科研機構—唐山煤炭科學研究院成立。
3.21 省政府公佈「管理妓女辦法」及「現行養女習俗改善辦法」。
3.22 手工業普及中心成立。
3.29 中共外交部發言人發表關於南沙群島主權問題的聲明。
3.30 國防部新聞室主任柳鶴圖透露，我已從事研究使用原子武器。
4.4 美駐台第13航空隊空軍營舍宣告落成。
4.7 橫貫公路興建經費，美國政府同意由美援項下撥款。
4.10 省政府通過山胞就業輔導辦法。
4.11 總統蔣中正公佈任命董顯光為駐美大使。
4.12 都市平均地權地價申告開始。
4.13 立法院通過三軍軍官任官條例，三軍官階劃一，文武俸給一致。
4.13 中央話劇委員會決定，就青年12守則選定之歷史故事編成12種歷史劇本，作為話劇演出之用。
4.15 美國已同意給予退輔會榮民之家計畫援款。
4.16 青年黨中央黨務委員會在台北公開成立。
4.20 總統蔣中正令，廢止內政部調查局組織條例，公佈司法行政部調查局組織條例。
4.22 西藏自治區籌備委員會成立，主任達賴喇嘛，第一副主任班禪額爾德尼，第二副主任張國華。中央代表團長陳毅宣讀國務院命令，代表國務院授印。
4.24 省政府今日修正通過稅捐統一徵收條例。
4.26 實施都市平均地權，北市、中市、南市、高市、基隆等地範圍核定。
4.26 蔣經國代理國軍退除役官兵就業輔導委員會主任委員。
4.28 中共政治局舉行擴大會議，毛澤東指出，「百花齊放，百家爭鳴」應成為中共方針。
5.1 高雄、中美洲間無線電話開放。
5.8 新竹煤礦局加樂煤礦場發生大煤層落磐及瓦斯爆炸，24名礦工不幸罹難。
5.10 「國史館組織條例」公佈。
5.12 國防部決定在軍中全面推行國語注音符號教育。
5.14 大陸第1次競走比賽今日在北京舉行。
5.14 蘇聯公開抗議美國飛機對蘇空中偵測。
5.15 台北市2名女子穿短褲及短衣在街上行走，被警員以妨害風化罪各罰30元。
5.17 中華民國宣佈斷絕與埃及的外交關係。
5.17 行政院院會通過決定正式實行大專聯考。
5.20 美國於比基尼海域進行首度氫彈試爆。
5.20 毛澤東建議創辦的「農村工作通訊」創刊。
5.22 內政部發表聲明：南沙群島為中國領土，任何人不得藉口無人居住而予占領。
5.27 唐三藏玄奘大師靈骨移奉日月潭玄奘寺。
5.29 中日雙方貿易協定在台北簽字，雙方貿易總額1億5千餘萬美元。
5.31 政壇聞人省議會副議長林頂立因麵粉非法拋售案，判刑8年半。
6.1 司法行政部調查局成立。
6.1 中央政府授權省政府發行土地債券1億5千萬元。
6.2 外交部發言人發表聲明駁斥越南政府對南威島及南沙群島主張。
6.3 本日零點開始全省戶口普查。
6.4 國防部創設陸軍士官學校。
6.6 榮民總醫院開工破土。
6.6 行政院、考試院會同公佈博士學位考試細則。
6.6 海軍小型艦隊駛往南沙群島進行巡邏。
6.7 嘉義溪口大橋通車。
6.9 中央最高人民法院組織特別軍事法庭，在瀋陽、太原等地審判日本戰犯。
6.13 英軍自蘇伊士運河區撤退完畢，結束英國74年統治。

6.15 榮民之家奠基典禮。
6.18 埃及正式接管蘇伊士運河。
6.21 中共全國人大常委會決定按寬大政策處理悔罪的日本戰犯。最高人民檢察院決定對日本戰犯335名免予起訴，立即釋放。
6.22 立法院通過軍事審判法。
6.23 埃及共和國憲法經人民投票通過，移交民政管理。納瑟當選首任總統。
6.24 台灣痲瘋救濟協會成立。
6.26 台南工學院正式改稱成功大學。
6.27 行政院為統一前線軍政指揮權，決議將金門、馬祖兩地列為戰地政務區。
6.28 中共總理周恩來在第1屆人大第3次會議上表示：「我們願意同台灣當局協商和平解放台灣的具體步驟和條件，並且希望台灣當局在他們認為適當的時機，派遣代表到北京或者其他適當的地點，同我們開始這種商談。」
6.29 政府發言人發表聲明，拒絕中共所提和談要求。
6.30 台灣省訓練團在大直成立。
7.3 3千名流動三輪車夫集體向議會請願。
7.4 立法院通過石門水庫建設委員會組織條例。
7.4 首屆大專入學考試與高中畢業會考辦理集體報名。
7.7 美國副總統尼克森以總統特使身分抵台訪問。
7.7 石門水庫第2期工程及橫貫公路開工典禮同時舉行。
7.11 國防部派遣軍艦運送部隊前往南沙群島駐防。
7.12 省政府公佈國校畢業生升學辦法，並選定新竹縣為試辦地區。
7.13 貫穿大陸西南、西北地區的幹線—寶成鐵路全線完工。
7.14 日本軍事訪華團抵台。
7.16 金門與馬祖戰地政務委員會分別成立。
7.17 教育部長張其昀表示，高等教育博士學位將由政大政治研究所首次設立。
7.18 台灣中南部發生大雷雨，嘉義、雲林、台南等地有10人不幸被雷電殛斃。
7.20 福建省政府遷台辦公。
7.21 空軍雷霆機、軍刀機群和中共米格17機群在馬祖上空，發生5度空戰，共擊落4架中共米格機，重創2架。
7.24 大陸紅十字會代表將被釋放的328名日本戰犯移交日本紅十字會等3團體的代表，並舉行了簽字儀式。
7.25 第2次中東戰爭開始，埃及、約旦、敘利亞等國軍隊襲擊以色列邊境。
7.26 首屆大專院校入學及高中畢業會考，於全省12考區同時舉行。
8.1 強烈颱風「萬達」來襲，台北市災民達萬人。
8.4 中華民國空軍在中國大陸南部各省空投大量救濟物品及傳單。
8.4 中共准許美國記者入境。8月10日，美國國務院表示反對。
8.7 國軍空軍首次舉行原子武器防護演習。
8.11 交通部民航局台北、台南及恆春多向導航台落成。
8.12 台灣省宜蘭縣大南澳山區發現第1塊原生鈾礦。
8.15 中共政府就蘇伊士運河問題發表聲明，支持埃及召開廣泛性國際會議的決議。
8.15 國軍空軍少校黃綱存駕駛AT-6型練習機投共。
8.17 台中縣2千名縣民遷新社鄉，從事開墾廣大荒野。
8.18 南部豪雨連續10小時，台南縣市洪水成災，災民數萬人。
8.21 中共最高人民檢察院在撫順對354名日本戰爭犯罪分子宣佈免予起訴，並立即釋放。至此，仍在大陸的1,062名日本戰爭犯罪分子已由中共全部處理完畢。
8.25 省政府通過收買土地注意事項草案，對低報地價土地，共價值5千餘萬元，依照規定，全部照價收購。
8.25 美軍贈予一批陸軍輕航機，國軍同時成立輕型航空組。
8.25 省政府決定在北、中、南3地，設立少年感化院。
8.27 總統蔣介石手諭總統府秘書長張群，「不得發起祝壽（70歲）有關之任何舉動，並嚴禁募款」。
8.29 大陸與蒙古在烏蘭巴托簽訂「關於中蒙經濟和技術援助的協定」。
9.1 外交部公開宣佈，中華民國對越南海軍侵略南沙群島主權行為提出抗議。
9.3 強烈颱風「黛納」在宜蘭、花蓮之間登陸，台北市災民共達7千餘人。
9.5 縱貫鐵路二水至斗六間，受颱風洪水影響，造成9處損毀，交通中斷。
9.7 大專學生就業考試，在全省分8區舉行。
9.7 實施都市平均地權，各縣市分別核定地價稅累進起點，總稅額約6億餘元。
9.8 台灣耆宿林獻堂於日本東京因老衰症併發肺炎去世，享年76歲。
9.12 金門民防部成立。
9.15 馬祖前線發生砲戰，中共向高登、北竿兩島共計發射6百多發砲彈。
9.16 台灣、福建地區戶口普查從零點開始實施。
9.16 強烈颱風「芙瑞達」在蘇澳及南澳間登陸，橫越中央山脈，帶來大量豪雨，全省水患成災。
9.17 中央通訊社開始使用20瓦發報機對美國播放中英文電訊，同時對美國報刊供應新聞圖片。
9.18 立法委員劉錫五就國防部組織法迄未擬訂送審，以及金馬戰地政務委員會成立有礙於「以政統軍」之原則，向行政院質詢。
9.18 蘇聯政府把「滿州」檔案移交給中共政府的簽字儀式今日在莫斯科舉行。
9.20 《文學雜誌》創刊，發行人劉守宜，主編夏濟安。
9.21 外交部以越南修改國籍法，影響華僑極為重大，訓令駐越南代辦蔣恩鎧對越交涉。
9.24 中日簽訂台米10萬噸銷日，日肥30萬噸輸台合約。
9.25 新竹青草湖水庫落成。
9.27 國軍空軍機群飛赴海南島，空投大批傳單。
9.29 蔣中正總統依赦免法將涉及叛亂

案之郭廷亮，將其由死刑改為無期徒刑。

9.30 台北市許昌街台紙大樓今日因火災全毀。

10.1 反共抗俄戰士授田條例正式開始實施。

10.3 省政府公佈平地山胞認定標準。

10.4 政府開始分區頒發反共義士授田憑據。

10.8 台船第1艘國產新式遠洋漁船落成下水。

10.8 新竹煤礦局調查煤礦爆炸慘案，該局總經理俞物恆，總工程師張炳武因怠忽職務，釀成慘劇，各處有期徒刑1年6個月。

10.10 國軍福利事業總管理處成立。

10.10 日蘇宣佈結束11年之戰爭狀態，建立正常外交關係，並簽署通商航海議定書。

10.15 總統蔣中正婉辭各方發起祝壽運動，並提示6點意見，希望廣徵眾議。

10.15 成功大學正式成立。

10.15 唐榮鐵工廠製造國產首部耕耘機，今日在台北縣淡水鎮首次試用。

10.19 大陸北京舉行魯迅逝世20週年紀念大會。新落成的北京魯迅博物館和上海魯迅紀念館開放參觀。

10.21 教育部空中廣播大學開播。

10.24 省警務處命令台北警察局嚴格取締電影院、馬戲場等處黃牛。

10.25 台灣省第11屆運動會在台中開幕舉行。

10.25 中共《人民日報》報導：全國許多城鎮開放國家領導下的蔬菜自由市場。

10.27 省訓練團第1期開訓。

10.28 台北市回教會成立。

10.29 以色列軍隊入侵埃及，蘇伊士運河戰爭爆發。隔日英法軍隊也進攻蘇伊士運河。

10.31 《自由中國》半月刊發行「祝壽專號」，做為總統蔣中正70壽誕諍言。

10.31 台閩地區戶口普查初步統計，台灣省戶口總數為166萬2,211戶，常住人口為931萬158人，現住人口為929萬8,310人，其中男性人口為473萬6,525人，女性人口為456萬1,785人。

10.31 幼獅廣播電台開播。

11.1 全省商品陳列館開館。

11.2 國軍今日在新竹湖口舉行紫宸大演習。

11.3 大陸北京舉行40多萬人集會大示威，支援埃及反抗英法。

11.4 蘇聯軍隊進入布達佩斯。

11.5 第1梯次後備軍人開訓。

11.6 艾森豪連任美國總統。

11.6 大陸奧委會抗議國際奧委會製造「兩個中國」，宣佈不取消台灣單獨派員參加奧運以前，大陸絕不參加。

11.8 聯合國決議要求蘇聯軍隊撤出匈牙利。

11.9 共計42個團體舉行會議，通過「抗俄援匈宣言」，籲請聯合國開除蘇聯會籍，按照憲章，採取有效制裁。

11.10 立法院教育委員會促教育部糾正仍有部分學校校舍為部隊占用現象，避免影響學校教學。

11.15 台北淡水河橋舉行開工典禮。

11.16 前日本皇軍台籍士兵高長欽、林秋潭2人，避居菲律賓深山11年後搭機返台。

11.16 中部橫貫公路興建總工程處宣告成立。

11.16 「第二光盛輪」於澎湖西吉島東南海面觸礁沉沒，101名乘客中，僅6名獲救。

11.17 喀什米爾投票加入印度。

11.19 全省舉行「虎嘯」防空演習。

11.26 中共總理周恩來呼籲蔣中正總統復歸，將給予高位。

11.27 省教育廳通知全省高中增設中國文化基本教材。

11.29 台灣觀光協會在台北市成立，推舉游彌堅為首任董事長。

12.1 《復興文藝》月刊今日創刊，主編葉泥。

12.1 總統蔣中正著作《蘇俄在中國》完成。

12.2 省政府在中部開始辦公。

12.2 內政部今日核准設立原子醫學研究院。

12.3 我國與西班牙貿易協定生效。

12.9 大陸鷹廈鐵路鋪軌工程今日全部完工。

12.12 桃園八德鄉發生1家5口的滅門血案，嫌犯因罪證不足獲得釋放。

12.15 大雪山運材公路首段18公里完成通車。

12.17 司法院大法官會議通過解釋案：「養子女之子女，不論婚生收養，均得代位繼承」。

12.18 日本加入聯合國。

12.21 省教育廳公佈台灣省學齡兒童強迫入學辦法。

12.23 臨時省議會通過公教子女、清寒學生學費減免辦法。

12.23 中共《人民日報》發表毛澤東對〈我們一個社要養豬兩萬隻〉一文的評語。

12.24 總統蔣中正親自核定軍歌9首：「從軍樂」、「軍民合作」、「守堡壘歌」、「鐵騎兵進行曲」、「反攻動員進行曲」、「打回故鄉」、「三軍聯合反攻」、「海軍巡邏曲」、「陣前招降歌」。

12.27 中共新華社報導：1956年，大陸有組織有計畫移民70多萬，開墾大量荒地。

12.28 台灣省觀光事業委員會成立。

12.31 國防部女青年工作大隊成立。

1957

1.1 省農林廳大雪山示範林區建設委員會成立。

1.3 中華民國與美國達成美援在台灣中部建設新式軍用飛機場協議。

1.7 總統明令公佈修正監獄行刑法、羈押法等條例。

1.7 中共總理周恩來率代表團訪問蘇、波、匈、阿富汗、尼泊爾、錫蘭等國。

1.8 台北市今日通過疏散人口複查實施辦法。

1.8 省政府明令公佈白喉防治辦法。

1.11 顧維鈞當選國際法庭法官。

1.14 台灣省民營企業物資產銷輔導委員會正式成立。

1.14 國民黨中常會通過「戰地政務實施綱要」。

1.14 行政院公佈戡亂時期台灣地區入境出境管理辦法，自2月1日起開始施行。

1.16 草潭埤水利工程竣工。

1.20 台中縣清水鎮大甲溪底發生廢彈

爆炸案，39人死亡。
1.21 第一軍眷診療所於台北揭幕。
1.22 以色列軍隊撤出西奈半島。
1.23 省民防司令部頒發加強處理民間散遺廢彈辦法。
1.24 行政院通過戰略物資管制辦法。
1.24 中共首次頒發科學獎金，錢學森、華羅庚等人獲一等獎。
1.25 省觀光事業委員會通過發展觀光事業計畫綱要。
1.29 日據時期戰災保險賠償金今日起開始發放。
2.2 中華民國與義大利貿易協定簽字成立。
2.5 實施全省戶口總普查。
2.5 美「援外計畫調查團」訪台。
2.7 中華民國與西班牙簽訂雙方文化專約。
2.7 美般格斯台灣造船公司成立。
2.14 中華民國影劇協會成立。
2.15 葛羅米柯出任蘇聯外交部長。
2.16 行政院長俞鴻鈞宣佈，2期經建4年計畫於本年開始。
2.18 省民政廳長連震東於臨時省議會表示，省轄市區長應改為派任。
2.20 中日貿易會議在東京舉行。
2.23 蔣緯國與丘愛倫（如雪）在日本舉行婚禮。
2.24 台灣地區發生強烈地震，震央於花蓮東南70公里，強度5級。
2.25 行政院公佈修正「台灣省臨時省議會議員選舉罷免規程」。
2.25 大埔水庫開工。
2.25 日本岸信介內閣成立。
3.2 中國煤礦開發公司成立。
3.3 臨時省議會台中霧峰新廈舉行奠基典禮。
3.3 教育部訂定中等學校學生課外生活指導實施綱要。
3.3 中華民國音樂學會成立。
3.6 農復會與土銀試辦家畜貸款信用保險。
3.6 國防部軍法學校成立。
3.7 迦納加入聯合國。
3.13 高等法院宣判監委何濟周受賄上訴案，仍處刑8年，林岳宗等獲得減刑。
3.13 臨時省議員李萬居在總質詢中要求法官脫離黨籍，以達到司法審判的獨立。
3.13 省政府今日公佈施行影劇事業管理規則。
3.14 臨時省議會通過修正「台灣省冬令救濟實施辦法」。
3.15 臨時省議會通過修正「台灣省各縣市車輛登記及發給牌照辦法」。
3.17 菲律賓總統麥格塞塞因飛機失事喪生。
3.18 美海軍部宣佈：美協防台灣司令由陶艾爾中將繼任。
3.20 空軍自製之「香蕉式」直升機試飛成功。
3.21 省警務處與美顧問團會同調查處理美軍雷諾槍殺劉自然案。
3.24 故宮博物陳列所在台中落成。
3.25 法、義、德、荷、比等國簽訂「羅馬條約」。西歐6國簽署歐洲共同市場（EEC）及歐洲原子能共同組織（EURATOM）兩條約（法、西德、義大利、荷蘭、比利時、盧森堡6國參加），該組織於1958年1月1日正式成立。
4.1 西德實施第1次徵兵，組織聯邦軍隊。
4.1 雜誌《民主潮》發表社論〈違反民主原則的兩項選舉政令〉，批判3月18日省府頒發之注意事項第2、8點。
4.1 朱伴耘在《自由中國》發表〈反對黨！反對黨！反對黨！〉一文，指出「強大的反對黨的存在是救國良藥」，並提出組織反對黨之方法。
4.1 松山煤礦災變，死亡7人。
4.3 中日合作策進委員會今日在東京成立。
4.8 大法官會議解釋國大代表可以兼任官吏。
4.11 劉自然案移送外交部（本案經治安機關及司法機關偵查的結果，雷諾殺人確非為了自衛，而係故意殺人）。
4.11 行政院國軍退除役官兵就業輔導委員會成立。
4.11 民社、青年兩黨及無黨派參加台灣省縣市長暨省議員選舉候選人舉行座談會，針對改進本省選舉及選舉監察辦法提出建議，並決定推派代表3人向監察院、內政部及台灣省政府呈遞書面要求。
4.11 中共文化部在北京舉行1949年至1955年優秀影片授獎大會。故事片一等獎頒給「鋼鐵戰士」、「白毛女」、「渡江偵察記」、「董存瑞」。
4.12 大陸鐵路（鷹潭到廈門）舉行通車典禮，全線長697.72公里。
4.16 省營機關人員決定納入人事制度正軌。
4.16 國立台灣藝術館成立。
4.17 北京各報紙報導，毛澤東於4月16日公開表示正積極籌備第3國共合作。
4.17 尼赫魯開始發動新印度國民大會運動。
4.18 高雄大貝湖風景區建設委員會今日成立。
4.21 台灣省第3屆省議員及縣市長選舉於今日投票。
4.26 裕隆自製吉普長途試車。
4.27 中共中央公佈「整風運動有關指示」（反對官僚主義、宗派主義及主觀主義）。
4.28 台灣人造纖維公司開始生產。
5.1 省政府訂定鄉鎮農會與合作社調整辦法。
5.1 大陸運動員戚烈雲創造男子100公尺蛙泳1分11秒6的世界紀錄。
5.2 第1所榮民之家成立。
5.3 大法官會議釋字第76號解釋：國民大會、立法院、監察院共同相當於民主國家之國會。
5.3 外交部聲明，中華民國對在越華僑國籍仍主自由選擇原則。
5.4 行政院制定公佈「戡亂時期匪諜交付感化辦法」。
5.7 政府公開發表美飛彈部隊進駐台灣消息。
5.9 吳經熊獲通過任命為國際仲裁法庭法官。
5.12 中華全國棒球委員會成立。
5.14 立法院三讀通過國際原子能總署規約。
5.15 金門縣政治諮詢會議正式成立。
5.15 英國於太平洋聖誕島進行第一次氫彈試爆。5月31日於同一地點舉行第2次試爆。
5.17 台東民眾失學會正式成立。
5.20 省政府今日公佈施行營業稅徵收

細則。

5.21 立法院通過修正外國人應專門職業及技術人員考試條例。

5.22 北京－烏蘭巴托－莫斯科鐵路開始通車，直達列寧格勒。

5.23 美軍上士雷諾槍殺劉自然案，美軍顧問團軍事法庭判決無罪。

5.24 因群眾不滿劉自然案之判決，台北美國大使館及美國新聞處被搗毀，群眾包圍警局，造成11人受傷，1人死亡。

5.24 外交部長葉公超至立法院報告劉自然案經過。

5.26 統統蔣介石接見美國大使藍欽，當面表示個人憾意，表示台北不幸事件絕非反美運動。

5.26 行政院因524事件總辭獲慰留；另總統指示議處主管地方治安人員，故有人事變動：陸軍總司令黃杰兼台北衛戍司令，吳志勳代憲兵司令，陳友欽代警務處長。

5.28 政府表示賠償美大使館暴動事件中美國的損失。

5.29 美國務卿杜勒斯表示，美對華基本政策不受台北事件影響，但在不礙及安全下，擬逐步減少海外基地。

6.1 總統蔣中正發佈「五二四」事件文告。

6.1 蔣經國接任退除役官兵就業輔導委員會主委。

6.1 東吳大學士林新校舍破土。

6.2 臨時省議會第3屆成立大會召開，黃朝琴當選議長，謝東閔當選副議長。

6.2 日本首相岸信介到達台北，聲明支持蔣介石的反攻大陸政策。

6.2 行政院公佈實施台灣地區役男及後備軍人出境處理辦法。

6.5 土銀修改土地貸款辦法，增加土地貸款，以擴大土地改革範圍。

6.6 國際舞蹈協會授予京劇名角梅蘭芳榮譽勳章。

6.8 中國漁業公司新建立之第1艘遠洋鮪釣漁船「漁型號」今日自基隆出海。

6.8 中共中央發出「關於組織力量準備反擊右派分子進攻的指示」。此後，在全大陸開展了大規模的反右派鬥爭。

6.12 台大醫院放射線同位素研究室舉行破土典禮，將利用原子能研究及治療癌症。

6.15 台灣塑膠工業公司高雄工廠開工，係東南亞第1家生產塑膠原料之工廠。

6.18 大陸各民主黨派紛紛決定開展以反右為中心的整風運動。

6.19 臨時省議員郭國基在警務類質詢中針對5月24日民眾包圍美國大使館抗議劉自然事件一事，批評警方以機槍掃射群眾的處理明顯失當。

6.20 《聯合版》改名《聯合報》。

6.24 蔣介石所著《蘇俄在中國》中英文本在海內外正式發行。

6.25 經濟部宣佈遠東航空公司業已核准設立。

6.25 中共召開第1屆全國人民代表大會第4次會議，展開反右派鬥爭。7月15日章伯鈞、羅隆基、章乃器等3部長進行自我批判。

6.25 總統蔣中正明令公佈更調重要軍事首長：黃杰任總統府參軍長，王叔銘任參謀總長，彭孟緝任陸軍總司令兼台灣防衛總司令，陳嘉尚任空軍總司令，黃鎮球任台北衛戍司令。

6.30 省政府疏遷工作全部完成，7月1日起中興新村開始成為台灣省施政中心。

7.1 《自由中國》發表社論〈今日的司法〉批評審鄰缺乏獨立精神，把司法變成政治的工具。

7.1 高雄縣長候選人余登發投書《自由中國》，指出高雄縣長選舉有舞弊情事。

7.1 中共《人民日報》發表社論〈文匯報的資產階級方向應當批判〉。

7.4 為處理美軍與居民爭議，太平洋各美軍防區派定軍事仲裁人，台灣區為殷格索中將。

7.5 中共著名經濟學者馬寅初教授在《人民日報》發表〈新人口論〉。

7.11 行政院通過股份有限公司公司債發行辦法。

7.15 立法院修正通過「興建國民住宅貸款條例」，並通過應請行攻院注意事項5項。

7.17 日本開始放寬對中共禁運措施。

7.20 大陸雜誌《中國青年人》發表文章批判劉賓雁是資產階級右派在黨內的代言人。

7.21 政府頒佈新辦法，予以在台僑生升學便利。

7.26 新任美協防台灣司令竇亦樂接任殷格索。

7.27 中、美在華盛頓簽訂石門水庫工程契約。

7.28 首批旅越僑生50人抵台。

7.30 考試院決議修正通過公務人員保障法。

8.1 雜誌《自由中國》開始在社論欄提出「今日的問題」系列專論，刊出〈反攻大陸問題〉。

8.1 著名自由派學者徐復觀在《民主潮》雜誌發表〈反對黨最大責任是在反對的言論〉。

8.1 台灣郵政管理局今日開始辦理郵購業務。

8.1 美國駐留日本地面部隊開始撤退回國。

8.2 省農田水利協會成立。

8.2 中共國務院公佈「華僑投資於國營華僑公司的優待辦法」和「華僑捐資興辦學校辦法」。

8.8 總統蔣中正任命周至柔為台灣省主席。

8.8 行政院通過任命尹仲容為經濟安全委員會祕書長。

8.8 中共中央指示，對全農村人民施行社會主義教育。

8.12 苗栗頭屋大橋通車。

8.15 行政院通過中華民國出席第12屆聯大代表人選：首席代表葉公超，代表為蔣廷黻、王雲五、胡適、劉鍇。

8.22 行政院任命嚴家淦為美援運用委員會主任委員。

8.26 蘇俄宣佈洲際彈道飛彈（ICBM）於本月22日試射成功。

8.27 中共教育部、團中央通知，改變政治課內容，進行以反右派為中心的社會主義教育。

8.31 馬來西亞聯邦獲得獨立。

9.1 台鐵興建豐東鐵路工程處於今日成立。

9.3 《馬祖日報》創刊。

9.8 大陸開始大鳴大放運動，首都北

京職工熱烈響應、暢所欲言，貼出大字報多達11萬張。

9.10 省政府公佈台灣省小型工業登記辦法、工廠登記實施辦法。

9.12 美國副國務卿赫特於今日抵達台灣進行訪問。

9.13 天主教唯一中國籍樞機主教田耕莘抵台。

9.22 省糧食局在台北市開始實施戶口配售米。

9.23 臨時省議會通過議案，促政府尊重憲法，及早舉行省長民選，成立正式省議會，完成地方自治。

9.24 立法院對國防部只邀請部分委員參加國慶閱兵典禮不滿，決定「如未能邀請全體委員，全體委員可不參加」。

9.24 立委李祖謙質詢以黨歌代替國歌問題。

9.24 立法委員莫萱元在院會中質詢台灣本島應予解嚴及參謀總長等特支費問題。

9.28 國立音樂研究所成立。

9.30 自1957學年度起全省各中等學校設置安全室主任一職。

10.1 中美郵政匯兌從今日起開始恢復辦理。

10.1 台灣土地銀行試辦扶植自耕農購地放款辦法。

10.1 北京舉行50萬人大遊行和盛大閱兵，由毛澤東等中共領導人檢閱。彭德懷元帥作題為「為解放台灣、保衛祖國建設、保衛世界和平而奮鬥」的講話。

10.2 日本首相岸信介與中華民國特使張群發表中日合作共同聲明。

10.3 行政院通過違章建築處理辦法。

10.4 國軍三軍軍官俱樂部於今日正式成立。

10.4 蘇聯人造衛星「史普尼克1號」發射成功，此為世界第1顆人造衛星，時速達1萬8千哩。

10.8 宜蘭大同農場舉行首次退役軍人授田典禮。

10.10 國民黨第8次全國代表大會於今日開會。

10.15 中共與蘇俄簽署「國防新技術協定」。蘇聯約定提供中共原子彈之樣本、製造原子彈所需之技術資料等。

10.18 國民黨8全大會會中決定增設副總裁。

10.20 國民黨8全大會今日選舉蔣介石為總裁。

10.21 華僑救國聯合總會第1次代表大會舉行。

10.23 陳誠當選國民黨副總裁。

10.29 省政府通過國民身分證暨戶口名簿發給辦法。

10.30 地方法規修改委員會成立。

10.31 李政道、楊振寧等人獲得諾貝爾物理獎。

11.1 立法院通過防衛捐自1958年開始全繳中央統籌支配。

11.1 台灣、香港間的郵政匯兌業務開始辦理。

11.1 伊拉克王儲艾布部伊拉親王訪問台灣。

11.1 《人間世》創刊。

11.2 中共主席毛澤東率中國代表團訪問蘇聯，參加10月革命40周年慶祝大會，出席社會主義國家共產黨和工人黨代表會議以及64個共產黨和工人黨代表會議，並在2個會議的宣言上簽字。

11.3 私立嶺南大學今日在台灣復校，以及中學校舍破土典禮在桃園公開舉行。

11.3 蘇聯於今日完成將狗送入太空的實驗。

11.4 總統蔣中正任命胡適為中央研究院院長。

11.5 《文星雜誌》於今日創刊發行。

11.6 《公論報》總主筆倪師壇及《台灣新生報》編輯路世坤被捕。

11.7 大陸首都北京50萬人在天安門廣場舉行盛大的10月革命40周年聯歡晚會。

11.9 僑聯總會通過決議設立華僑信託公司。

11.12 總統蔣中正明令，故國軍將領黃百韜之子黃效先因殺人判處死刑改為無期徒刑。

11.18 毛澤東於莫斯科共產黨、勞工黨代表會議中發表演說，提出「東風壓西風」、「美國帝國主義是紙老虎」等論調。

11.21 實施全省戶口普查。

11.26 立法院通過立法院程序委員會組織規程。

11.30 中、美簽署協定，改組美在華教育基金會。

12.1 全省商工工廠登記證總普查今日開始。

12.1 《自由中國》發表社論〈今天的立法院〉，提出立法院全體委員應迅速定期改選之主張，職業代表逕由各行業選舉，區域代表則採用離鄉投票方式選舉，每3年改選一次。

12.3 立法院決議通過男女勞工同工同酬公約。

12.5 橫貫公路達見－梨山間工程完成，正式通車。

12.5 所有荷蘭僑民被印尼政府驅逐出印尼。

12.9 鶯歌附近火車出軌，造成乘客死十餘人，傷百餘人。

12.11 裕隆與日產汽車公司簽訂技術合作草約。

12.12 總統蔣中正允准胡適推薦，令李濟代中研院院長。

12.16 台灣郵政管理局開始經由香港通達世界115地區的國際郵政匯兌業務。

12.16 後備軍官15名合組公司，經營農漁礦等經濟事業、開發台省荒地及新生地、輔助後備軍人生產。

12.20 立法院通過鐵路法。廢止鐵道法、公營鐵道條例、民營鐵道條例、專用鐵道條例。

12.21 婦聯代表大會一致推選蔣宋美齡為永久主委。

12.23 監察院彈劾行政院長俞鴻鈞違法失職。

12.23 橫貫公路西線霧社－翠峰支線正式通車。

12.26 亞非人民聯席會議於開羅舉行（45國參加）。1958年1月1日發表「共同宣言」（開羅宣言），及反對帝國主義、支持阿爾及利亞民族解放戰爭、經濟發展與要求裁軍等決議。

12.30 臨時省議會議員十數人由議長黃朝琴率領，至立法院陳述反對將防衛捐收入劃歸中央統籌支配之意見。

1958

1.1 歐洲共同市場（EEC）成立。

1.1 日本擔任聯合國安全理事會非常任理事國。
1.1 經濟部撤銷水泥管制。
1.1 大陸發展國民經濟的第2個5年計畫開始執行。
1.4 中華民國防痨協會成立。
1.6 台北市武學書局非法翻印《蘇俄在中國》英文本，被台北地方法院檢察處提起公訴，今天台北地方法院開庭審理。
1.10 中共政協全國委員會舉行報告會，周恩來作「當前文字改革的任務」的報告，指出當前文字改革的三個任務是：簡化漢字，推廣普通話，制定和推行漢語拼音方案。
1.11 台灣省警務處今日宣佈，為防止不良少年犯罪，警方將依法處罰其父。
1.12 中國民主社會黨主席徐傅霖今日逝世。
1.14 中共高砲部隊副師長張春生反正來歸。
1.20 美軍協防司令竇亦樂中將宣稱，中共若在台海挑釁，必將遭遇飛彈報復。
1.24 中共《人民日報》報導：陝西省提出大躍進目標，地方工業產值5年超過農業。
1.29 東西橫貫公路霧社支線全部竣工通車。
1.31 美國人造衛星「探險家一號」發射成功。
1.31 大陸各民主黨派反右派鬥爭結束，開始整風運動，撤銷右派分子在民主黨派中的領導職務。
2.2 台灣省環境衛生協會成立。
2.3 中共《人民日報》發表社論〈鼓足幹勁，力爭上游〉。
2.5 小說家王藍長篇小說《藍與黑》出版。
2.10 臨時省議會通過「台灣省國民身分證暨戶口名簿發給辦法」。
2.11 國防部今日展開戰士授田證清發工作。
2.11 臨時省議會通過「台灣省舞場管理規則」。
2.11 中共毛澤東主席任命陳毅兼任外交部長。
2.12 中共中央、國務院發出「關於除四害講衛生的指示」。
2.13 台灣省平地度過半世紀以來最冷的一天，台北地區最低溫達攝氏2.6度。
2.14 公務員懲戒委員會就行政院長俞鴻鈞違法失職案作成申誡處分，在總統照准後執行。
2.14 行政院院長俞鴻鈞呈請辭去本兼各職。其為監察院彈劾，復遭公務員懲戒委員會申誡，加以健康問題而請辭。
2.16 新任美駐華共同安全分署署長郝樂遜抵台。
2.16 美11艘小型軍艦移贈中華民國海軍，計火箭船3艘、登陸艇8艘。
2.21 東西橫貫公路台中至達見段，開始行駛班車。
2.23 第1座鈷60治療儀器運抵台灣，將由台大醫院安裝使用。
2.28 中共中央發佈「關於下放幹部進行勞改鍛鍊的指示」。
3.1 台北市圖書總館正式開放。
3.1 國際獅子會台北市分會成立。
3.2 中部橫貫公路太魯閣至天祥段正式通車。
3.3 美國新任駐華大使莊來德抵台。
3.9 中國攝影學會成立。
3.10 總統府臨時行改革委員會宣告成立。
3.10 中共政府發表聲明，主張在亞洲建立無核武器地區。
3.13 外交部發表嚴正聲明，針對日本商人與中共簽訂貿易協定，促請日本政府勿予批准。
3.13 外交部抗議中共、日本貿易協定，發表中華民國與日本貿易會談終止。
3.14 行政院明令廢止「戰略物資管制辦法」。
3.14 台中東豐鐵路開工。
3.14 大雪山公路通車。
3.15 司法院長王寵惠病逝。
3.15 中國人民解放軍軍事學院在北京成立。
3.16 大陸民主黨派和無黨派民主人士在北京舉行自我改造促進大會和遊行，通過自我改造公約。
3.18 政府宣佈對中共、日本貿易一事未獲滿意答覆前，概不與日本簽訂一切商務合同。
3.27 蘇俄總理布爾加寧去職，由第一書記赫魯雪夫兼任總理。
3.28 中共中央發出「關於處理中小學教師中的右派分子、反革命分子和其他壞分子問題的指示」。
3.29 台灣首座平板玻璃廠——新竹玻璃工廠破土興工。
3.29 日本首相岸信介致函總統蔣中正，保證絕不准中共駐日貿易代表團懸掛國旗。
4.1 台北縣中和分鄉後新設之永和鎮正式成立。
4.2 台中市公共汽車舉行通車典禮。
4.5 省防癌協會正式成立。
4.8 省政府修正通過改進山地管制辦法，將儘量予山胞生產技術輔導，同時開放平地人可申請開發山地資源。
4.9 外交部發表公報：中華民國與日本會談達成協議，日本政府認可「中共、日本民間貿易協定」，但不承認中共政權，不給予中共商人懸旗權利。
4.10 中央研究院第3屆院士會議揭幕，胡適就任中研院院長。
4.10 中華民國政府決定重新開始對日通商。
4.11 中研院展開第3次院士會議，選出新任院士林家翹、吳健雄、楊振寧、李政道、潘貫、林致平、朱蘭成、趙連芳、李卓皓、王世濬、蔣廷黻、姚從吾、勞榦、蔣碩傑等14人。
4.12 首屆好人好事表揚今日在台北市舉行。
4.16 中科院和國家民委在京召開第2次少數民族語文科學討論會，確定了幫助少數民族創制文字的原則。到目前為止，共有壯、布依、苗、彝、黎、納西、傈僳、景頗、哈尼、拉祜、佧佤和傣族共12個少數民族在國家幫助下創立或改進了文字。
4.18 東西橫貫公路兩旁土地17萬公頃撥贈農民。
4.18 中研院院長胡適於光復大陸設計研究委員會呼籲以全國力量建立獨立學術研究環境，以挽救人才外流危機。
4.19 殺害楊虎城、羅世文等的反革命

劊子手楊興正法。

4.21 建在霧峰的臨時省議會大樓今日落成啟用，臨時省議會正式從台北遷出。

4.26 第5屆亞洲影展，張小燕以「歸來」影片獲選最佳女童星。

4.29 立法院以祕密審議方式通過出版法修正案。

5.1 總統召見聯合報等5報社長，對「出版法」修正案問題，表示願採納新聞界意見。

5.1 澎湖群島自今日起被國防部劃為軍事禁區。

5.2 立法院161位委員連署覆議出版法修正草案應改開公開會議審議案，經表決仍不予審議。

5.4 台北市報業公會為籲請之廢止出版法或合理修改，上書立法院請願。請願書中並將出版法與憲法牴觸部分加以列舉。

5.12 大陸第1部轎車——「東風牌」轎車誕生。

5.14 伊朗國王巴勒維抵台訪問。

5.15 台灣警備總司令部正式成立，該機構係由過去之台灣防衛總部、台北衛戍總部、台灣省保安司令部、台灣省民防司令部4個單位合併組成，由黃鎮球將軍出任總司令。

5.17 立法院否決公開審議之覆議案後，3委員會開始祕密審查「出版法」修正案。

5.17 台中市自動電話竣工，正式開放通話。

5.24 台中地方法院首席檢察官延憲諒針對南投縣長李國楨涉嫌省政府疏遷工程舞弊案，對檢察官黃向堅批示「奉命不上訴」。

5.25 第3屆亞洲運動會在日本東京揭幕，田徑選手蔡成福以52秒4獲400公尺中欄金牌。

5.25 楊傳廣在東京亞運中，以7,248分獲得十項全能運動冠軍，被稱為「亞洲鐵人」。總計第3屆亞運中華代表隊共獲得6面金牌、11面銀牌、17面銅牌。

5.25 清華大學原子能研究所物理館落成，同日原子爐基地破土。

5.27 台北市報業公會發表緊急聲明，駁斥《中央日報》、《新生報》、《中華日報》、《青年戰士報》昨日所作向立法院陳請所言非全體報業同仁之聲明。

6.1 中華足球隊榮登亞運足球王座。

6.1 中國女童軍總會正式成立。

6.2 大陸中科院哲學社會科學部召開插紅旗大會，提出拔掉資產階級白旗，把無產階級紅旗插滿社會科學領域。

6.3 省議員吳三連、郭雨新、李萬居、黃運金、許世賢等人聯名提議「立法院對出版法修正案慎重審議，以維護言論自由」，獲省議會通過。

6.15 中國物理學會成立。

6.18 中共全國地方冶金會議決定，一年內建成200座小型煉鋼爐，鋼產量將猛增1千萬噸。

6.20 立法院不顧輿論反對，快速通過出版法修正案。

6.21 大陸著名詩人柳亞子逝世，終年72歲。

6.23 中共最高人民法院和司法部在北京召開第4屆全國司法工作會議，強調人民法院必須絕對服從黨的領導。

6.27 省農林廳與中國農村復興委員會簽訂合約，將全省劃為12輔導區，以輔導農會發展業務。

6.28 台北縣文獻委員會在八里鄉埤頭村觀音山西北山麓，正對大竹圍的緩坡上，發現大坌坑遺址。

6.30 行政院長俞鴻鈞辭職，總統蔣中正提名副總統陳誠兼掌行政院，咨請立法院同意。

7.1 台北市各界推行「拒讀黃黑色書刊活動」。

7.1 北京十三陵水庫舉行落成典禮。

7.1 大冶鐵礦正式投入生產。

7.7 李萬居、郭國基、高玉樹等78人向內政部申請成立「中國地方自治研究會」，遭內政部批駁。

7.7 文壇函授學校成立。

7.9 行政院美援運用委員會通過下年度運用美援計畫，新台幣部分總額為12億5千萬元。

7.11 中共全國各地創造糧食豐產紀錄的生產能手同農業科學工作者，在北京舉行交流經驗會，爭取明年棉糧每畝產量能分別達到2千和2萬斤。

7.15 強烈颱風溫妮在台東新港登陸，造成花東地區嚴重損害，花蓮縣毀屋數千，死傷100多人。

7.16 中國國民黨中央評議委員會舉行第1次會議，總裁蔣中正講述「革命民主政黨的性質與黨員重新登記的意義」。

7.19 中共與柬埔寨建交。

7.25 國防部決定自今日至30舉行定名為「銅錘」的全島軍民聯合防空演習。

7.28 中日兩國代表在東京簽訂糖業協定，規定日本購糖量為35萬噸，每噸價35美元。

7.29 台灣海峽南部發生空戰，我軍機2架被中共米格機擊落。

8.1 大陸第1輛高級轎車——「紅旗」牌轎車誕生。

8.2 台灣銀行董事會決定保證唐榮鐵工廠、大秦紗廠、工礦公司及裕隆公司4家發行公司債5千萬元。

8.4 美軍協防司令宣佈F-100D超級軍刀機已調駐台灣。

8.5 副總統陳誠主持石門大壩開基典禮，蔣夢麟就任石門水庫建設委員會主任委員。

8.6 國防部宣佈台灣海峽情況緊張，金門前線、台灣全省進入緊急備戰狀態。

8.7 金門附近海域地區今日發生小型空戰。

8.8 中共與蘇聯雙方在莫斯科簽訂協議，蘇聯允諾在技術上援助中國建設和擴建47個工業企業。

8.9 台灣地區戒嚴任務由警備總司令部統一負責，各地區戒嚴司令部均告撤銷。

8.10 馬祖西南發生海戰，中共中型砲艇1艘被擊傷。

8.14 馬祖附近發生激烈空戰，空軍一舉擊落3架米格17型戰機。

8.17 中共飛機進駐福建龍田機場，噴射轟炸機移駐路橋，東南沿海中共飛機全面備戰，以奪取海峽制空權。

8.23 中共猛烈砲擊大小金門，823砲戰爆發。2小時內落彈4萬餘發，傷亡200餘人、毀屋65棟，防衛副司令趙家驤、吉星文、章傑重傷殉職。
8.24 美國國務卿杜勒斯間接警告中共，如其攫奪金門、馬祖，美將視為威脅和平。
8.25 美國第7艦隊奉命協助戒備台灣海峽。
8.28 美國政府宣佈調派航空母艦1艘，驅逐艦4艘，增援第7艦隊，太平洋航空部隊獲准可在台灣海峽追逐敵機。
9.1 行政院美援運用委員會改組，由陳誠兼任主任委員，尹仲容為副主任委員，負實際主持責任。
9.2 金門料羅灣海戰，海軍擊沉11艘中共船艦。
9.2 大陸第1座電視台——北京電視台開始播放。
9.4 美國國務卿杜勒斯發表「新港聲明」。
9.4 中共聲稱領海擴至12海浬，指金馬台澎為內政問題。
9.5 毛澤東召集中共第15次最高國務會議，號召全國人民動員起來，堅決反對美國對中共軍事威脅和戰爭挑釁。
9.6 美國聲明準備與中共恢復談判，但協防金門馬祖的決策不變。
9.7 美國第7艦隊護航中華民國海軍補給金門成功。
9.7 北京舉行300萬人集會大示威，高呼「美國軍隊從台灣地區滾出去！」
9.8 中美聯合演習開始進行。
9.8 蘇聯公開要求美國部隊撤離台灣地區。
9.9 台灣省舉行首屆健美比賽。
9.10 參謀總長王叔銘宣佈「朱毛陸軍官兵起義來歸獎賞辦法」。
9.10 台灣海峽海上運輸暫停，金門空投開始，美艦亦準備兩棲登陸，以掩護補給金門。
9.18 高雄港擴建工程舉行開工典禮。
9.23 第13屆聯合國大會，以44票對8票，9票棄權，否決印度所提討論中國代表權問題。
9.24 台灣海峽再度發生空戰。
9.25 中共志願軍第3批部隊7萬人歸國。至此，中共志願軍已全部撤離朝鮮。
9.27 彰化、屏東2座大同合作農場聯合授田典禮今日舉行。
9.29 中共國防部發言人發表聲明，指出9月24日中華民國空軍在美國指使下，使用美製「響尾蛇」導彈在浙江上空擊落中共飛機1架。這是世界空戰史上首次使用空對空導彈。
10.1 復興航空公司水陸兩用客機「藍天鵝號」自馬祖返台時失蹤，機上7名乘客中有4人是美國人。
10.2 美國噴射軍機B-57移駐台灣。
10.4 遠東最長的預力混凝土大橋台北中興大橋通車。
10.5 中共國防部長彭德懷宣佈，金門戰線停火7天。
10.5 美國勝利女神力士飛彈運抵台灣安裝備戰。
10.6 中共宣佈今天起停火7天，並建議談判解決。
10.7 據統計，八二三砲戰迄今計80人死亡，221人受傷，房屋全毀2,649間，半毀2,337間。
10.8 美國宣佈護送中國補給船抵金門工作中止，但聲明中共如再砲擊，美即恢復護航。
10.12 美國防部長麥艾樂抵台。
10.12 中共宣佈金門續停火2週。
10.12 金門居民6千餘人疏散來台。
10.12 中國針織廠於2個月前遣散工人36名，發生勞資糾紛，台北縣政府命令強制復工。
10.16 中共當局批准將原國防部航空工業委員會改為國防部國防科學技術委員會，聶榮臻擔任主任。
10.20 中共恢復砲擊金門。
10.23 美國國務卿杜勒斯在台發表中美聯合公報，認金門、馬祖與台灣、澎湖安全一體。
10.25 中共宣佈「雙日停火」。
10.31 中共《人民日報》發表〈毛澤東同志論帝國主義和一切反動派都是紙老虎〉。
11.3 中國國民黨中央常務委員會通過「粉碎中共和談陰謀實施計畫要點」。
11.3 中共再砲擊金門3萬餘發砲彈。
11.3 東港今日舉行大拜拜，耗費高達500萬。
11.6 宋慶齡在自宅小花園砌起1座煉鋼爐，參加煉鋼。
11.7 僑務委員會宣佈：華僑回國投資生產，總額近4千萬美元，設廠226家，均為民生工業。
11.9 美國軍援計畫訪問團抵台考察軍事設施裝備。
11.10 中美簽訂2,150萬美元貸款協定，協助興建石門水庫。
11.15 橫貫公路西線達見至梨山段，開始行駛班車。
11.20 行政院宣佈外匯改制，實施單一匯率，美金1元折合新台幣計買進36.08元，賣出36.38元。
11.27 立法委員周南針對台灣肥料公司工廠久不開工，以原料、招標、方法、開工、責任5大問題向行政院提出強烈質詢。
11.27 大陸第1艘萬噸遠洋貨輪「躍進號」下水。
11.28 勝利女神飛彈基地於今日舉行落成典禮。
11.28 古巴首任駐華大使甘篤今日抵台履新。
11.29 外匯貿易審議委員會通過「民營工廠企業修護配件專案外匯申請辦法」，規定申請總額不得超過3千美元。
11.29 「呼拉圈」在台造成旋風，台北市健身美容圈運動研究所特別舉辦表演賽。
11.30 台北市舉行華雲原子防護演習。
12.2 行政院美援運用委員會公佈，自前年6月份以來代辦美國民間救濟物資共計7萬5千公噸，受惠民眾超過60萬人。
12.3 中國國民黨中央常務委員會通過策進大陸反共革命運動案。
12.6 台灣省74個漁區漁會改選完成，會員總數達18萬3千餘人。
12.7 苗栗、新竹交界（鹿場大山）發生森林大火（至12日方熄）。
12.8 中美兩國在華府正式簽訂「民用原子能合作協定」修正條款，中華民國可獲取原子能研究材料。
12.9 立法院通過「廢止強迫勞工公約」。
12.16 省政府原則通過鐵公路票價調整，火車提高40%，汽車提高33%。
12.16 省政府決定開放營業客貨汽車牌照登記。

12.18 美國利用擎天神洲際彈導飛彈將一枚衛星送入太空軌道中。
12.19 大陸今年產鋼已達1,073萬噸，實現一年之間鋼產倍增之目標。
12.21 北部地區舉行反空降「鐵錘演習」3天。
12.23 蔣中正總統於光復大陸設計委員會第5次全會公開表示反對修訂憲法。
12.26 省政6大計畫之一的東豐鐵路完工通車。
12.26 中共《人民日報》今日報導：中央國家機關有300餘優秀分子入黨，其中有李四光、李德全、錢學森等。
12.30 立法院通過獸醫師法。
12.31 省政府修訂公佈施行車輛發照辦法，單車瓦形牌照廢止。

1959

1.1 金門、廈門之間發生激烈砲戰，中共對金門發射多達7,000餘發砲彈。
1.1 西歐6國共同市場計畫開始實施，廢除關稅，外僑可自由兌換貨幣。
1.1 卡斯楚領導之古巴革命軍打倒巴蒂斯塔政權，卡斯楚進駐哈瓦那，完成古巴革命。3日，烏爾提達就任臨時總統。
1.2 菲德爾·卡斯楚宣佈古巴新政府成立。
1.3 蘇聯發射月球火箭成功。
1.4 K金首飾正式掛出牌價，開始自由交易。
1.5 中共總理周恩來代表祝賀蘇聯1月2日向月球成功地發射出人類第1艘宇宙火箭。
1.7 中共射擊金門33,000餘發砲彈，金門砲兵還擊制壓。
1.7 美國承認古巴新政府。古巴獨裁者巴蒂斯塔逃往多明尼加。
1.8 戴高樂將軍成為法國總統。
1.10 中日締結肥料易米協定，中華民國對日輸出米10萬噸，輸入肥料30萬噸。
1.10 南港輪胎公司成立。
1.12 山線鐵路東勢支線豐原、東勢鐵路通車，全長14.7公里。
1.17 台南市中正路、友愛路大火，燒毀民屋127棟，災民700餘人。
1.17 省教育廳規定放映國語片禁用台語說明。
1.24 中共總理周恩來率代表團赴蘇聯，參加蘇共21大。
1.25 高雄壽山公園開放。
1.26 行政院新聞局公佈本年度獎勵國語影片辦法。
2.1 國家長期發展科學委員會成立，由胡適、梅貽琦兩人任正副主任委員。
2.1 台灣銀行接受國防部同袍儲蓄會委託，發行軍人儲蓄獎券。
2.1 瑞士舉行公民投票否決婦女有參政權。
2.2 省政府公佈「國民身分證及戶口名簿發給辦法」。
2.2 中共《人民日報》發表社論〈把大躍進的戰鼓敲得更響〉。
2.3 國軍第1個陸軍飛機場今日完工落成。
2.5 行政院今日通過擴建花蓮港為國際港。
2.6 中共做出關於煤鐵生產的幾項規定。規定冶煉1噸生鐵消耗焦炭量最多不得超過2,000公斤。
2.11 中共《文藝報》從第3期起，開闢「讀者討論會」專欄，討論長篇小說《青春之歌》。
2.12 日本政府計畫與中共作大使級會談，中華民國政府正式對日提出抗議。
2.13 行政院核准台省戒嚴期間山地管制辦法。
2.18 陸軍中校陳懷琪向法院控訴《自由中國》雜誌刊出〈革命軍人為何要以『狗』自居〉一文涉嫌偽造文書。
2.23 全省開始幸福家庭運動宣導週。
2.23 歐洲人權法庭召開首次會議。
2.26 外交部重申西沙群島為中華民國領土。
2.26 美援運用委員會祕書長李國鼎，在行政院新聞局記者會報告9年來美經援運用概況。
2.26 省警務處擬定除暴安良計畫，以檢肅盜竊、防止犯罪、取締流氓，並對黃牛、遊民與私娼嚴加取締。
3.3 橫貫公路宜蘭支線完工。
3.3 計程車開始營業，提供市民更多服務。
3.5 美國分別與土耳其、伊朗、巴基斯坦簽署共同防禦條約（安卡拉協定）。
3.6 副總統陳誠主持般台造船公司第1艘郵輪信仰號下水典禮。
3.7 外匯貿易審議委員會公佈「台灣青果聯合運銷辦法」及「輸日香蕉配運規則」。
3.9 約旦國王胡笙訪華。
3.10 西藏地方政府及上層人士發動武裝叛亂。
3.14 省民政廳根據戶籍登記統計發表：截至1958年底，台灣省人口已超過1千萬人（10,039,435）。
3.14 中國農村復興委員會主任委員蔣夢麟在總統府國父紀念月會上，報告政府在台10年的農村建設及其影響。
3.15 毛澤東就人民公社所有制問題發出「黨內通信」。
3.17 西藏達賴喇嘛逃往印度。
3.18 夏威夷成為美國第50州。
3.20 郵局試辦錄音郵件，暫在台北、台中、台南、高雄及金馬區郵局試辦。
3.20 西藏軍區部隊奉命開始平息西藏叛亂。
3.22 中共中央和國務院發出整頓1958年新建全日制和半日制高校的通知，並決定將北大等16所高校定為全國重點大學。
3.26 總統蔣介石發表聲明：本民族自決原則支持西藏抗暴。
3.27 中華民國各界青年支援西藏同胞反共抗議委員會成立。
3.28 裕隆汽車工廠與日本日產汽車公司合作生產5噸大卡車出廠。
3.28 中共國務院命令解放軍迅速平定西藏叛亂，解散西藏地方政府，任命班禪喇嘛為自治區籌備委員會主任。
3.28 美國兩隻猴子作太空航行後活著返回地面。
3.30 班禪額爾德尼喇嘛在日喀則發表講話，號召全藏人民協助政府平息叛亂。
4.1 總統今日公佈修正學位授予法第7條條文，規定博士學位授予之方式。
4.3 省政府決撥80萬元在省立台北醫院興建鈷60醫療房。
4.3 印度總理尼赫魯宣佈達賴喇嘛一行已進入印度。
4.9 台中縣議會部分議員欲罷免議長，經地方人士調解，簽訂和解書後撤銷。
4.12 中國孔學會成立。
4.13 中國農村復興委員會主任委員蔣夢麟在農復會記者招待會發表〈讓我們面對日益迫切的台灣人口問題〉，呼籲全民節育。
4.13 台灣地區第1所清真寺在台北市落成。
4.16 省糧食局統計：台灣人口增加率為世界第1。
4.17 馬來西亞與印度尼西亞簽訂友好條約。
4.18 台北市全面禁建令解除，恢復1955年9月21日前之限建範圍。
4.21 立法院通過增訂「反共抗俄戰士授田條例」第19條。
4.22 1958年全省戶口校正統計結果發表，全省人口超出1千萬，為10,039,435。
4.25 中華民國正式恢復國際商會會籍，並且取得第17屆會議主席團席位。
4.27 中共第2屆全國人民代表大會第1次會議結束。劉少奇當選國家主席，毛澤東專任黨主席。
5.1 中華開發信託公司成立。
5.1 首次全國標準會議在台北舉行。
5.2 美軍駐台灣協防軍援司令部台灣基地新任司令潘瑞斯上校抵台。
5.5 中美龐大艦隊在台灣海峽舉行5天演習。
5.6 中共《人民日報》發表文章〈西藏的革命和尼赫魯的哲學〉。
5.8 宜蘭南澳發電廠落成。
5.8 大雪山林業公司開始對外營業。
5.9 美國發表對台經濟援助數字，1950～1959年間共援助9.823億美元。
5.9 國大代表全國聯誼會發表贊成蔣介石第3度出任總統的意見。
5.9 國防部明令公佈軍人存本付息儲蓄存款辦法，11日起在台北、台中、高雄3地實施。
5.13 政府為保持三軍戰力，決定提昇役齡1年，滿19歲男子即服常備兵、補充兵役。
5.19 台灣第1位肉身菩薩慈航法師於汐止秀峰山彌勒內院證道。
5.22 北部陸軍輕航空機場落成啟用。
5.24 中部橫貫公路宜蘭支線今日正式通車。
5.28 國際世運委員會通過蘇俄所提排除我國委員地位提案。
6.3 新加坡宣告獨立，成為大英國協之自治會員會，李光耀擔任首任總理。
6.4 省立澎湖醫院落成。
6.4 古巴將美國糖廠收歸國有。
6.6 花蓮龍澗發電所正式開始發電。
6.12 省議員李萬居於總質詢中表示：立法委員應儘速改選，並分配台灣地區50%以上的名額。
6.14 馬祖廣播電台今日開播對大陸自由之聲。
6.19 省政府計畫在台北、基隆、台中、台南、高雄5省轄市設垃圾堆肥廠，使垃圾水肥轉變成農業原料。
6.20 蘇聯單方面廢止有關國防新技術之中（共）蘇協定，撤回原子彈樣本及停止提供原子彈生產有關之技術資料。
6.22 台北市成立守時運動推行委員會，以推動守時運動。
6.23 新竹南寮漁港今舉行竣工典禮，海水浴場同時開放。
6.23 教廷授權于斌負責輔仁大學復校事宜。
6.24 台灣省臨時省議會奉行政院命令，更名為台灣省議會。
6.27 省政府今日核定建立警察首長任期制度，1次任期3年，得延長任期1次。
6.29 總統明令公佈軍事首長：國防會議秘書長顧祝同上將、戰略顧問委員會副主任委員王叔銘上將、參謀總長彭孟緝上將、陸軍總司令羅列上將、空軍總司令陳嘉尚上將。
7.1 會計年度改制為美式的7月1日至6月30日。
7.1 中研院第4次院士會議揭幕（選出新院士9人）。
7.3 國民黨中常委陶希聖發表〈有關修憲及大選問題〉一文，指出「修改臨時條款不是修改憲法本身」。
7.3 台北縣福隆海水浴場正式開放。
7.5 台海發生空戰，空軍擊落中共米格19軍機5架。
7.6 瑞芳瑞富煤礦爆炸，造成工人6死1傷。
7.7 總統頒佈人事命令：馬紀壯、賴名湯任副參謀總長，石覺任聯勤總司令。
7.7 中共中央決定在西藏地區使用人民幣。
7.14 行政院通過「台灣省實施耕者有其田保護自耕農辦法」。
7.15 畢莉颱風過境，造成北部6縣市嚴重災情，災民達1萬3千餘人。
7.21 立法院今日通過兵役法及兵役施行法修正案，兵役年齡改正為滿19歲。
7.21 省政府通過管理娼妓辦法。
7.23 美國副總統尼克森訪蘇。
7.27 鐵路台北機廠落成。
7.30 行政院通過劉季洪繼任國立政治大學校長。
7.31 國軍各級部隊開始推展以軍為家運動。
8.1 美國安全分署署長郝樂遜於《生產力》月刊發表專論，再度對台灣經濟隱憂——消費超過生產，提出警告。
8.2 中共召開第8屆8中全會（廬山會議），展開「中（共）蘇對立、大躍進、人民公社」等論戰。
8.3 日本航空公司東京台北航線正式開航。
8.4 立法院通過「戡亂時期軍人婚姻條例」。
8.6 中美海軍混合艦隊在澎湖海線會合，開始向琉球作業勤演習第3階段演習。
8.6 美軍駐台機構調整，協防司令部與援華顧問團分立，原駐台協防軍援司令部撤銷。
8.7 中共中央發出「關於反對右傾的指示」。指出右傾思想已成為主要危險。
8.10 美國安全總署中國分署與行政院美援運用委員會同意支出1千萬

元作為水災救濟。

8.11 政府為救濟中南部水災，緊急撥款6千餘萬元（行政院2千萬，省政府4千3百餘萬），並決定8月12日起停止公私宴會，禁屠8天，以節約救災。

8.14 省主席周至柔宣稱，水災急救已告一段落，即日起進入重建階段，14萬7千餘災民重返家園。

8.15 美國勝利女神力士型飛彈及全部裝備移交中華民國使用，陸軍進入飛彈時代。

8.15 恆春地區發生6級強烈地震，死傷57人，倒屋1千餘棟。

8.28 中共新華社報導：全國人民公社健全發展穩如泰山，2萬4千多個公社全部鞏固，參加戶數達1萬2千多萬戶，占全國99%以上。

8.31 依動員戡亂臨時條款規定，總統蔣介石發佈緊急處分令，授權行政機關在稅法、預算、會計、審查等有關法令的變更權，並在一定期間內有水災復興建設捐的附加課徵權。

9.2 省主席周至柔在省議會表示：八七水災死亡人數為667人，失蹤408人，重傷295人，受災人數305,234人，公私損失總值3,428,951,697元。

9.2 省政府通過制定對台中等10縣市災區之農地稅、家屋稅、戶稅減免基準。

9.4 魯依絲颱風過境，中部豪雨，彰化民眾遷地避難，300餘公頃田地遭海水倒灌淹沒。

9.5 教育部學術審議委員會決定：1.續辦學術文藝基金，2.修正專上教員赴國外進修辦法，3.通過博士學位評定會組織規程。

9.11 省議會今日通過台灣旅行社開放民營。

9.11 韓國航空公司台北漢城航線正式通航。

9.17 中共大躍進反對派彭德懷被解除國防部長職務，由林彪接任。

9.19 大陸中國革命博物館和中國歷史博物館建造完成。

9.22 第14屆聯合國大會，以44票對29票及9票棄權，通過不討論中國代表權問題。

9.25 美國總統艾森豪與蘇俄總理赫魯雪夫召開大衛營會談。9月27日發表共同聲明，同意採取和平手段解決國際問題。

9.26 天安門廣場擴建今日竣工，面積由17萬平方公尺擴大為40萬平方公尺。

9.29 總統蔣介石接見來台之西藏抗暴義軍代表。

9.30 中共領導人在人民大會堂舉行國宴，慶祝中華人民共和國成立10週年。

9.30 蘇俄總理赫魯雪夫訪問中國大陸，期間與毛澤東進行會談，雙方意見強烈對立。

10.1 大陸北京隆重舉行建國10週年慶祝大會。

10.6 經濟部發表1951年到1959年6月進入台灣的外資：華僑投資227件，4,102萬餘美元；外人投資56件，1,068萬餘美元。

10.7 中共空軍導彈部隊於北京地區上空擊落國民黨空軍RB-570型高空偵查機1架。新組織的中共地空導彈部隊首戰獲勝，並首創世界防空史上使用地面導彈擊落高空飛機的戰例。

10.15 行政院院會通過「發行水災復興建設儲蓄券」2種。其一為有獎節約儲蓄1億元，每張面額10元，每月開獎1次；另一為有息儲蓄券2億元，年息188%，採用配銷方式。

10.15 中共新華社報導：我國自製的第1種直升飛機旋風25型直升飛機，已開始成批生產。

10.16 外交部發言人沈劍虹針對台灣法律地位問題，發表聲明：根據開羅宣言、波茨坦宣言及中日和約，台灣為中國行省，並無法律地位問題。

10.20 省立台北兒童醫院揭幕。

10.20 中共、印度軍隊於印度西部邊境再次發生衝突。

10.25 香港出版之《祖國週刊》內銷登記被註銷。

10.26 中共外交部發表聲明，公佈印度軍隊越境武裝挑釁真相。

10.29 行政院會通過「台灣省八七水災重建工作督導辦法」及「八七水災損毀住宅整修實施計畫」，在12縣市提供4,900多萬元給2萬餘戶災民。

10.29 行政院會議今日決議成立原子能委員會。

10.29 美國今日移交RF-101型偵察機給台灣。

11.1 榮民總醫院在台北石牌揭幕。

11.1 美參院外交委員會發表「康隆報告」，主張依據「一個中國、一個台灣」方式解決中國問題。

11.3 教宗接見于斌，捐美金10萬元在台復立輔仁大學，並且任命于斌為校長。

11.3 監察院八七水災救濟重建研究調查小組展開工作。

11.7 台灣中興紙業公司成立。

11.7 聯合國大會第3委員會通過議案，援助港、澳、泰、緬等10地區中國難民。

11.7 空軍中部清泉崗基地正式啟用，為遠東最大軍用機場。

11.7 中共總理周恩來在致印度總理尼赫魯的書信中提議兩國自「麥克馬洪線」各後退20公里。

11.9 政府聲明對菲律賓實施禁止華人入境措施表示遺憾。

11.10 聯合國公開譴責種族隔離與種族主義。

11.11 全省今日開始辦理1959年度戶口總校正，同時辦理大陸來台國民調查。

11.11 中共《人民日報》發表社論〈養豬好處多得很〉。

11.15 中華民國珠算學會成立。

11.20 中央研究院院長胡適在《自由中國》雜誌創刊10週年會上，發表〈容忍與自由〉，強調容忍是自由的根本。

11.21 財政部核定重建災區儲蓄券發行辦法。

11.28 基隆市議會議長蔡火砲涉嫌走私，為警總扣押。

12.4 中共最高人民法院特赦改惡從善的首批戰犯33名，包括杜聿明、溥儀等人在內。

12.4 中共摘掉一批右派分子的帽子，包括黃琪翔、費孝通等人。

12.6 軍人之友社成立整理委員會，實施改革。

12.8 立法院修正通過國民大會組織法第12條條文。
12.10 總統蔣介石任命谷正綱為國民大會代理秘書長。
12.10 省議會今日籲請蔣介石第3次競選總統。
12.11 國家安全局局長鄭介民上將病逝台北。
12.12 行政法院駁回新興台灣基督長老教會就禁止使用羅馬字聖經所提行政訴訟。
12.12 招商局與復興航業公司開闢中美定期航線，第1艘班輪開出。
12.13 聯合國公開宣佈不介入阿爾及利亞問題。
12.14 桃園縣議會通過決議，力爭撤銷地方自治法規中限制發言時間之新規定。
12.16 國民黨中央紀律委員會主任委員吳忠信病逝台北。
12.17 中共總理周恩來寫信答覆印度總理尼赫魯，提出和平解決中印邊境爭端首要步驟，建議兩國總理本月26日舉行會談。
12.23 省議會通過八七水災承領公耕地農戶遭受重大災害申請緩繳、免繳地價稅處理辦法。
12.24 財政部通過令台灣銀行發行「八七水災」被災區復興建設儲蓄券3億元。
12.26 國民大會代表聯誼會年會決議，要在明年召開第3次國民大會上，提議修改「臨時條款」，使總統連任不受憲法第47條限制，以擁戴蔣介石連選連任。
12.30 大陸第1個芭蕾舞劇團北京舞蹈學校實驗芭蕾舞劇團成立。
12.31 考試院核定公佈公務人員退休法施行細則。

1960

1.1 《文星》雜誌27期出版「詩的問題研究專號」。
1.1 喀麥隆宣告成為獨立共和國。
1.2 台灣銀行奉令發行「八七水災復興建設儲蓄券」，總額合計新台幣3億元。
1.3 中國大陸各地第一批2萬6千多名「右派分子」被摘掉帽子。
1.8 遠東最大抽水灌溉工程——高雄縣曹公圳舉行竣工通水典禮。
1.10 總統蔣介石於今日頒佈國民大會召集令。
1.11 行政院長陳誠宣佈台灣省境軍用土地問題，決定在3個月內清理完成。
1.12 美國政府重申，協防台灣政策毫無任何改變，外島則有待總統艾森豪決定。
1.12 中共1架米格15型戰鬥機迫降宜蘭南澳，機毀人亡。
1.15 越南共和國總統吳廷琰抵台訪問5天。
1.16 行政院許可省農林廳林產管理局改制為林務局。
1.19 越南總統吳廷琰結束來台訪問行程，並發表聯合公報，促請自由世界戒備，有效抵制共黨侵略。
1.24 台灣電力深澳發電所第一部火力發電機開始發動，其發電量為全省規模最大。
2.2 中共國務院發佈「關於接待和安置歸國華僑的指示」。
2.6 省政府規定公務人員升等須經考試通過。
2.12 大法官會議解釋：有關國大代表出席數問題僅依所能召集的人數為出席總數。
2.12 中國國民黨中央常務委員會決議設置中山獎學金。
2.13 郵政儲金匯業局奉准在台復業。
2.13 法國在撒哈拉沙漠首度進行原子彈試爆成功。
2.15 《蘇俄在中國》阿拉伯文版在黎巴嫩首都貝魯特出版。
2.16 國際奧林匹克委員會宣佈，中華民國可暫用「中華民國奧林匹克委員會」之名稱，參加8月份羅馬世運會。
2.16 台北市警局查禁97種武俠小說，共查獲4萬8千餘本。
2.17 中國國民黨中央常務委員會通過國民大會黨團所提「修正動員戡亂時期臨時條款以鞏固國家領導中心案」。
2.17 黑人民權領袖馬丁·路德·金在美被捕。
2.20 第一屆國民大會第三次會議於今日揭幕。
2.21 中共文化部發表聲明，嚴重警告美國劫奪中國在台灣文物。
2.21 卡斯楚宣告古巴的私有企業收歸國有。
2.28 台灣省社會處公佈，勞工保險實施10年，投保者逾48萬人。
2.29 中共《人民日報》發表文章〈馬克思主義者應當如何看待新生事物〉。
2.29 中共首次派出4艘輪船，滿載遭受印尼當局迫害的2,100多名歸僑回國。
3.1 張君勱、勞思光等人在《自由中國》發表〈我們對毀憲策動者的警告〉，反對國民大會「修訂臨時條款，以使蔣（介石）總統能獲連任」。
3.3 中國國民黨總裁蔣中正勉勵國民黨籍國民大會代表一致貫徹黨的決定，並再度說明不贊成修憲的主張。
3.3 國大會議中，因憲法修改及動員戡亂臨時修款修正問題，引發國大代表互毆場面。
3.5 內政部長田炯錦於立法院內政委員會表示，據調查，台灣養女共有近19萬人，其中約有18%受到虐待。
3.11 國民大會三讀通過修正臨時條款案，決議在動員戡亂時期總統、副總統得連選連任。
3.11 總統明令公佈「動員戡亂時期臨時條款」。
3.11 經濟部許可中國石油公司變更為股份有限公司（準備發行公司債）。
3.12 中國國民黨在台北舉行第八屆中央委員會臨時全體會議，一致推選蔣中正、陳誠為第三任總統、副總統候選人。
3.12 教育部修訂國民學校課程標準委員會決定將公民與公民訓練合併為公民科。
3.14 行政院長陳誠聲明，就算失去聯合國議席，中華民國也不放棄金門、馬祖。
3.18 由李萬居、吳三連、雷震等30餘人組成之選舉問題座談會，發表「在野黨派及無黨無派人士對於本居地方選舉向國民黨及政府提出的15點要求」。

3.19 國民大會通過憲政研討委員會組織原則。
3.19 大陸北京各界舉行盛大集會，宣示堅決支持古巴人民和拉丁美洲人民的革命鬥爭。
3.21 蔣介石當選第三任總統。
3.22 陳誠當選第三任副總統。
3.30 中共《人民日報》報導：河南33萬個食堂「堅如磐石」，全部農村人口都參加了公共食堂。
3.30 沙佩維爾事件後南非宣佈進入緊急狀態。
4.1 台灣省勞工保險監理委員會正式成立。
4.1 大陸京承鐵路全線通車，全長256公里。
4.1 南非政府禁止非洲人國民大會和泛非主義者大會活動。
4.2 台電工業限制用電全部取消。
4.6 中國石油公司召開發起人會，股本定為新台幣2億5千萬元，分為25萬股，4國營公司各認股5千股，餘23萬股為經濟部所有。
4.9 第十二屆全省田徑大賽在屏東體育場舉行，女子跳遠項目林昭代以5公尺55公分破全國紀錄。
4.10 《台灣青年》在東京創刊。
4.11 廖承志率中共代表團出席第二屆亞非人民團結大會。
4.13 台北清真寺落成。
4.14 泰國空軍總司令差林傑與同行人員離台返國，途中發生飛機撞山事件，一行18人全部罹難。
4.14 台北新公園陳納德將軍紀念銅像揭幕。
4.21 台北市中國記者聯誼會成立。
4.26 中部橫貫公路竣工，舉行首次全線試車。
4.26 省政府通過台省師範學校分期改為二年制專科學校。
4.27 李承晚辭去南韓總統。
4.29 省政府主席周至柔號召：工作應「不靠天吃飯」與「不靠朋友吃飯」，當前台灣建設，要以水利為重。
4.30 行政院陳誠指示三原則：便利工業用地移轉；出入境辦法應簡便；保障勞資雙方權益，以加速發展經濟。
5.1 縱貫鐵路特快車開始使用柴油電動機車頭。
5.1 美國空軍一架U-2偵查機被蘇聯擊落。
5.1 韓國過渡內閣宣佈「3.15選舉」無效。5月28日李承晚逃亡至夏威夷。
5.4 中國文藝協會頒發首屆文藝獎章：散文張秀亞、翻譯施翠峰、小說楊念慈、評論王鼎鈞。
5.5 行政院長陳誠及全體閣員在第二任總統任滿前集體總辭。
5.5 行政院正式核准公立大學設立夜間部辦法，並予試辦1年。
5.6 中菲（菲律賓）兩國發表聯合公報：兩國決心增強防禦力量，共同抵制共黨侵略。
5.7 中共毛澤東主席三天內在鄭州先後接見了來自非洲、拉丁美洲、亞洲等20多個國家的朋友，於會談中指出：世界和平的取得主要靠人民的鬥爭。
5.7 布里茲涅夫取代伏羅希洛夫出任蘇聯最高蘇維埃主席團主席。
5.12 行政院院會核定「台灣戒嚴期間無線電台管制辦法」，以防止無線電台非法通信。
5.14 中國民主社會黨發表拒絕由國庫撥給反共抗俄宣傳補助費之書面聲明。
5.15 台北縣三峽鎮第四屆鎮長選舉，林雪美當選，成為台灣第一位女鎮長。
5.17 美援F104星式噴射戰鬥機首批運抵台灣。
5.20 第三任總統、副總統蔣中正、陳誠宣誓就職。
5.20 大陸北京300萬人大示威，支持蘇聯反對美國U-2飛機的入侵。周恩來、朱德等中共領導人出席參加。
5.23 以色列逮捕前納粹蓋世太保頭子艾布曼。
5.25 中共外交部奉命對美帝國主義武裝挑釁提出第100次嚴重警告。
5.30 國軍支援「八七水災」災區重建全部完成，總共動員9萬官兵。
6.1 前行政院長、現任中央銀行總裁、中國國民黨中央常務委員俞鴻鈞病逝。
6.2 第二屆省議會成立，黃朝琴、謝東閔當選正副議長。
6.3 副總統陳誠接受記者訪問，指出希望有個反對黨，組黨條件為要有主義、政策、立場，真正代表人民利益。
6.5 台北市《大華晚報》主辦中國小姐選拔，選出林靜宜為第一屆中國小姐。
6.15 第六屆亞洲人民反共聯盟大會在台北舉行。
6.17 中共自今日21點整至21點55分及次日零點至零點45分，兩次向金門發射砲彈8萬餘發。
6.17 中共福建前線司令部發表「告台、澎、金、馬軍民同胞書」，在美國總統艾森豪威爾到台活動期間（17日～19日）砲轟金門，舉行反美武裝大示威。
6.18 美國總統艾森豪抵台訪問，並在50萬人群眾大會致辭演說。
6.18 中共各民主黨派和無黨派民主人士舉行反對美國侵略台灣的抗議集會。
6.19 中美發表聯合公報，強調兩國團結，協同抵禦中共挑釁。
6.19 中共3度砲擊金門。
6.21 北京、上海、天津等地舉行為期7天的「反對美帝侵略，堅決解放台灣，保衛世界和平宣傳週」。
6.26 選舉改進座談會發言人李萬居、高玉樹、雷震正式對外宣佈籌組新黨。
6.27 縱貫線大肚溪海線鐵橋正式通車，鐵路交通至此全部重建完成，海山線同時行車。
6.30 八七水災重建工程，全部如期完成，8個月時間共完成1千餘項大小工程。
7.1 國民大會憲政研討委員會今日正式成立。
7.1 英文《中國日報》發行。
7.6 司法監犯參加重建績優，總統頒佈減刑令，600餘監犯獲減刑，分別減除1/2或1/3刑期。
7.8 U-2飛機駕駛員加里．鮑爾斯被蘇聯作為間諜起訴。
7.10 十項運動選手楊傳廣於美國奧勒岡州業餘十項運動比賽，以8,426分打破世界紀錄，獲得一面銀牌。

7.12 美援運用委員會商得美國經濟合作總署同意，將截至今年止累積未用美援1,052.9萬美元，提供台灣採購黃豆、肥料、鋼鐵、西藥等物資。

7.16 蘇聯單方面撕毀中蘇簽訂的協定與合同，決定在一個月內撤走全部在華蘇聯專家。

7.20 台北市警察局偵破10萬元賄買大專聯考試題弊案。

7.21 台灣銀行人事調整，尹仲容就任董事長。

7.23 選舉改進座談會舉行雲嘉地區座談會，會中決議反對黨名稱將定為「中國民主黨」或「中國自由黨」。

7.23 省政府公佈實施山胞生活改進運動辦法。

7.29 中共新華社報導：中國電影事業的一個劃時代的特色是大量工農兵英雄形象搬上銀幕。

8.1 雪莉颱風侵襲台灣，帶來豪雨，造成八一水災。

8.1 中共海軍成立北海艦隊。

8.3 總統蔣介石對美國記者談話，重申不放棄金馬外島。

8.4 鄉土作家鍾理和逝世。

8.10 中共《人民日報》報導：江蘇、陝西、河北3省農中第一批4萬多畢業生走上農業生產第一線。

8.11 行政院美援運用委員會決定由美援相對基金之中撥款設置台省農貸基金。

8.14 中共《人民日報》報導：南京農學院下放800多名師生到公社，幫助公社建立科技。

8.15 司法院大法官會議釋字第86號解釋：「高等法院以下各級法院及分院應隸屬於司法院」。

8.16 塞浦路斯獲得獨立，由馬卡里奧斯大主教領導。

8.18 行政院決定營業計程車之增加採漸進方式，並為淘汰三輪車，每輛新增計程車由業者繳納1萬5千元，以收購三輪車牌照5個。

8.22 國際奧林匹克委員會決定，中華民國必須以「台灣」名義參加世界運動會比賽。

8.23 羅馬奧運會開幕。

8.25 省議員郭雨新、郭國基、李秋遠、林清景提出質詢，要求民選省長，抨擊報禁。

8.25 省議員李萬居、許世賢、郭雨新、郭國基、林清景、李源棧、李秋遠提出有關反對黨質詢，認為集會結社有其自由，組黨不應受阻。

8.25 中華民國奧運代表團手持「在抗議下」牌子，參加羅馬奧運開幕典禮。

9.1 高雄大貝湖（高雄工業給水廠）工程竣工。觀光區開放。

9.3 中華民國宣佈與古巴斷交，古巴政府沒收中華民國政府在古巴之資產。

9.4 開始停發營業三輪車執照。

9.5 選舉改進座談會發言人李萬居、高玉樹一致表示反對黨（中國民主黨）籌組工作將繼續進行。

9.6 楊傳廣以8,334分獲羅馬第十七屆奧運會十項運動亞軍。

9.8 行政院會議通過准許美國花旗銀行、美國銀行及銀行信託公司來台設立分行。

9.10 中共總理周恩來在接見日本友人時，談到中日貿易三原則：政府協定、民間合作、個別照顧。

9.12 「中國民主黨」籌備委員會宣佈成立，並要求中央黨局釋放雷震等人。

9.15 日本日產自動車株式會社，決定貸款200萬美元給裕隆公司，以發展台灣汽車工業。

9.16 美全天候戰鬥機F86D移交我國。

9.22 台灣省雜誌事業協會以《自由中國》違反國策，違反該會規章，予以停止會籍處分。

9.24 關島美機19日撞山事件，中華民國失蹤6名軍官，陸空軍總部證實均已不幸罹難。

9.26 最高檢察署檢察長趙琛表示：戒嚴地區叛亂案件，被告不論身分概由軍法審判。

9.26 台灣警備總司令部以涉嫌叛亂顛覆政府，將雷震等人提起公訴，將由軍法公開審判。

9.30 台電開工架設花東高壓輸電線路，全長158公里，台東電力將納入全省供電系統。

10.1 中華人民共和國、緬甸簽署國界條約，為中華人民共和國首次與鄰國劃定國界。

10.6 新疆第一所綜合大學——新疆大學成立。

10.8 台灣警備總司令部軍法處高等軍事法庭判決宣告，雷震以「叛亂煽動罪」拘禁10年，褫奪公民權7年，劉子英拘禁12年，褫奪公民權8年，馬之驌拘禁5年。

10.10 中華民國第一屆中小學科學展覽會開幕。

10.11 中共中央批轉文化部黨組、中國作協黨組關於廢除黨稅制，改革稿酬的報告。

10.12 美國參議員甘迺迪主張在中國海岸外的馬祖、金門等島嶼不值得保衛。

10.18 第十五屆聯合國大會，以42對34票，22票棄權，否決排中華民國納中共案。

10.22 胡適返台聲明不作政黨領袖，並指出「好的在野黨，自然給予支持，不好的，保留不說話或批評的自由」。

10.23 中共《人民日報》報導：一個學邢燕子，發憤圖強，積極建設人民公社的高潮在全國掀起。在邢燕子的帶動下，有600萬青年走上農業第一線（據18個省市的不完全統計）。

10.25 廖漢臣於《政治建設》雜誌1至4期發表〈台灣文字改革運動史〉。

10.25 第十五屆省運動大會在台中舉行開幕典禮。

10.27 駐紮金門海軍官發起「忠義軍風運動」，以慶祝總統蔣中正74華誕。

10.29 財政廳通知證券商同業公司，即日起客戶委託買賣證券不再徵證券交易稅，成交單及契據亦免納印花稅。

11.1 行政院開始實行觀光客逗留3天以內者免簽證。

11.3 中共中央發出「關於農村人民公社當前政策問題的緊急指示信」。

11.5 經濟部發表1951年至1960年華僑

及外國人在台投資額，華僑共投資3,710餘萬美元，外國人2,360餘萬美元。
11.8 唐榮鐵工廠要求政府緊急撥貸5千萬元，以維持開工。
11.8 民主黨候選人甘迺迪擊敗尼克森，當選美國總統。
11.5 劉少奇率中共黨政代表團赴蘇聯參加十月革命43週年慶典，並參加了81個共產黨和工人黨在莫斯科舉行的會議。
11.11 台泥大廈落成，成為戰後民間投資的最大建築物。
11.17 美國顧問團團長戴倫宣稱：美對中華民國軍援數量不變，國軍裝備將予更新。
11.18 合計有14萬官兵參與的「襄陽演習」展開實兵作戰。
11.18 票據交換所新規定：開空頭支票一次，即移送法院。
11.23 《自由中國》半月刊發行人雷震等涉嫌叛亂，國防部軍事法庭覆判仍維持原判決。
11.24 中共新華社報導：中央國家機關和各民主黨派中央機關又一批確有悔改的右派分子摘掉帽子（包括黃紹宏、錢偉長等260多人）。
12.1 政府補助《中央日報》每月台幣12萬5千元，以加強海外宣傳。
12.3 周道濟經教育部口試評定合格，獲頒國家博士學位，為台灣第一位國家博士。
12.6 台灣省實施廣播召集，為中華民國兵役史上創紀錄之舉。
12.9 省立台中師範專科學校舉行成立典禮。
12.13 《中央日報》翻譯刊載泰國報刊介紹台灣清水生產教育實驗所的報導。
12.14 中共政府發表關於法國殖民主義者屠殺阿爾及利亞人民罪行的公開聲明。
12.16 台灣省農業普查開始辦理，於1961年1月15日結束。
12.20 立法院三讀通過軍人及其家屬優待條例。
12.20 省政府通過設立山地農牧局。
12.20 「南越民族解放陣線」（俗稱越共）成立。
12.24 中共新華社報導：解放軍廣大青年爭當五好戰士（思想政治好、軍事技術好、三八作風好、完成任務好、鍛鍊身體好）。
12.27 台南縣白河水庫動工興建。
12.29 中國民主黨人士李萬居、高玉樹等人決定組織助選團，為全省各縣市黨外候選人助講。
12.29 中共新華社報導：中國工業生產今年繼續躍進。鋼產量將達到1,845萬噸，比去年增加多達500萬噸。

1961

1.1 我駐非洲茅利塔尼亞大使館正式成立。
1.1 財政部施行合作金融業務資金融通管理辦法。
1.3 美國斷絕與古巴的外交關係。
1.5 行政院通過教育部呈報設立中興大學計畫案。
1.10 國防部拒絕雷震申請提起非常審判，認為原審判於法並無不合。
1.10 立法院通過典試法。
1.10 立法院通過商務仲裁條例。
1.11 省府決定投資11億設立鐵路電氣化基金。
1.11 南京、上海紀念金田起義110週年。在南京建立太平天國歷史博物館。
1.12 中國文藝協會為配合中央決策，組成專案小組，研討「武俠小說」的創作問題。
1.13 省政府命令：為貫徹耕者有其田政策，台灣全省私有耕地，20日開始公告換訂租約。
1.13 行政院批覆省政府，對公教年終獎金無法考慮發給。
1.15 台灣省第5屆縣市議員選舉今日舉行。
1.16 台灣廣告公司正式成立。
1.17 古裝劇「花木蘭」於新南陽戲院演出。
1.18 中、菲、韓、南越4國外交部長在菲律賓開會。
1.19 教育部組成之國立中央大學地球物理研究所籌備委員會舉行首次會議，就中央大學在苗栗復校之事交換意見。
1.20 立法院三讀通過修正船舶法。
1.20 約翰甘迺迪就任美國總統。
1.21 台北市體育館破土興建。
1.24 省政府通過管理伐木及製（樟）腦業規則。
1.25 玻利維亞副總統雷欽訪台。
1.25 國防部頒緩召令彙編，國防工業技術員工緩召範圍重新放寬。
1.25 台灣糖業公司發表去年度出口糖共達90萬公噸，創光復以來最高紀錄。
1.30 總統蔣中正公開號召自由地區人民，發動1人1元運動，以救濟大陸同胞。
2.1 國立故宮博物院與國立中央博物館珍藏之歷代藝術作品共253件，在台北展出8天，隨後將運往美國公開展覽。
2.2 行政院核准減免營利所得稅，財政部訂定獎勵標準，追溯自獎勵投資條例實施日施行。
2.2 四健會協會成立。
2.6 國軍空軍飛往華南各省空投糧食包，進行救濟活動。
2.9 行政院通過台灣省縣市政府組織規程準則。
2.10 司法院大法官會議釋字89號解釋：「公有耕地放領之撤銷或解除所生之爭執應由普通法院管轄」。
2.20 全國道路協會成立。
2.22 英國首相艾德禮聲明金門、馬祖為中華人民共和國領土。
2.23 行政院今日明令公佈國有財產處理辦法。
2.23 考試院今日通過公務員任用法修正草案。
2.24 張道藩、黃國書辭去立法院正副院長職務。
2.24 陳立夫去美10年返國。
2.24 胡適影印發行珍藏善本書《乾隆甲戌脂硯齋重評石頭記》。
2.24 楊森出任全國體協理事長。
2.26 瑠公圳分屍案於今日發生。
2.28 黃國書、倪文亞分別當選立法院正副院長。
2.28 省政府通過設立台灣電視公司。
3.1 華僑商業銀行開業。
3.1 海埔地開發規劃會成立。
3.1 台灣倉庫公司撤廢。
3.3 中韓貿易協定簽字。
3.3 公務員保險全面實施，免費體檢

開始辦理。

3.3 《公論報》受假沒收處分（地院假執行，查封辦公桌2張）。

3.8 監察院決定對政府處理雷震案提糾正案、

3.10 省政府公佈省山地農牧局之組織規程。

3.13 美贈我10艘掃雷艇抵高雄。

3.17 台北市議會通過台北市攤販管理細則。

3.16 《民主潮》刊載監察院發表之雷震案調查小組報告書。

3.17 大陸北京學術界人士集會紀念巴黎公社90週年。

3.18 政府開始接運雲南緬甸邊境反共游擊隊來台。

3.21 滇緬邊區反共義民首批抵達台灣南部。

3.23 行政院核准不作公用之公有土地應繳增值稅。

3.24 《公論報》編輯部人員因被社長李萬居「留職停薪」，而積欠薪津又未發給，因此呈請北市政府調解。

3.26 台灣省新聞處發表：台灣省現有廣播電台56家，以人口計，平均不及20萬人有電台1家，每16人有收音機1台。

3.30 行政院決議通過國產汽車工業發展辦法。

3.31 中美兩國海軍掃雷艦隊，完成混合訓練演習。

3.31 行政院正式發佈命令，取締產品內銷聯營。

4.5 高雄港賴比瑞亞籍油輪光隆號3度爆炸，造成9人死亡，30餘人輕重傷。

4.6 行政院通過取消星期二、星期五禁屠令及豬、牛、羊等10類物資平抑物價辦法。

4.8 瑞深（瑞芳－深澳）支線鐵路竣工，正式通車，以利台電深澳、八斗子兩電廠運煤之需。

4.9 吳廷琰當選連任越南總統。

4.11 省政府山地農牧局成立。

4.11 以色列開始對虐殺猶太人的前納粹黨員艾格曼進行審判，並於12月15日將其處決。

4.12 日月潭教師會館舉行揭幕典禮。

4.12 蘇俄發射「東方號」太空船，由蓋加林少校駕駛，其後並安全返回地球，成為人類進入太空的第1人。

4.12 教育部今日公佈施行幼稚園設備標準。

4.13 清大原子科學研究所核子反應器竣工。

4.14 立委錢納水等27人質詢報禁開放之問題。

4.15 美國削減古巴糖配額，使台糖輸美總額達9萬5千噸。

4.17 由美國支持的古巴反政府游擊隊入侵古巴「豬玀灣」失敗。

4.18 省政府議決貸款6千萬元建設國民住宅案。

4.20 經濟部許可台肥公司肥料漲價。

4.22 中華商場落成揭幕。

4.22 阿爾及利亞右翼叛亂威脅法國。

4.25 中華民國駐聯合國代表蔣廷黻發表聲明，稱必要時用否決權反對外蒙入會。

4.25 中華民國與尼加拉瓜文化協定今日簽字。

4.27 華僑保險公司正式開業。

4.29 全省各界於台南市延平郡王祠舉行鄭成功復台300年祭典紀念。

4.29 台灣銀行依令解除並退還省民在戰後被凍結的票匯。

5.1 台灣省第1條快速公路北基二路開工。

5.1 交通銀行開始股票儲蓄存款業務（目標為獎勵一般證券投資及助成證券市場的發展）。

5.1 古巴總理卡斯楚宣佈古巴革命是社會主義革命（哈瓦那宣言）。

5.4 行政院公佈證券商管理辦法。

5.5 立法院決議通過亞洲生產力組織公約。

5.5 美國發射第1位太空人進入太空，並平安返回地球。

5.6 中華民國陸軍飛彈部隊首次實彈試射成功。

5.8 農機訓練顧問中心在屏東成立。

5.12 新竹玻璃公司擴建新廠，向美開發基金貸得160萬美元簽約。

5.14 美國副總統詹森訪華，表示堅持中美約定。

5.15 台北市「大華晚報」舉辦第2屆中國小姐選拔，本年度共選出中國小姐3名，除參加長堤世界小姐選舉大會外，並參加美國邁阿密環球小姐選拔會、英國倫敦世界小組選拔會。選拔結果，3位中國小姐中，馬維君赴長堤、汪麗玲赴邁阿密、李秀英赴倫敦。

5.19 高雄地區痲瘋病流行，患者達561人。

5.20 製衣輸出公會成立。

5.22 祕魯總統浦樂多訪華。

5.22 亞洲生產力組織在日本召開成立大會。

5.24 台灣第1位專業人體模特兒林絲緞，於台北市舉行絲緞畫室第1屆人體畫展。

5.27 強烈颱風貝蒂侵襲東部，花東造成局部災害。

5.27 「絲緞畫室人體畫展」活動盛況空前。

5.28 台灣電影製片廠受行政院新聞局之託，拍攝亦宛然掌中劇團演出「西遊記」，作為義大利國際木偶節參展影片。

5.28 巴黎－布加勒斯特東方快車進行最後一次旅程。

5.31 南非成立共和國。

6.1 警備總司令部通令全國，即日起查禁國語歌曲「三年」等257首，違禁者除扣押出版品外，並得依有關法令議處。

6.1 官價美元匯率改訂為買賣均為台幣40元，為我國近年來實行單一匯率之始。

6.4 高雄市半屏山山崩，造成死傷百餘人。

6.7 招商局天祥貨輪沉沒，造成30人遇難。

6.8 台灣銀行宣佈將要發行百元券。

6.8 為保障出版權利，監察院對行政官署處分出版品是否抵觸憲法，請司法院解釋。

6.10 北越總理范文同訪問中國大陸。

6.12 台灣省農機訓練中心在天母落成啟用。

6.13 印尼總理蘇卡諾今日前往中國大陸訪問。

6.14 立委梁肅戎自訴《政治評論》發行人任卓宣等涉嫌毀謗，隨後雙方於9月11日和解。

6.16 行政院廢止奢侈品買賣禁止令及工廠營運資金臨時貸款辦法。

6.16 省政府接獲美援通知，貸款3千萬餘元協助建造漁船。
6.18 台灣鐵路局觀光號列車今日正式行駛。
6.20 台灣省政府通過「愛國獎券發行辦法」。
6.20 《台灣新生報》南部版易名為《台灣新聞報》。
6.21 話劇「潘金蓮」以「內容猥褻」被勒令停演。
6.21 行政院制定公佈「證券商管理辦法」。
6.21 中美借款協定簽字（貸款給台灣電力公司4千萬元，以建設達見水庫）。
7.1 台灣電力公司電費上漲12.9%。
7.1 省立中興大學正式成立，省立法商學院正式併入。
7.1 英國軍隊受科威特國王之請求登陸科威特，以對抗伊拉克之合併威脅。
7.1 行政院今日公佈實施證券商管理辦法。
7.1 陽明山第1次會談開始。
7.2 台灣首架噴射客機自美抵台。
7.3 韓國國家重建最高會議主席失勢，由朴正熙少將繼任。7月4日公佈反共法。
7.4 總統明令：任命沈劍虹為行政院新聞局長。
7.5 電影「星星月亮太陽」代表台灣參加威尼斯影展。
7.7 陽明山首次會談閉幕，與會人士堅決反對外蒙加入聯合國。
7.9 嘉義民雄平交道發生車禍，柴油快車撞大卡車，乘客48人死亡。
7.13 年僅12歲的女孩陳芬蘭獲日本獎學金，赴日學習歌唱。
7.14 中共《人民日報》發表社論：〈只有一個中國，沒有兩個中國〉。駁斥美國關於「兩個中國」的說法。
7.15 台北市公車購料弊案，台北市長黃啟瑞被提起公訴。
7.18 省政府通過設置台省實施耕者有其田保護自耕農基金，以貸給農民作為購地生產開荒之用。
7.19 美國國務卿邀中華民國駐美大使葉公超及聯合國常任代表蔣廷黼會商外蒙及中共問題，謂美未積極對外蒙承認及互派大使，但亦未撤銷交換使節試探。
7.20 行政院決議通過外銷品退還稅捐辦法。
7.20 台語片「孤女的願望」上映已滿150場。
7.21 中美農產品協定在台北簽字。
7.29 陳誠副總統赴美訪問。
7.31 陳誠副總統抵美國華盛頓，與美國總統甘迺迪首次會談。
8.1 中國礦業貿易有限公司成立。
8.1 中國紙業貿易公司成立。
8.1 全省營利事業證照開始實施聯合總校正。
8.2 美國總統甘迺迪與中華民國副總統陳誠發表聯合公報。
8.2 蔣中正總統與日本前首相岸信介會談。
8.2 中共福建高砲部隊擊落國軍空軍RF-101型偵查機1架，生俘飛機駕駛員。
8.4 美國將2座兵工廠移交中華民國使用。
8.9 經濟部公佈「公民營事業申請聘雇外籍人員辦法」。
8.12 中共政協全國委員會副主席、中華全國歸國華僑聯合會主席陳嘉庚先生逝世，享年88歲。
8.13 東德政府宣佈關閉東、西柏林間的邊界，並於東西柏林間築起柏林圍牆。
8.14 屏東農業機械工廠落成。
8.15 立法院通過財政部國有財產局組織條例。
8.17 省政府今日公佈管理洋煙洋酒暫行辦法。
8.17 中華民國駐紐西蘭總領館升格為大使館。
8.17 英、美、法3國發表將加強在西德的駐軍，於柏林圍牆附近佈署軍隊。並分別向莫斯科提出一項措辭強硬的照會。
8.22 廣告人協會成立。
8.23 總統明令公佈劉安祺上將為陸軍總司令。
8.25 台北市衛生院改制升格為衛生局，舉行成立典禮。
8.30 農林廳獸疫血清製造所改制為省家畜衛生試驗所。
9.11 省府公佈保護自耕農基金辦法，開始接受申請貸款。
9.12 波密拉颱風過境，北部地區均受災害，造成死亡百人，受傷900餘人。
9.13 省議會通過台灣省特定營業管理規則。
9.15 中共飛行員邵希彥、高佑宗駕機投奔自由，降落於南韓濟州島。
9.15 中央銀行委託台灣銀行發行1元硬幣，以銅、鎳、鋅之合金材料鑄成，銀色圓形，直徑25公釐，重量6公克。
9.17 大陸攝影家呂厚民的攝影作品「歡送中國人民志願軍歸國」，在莫斯科國際攝影藝術展覽會上獲得金質獎章。
9.18 中共《人民日報》發表社論：〈不許新的「九一八」事變在亞洲重演〉。
9.18 聯合國秘書長哈馬紹死於飛機墜毀事件中。
9.19 雲林縣議員蘇東啟夫婦等人因涉嫌叛亂被捕。
9.19 西藏自治區委員會成立，班禪喇嘛擔任主席。
9.20 國際糖業協會總會決定台灣糖輸出分配額75萬噸。
9.20 美俄會商裁軍，宣佈獲原則性協議，發表軍備裁減8項原則。
9.23 經濟部制定華僑或外國人投資額審查決定注意事項。
9.24 泰國國王蒲美蓬訪華。
9.25 中美聯合舉行空降演習。
9.26 省政府委員會通過農地區劃整理10年計畫方案。
9.28 蘇聯共產黨舉行第22屆黨代表大會。赫魯雪夫批判阿爾巴尼亞共黨領導人。
9.29 由台省衛生處、農復會與美國紐約人口研究所合作辦理的台灣人口調查中心在台中成立。
9.29 敘利亞退出阿拉伯聯合共和國。
10.3 《人間世》雜誌遭停刊。
10.3 立委李公權就《人間世》雜誌遭停刊及雲林縣議員蘇東啟被捕等事件，提出質詢。
10.7 駕機抵達韓國的中共飛行員邵希彥、高佑宗來台，16日，政府贈以500兩黃金。
10.8 中華商場國貨推廣中心揭幕。

10.15 省政府公佈國民就業輔導計畫。
10.16 美國官員希望我緩和反對外蒙古進入聯合國立場，以爭取非洲國家支持。
10.18 鐵路運費調整，客運上漲18%，貨運25%。
10.19 中共總理周恩來在莫斯科所舉辦的蘇共第22屆黨代表大會，發表反赫魯雪夫論。
10.21 台灣銀行信託部正式開業。
10.21 農耕示範隊赴賴比瑞亞工作。
10.23 行政院核定修訂台灣省愛國獎券發行辦法。
10.23 台灣證券交易所成立。
10.23 周恩來於蘇共黨代表大會舉行時半途退出，返回中國大陸。
10.25 中華民國因應非洲新獨立國家呼籲，不否決外蒙申請案，蔣廷黻代表聲明不參加表決，俾使茅利塔尼亞獲准入會。
10.26 聯合國安全理事會以9：0通過外蒙加入聯合國，中華民國離席未投票，美國棄權。
10.27 美國試射農神超級火箭成功。
10.31 辜振甫今日當選台灣證券交易所董事長。
10.31 美國公開宣佈將試驗「死光」中子彈。
11.1 新竹市聯合工業研究所舉行鈷60放射線實驗室破土典禮。
11.1 省立中興大學舉行成立典禮。
11.3 內政部今日修正公佈護理人員管理規則。
11.7 立法院通過少年法改為少年事件處理法。
11.8 中華民國貨輪復平號在美與一挪威油輪相撞，船員3人死亡，7人下落不明。
11.10 中國小姐李秀英於倫敦獲世界小姐第2名。
11.15 聯合國大會以61：34票通過「中國代表權問題」為重要問題案，以48：36票、20票棄權否決中共入會案。
11.18 總統蔣介石任命葉公超為行政院政務委員。
11.24 聯合國大會通過禁止使用核子武器宣告及非洲非核武宣言。
11.28 中國國際書店和日本新日本出版社關於譯印日文版《毛澤東選集》合同在北京簽字。
11.29 日本「東寶歌舞團」來華演出。
11.29 中共外交部發表聲明，反對美國加緊干涉和侵略越南南方。
12.1 雜誌《民主潮》刊載蘇東啟之妻蘇洪月嬌之陳情求援書。
12.1 台灣省電視公司籌備處成立。
12.2 台銀發行新版百元券。
12.10 台電公司谷關水力發電所正式發電啟用。
12.11 桃園景福宮建醮，30萬人湧入，耗資1億。
12.14 經濟部核准中油與美商合作建天然氣油廠計畫。
12.15 聯合國代表大會通過「中國代表權」問題為重要問題案，否決蘇聯所提排中華民國納中共案。
12.18 外交部公開聲明和上伏塔共和國建交。
12.19 省政府通過「台灣省田賦徵收實物及隨賦徵穀實施辦法」第3條的修正案，將台省田賦徵實比率恢復中央原定標準。
12.21 行政院今日核定實施證券管理補充辦法。
12.25 台銀開始發行50元面額新台幣。
12.27 台北市公車購料舞弊案宣判，停職中的台北市長黃啟瑞被判處刑3年半。
12.30 台灣觀光協會發表1961年觀光外幣收入估計達269萬美元，比1960年的148萬美元約增加1倍。

1962

1.1 中共《人民日報》發表〈新年獻辭〉社論，標題是：「更高地舉起三面紅旗，在黨和國家集中統一領導下，奮勇前進！」
1.2 美援運用委員會商准美國國際開發總署中國分署同意，於1962會計年度相對基金項下，撥款新台幣1億6千萬元，試辦民營工業營運資金款。
1.6 經濟部公佈，10年來僑資與外資總額為1億767萬美元。
1.9 美國開發總署中國分署正式改稱援華公署。
1.10 台灣鄉土民謠歌舞演唱會在台北市中山堂舉行，演出台灣民謠及舞蹈。
1.10 立法院決議通過中、約（旦）文化專約。
1.10 第4屆亞洲杯棒球賽於台北閉幕，日隊居冠，中韓並列第2。
1.11 美國國際開發總署署長韓密爾頓訪台。
1.12 南部最大水利工程台南白河水庫開工。
1.13 省林業試驗所表示，該所人員在玉山、南湖大山、秀姑巒等深山中發現名貴的香柏，面積達7百餘公頃。
1.15 開始實施汽車駕駛記點辦法。
1.19 大陸天主教愛國會第2屆代表會議在北京閉幕，會中皮漱萬主教被選為主席。
1.20 外交部宣佈與西非達荷美共和國建交。
1.20 台中市議會通過「三輪車管理辦法」。
1.20 日本「木下馬戲團」來台公演。
1.25 省政府公佈糧食生產，去年稻作達2百萬9千餘噸之新紀錄。
1.25 台北市長黃啟瑞因市宅舞弊案被判刑3年。
1.26 立法院通過使用牌照稅法。
1.26 永和勵行中學發生槍殺案，造成7死3傷。
1.27 美國贈送價值1億元之農產品給台灣。
1.30 中共新華社報導：根據大陸和印尼雙重國籍條約和實施辦法規定的期限，公安部宣佈從20日起停止受理選擇中國國籍。
1.31 影星樂蒂與陳厚於香港結婚。
2.1 台北市迪化街布店停業，抗議稅吏突擊查帳。
2.4 台語片「矮仔財遊台灣」舉行首映典禮。
2.4 古巴總理卡斯楚發表「哈瓦那宣言」。
2.5 國民、青年、民社3黨決在立法院公開設置黨部。
2.9 台灣證券交易所正式營業。
2.9 工商普查委員會成立。
2.12 大陸中國佛教協會第3屆代表會議召開，推舉班禪和應慈為名譽會長，喜饒嘉措為會長。
2.13 省政府通過公營事業協助發展觀光事業。

2.14 總統府戰略顧問胡宗南於今日病逝台北。
2.14 教育部教育電視實驗電台開播。全台約300戶可以收視。
2.20 美國司法部長羅伯·甘迺迪過境台北，停留3小時。
2.22 國防部發表成立戰地政務局。
2.22 財政部長嚴家淦與中華信託公司簽訂國際開發協會透過政府轉貸該公司之計畫貸款附屬合約，貸款金額5百萬美元。
2.24 中央研究院院長胡適病逝，享年72歲。
2.24 中央研究所第5次院士會議選出新院士7名。
3.1 中央產物保險公司創業。
3.1 《新文藝》月刊創刊。
3.1 警總宣佈即日起至4月30日進行「反共自覺運動」。
3.3 中共飛行員劉承司駕駛米格15飛機投奔台灣。
3.6 中華民國與日本簽訂協議書，合辦台灣電視公司。
3.8 花蓮新城發現金沙，估計有2千公斤藏量。
3.9 政治大學新聞館及資料中心落成啟用。
3.18 國劇大師齊如山逝世。
3.20 美國政府公開發表1943年的中國白皮書。
3.20 行政院今日公佈輔導國語影片貸款辦法。
3.23 中共米格機侵擾金門，被國軍擊傷1架。
3.27 省政府通過唐榮公司組織規程。
3.27 立法院決議通過修正公務人員考績法案。
3.31 行政院通過成立經濟動員計畫委員會。
3.31 南越美軍事顧問開始參加戰鬥。
4.1 第2次工商業普查開始。
4.1 三重正式升為縣轄市。
4.3 馬拉加西共和國總統伉儷今日蒞台訪問，次日，中馬雙方簽訂友好條約。
4.8 台灣第1部新型IBM電子計算機650式主機在交大按鈕啟用。
4.9 台灣電視公司大廈破土興工。
4.9 省教育廳通令各外僑學校不得收錄中華民國國籍之學生。
4.13 國防部重申獎勵中共海軍官兵率艦起義來歸辦法。
4.13 影星魏平澳用刀砍傷武俠小說作者蕭逸。
4.14 省家畜衛生試驗所成立。
4.16 美國公佈本年度對我軍援為1億5277萬8千美元。
4.16 16家民營電台聯播「美齒小姐」節目，並公開徵求主持人。
4.19 中美商定撥用1962年美援金額21億9千萬元。
4.20 中華民國為非洲11個國家25位農業人員舉辦的農業技術講習會，舉行開學典禮，為期6個月。
4.20 民營台灣亞洲水泥公司擴建設備開工生產，年產量增達36萬噸。
4.21 台灣電力公司深澳火力發電廠，添裝第3部發電機。
4.21 中共政府照會印度政府，嚴重抗議印軍侵入新疆。
4.24 美國恢復大氣層核子試驗。
4.25 縱貫鐵路濁水溪橋改建竣工後正式通車。
4.26 中華民國陸軍試射「勝利女神」飛彈。
4.27 大陸電影「紅色娘子軍」、「兩種命運的決戰」、「亞洲風暴」、「征服世界高峰」、「沒有『外祖父』的癩蛤蟆」、「小蝌蚪找媽媽」、「楊門女將」等影片獲首屆「百花獎」。
4.28 王世杰就任中央研究院院長。
4.28 台灣電視公司在台北市成立。
5.3 新任美軍台灣協防司令梅爾遜來華履新。
5.8 經濟部完成僑資工廠調查，計上年度各僑廠產品內銷總值新台幣7億8千萬餘元，外銷總值8百餘萬美元，繳納各種稅捐1億3千餘萬元。
5.8 台南市舞禁解除，「古都大舞廳」正式開業。
5.13 印尼今日發生企圖行刺蘇卡諾總統事件。
5.15 中央研究院新任院長王世杰今日就職。
5.15 台灣水泥公司新建花蓮工廠今日開工。
5.16 中華民國與寮國歐漢政府建交。
5.16 林黛與唐寶雲分獲亞洲影展最佳女主角與女配角。
5.18 台灣省工商普查小組公佈：全省接受調查廠商達18萬多家。
5.19 韓國新內閣宣誓就職，朴正熙出任代總統。
5.21 行政院長陳誠指示內政部成立逃港難胞專案小組，依照逃港難胞意願，接運來台，並捐助香港政府食米1千噸，作為緊急救助逃港難胞之用。
5.24 電影「楊貴妃」獲坎城影展最佳室內彩色獎，為華人電影首次全球性獲獎。
5.25 第一人壽保險公司創業。
5.27 第3屆中國小姐產生，方瑀奪得后冠。
5.29 教育部正式指定台大得頒授名譽博士學位。
5.31 中華民國與中非共和國建交。
5.31 納粹戰犯阿道夫·艾希曼在以色列被絞死。
6.1 立法院通過教職員退休條例。
6.1 總統明令：派鄭寶南、辜振甫、梁永章為出席第46屆國際勞工大會代表。
6.9 中美兩國1962年度美援剩餘農產品協定在台簽字換文，我採購總額增至1,555萬美元。
6.9 桌球選手周麟徵獲得新加坡職業桌球賽冠軍。
6.10 台南市龍舟賽發生翻船事件，22人死亡。
6.11 台灣銀行開始發行橫式100元新台幣。
6.14 中影與日本大映合拍的"秦始皇"在台拍攝，上萬國軍支援。
6.15 立法院通過國立歷史博物館、國立教育資料館及國立台灣科學教育館3種組織條例。
6.16 內政部出版事業管理處成立。
6.16 首部彩色劇情片「吳鳳」開拍。
6.18 國立故宮博物院台灣新館奠基。
6.23 光復大陸設計委員會綜合研究會議，今晨揭幕。
6.25 首批大陸逃港難胞3百餘人抵達台灣。
6.29 東西橫貫公路拓寬雙車道及柏油路面工程開始施工。
7.1 楊傳廣獲得全美業餘十項全能比賽冠軍。

7.2 美國新任駐華大使柯爾克抵華。
7.2 中國廣播公司小說選播播出南宮博歷史小說《西施》。
7.3 日本決定禁止輸入台灣香蕉。
7.3 法國宣佈阿爾及利亞獨立。
7.9 全省民眾服務社工作隊成立。
7.11 大陸逃亡港澳難胞110人今日安抵台灣。
7.11 美國利用電訊衛星成功地將電視轉播至歐洲。
7.16 劉秀嫚獲環球小姐第4名。
7.17 省政府宣佈嘉義雲林地方發現副霍亂病例。
7.18 大陸逃港難胞第3批99人抵台。
7.21 高雄市4位女議員提案，政府應開徵「納妾稅」，以寓禁於徵。
7.23 凱蒂颱風來襲。
7.24 警務處公開發表凱蒂颱風災情：死亡7人，失蹤7人，房屋全倒3百餘間。
7.24 澳門政府宣佈台灣為霍亂區。琉球禁止台灣的水果和蔬菜輸入。
7.25 新推出的「幸福牌」香菸銷售搶手，造成市場缺貨。
7.29 總統蔣中正明令：蔣廷黻專任駐美大使，劉鍇繼任我駐聯合國常任代表。
7.30 台北市即日起禁止售賣切開、去皮的瓜果及冰水類冷飲，以防副霍亂蔓延。
7.31 史明著《台灣人四百年史》日文版在東京出版。
7.31 美國宣佈美軍顧問團團長由桑鵬接任。
8.1 交通部郵政總局開始受理公眾申請代訂進口報刊，惟以西德、比利時、法國、義大利、葡萄牙等國所出版之自然科學或技術方面之刊物為限。
8.5 瑪麗蓮夢露自殺死亡，全球影迷為之震撼。
8.7 警務處發表歐珀颱風災情：死亡56人，重傷534人，房屋全倒4千餘間，半倒7千餘間。
8.7 台語片明星文夏因「台北之夜」創最高紀錄的台幣6萬元片酬。
8.8 行政院美援運用委員會發表統計：上年度我獲美援物資，共值美金9,928萬5,708元。
8.15 荷蘭與印尼就西新幾內亞問題取得一致共識。
8.17 台灣省霍亂預防接種即日起強制執行，同時普遍檢查注射證。
8.23 行政院通過我出席17屆聯合國大會代表人選：劉鍇、周書楷、徐淑希、溫源寧、薛毓麒。
8.23 印尼宣佈拒絕中華民國參加第4屆亞運。
8.25 中華民國出席第4屆亞洲運動會，遭主辦國印尼阻撓，不克成行，代表團宣佈解散。
8.29 中共新華社報導：太平天國忠王李秀成的寶劍流失海外97年後重歸祖國，由英國友人柯文南尋獲後送交中共政府。
8.31 外交部長沈昌煥與美國駐華大使柯爾克，分別代表中美政府簽訂840萬美元之農產品協定。
9.1 中美船台公司移交我方，正式更名為台灣造船公司。
9.2 蘇聯向古巴提供武器。
9.7 寮國宣佈與中共、北越建交，中華民國政府聲明與寮國斷交。
9.9 空軍總司令部宣佈，U-2式高空偵查機1架，在中國大陸執行偵察任務時失蹤。
9.9 中共空軍部隊擊落美製U-2型飛機一架。
9.10 國泰人壽保險公司及第一產物保險公司創業。
9.13 中共軍隊越過麥克馬洪線進入印度東北的阿薩姆。
9.15 大陸北京各界舉行盛大集會，慶祝擊落美製U-2型飛機。周恩來總理等人皆出席參加。
9.17 台北市證券經紀商公會成立。
9.17 行政院新聞局為獎勵優良國片的製作，特別擴大獎勵範圍，舉辦首屆國語影片展覽及金馬獎頒獎典禮。
9.17 日本影片唱片非法進口，監委認為敗壞風氣，特提案糾正。
9.17 中共《人民日報》發表社論〈請看現代修正主義者墮落到何等地步〉，批判南斯拉夫領袖狄托。
9.18 縱貫鐵路濁水溪鐵橋北岸附近，兩列火車相撞翻覆，造成1人死亡，3人重傷，31人輕傷。
9.18 台灣省霍亂疫區解除。
9.20 世界衛生組織公佈，台灣已無霍亂疫區。
9.21 中共政府向印度提出最強烈照會，抗議入侵印軍打死打傷邊防官兵多名。
9.21 印度軍繼續在大陸扯冬地區武裝挑釁。中共邊防部隊被迫還擊。
9.23 中廣舉辦反共相聲比賽。
9.27 中共與印度於中印邊境孜東地區發生猛烈戰鬥。
9.29 毛澤東和江青接見印尼總統夫人合蒂尼．蘇卡諾。這是江青在政治舞台首次公開亮相。
9.30 中央研究院及國立台灣大學聯合舉辦徐光啟誕生4百週年紀念會及學術演講。
10.1 省教育廳頒佈高中以上學校學生軍訓實施辦法。
10.1 花蓮港擴建為國際港的首期工程，歷時3年半完成。
10.3 美軍顧問團中校格羅佛被發現葬身火窟，頭部有傷痕，6日，顧問團發表驗屍報告，指係他殺。次月23日破案，係竊盜殺人。
10.4 胡秋原自訴狀呈台北地院，指控《文星》雜誌誹謗。
10.6 高雄縣長余登發因被控侵占肥料圖利案，今日在高雄岡山招待記者發表聲明，強調他相信司法的獨立與尊嚴，並請各界與他一同相信。
10.10 總統發表4項原則和10大約章，號召中共官兵起義。
10.10 台灣電視公司開播，總統夫人蔣宋美齡剪綵並按鈕。
10.11 天主教廷舉行梵諦岡大公會議（已有190年沒有舉辦）。
10.12 印度總理尼赫魯限令中共撤退在印度東北的軍隊。
10.13 中華民國為非洲國家訓練的第1批農業技術人員結業。
10.14 雲林縣衛生局統計，該縣共有386位密醫。
10.15 中央研究院故院長胡適安葬於台北南港。
10.20 中、印邊界戰爭爆發。
10.21 中共就印度向中共發動大規模全面進攻，提出強烈抗議。
10.22 美國總統甘迺迪表示因蘇聯在古巴設立飛彈基地，故對古巴進行海岸封鎖，古巴危機發生。10月

23日蘇聯軍隊中止休假，發令華沙公約國保持警戒狀勢。
10.24 美軍開始封鎖古巴海岸。蘇聯總理赫魯雪夫同意聯合國秘書長宇譚所提舉行美蘇高峰會議。
10.25 美蘇答應聯合國之關於古巴危機調停案。
10.25 中共部隊攻陷印度東北重鎮多旺，印軍總司令考爾將軍被解職，英國麥克米倫首相宣佈以武器援助印度。
10.27 紀政於省運中以低欄與跳高創全國紀錄。
10.28 蘇聯總理赫魯雪夫下令從古巴撤走所有攻擊性武器，古巴危機結束。赫魯雪夫宣稱相信美國不會侵略古巴，並告知美國總統甘迺迪，蘇聯將在聯合國監督下撤走武器。
10.30 聯合國大會以56票對42票，12票棄權，否決蘇俄所提排中華民國納中共案。
10.31 本年度國語影片展覽及優良國片頒獎典禮，在台北市舉行。
11.2 甘迺迪宣佈古巴的導彈基地已被拆除。
11.6 外交部今日表示，台灣香蕉開始再輸日。
11.10 中華民國新聞編輯人協會成立，並設台北市分會（原來的台北市編輯人協會結束）。
11.14 日本眾議院議長清瀨一郎來台訪問3天。
11.14 印度國防部宣佈在邊境東段向中共進攻。瓦弄地區印軍在重砲掩護下連續發起進攻。
11.15 國民黨8屆6中全會閉幕，蔣經國等15人當選中常委。
11.15 中共總理周恩來寫信給亞非國家領導人，呼籲亞非國家主持公道，推動中印進行直接談判。
11.16 中共部隊再次反擊，擊敗印軍3路進攻，進駐瓦弄。中共外交部通知印度大使館，印軍第7旅旅長等9百餘官兵被俘。
11.18 法國進行總統選舉。
11.19 中共攻陷孟第拉鎮，印度總理宣佈印度陷入全面戰爭。
11.20 基隆市長林番王之外遇、家務糾紛引發話題。
11.22 總統明令：黃杰繼任台灣省政府主席，周至柔任參軍長，陳大慶接任警備總司令，高信出掌僑務委員會委員長。
11.26 省議員陳林雪霞就各地警察機關推行公共造產以至廢弛本身任務，進而產生侵佔老百姓土地一事向警政處提出質詢。
11.26 法國總統選舉進行第2次投票，戴高樂獲得絕對多數，確立戴高樂體制。
11.30 東豐（東勢—豐原）大橋今日落成通車。
12.1 省政府主席黃杰宣誓就職。
12.1 台北國賓飯店奠基興建。
12.3 中共新華社報導：重慶舉辦「中美合作所」罪行實物展覽，紀念解放前夕被殺害的烈士。
12.5 中華、美國、菲律賓、西班牙、波蘭等多國籃球賽於台北揭幕。
12.12 行政院國軍退除役官兵就業輔導委員會主任委員蔣經國在立法院報告表示，輔導會工作，已安置退除役官兵逾12萬人。
12.13 蘇聯總理赫魯雪夫在克里姆林宮的演說中，公開痛斥崇尚毛澤東之理論。
12.14 中共公佈文件答覆赫魯雪夫之批評，並指控蘇聯集團國家違背莫斯科宣言。
12.19 司法院大法官會議釋字第99號解釋：「新台幣自中央銀行委託代理發行之日起，如有偽造變造等行為者，亦應依妨害國幣懲治條例論科」。
12.24 美國援華公署同意再撥新台幣4千萬元，作為各銀行貼現業務專款之用。
12.25 中樞決定，12月25日為行憲紀念日，並從今年起定為國定假日。
12.26 中共與蒙古兩國邊界條約在北京簽訂。
12.28 省婦女會召開代表大會，與會代表猛烈抨擊脫衣舞在鄉間氾濫，有害純樸民風。
12.28 鮑勃霍伯與拉娜透娜來台演出，慰勞美軍。
12.28 中華人民共和國政府和巴基斯坦政府就邊界問題發表聯合公報。
12.30 東方畫會、現代版畫會及國立台灣藝術館聯合主辦的第5屆「東方畫展」和第5屆「現代版畫展」揭幕。

1963

1.1 省政府制定大高雄建設計畫。
1.1 作家郭良蕙所著之《心鎖》遭省新聞處查禁。
1.3 前中央研究院院長朱家驊因心臟病發，在台北去世，享年71歲。
1.6 第一部彩色台語影片「劉秀復國」上映。
1.7 內政部決定16種日文雜誌即日起限量進口，4月起禁止進口。
1.7 高雄縣楠梓仙溪林區發生大火，焚毀原始林八十餘公頃。
1.8 美駐華美援公署改組完成。
1.8 台灣最大的歌舞團「藝霞音樂舞蹈劇團」首次演出。
1.22 德法於巴黎簽署合作條約，並發表聯合宣言，強調加強團結，致力歐洲統一。
1.23 中共空軍機械士張穆儀及裝甲兵工程師張美南等5人，投奔自由來台。
1.24 行政院外匯貿易審議委員會主任委員兼台灣銀行董事長尹仲容，因肝病逝世，享年61歲。
1.24 台語片「王哥柳哥過五關」於今日上映。
1.26 我國物理學家吳健雄博士，證實向量不滅定律。
1.26 楊傳廣在美俄勒岡室內運動邀請賽中創下撐竿跳高世界紀錄。
1.28 中國攝影協會主辦的第一屆國際攝影展，共收到來自世界各地作品2,000幅，今日公開評選，共370餘幅入圍。
1.28 台北氣溫零下零點一度，創63年來最低紀錄。
2.1 環球水泥開始銷售。
2.1 台灣鋼鐵大王唐榮去世。
2.7 前國府要人宋子文自美國來台。
2.9 中共解放軍總政戰部發出通知，號召廣泛開展「學習雷鋒」的教育活動。
2.10 中國老人福利會在中國國民黨台北市黨部舉行成立大會，朱紹良擔任主席。
2.11 總統府附近商業區經台北市都市

計劃委員會改制為行政區。

2.11 台南發現17世紀遺留之安平古堡廢墟。

2.12 高雄縣長余登發因積壓公文遭省府記過。

2.19 蘇聯同意把軍隊撤出古巴。

2.20 中共《人民日報》開始刊載蘇聯及各國共產黨所發表有關中(共)蘇對立的論文和演講，公開論爭因而轉趨激烈。

2.23 第三次中美聯合傘兵空降演習「天兵3號」在台灣南部舉行。25日，演習結束。

2.25 中國國民黨總裁蔣中正在中央擴大紀念週親自主持總登記宣誓，並講述「黨員總登記的意義和黨革新的要務」，提示「守時、守分、守法、守信、守密」5項要求，作為全黨同志精神革新與生活革新之基本條件。

2.28 蘇聯問題專家鄭學稼自訴《文星》雜誌涉嫌誹謗。

3.4 副總統陳誠飛抵越南西貢，代表總統答訪越南，與吳廷琰總統舉行會談。

3.6 「海長清馬戲團」的空中飛人海玉蘭向省養女協會請求保護。

3.9 副總統陳誠自越南返國，曾與吳廷琰總統舉行5次會談並發表聯合公報，達成7點共識。

3.14 中美科學合作之陽明山鞍部世界標準地震觀測站落成啟用。

3.15 行政院副院長王雲五在立法院宣佈，年終加發一個月薪資改善軍公教人員待遇。

3.20 副總統陳誠訪問菲律賓。

3.20 新光產物保險公司成立。

3.23 副總統陳誠結束訪問菲律賓之行，返回台北。中菲兩國發表聯合公報，強調兩國為維護共同安全與亞洲和平，決採一切步驟，加強兩國團結合作。

3.26 僑聯總會今日決定成立華僑支援中心。

3.30 嘉義市長蘇玉衡因瀆職案，被判刑7年。

3.30 交大電子研究所安裝完成「雷射」電子儀器。

4.1 賴特接任美國駐華大使。

4.2 黑人民權運動在美國興起。

4.3 共軍總政副主任蕭華要求全軍推廣「南京路上好八連」的經驗。

4.6 畫家呂佛庭近作「長城萬里圖」在歷史博物館公開展覽5天。

4.7 空軍一架C-46型運輸機失事，8人殉職。

4.9 「日蓮教」經治安機關勸導，宣佈解散。

4.9 溫斯頓．邱吉爾被授予榮譽美國公民。

4.11 《時與潮》雜誌因刊載獄中雷震的詩遭停刊處分1年。

4.15 古裝片「武則天」參加坎城影展並入圍。

4.19 省政府公告台灣省農業普查結果，千餘萬人口中有半數(5,863,381人)從事農業。

4.19 童星周明麗以「薇薇的週記」獲亞洲影展最佳童星。

4.20 警備總司令部下令取締台灣「日蓮教」(創價學會)。

4.21 中廣首次播出客語廣播劇「玉帛干戈」。

4.24 由李翰祥導演，凌波、樂蒂主演的「梁山伯與祝英台」在台公開首映。

4.28 第三屆省議員選舉，投票率約百分之七十，新選出之74名省議員中，國民黨籍61名，青年黨2名，無黨籍11名。

4.28 古巴總統菲德爾．卡斯楚今日訪問蘇聯。

4.29 運動員楊傳廣在美國創下9,121分十項全能運動的世界新紀錄。

5.1 北部橫貫公路正式動工。

5.1 民政廳表示，對本省山胞應稱為「山地同胞」，不得使用「山蕃」一詞。

5.5 警備總司令部宣佈嚴禁一貫道。

5.8 泰國總理乃沙立夫人，應蔣宋美齡之邀來台訪問5天。

5.9 本省面臨65年來未有之旱災，各地農田均缺水，中南部山林8處起火，日月潭水位迅速降低，部分工廠減低供電量或暫停供電，政府呼籲民眾節電節水。

5.9 台中市農民發起萬人祈雨活動，並徒步走到台北龍山寺，來回共26天。

5.15 總統明令公佈12月25日為行憲紀念日。

5.22 美國總統甘迺迪表示，若中華民國反攻大陸，應事先與美國進行磋商。

5.22 大陸第二屆「百花獎」評獎結果揭曉。「李雙雙」獲最佳故事片獎，王苹獲最佳導演獎，張良、張瑞芳分獲最佳男女演員獎，仲星火獲最佳配角獎。29日，授獎大會在北京舉行，周恩來總理、陳毅副總理皆出席參加。

5.23 14位台南市議員今日因台南市政府興建國民住宅問題集體提出辭職書。

5.25 中共全部完成釋放和遣返被俘印軍人員。最後一批382名印俘在棒山口釋放和遣返。

5.27 花蓮縣鳳林鎮鎮長林阿谷今日率同二千餘鎮民，披麻帶孝，祭天求雨。

5.27 電影「梁山伯與祝英台」賣座破台灣影壇紀錄。

5.28 興建期達3年5個月的台北市兒童戲院揭幕，由省主席黃杰剪綵。

5.28 警備總司令部宣佈，法新社記者袁錦濤因間諜罪嫌被捕。

6.1 空軍飛行員徐廷澤駕機飛抵大陸。2日，中共國防部長林彪授予他少校軍銜，按照規定發給他黃金2,500兩。

6.2 第三屆台灣省議會成立，議長謝東閔，副議長許金德。

6.2 以高雄市長陳啟川為主的高雄醫學院董事會因財務糾紛，決議解除院長杜聰明職務。

6.3 教宗若望23世因胃癌去世。

6.5 泰國國王蒲美蓬暨王后詩麗吉應邀來台訪問，8日，返回泰國。

6.9 嘉新水泥公司捐1,000萬元成立文化基金會。

6.10 一貫道台灣北部及南部3個主要負責人陳志浩、張培成、鄧明坤分別集合寶光堂、法一堂、文化堂、基礎堂、師兄派等基層負責人，宣佈解散其各級組織。

6.10 教廷駐台代表在台北主教座堂舉行教宗若望23世追思彌撒，副總統陳誠代表總統參加。

6.20 空軍一架無武裝飛機在大陸空投救濟物資時，被中共空軍擊落。

有關當局表示，空投行動不會因此中斷。
6.20 台灣興南藥品公司與日本田邊製藥株式會社合作，創設台灣田邊製藥公司。
6.22 台北市警察局今日宣稱，家庭麻將如有賭博財物行為，將同樣依法取締。
6.26 副總統兼行政院院長陳誠因辛勞過度請辭兼職，總統特准自7月1日起給假1個月，進行休養。
6.29 中共外交部發言人就蘇聯政府無理要求中國召回駐蘇使館5名工作人員事件發表聲明。
6.30 遠東第一高壩石門水庫大壩興建工程竣工。
7.1 政府自今日起停徵國防臨時特別捐（1962年5月1日～1963年6月30日，14個月間徵集24億元）。
7.1 大陸井崗山革命博物館開幕。
7.5 立法院今日通過戡亂時期貪污治罪條例。
7.9 美國與馬來亞、新加坡、沙巴、沙勞越代表簽署馬來西亞聯邦協定（合併馬來亞聯邦、新加坡、沙勞越、沙巴，聯邦定於8月31日成立）。
7.9 中共新華社報導：蘇共中央掀起反對中國共產黨的運動。
7.10 省政府建設廳發表第二次工商業普查結果：全省共有工商業者182,348家，全年營業收入為72,933,379元。
7.11 毛澤東下令中共各級黨委和所有機關團體及宣傳工具，全面展開反蘇運動。
7.14 蘇共中央發表「給蘇聯各級黨組織和全體共產黨員的公開信」，對中國共產黨進行攻擊。中蘇兩黨開始公開論戰。
7.18 大陸北京萬人集會，熱烈歡迎參加莫斯科世界婦女大會的中國代表團歸國。團長楊蘊玉在報告中揭露，蘇聯代表團操縱大會，精心策劃了一次反華大合唱。
7.20 外交部長沈昌煥於象牙海岸與該國簽訂聯合公報，兩國正式建立邦交。
7.22 外交部長沈昌煥與尼日共和國外長馬雅凱發表聯合公報，宣佈兩國正式建交。
7.22 菲律賓眾議院移民歸化委員會主席齊白戈率領眾議員訪華團抵台，考察我土地改革成果。
7.28 國立台灣藝術館、文星雜誌社、現代文學社聯合主辦的PUNTO（龐圖）國際藝術運動展在台北市國立藝術館展出10天。
7.29 美國軍援M41A克猛犬型戰車一批，移交陸軍使用。
7.30 農復會主委蔣夢麟以夫人徐賢樂需索斂聚、惡老嫌貧為由，訴請離婚。
7.30 印尼、菲律賓、馬來亞聯邦召開高峰會議。8月5日發表馬來亞宣言（馬尼拉宣言）、馬來亞協定，同意採初步措施以成立馬菲印聯邦。9月16日，馬來西亞聯邦成立（仍屬於大英國協）。
8.2 台北市人口超過100萬人。
8.7 蕭一山著《清代通史》獲教育部獎章，並引起學術界迴響。
8.11 台灣省石門水庫開始洩洪，受益地區達1.5萬公頃。
8.12 空軍38位經常駕機深入大陸，執行空中偵察及空投救濟物資之飛行員獲政府頒給獎章及獎座。
8.12 北京舉行盛大集會，支持美國黑人反對種族歧視的英勇鬥爭。周恩來總理等人出席。
8.12 第三批在印度受難僑胞返抵中國大陸。
8.15 中共政府發言人發表聲明：評蘇聯政府8月3日的聲明（對中國政府7月31日聲明的攻擊）。
8.15 《中華雜誌》創刊。
8.16 國防部「總政治部」改制為「總政治作戰部」。
8.17 中國古典小說《紅樓夢》作者曹雪芹逝世200週年紀念展覽在北京展出。
8.21 南越下令全國戒嚴。軍隊與警察佔領主要寺院，幾百個僧侶被逮捕。軍隊封鎖全國學校。
8.22 行政院院會通過，我決參加簽署核子禁試條約，次日，由我駐美大使蔣廷黻代表我國簽字。
8.28 台北市第八信用合作社成立。
8.28 中國海灣油品公司由投資雙方（中油公司與美國海灣石油公司）完成簽約。
8.28 美國28萬黑人舉行示威活動爭取民權。
9.1 花蓮港開放為國際港。
9.1 中共政府發表聲明：評蘇聯政府8月21日的聲明（駁斥蘇誣衊中國好戰）。
9.1 行政院美援運用委員會改制為國際經濟合作發展委員會。
9.1 沙勞越及英屬北婆羅洲成立內部自治政府，新加坡宣告獨立。
9.2 台北市報界成立「新聞評議委員會」。
9.4 日本以整套纖維工廠設備售予中共，我方朝野紛表抗議。
9.4 中共《人民日報》以整版篇幅刊登〈一些兄弟黨是怎樣跟著指揮棒攻擊中國的〉。
9.5 由「東西文化論戰」而引起的文化官司：《文星》雜誌誹謗訴訟案，地方法院今日宣判雙方均要罰金。
9.5 外交部長沈昌煥訪問非洲16國後返國，強調非洲已獨立之36國中，與我建交者現增為18國。
9.6 政務委員蔣經國赴美訪問。
9.6 中共《人民日報》編輯部、《紅旗》雜誌編輯部發表「蘇共領導同我們分歧的由來和發展——評蘇共中央的公開信」。到1964年7月14日，先後共發表9篇，簡稱「九評」。
9.10 葛樂禮颱風侵襲本省東北部，災害慘重，損失16億元。
9.15 中國非洲友好協會在台北成立。
9.18 日本首相池田勇人對美國記者表示，我光復中國大陸無望，引起我青年聚集台北日本大使館前示威抗議。20日，民眾向日本大使館投擲石塊洩憤。
9.21 總統蔣中正接見美國記者赫斯特，嚴斥日本首相池田勇人的談話，並指出池田應記取日本軍閥的歷史教訓。
9.23 台南市政府發表報告，鄭成功登陸地點確定為鹿耳門。
9.25 《文星叢刊》出版。
9.26 台北日本大使館前我民眾再度聚集示威。
9.28 高雄縣長余登發因瀆職被提公

訴，省政府核定今日起停職。
9.29 於漢城舉行的亞洲杯棒球賽，中華隊獲亞軍，韓國隊冠軍。
10.4 中日友好協會在北京成立，郭沫若為名譽會長，廖承志為會長。
10.7 達荷美共和國總統馬加夫婦來台訪問6天。
10.7 中共訪日代表團團員周鴻慶向俄國駐日大使館請求庇護，俄將其交日本收禁。
10.9 周鴻慶要求與我駐日大使館人員會晤。
10.21 行政院僑務委員會與國立歷史博物館聯合舉辦的第一屆全球華僑華裔美術展，計有百餘位華僑的222件作品參展。
10.23 連續越獄10次的飛賊高金鐘，與5名管訓份子聯合殺死兩名監視哨人員之後，自蘭嶼管訓場所奪獄逃亡。
10.30 邵氏影星凌波自香港飛抵台灣，受到民眾夾道歡迎。
10.31 第二屆優良國語影片金馬獎頒獎典禮舉行，李翰祥獲最佳導演。
11.1 南越由楊文明少將領導發生軍事政變。2日，吳廷琰總統及其弟被殺。4日，臨時政府成立，阮玉書出任總理。5日，革命委員會主席簽署「臨時憲法第一號」，楊文明接管新共和元首。7日，美國承認新政府。
11.4 中共公安部發表公報：東南沿海軍民在6月至10月之間連殲9股（90人）美蔣武裝特務。在越南偷渡登陸企圖竄入廣東的6股美蔣武裝特務被兄弟的越南軍民全殲。從1962年10月1日至今年10月24日，美蔣先後向沿海地區派遣24股武裝特務324人，均被沿海軍民立即全部徹底消滅。
11.4 中共聲稱，本年6月23日至10月24日間，台灣共有9批游擊隊潛入大陸。
11.6 監察委員馬空群在監察院總檢討會時，抨擊目前政治上的四大毛病（繁雜、散漫、虛假、矇蔽）和兩抓主義（抓錢、抓權）。
11.8 政府今日決定承認越南共和國臨時政府。
11.10 第一屆新興力量運動會在印尼雅加達舉行，中共副總理賀龍應邀訪問印尼並參加觀禮。我國和50個國家、地區的運動員參加。
11.12 中國國民黨第九次全國代表大會揭幕。
11.15 蔣中正總統告美記者稱，今年為反攻決定年。
11.17 台灣、澎湖各地學生推行五不運動：不買日貨、不看日本電影、不聽日本音樂、不閱日本書刊、不講日本話。
11.18 我反共挺進軍奇襲福建沿海，登陸琅琦島。
11.18 滿族國大代表、國畫家溥儒（心畬）病逝台北，享年68歲。
11.19 我反共挺進軍再度突襲霞浦海尾及南日島西端，達成任務後，返回基地。
11.21 中國國民黨第九次全國代表大會，今日通過籌組中華民國反共建國聯盟，並推舉蔣中正連任總裁一職。
11.22 美國總統甘迺迪於德克薩斯州達拉斯市遭暗殺；原職由副總統詹森繼任。
11.23 中國國民黨第九屆中央委員第一次全體會議通過蔣經國、張道藩、谷正綱等15人出任中央常務委員。
11.23 中央研究院史語所甲骨文研究室主任董作賓逝世。
11.24 被控刺死甘迺迪的兇嫌奧斯華被人擊斃。
12.1 道路交通安全委員會正式成立。
12.1 教育部教育電視台借用台視頻道開播。
12.4 國民黨中央常務委員會通過陳誠辭去行政院兼職，及嚴家淦的行政院任命。
12.5 行政院今日通過修正營利事業登記規則。
12.5 省政府批准台北市長黃啟瑞復職一案。
12.5 行政院通過出入境旅客攜帶新台幣修正為以1,000元為限。
12.8 台北天主教興建之耕莘文教院完工落成。
12.10 立法院今日通過總統提名嚴家淦組閣。
12.12 澎湖縣長徐詠黎在任內變相報銷，中飽私囊，判處有期徒刑7個月。
12.13 電影「七仙女」上映。
12.14 蔣中正任命余井塘為行政院副院長，謝耿民為祕書長，陳慶瑜為財政部長，郭寄嶠為蒙藏委員長，陳雪屏、田炯錦、賀衷寒、董文琦等為政務委員。
12.15 初中入學考試是否應考「常識」，引發學界爭議。
12.17 韓國朴正熙在漢城舉行總統就職典禮。第三共和成立。
12.18 聯合國大會投票通過擴大安全理事會至15席，經社理事會則增為27席。
12.20 立法院今日通過公務人員升等考試法。
12.27 日本政府釋放周鴻慶，使其落入中共手中，次日，政府發表嚴正聲明指斥日本的不友好行為。
12.30 日本政府遣返周鴻慶，政府提出強烈口頭抗議，並召回駐日公使及參事。
12.30 我駐日本大使張厲生奉准辭職。

1964

1.1 國防部總政治作戰部主辦「文化列車」活動，全省展出65天。
1.2 第一屆港台象棋名手友誼賽在台北市揭幕。
1.4 基隆市郊三合煤礦發生災變，造成3人死亡，7人輕重傷。
1.5 省政府訂定河川管理規則，設置河防基金。
1.6 台北市松山區金興煤礦災變，造成4死5傷。
1.8 行政院公佈實施「公民營事業申請聘僱外籍或僑居國外人員辦法」。
1.6 省政府統計，自1912年起50年間，本省不幸死亡煤礦工人總數4,025人。
1.9 去年10月在日本投奔自由的中共人員周鴻慶被中共押回中國大陸，政府發表嚴正聲明，指日本罔顧人道，嚴重損害中日關係。
1.10 政府宣佈暫時停止中日政府間之貿易。
1.14 新聞界決定拒登日商廣告，各界展開抵制日貨運動。

1.14 台北市日本大使館今日遭民眾投石抗議。
1.14 由台北市政府經營的台北市立速簡餐廳，因不堪虧損，今起停止營業。
1.16 行政院核定通過修正中美投資保證協定。
1.16 日本對台灣進行經濟報復，改向美國購買食米。
1.18 台灣南部發生5級強烈地震。
1.20 日語電影停止在台放映。
1.21 裝甲兵副司令官趙志華少將於新竹縣湖口裝甲基地，意圖率部赴總統府兵諫未果。
1.23 由國內現代畫家、版畫家、雕塑家、攝影家聯合組成的「自由美術會」成立，柯錫杰、曾培堯等8人為創始者。
1.27 法國與中共聯合宣佈，雙方建立外交關係。
1.27 中華民國政府痛斥法國與中共建交，重申反攻復國基本國策，反對任何兩個中國觀念。
1.28 國際奧會拒絕中華民國奧運代表隊在所有場合使用「中華民國」名稱。
2.1 中央銀行開始發行新版新台幣5元券。
2.1 《現代詩》季刊停刊。
2.2 雷鳴遠神父紀念館在台北縣景美鎮舉行落成典禮。
2.4 中共《人民日報》編輯部、《紅旗》雜誌編輯部發表「蘇共領導是當代最大的分裂主義者——七評蘇共中央的公開信」。
2.6 連戰、方瑀在台北訂婚。
2.10 省政府通過設立北區防洪執行委員會。
2.10 教育部宣佈，自1954年至1963年辦理的第三個訓練，已有14個亞洲、非洲國家所派的1,818人在台受訓完畢。
2.10 法國承認中共，中華民國與法國斷交。
2.11 中央影業公司自立拍攝的第一部彩色寬銀幕影片《蚵女》舉行首映典禮。
2.13 中美聯合兩棲演習「枕戈」在西太平洋舉行，蔣總統親臨參觀。
2.13 純粹國人自營的「遠東大馬戲團」，於兒童樂園體育館演出。
2.19 台北松山國際機場大廈正式落成啟用。
2.20 高雄市酒吧舞孃和外國人當街擁吻，被警方以有傷風化罰鍰新台幣300元。
2.21 台東縣女議員鄭杜有妹當選台東縣議會副議長，成為本省第一位女性副議長。
2.23 日本前首相吉田茂來台訪問。
2.25 電影《蚵女》創時裝片放映賣座紀錄。
2.26 美軍顧問團代表美國政府，以F104G星式戰鬥機一批，交中華民國空軍使用。
3.2 監察院成立彈劾台北市長黃啟瑞提案（因失職圖利他人）。
3.2 日本首相池田表示，台灣並非中國領土，僅係屬於中國行政權之範圍。
3.3 台北市公車管理處去年發生的溢料舞弊案審理終結，被告14人中，3人被判無罪，11人被判10年6個月到3個徒刑不等。
3.4 日本外務省次官毛利松平訪台，闡明日本對中共政經分離政策。
3.5 台中醫院表示，過去7年，台灣地區嬰兒死亡率較歐美諸國多出1倍以上。
3.7 反共救國游擊隊突擊福建晉江。
3.7 「藍星詩社」今日舉辦10周年座談會。
3.8 郭南宏導演的台語片「流浪賣花姑娘」上映。
3.11 省議會通過台灣省山地青年服務隊組訓辦法。
3.12 行政院通過蔣經國兼任國防部副部長。
3.15 美國哈林職業籃球隊來台表演。
3.16 台灣省政府通過設立東部土地開發處，以安置退除役軍人與開發東部。
3.16 「笠詩社」成立。
3.24 馬拉加西派駐華大使常駐台北，為非洲國家第一位常駐代表。
3.27 中國第二歷史檔案館在大陸南京成立。
3.30 省政府通過修正台省實施都市平均地權施行細則。
4.1 《台灣文藝》創刊，吳濁流擔任社長。
4.1 《藍星年刊》創刊，主編由羅門擔任。
4.2 影星尤敏於倫敦結婚。
4.5 美國將領道格拉斯．麥克阿瑟今日去世。
4.7 美國前副總統尼克森抵台訪問。
4.8 甫於上月發生災變的台北縣新店鎮和美煤礦再生災變，3名礦工於坑內遭瓦斯窒息致死。
4.10 美國贈予台灣新型鷹式地對空飛彈一批。
4.15 美國國務卿魯斯克偕助理國務卿曼寧及彭岱來台訪問，次日與蔣中正總統會晤。
4.16 高雄縣長余登發被控變更八卦寮地目案宣判，余登發處有期徒刑1年，褫奪公權2年。
4.16 台視推出電視劇「藍與黑」，由焦姣、王戎主演。
4.16 毛澤東、劉少奇、周恩來電賀赫魯曉夫70壽辰，表示：「儘管存在原則分歧，但堅信這只是暫時的。一旦世界上發生重大事變，中蘇兩黨兩國和我們的人民就會站在一起共同對敵。」
4.17 剛果與中共建交，我外交部發表聲明，宣佈與剛果斷交。
4.19 吳阿民在菲律賓所舉行的十項運動比賽中獲得冠軍。
4.22 台北市長選情激烈，李鉦源助選員郭國基砲轟高玉樹。
4.23 亞洲基督教年會決定撥款輔助東海大學39.3萬美元。
4.26 第五屆21名縣市長選出，國民黨在其中占17席，高玉樹當選為台北市長。
4.28 美國科學院宣佈華裔科學家李政道膺選為該院院士。
4.28 400多個地方戲劇社團請願，要求免辦營業登記。
4.29 省交通處宣佈，北基新路通車後改名為麥克阿瑟公路。
5.1 《台灣日報》創刊。
5.2 我國第一條高速公路麥克阿瑟公路完成，舉行通車典禮。
5.5 立法院通過國軍退除役官兵輔導條例。
5.7 日本前首相吉田茂致函張群，保證日本在短期內不用輸出入銀行貸金向中共輸出整廠的設備（此函通稱為吉田書簡）。
5.8 我國決定供應越南肥料5,000公噸以幫助反共，雙方簽訂協定。
5.11 監察院控告《政治評論》雜誌侮辱誹謗，由台北地檢處辦理。
5.12 招商局所屬仲愷輪於駛韓途中爆炸沉沒。
5.15 中華民國與泰國自本日起開辦互寄小包郵件、快遞函件及保價包裹業務。
5.19 亞洲影展在台北閉幕，凌波登上后座。
5.24 味全台中奶粉工廠開工生產，首創本省自製奶粉紀錄。
5.25 在祕魯舉行的世界運動會足球淘汰賽，祕魯對阿根廷的比賽中，因觀眾不滿裁判判決，造成騷動導致500人傷亡。
5.27 印度政治家尼赫魯去世。
5.28 美國國務院宣佈，對華經援將於明年中期停止，軍援及農產品法案仍將繼續。
6.1 省政府修正山地保留地管理辦法，規定山胞每人使用土地面積限額。
6.1 反共救國軍游擊隊奇襲山東半島龍山地區，與中共軍隊發生槍戰後返回基地。
6.3 中美雙方在台北簽訂農產品協定，我將獲得價值1,800萬美元之美國剩餘農產品，以發展經濟。
6.6 台灣電力公司為紀念尹仲容生前對台灣電力事業貢獻，特聘雕刻家塑鑄銅像，今日在深澳發電廠揭幕。
6.12 南非黑人領袖曼德拉被判處終身監禁。
6.14 耗資新台幣32億元，費時8年興建完成的石門水庫舉行竣工典禮，由副總統陳誠主持。
6.15 《笠詩刊》創刊。
6.18 行政院國軍退除役官兵就業輔導委員會主任委員蔣經國辭職，趙聚鈺代理主任委員。
6.19 中國農村復興委員會主任委員蔣夢麟在台北病逝，享年79歲。
6.20 民用航空公司106號班機於台中起飛後5分鐘爆炸墜毀，機上57人全部罹難。
6.25 佛牙舍利塔開光典禮在北京西山舉行。
6.27 大陸北京佛教界、文化界人士集會，紀念玄奘法師逝世1,300年。
6.28 全美十項運動比賽，楊傳廣蟬聯冠軍。
6.29 中共第一枚近程彈道式導彈研製成功。
6.29 中共外交部發言人奉命對美國軍事挑釁提出第300次嚴重警告。
7.1 台灣軍管區正式成立，警備總司令陳大慶上將兼任司令。
7.1 大台北煤氣公司成立。
7.1 中共《紅旗》雜誌發表社論〈文化戰線上的一個偉大革命〉（指京劇改革）。
7.2 美國通過「人權法」，禁止種族歧視。
7.6 中美簽署學童午餐改善協定。
7.6 青年畫家陳景容在日本東京美術畫廊舉行個人畫展。
7.7 日本外相大平正方今日抵達台灣訪問。
7.7 空軍總司令部宣佈，1架U-2偵察機在大陸上空執行偵察任務返航時失事。
7.7 趙令瑜、于儀、林素幸當選中國小姐。
7.8 聯合國世糧組織與省府簽訂協議書，助我興建嘉南大圳。
7.10 立法院通過修正規定海上僱用兒童最低年齡公約。
7.15 交通部長沈怡表示，上月民用航空公司飛機失事係維護欠周，駕駛臨場處理措施不當。
7.16 政府解除對日商品採購禁令。
7.17 曾獲四屆亞洲影后的著名女星林黛自殺身亡。
7.22 新加坡馬來人與華人之間產生嚴重衝突。
7.24 中共《人民日報》發表戚本禹〈評李秀成自述〉，受到毛澤東的批示首肯。
7.26 法蘭克辛納屈於台北美軍軍官俱樂部演唱。
7.27 英國前首相邱吉爾最後一次在英國國會露面。
8.2 美國防部宣稱美驅逐艦「麥杜斯號」在越南東京灣遭受北越魯雷快艇攻擊（東京灣事變）。
8.3 中國小姐于儀當選1964年環球小姐第5名。
8.5 美國飛機攻擊北越基地（美國開始介入越南問題）。
8.6 中共政府發表聲明，就美國藉口所謂「東京灣事件」發動對越南民主共和國的武裝侵略，指出中國人民絕不會坐視不救。
8.6 交通部宣佈整頓招商局原則，原招商局仍予以保留，另成立一海運公司。
8.7 立法院通過反對教育歧視公約。
8.7 剛果人民共和國宣佈成立。
8.8 田敏媛獲在美國聖多明各市舉行的首屆世界小姐選美第2名。
8.12 為爭取婚姻自由，15位養女與其夫婿舉行集團結婚，由台北市長高玉樹證婚。
8.14 張群代表我總統以特種大綬卿雲勳章贈給日本前首相吉田茂，酬謝吉田茂為中日兩國共同利益所作卓越貢獻。
8.25 高雄縣長余登發遭公懲會以不辦理移交為由予以撤職處分。
8.27 行政院今日修正通過違章建築處理辦法。
8.31 中共新華社發表中共中央30日給蘇共中央的覆信，和蘇共7月30日給中共中央來信。中共中央覆信中公開聲明，中共決不參加蘇共分裂國際共產主義運動的國際會議。
9.1 中央研究院院士集會，選出錢思亮、樊畿、朱汝瑾、王憲鍾、李惠林、周法高等人為新院士。
9.3 中央電影公司聘請去年自羅馬藝術學院獲得電影博士學位之白景瑞為總經理。
9.3 沈宗瀚繼蔣夢麟出任行政院中國農村復興委員會主任委員。
9.4 毛澤東與外賓談話時說，知識分子不改造不行，不改造，就會使資產階級戰勝無產階級。
9.9 谷鳳翔今日接任國民黨中委會秘書長。
9.11 中共中央、國務院發出「關於組織高等學校文科師生參加社會主義教育運動的通知」，指出文科畢業生資產階級思想嚴重，將來可能進入國家上層結構，是和平演變的禍根。

9.12 高雄蚵寮國校教員因不滿他調而槍殺校長教員學生，造成4死4傷慘劇。

9.14 教育部通知各大專院校，三民主義課程改為國父思想。

9.16 石門水庫觀光區正式開放。

9.16 中共《人民日報》發表陳永貴文章〈暢談自力更生大大好處的體會〉。

9.16 自本日起至10月7日，柬埔寨西哈努克親王贈送毛澤東、劉少奇、周恩來柬埔寨最高級勳章「獨立勳章」。

9.19 股市狂跌，行政院今日令銀行進場護盤。

9.20 台灣大學教授彭明敏及其學生謝聰敏、魏廷朝因起草〈台灣人民自救宣言〉，遭警備總司令部以叛亂罪嫌逮捕。

9.21 馬爾他正式獨立，結束百餘年的英國統治，但仍為大英國協的會員會。

10.1 中韓兩國自本日起開辦互換快遞函件業務，寄韓之快遞函件僅限於漢城等9城市。

10.7 中華民國駐越南軍事顧問團飛抵西貢，將協助越南建立政戰制度，以適應剿共需要。

10.9 韓國總理丁一權來台訪問，次日與蔣中正總統會晤。

10.10 第18屆奧運會在東京開幕。

10.12 中韓兩國在台北簽訂中韓友好條約定稿。

10.13 蘇聯發射載有3名太空人的太空船，於太空繞行地球16圈後安返地球。

10.14 美國黑人民權領袖馬丁路德·金獲得諾貝爾和平獎。

10.15 行政院核定金馬兩地新台幣行使及匯兌新管制辦法。

10.15 蘇共中央委員會蘇聯最高會議解除黨總書記兼總理赫魯雪夫的職務。布里茲涅夫就任黨總書記，柯錫金就任總理。

10.15 英國舉行大選，工黨13年來首度獲勝（領先二個席次）。17日，威爾遜內閣成立。

10.16 本省供應學童營養午餐開辦典禮，在桃園縣龜山鄉龍壽國民學校舉行，由省主席黃杰主持。

10.17 澎湖跨海大橋興工，預定5年之後完工。

10.22 省政府公佈縣市、鄉鎮、縣轄市長候選人資格檢覈規則。

10.22 省農林廳今日決定自下一年度起將山地物資供銷會改制為山地鄉農會。

10.25 台中《台灣日報》創刊。

11.4 詹森（民主黨）當選美國總統、韓福瑞為副總統。

11.5 外交部宣佈與中非共和國斷交。

11.9 中華民國和日本簽訂食米15萬噸輸出協定。

11.10 監察院長于右任今日病逝，享年86歲。

11.13 林素幸於倫敦獲選為世界小姐第3名。

11.16 省政府指定省立醫院全部為勞工保險病院。

11.17 立法院通過1948及1960年國際海上人命安全公約及國際海上避碰規則。

11.20 金門守軍發起毋忘在莒運動，效法先賢精神，為反攻而奮鬥。

11.21 外交部對聯合國秘書長宇譚建議非會員國之共產國家派遣觀察員列席聯合國一事，公開堅決表示反對。

11.23 行政院核定「學校教職員退休金優惠存款辦法」。

11.23 中央社公佈登陸中國大陸而犧牲的反共烈士名單，共21名。

11.26 教育廳要求各級學校用勸導方式，防止學生進入舞場與撞球場等場所。

11.26 中共《解放軍報》討論「青年戰士怎樣革命化」問題，提出「家庭出身好，能不能自然紅？」

11.27 中華民國與韓國於漢城簽定友好條約。

11.27 世界銀行認可中華民國的工業用資金貸款申請1,500萬美元案。

11.29 台北市南機場公寓（國民住宅）舉行落成典禮。

12.1 行政院長嚴家淦應韓國總理丁一權之邀，訪問韓國。

12.1 青年黨內爭趨尖銳化，臨全會派自行召開全代會，中委會派予以反擊。

12.1 台灣土地開發股份有限公司今日開業。

12.1 《徵信新聞》舉辦的票選十大影星揭曉，依序為：凌波、樂蒂、張美瑤、尤敏、李麗華、方盈、江青、關山、王引、李菁。

12.1 國防部制頒「國軍毋忘在莒運動綱要」。

12.4 中央銀行核准美國花旗銀行台北分行承辦外匯業務。

12.6 台灣省國民體育委員會成立。

12.9 中國國民黨中央常務委員會通過馬星野接任中央社社長。

12.12 台北市第一條行人地下道（圓山地下道）施工興建。

12.12 中共全國人大常委會通過關於公佈三屆人大代表名單的公告：根據國務院的建議，決定特赦確實改惡從善的戰爭罪犯。同日，劉少奇主席發佈特赦令。

12.12 中共中央發表「政府工作報告」，提出全國人民的任務是：把我國建設成為一個具有現代農業、現代工業、現代國防和現代科學技術的社會主義強國。這是首次提出在我國實現四個現代化的問題。會議中並且選舉劉少奇為國家主席，宋慶齡、董必武為副主席，朱德為全國人大常委會委員長。

12.13 國防部情報局香港、澳門區主任程一鳴少將背叛，投向中共。

12.17 監察委員曹德宣在《自立晚報》發表〈我對當前政治的意見〉，提出「兩個中國」主張。

12.17 外交部正式宣佈我駐盧森堡公使館升格為大使館。

12.18 經合會副主任委員李國鼎與聯合國技術協助局駐華代表溫特簽署林相改良計畫。

12.22 立法院通過修正獎勵投資條例。

12.29 美援公署同意協助建立給水工程循環基金，貸款1.5億元。

12.31 中美兩國簽訂總值6千餘萬美元農產品協定。

1965

1.2 台灣省政府對台灣土地開發股份

有限公司支出一億四千萬元，做為東部土地與西部工業用地的開發用資金。

1.4 大埔農地重劃正式恢復施工，農民要求變更坵形設計，曾兩度聚眾阻撓；後經工場採取封鎖措施，工程始得進行。

1.5 模里西斯總理藍姑覽抵台訪問。

1.6 糧食局實施食米無限制配售。

1.6 財政部發表去年對外貿易總額首次出超。

1.7 國民身分證及戶口名簿發給辦法開始實施。

1.7 中共《人民日報》發表北京糞便清潔工人時傳祥文章〈這樣的幹部，我們信得過〉。同日，北京兩個副市長參加清除糞便勞動。

1.7 抗議馬來西亞當選聯合國安理會理事國，印尼總統蘇卡諾宣佈退出聯合國。

1.10 空軍總司令部宣佈，一架U2偵察機在華北上空失事。

1.10 紀政在美國打破50公尺低欄世界紀錄。

1.10 中共政府發表聲明，堅決支持蘇卡諾作出印尼退出聯合國的果斷決定。

1.12 立法院今日通過修正自衛槍枝管理條例。

1.13 中央銀行指定上海商業儲蓄銀行做為外國匯兌處理銀行。

1.14 聯合國特別基金會核定援助我國兩項計劃，助我國發展林業及設海事學院，共貸款225萬美元。

1.18 林絲緞人體攝影展揭幕，首日超過15,000人參觀。

1.22 台灣大學彭明敏師生3人，被控非法顛覆政府，軍事檢察官對其提起公訴。

1.24 省政府宣佈，全省3歲以下兒童免費接種沙克疫苗。

1.28 教育局下令取締文星書店發行的林絲緞攝影畫冊。

2.7 越共攻擊西貢以北百里居美軍基地。美軍開始轟炸北越東海地區時，蘇聯總理正訪問北越。

2.9 美國諾斯洛普飛機公司宣佈，中華民國將向其購買F-5戰鬥機。

2.10 中共首都北京150萬人集會示威，支持越南反美鬥爭。毛澤東、劉少奇、周恩來、鄧小平等人參加大會。

2.12 聯合國秘書長宇譚發表要避免越南危機言論，並請有關係國家開始自制及進行談判。

2.13 中共政府發表聲明，揭露美國進一步試圖擴大中南半島戰爭，號召全世界支援越南和中南半島人民正義鬥爭。

2.15 美國花旗銀行台北分行正式開幕營業。

2.15 台灣省政府委員會訂立「社會福利基金設置辦法」。

2.18 大陸去年有30萬多城市青年下鄉落戶，立志走知識分子勞動化革命化的道路。

2.21 南越軍評議會解除總司令阮慶職務。2月27日美國防部發表白皮書揭發越共滲透侵略的過程。

2.23 外交部長沈昌煥在加拿大表示，中華民國決定與任何承認中共的國家斷交。

2.23 省政府決定恢復統一發票給獎。

2.24 中日貸款談判開始。

2.26 省府財政廳核定「外籍人員薪資所得稅處理辦法」。

2.26 台灣省汽車司機業聯合會向立法院進行請願：建議廢止駕駛員違規記點規定，並迅速設立公路交通法庭。

2.28 經濟部在屏東縣萬丹鄉首次發現搬土岩礦，藏量200萬公噸，值一億美元。

2.28 選手呂良煥榮獲菲律賓高爾夫球賽冠軍。

3.1 台灣省政府今日通過利用1965年度增收地價稅辦理社會福利措施計畫。

3.1 中南半島人民會議在金邊召開，由施亞努親王主持，40個團體參加。反對國際會議所決定的越南中立化，並決議美軍必須無條件撤出。

3.5 副總統陳誠因肝癌逝世。

3.5 蘇聯軍警鎮壓參加反美示威的中共留學生，中共駐蘇使館向蘇聯政府提出抗議。

3.8 農復會漁業組表示，接受世界銀行貸款，建造300噸級鮪釣漁船13艘，1,000噸級鮪釣漁船3艘，辦妥標購手續。

3.12 中共政府發表公開聲明，譴責美國詹森政府（3月8日）派遣美國海軍陸戰隊進入南越，擴大越南戰爭。

3.18 蘇聯太空員首次在太空行走。

3.20 中共《人民日報》刊登〈蘇共領導分裂國際共產主義運動的嚴重步驟〉（3月1日、5日，蘇共在莫斯科召開分裂會議的材料）

3.23 美國發射雙人太空船「雙子星三號」成功（為美發射之第一艘由人駕駛之太空船）。

3.29 外交部宣佈關閉澳門辦事處。

3.30 美國商業銀行台北分行開幕。

4.2 彭明敏師生叛亂案，軍事法庭宣判，謝聰敏處刑10年，彭明敏、魏廷朝各處刑8年。

4.3 海內外自由影劇人代表童月娟等6人，前往中國國民黨中央黨部請願，要求限制日本影片進口。

4.7 美總統詹森在巴爾的摩霍普金斯大學表示，準備舉行無條件談判，以促使越戰儘早結束，並建議以10億美元援助東南亞，以實現越南和平。

4.8 我國與達荷美共和國斷交。

4.8 首屆國軍文藝大會於政工幹校揭幕舉行。

4.8 聯合國《人口年鑑》顯示，中華民國台灣的出生率及一般生育率居世界首位。

4.9 印度、巴基斯坦雙方軍隊於邊界交戰。

4.12 中共自行製造的地空導彈裝總部隊，開始了以國產地空導彈裝總部隊的歷史。

4.13 北越國會決定越南問題解決「四項」辦法（撤退美軍解放戰線會解決南越內部的問題等）。

4.16 台北地區衛生下水道污水處理工程在聯合國派遣專家協助下設計完成，先後歷時7年。

4.16 中共周恩來總理、陳毅副總理到達雅加達，參加萬隆會議10週年慶祝活動。

4.17 美國學生抗議轟炸北越，15,000人在華盛頓舉行反戰遊行，要求停止越南戰爭及撤退美軍。

4.23 基隆地方法院宣判基市招商局修

船廠集體貪污案，24人判徒刑。
4.23 美國大規模空襲北越。
4.26 中國國民黨新聞黨部成立。
5.2 美國總統詹森表示，為了阻止多明尼加的共產主義化，美軍將增加兵力14,000人。
5.3 柬埔寨與美國斷交。
5.4 換發新身分證，並做國民血型普檢，記載血型。
5.5 台灣省衛生處派代表列席立法院內政委員會，為數十萬劑小兒麻痺與日本腦炎疫苗未檢驗一事提出報告。
5.5 中共《人民日報》發表社論〈熱情關懷上山下鄉的知識青年〉。
5.6 教育部發表秋天開設五年制職業學校。
5.7 經濟部長李國鼎表示，本省農業生產12年來增產接近1倍，工業生產超過3倍。
5.10 國內第一座天然氣發電廠於苗栗通霄建成。
5.14 前「台灣共和國臨時政府」大統領廖文毅自東京返台，並宣佈解散台灣獨立統一戰線。
5.14 立法院通過商品檢驗法修正案，擴大檢驗範圍，並明定品目。
5.15 省府廢止公教子女國外留學申請補助規定。
5.20 台北市數千名中學生共同哀悼因救人而犧牲的李再春。
5.22 中共第三屆全國人民代表大會常務委員會公佈，廢除人民解放軍階級制度。
5.26 省議會通過台灣省各縣市財政收支監督辦法。
5.28 世界衛生組織確定我國撲滅瘧疾成功。
6.3 美國發射雙子星太空船將兩名太空人送入距地球100哩至175哩的軌跡中。6月7日順利返回地球。
6.5 紀念國父百年誕辰籌備委員會決定興建國父紀念館。
6.6 總統特赦廖文毅，並發還其錢財家產。
6.7 英國影片《北京55天》被電檢處以內容辱華而予禁演。
6.10 中日香蕉貿易會議第二次會議揭幕舉行。
6.12 台灣省政府決議撥出2,000萬元設立漁業生產基金。
6.14 我國第一個直接向海底採煤的建基煤礦公司挖得豐富礦脈。
6.19 阿爾及利亞發生不流血政變。
6.21 5,000名學生為抗議即將簽署之日韓關係正常化合約，在漢城遊行，韓國政府下令全國警察非常戒嚴令。6月29日漢城市內11所大學提早放暑假。
6.24 南越與法國斷交。
6.26 我國贈予查德共和國300萬美元做為建設首都經費。
6.27 總統蔣中正明令：彭孟緝任總統府參軍長，黎玉璽為參謀總長。
6.29 北市大拇指山山洪暴發，吳興街500餘戶遭水患。
7.1 美國對台經濟援助停止。
7.1 行政院通過「加工出口區設置管理條例施行細則」。
7.1 響應「毋忘在莒」運動，學生39人提前入營。
7.2 嘉義縣議會代電立法院：請政府將民意代表在議會發言對外不負責任之法令規定，適用於各級民意代表。
7.2 台灣省政府制定地下資源開發10年計畫。
7.7 教育部正式核准23所學校自民國54學年度起開設五年制職業專修科課程。
7.13 中國（共）與越共雙方簽訂軍事協定。
7.15 經濟部公佈實施輸出加工廠內輸出事業設立申請基準。
7.15 旅美物理學家吳健雄與袁家騮回國訪問講學。
7.20 國民政府前副總統李宗仁先生和夫人郭德潔從海外返抵大陸，到達北京。
7.24 台南縣白河水庫竣工。
7.26 埃及總統納瑟宣佈蘇伊士運河國有化。第二次中東戰爭爆發。
7.27 中共毛澤東主席接見李宗仁和夫人，他說，跑到海外的，凡是願意回來的我們都歡迎。
7.29 省警備總部公佈從8月1日起開始施行出入境管理辦法修正法規。
8.1 華航新闢航線，台北直線飛馬公航線開航。
8.1 台灣證交所開始實施每日發佈股價指數。
8.6 中華民國艦艇圖運特種部隊滲透福建山區，途中遭中共砲艇伏擊而沉沒。
8.6 金門海面發生海戰，國軍兩艘砲艦遭中共艦艇9艘圍攻沉沒。
8.9 馬來西亞總理拉曼及新加坡總理李光耀同意宣佈新加坡退出馬來西亞聯邦而獨立。
8.10 國內掀起建艦復仇運動，追悼八六海戰殉難官兵。
8.13 行政院公佈動員時期民防辦法。
8.15 越南總理阮高祺訪華。
8.17 中共向印度發出最後通牒，限三天內拆除所有沿中國大陸與錫金邊界的防禦工業，並聲言支持客什米爾「自決」。
8.18 中越發表聯合公報，暗示我國政府可能派兵援越。
8.19 中韓簽訂開闢漢城與台北間直接航線之航空協定。
8.20 全國各界援助越南反共行動委員會成立。
8.21 中共《人民日報》重刊毛澤東〈抗日游擊戰爭的戰略問題〉。並發表編者按：毛澤東思想闡明的關於人民戰爭的思想，對亞非拉民族解放鬥爭有現實意義。
8.27 自民國55學年度起，省政府決定增設高中35所。
8.30 總統蔣介石發佈命令更易六位軍事首長。
8.31 中華民國與美方代表在台北簽訂「美軍在中華民國地位協定」。
9.2 省政府通令查禁翻版中共平劇唱片；並公佈禁止發行的平劇唱片清單，共86張。
9.4 省政府決全面整建公路，發展公民營運輸力，做到「鄉鎮有路，路路可通」。
9.7 國防部試辦價配日用品，以貼補方式優待實施，直接定量供應每一官兵。
9.7 中共政府就印度武裝進攻巴基斯坦發表聲明，嚴厲譴責印度赤裸裸的侵略罪行，堅決支持巴基斯坦反侵略的鬥爭。
9.8 新台幣之新百元券開始發行。
9.11 外交部宣佈：中華民國與茅利塔尼亞斷交。

9.11 台灣省政府依據農田水利會通則，條訂台灣省農田水利會組織規程。
9.14 省議會通過台灣省各縣市實施地方自治綱要修正案。
9.16 台灣省議會修正通過台灣省有房地出售辦法。
9.17 伊拉克發生政變，拉查克總理被罷黜下台。
9.19 國防部長蔣經國訪美，22日、23日先後與美國國務卿魯斯克和總統詹森會談。
9.19 林海峰在日本圍棋名人賽中榮登「名人」寶座。
9.20 國立中山博物院（即今故宮博物院）正式成立。
9.20 行政院公佈施行「後備軍人轉任公職考試與比敘條例」。
9.20 中共新華社報導：海軍航空兵在海南島上空擊落美機1架，活捉美國飛行員。
9.20 西德大選，執政黨「基督教民主黨」獲勝，艾哈德總理連任。
9.26 李宗仁先生舉行盛大中外記者招待會，提出愛國必須反帝，反帝必須反修。
9.27 蘇共中央委員會承認柯錫金所提出的新工業管理方式——採取以營利為目的經營方式及擴大經營的自主性。
9.28 當代思想家海耶克來台訪問。
9.29 中共高層陳毅表示歡迎蔣介石回歸中國大陸。
9.30 宜蘭縣羅東一群主張台灣獨立革命的青年創立「台灣大眾幸福黨」。
9.30 中共《人民日報》發表西哈努克作詞譜曲的歌曲「懷念中國」。
10.3 印尼陸軍方面鎮壓共產黨，開始進行大規模逮捕及殺害行動。
10.5 本省規模最大的百貨公司第一百貨公司開幕。
10.6 行政院新聞局公佈「國外影片輸入管理辦法」。
10.6 現役軍人子女就讀全國23所私立大專院校之學費，台灣省教育廳准予補助。
10.8 印尼雅加達50萬人集會，舉行反共示威。
10.13 何秀子因收留未成年少女賣淫，第5度被拘留。
10.13 美國空軍參謀長麥康納爾上將離華前正式宣佈：美F-5A新型戰鬥機交由我空軍使用。
10.14 行政院通過撤回國際海上安全公約避碰規定保留條款。
10.17 台灣省政府公佈1966～69年4億餘元社會福利基金之分配計畫。
10.22 美國軍用飛機一架在台北縣貢寮鄉卯澳上空失事。
10.22 首屆國軍文藝獎頒發。
10.25 台灣省政府資料館揭幕。
10.26 中加（加拿大）正式簽約興建東部紙漿工廠。
10.31 曾文水庫開工典禮舉行。
11.1 我國決定參加亞洲開發銀行，認捐開辦資金800萬美元。
11.2 全省21縣市議會發表聯合聲明，指省政府主計處官員聲稱核減1966年度地方總預算，有違地方自治綱要。
11.2 台視公司南部電視轉播站落成，完成全省電視網。
11.3 總統特赦彭明敏。
11.4 中共使館照會印尼外交部，強烈抗議印尼右派瘋狂迫害華僑。
11.10 中共上海《文匯報》發表姚文元〈評新編歷史劇『海瑞罷官』〉。30日《人民日報》加以轉載。
11.11 中共空軍李顯斌、李才旺、康保生3名飛行員駕俄製伊留申28型噴射轟炸機1架，自杭州抵台。
11.12 菲律賓總選舉，馬可仕獲勝。
11.12 馬拉加西總統訪華。
11.12 台北國父紀念館舉行奠基典禮。
11.15 美國農業部以公法貸款300萬美元協助台灣開發公司建屋。
11.16 美國影星史提夫麥昆來台拍攝《聖保羅砲艇》。
11.17 第20屆聯合國大會對中國代表權提案，舉行表決。以56：49，11票棄權，通過重要問題案，以47：47，20票棄權，否決中共入會案。
11.19 立法院通過國際民用航空公約。
11.19 立法院通過修正姓名條例第六條條文。
11.20 台灣省政府糧食局公佈「物資交換稻穀辦法」。
11.20 國大代表全國聯誼會集議敦促蔣介石連任總統。
11.22 中南美洲多明尼加發生叛亂，宣佈艾斯華諾沙為總統。
11.22 在抗戰期間運往美國的202箱善本圖書運抵基隆。
11.25 第一批自越南來台渡假的美軍54人抵台。
11.30 中華民國政府決定對亞洲開發銀行的出資由800萬美元增至1,600萬美元。
12.2 行政院國際經濟合作發展委員會副主任委員李國鼎，向立法院經濟委員會提出第4期4年經濟建設計畫。
12.2 行政院修正通過第4期經濟建設4年計畫，訂定經濟成長率7%。
12.2 內政部宣佈，台灣瘧疾絕跡。
12.3 政府公佈任命廖文毅為曾文水庫建設委員會副主任委員。
12.3 中韓友好條約生效。
12.4 聯合國世界衛生組織分發防瘧成功證書。
12.4 旅日棒球好手王貞治回台，受到盛大歡迎。
12.7 天主教教宗保祿六世與東正教雅典納．哥拉斯總主教發表共同宣言，廢除1054年以來的「逐出教會的宣言」。
12.9 美國F-5A型超音速噴射戰鬥機一批移交中華民國空軍使用。
12.10 聯合國大會選舉阿根廷、保加利亞、馬利、紐西蘭、日本、烏干達、奈及利亞為安理會非常任理事國。
12.10 美國太平洋協防司令總部宣佈，明年元月1日起，每月將有15艘軍艦載運大批美軍來台渡假，並在基隆上岸。
12.11 台北市市長高玉樹同胞異性兄弟省議員楊玉城因涉貪污案遭警方拘押。
12.12 中共《人民日報》發表李瑞環〈在實踐中學毛澤東思想〉。這是他第一次在全國性報刊發表署名文章。
12.14 省教育廳邀集有關人士開會研討台語影片問題，台灣省電影製片協會特發表10點書面建議，促請政府重視。
12.14 苗栗縣大德源油廠爆發盜賣黃豆

案件。

12.19 法國戴高樂將軍重新當選為法國總統。

12.20 中共周恩來總理說：美帝有可能進一步把侵略戰爭擴大到整個印度支那和中國。如果美帝要同中國人民再次較量，中國人民將堅決應戰奉陪到底。

12.24 立法院通過修正營業稅法。

12.28 經濟部公佈「公司申請公開發行股票及申請股票上市審核準則」。

12.28 中共外交部發表聲明，強烈譴責美帝對東埔寨的戰爭威脅。

12.30 費迪南．馬可仕就職成為菲律賓總統。

12.31 台北市舉行國軍英雄烈士大會。

1966

1.1 美國副總統韓福瑞訪華。

1.1 中共《人民日報》發表社論〈迎接第3個5年計畫的第1年〉。

1.2 空軍總司令部正式授予李顯斌、李才旺兩義士空軍官階，2人並發表聲明脫離中國共產黨。7日政府頒獎李顯斌黃金2,000兩，李才旺1,000兩，另1,000兩為廉保生遺屬保留。

1.2 設於花蓮之台灣省第1座氣象雷達站正式使用。

1.2 影星唐寶雲與畫家成維義舉行越洋訂婚。

1.5 美國國會圖書館歸還中華民國善本圖書102箱，在國立中央圖書館開箱點驗。

1.6 大陸第1枚地對地中程導彈試製成功。

1.7 台灣省糧食局李連春表示：去年米穀生產230餘萬公噸，創台灣20年來最高紀錄。

1.9 中共海軍登陸艇1艘，由吳文獻等3人駕駛投奔馬祖，當日接運來台時座機遭中共襲擊，不幸墜海遇難。

1.14 台灣省電影製片協會表示，去年國產影片158部，其中國語片30部，台語片126部，記錄片國台語各1部。

1.14 中共外交部發表聲明，強烈譴責美國在越南推行「焦土政策」、「三光政策」和使用毒氣、毒藥等手段。

1.16 省政府表示，去年香蕉、鳳梨、柑桔3項農業特產品產量打破光復以來最高紀錄，其外銷輸出爭取的外匯，亦占1年總輸出之中第1位。

1.19 英迪拉．甘地接任印度總理。

1.24 基隆市大世界電影院散場時因擁擠踐踏，造成7死8傷。

1.28 立法院通過「中美共同防禦期間處理在台美軍刑事案件條例」。

2.3 中共外交部照會印尼駐華使館，就印尼政府縱容暴徒猖狂襲擊中國大使館一事，向印尼提出最強烈抗議。

2.4 中國青年交響樂團改組完成，宣佈成立，由于斌等15人任理事，馬熙程任團長。

2.6 中國國民黨總裁蔣中正召集國民黨籍國大代表，說明對行使兩權態度，希代表們顧全大局，貫徹黨的決策。

2.12 總統明令公佈修訂「動員戡亂時期臨時條款」。

2.15 韓國總統朴正熙伉儷抵台。

2.15 天主教台北署理總主教田耕莘樞機主教因病辭職，羅馬教廷任命台南羅光主教升任台北總主教。

2.27 台灣第1家免稅商店在台北國際機場設立，專供外幣交易。

2.27 中共外交部照會印尼駐華使館，就右派暴徒搗毀中共駐望加錫領事館一事，向印尼政府提出最強烈抗議。

3.1 中華證券投資公司成立，辜振甫當選董事長，吳祖坪等4人任常務董事，王永慶等6人為董事。

3.1 中華民國簽署「消除種族歧視公約」。

3.3 國大代表連署提案，定民族掃墓節為國定假日。

3.4 行政院國軍退除役官兵就業輔導委員會主任委員趙聚鈺表示：自1954年迄今，已安置就業退除役官兵6萬8,900餘人，另有約8萬人已獲就醫、就養、就學或輔導自立謀生之安置。

3.8 基隆市政府部分官員涉嫌官商勾結集體舞弊案偵查終結，被告59人被提公訴。

3.11 李瀚祥發行的《國聯電影》畫刊來台行銷。

3.11 中共政府就右派反動勢力瘋狂襲擊中共商贊處、總領事館和新華分社等事件，向印尼政府提出最強烈抗議。

3.12 中華民國在法國巴黎的聯合國教科文組織代表辦公室，遭法國外交部以該處房屋屬中共所有為理由，強迫中華民國代表團自該處撤出。

3.12 爪哇發生軍事政變，蘇哈托將軍掌權。

3.14 總統蒞臨美國核子動力航空母艦勇往號參觀。

3.14 台北市政府今日表示，台北市登記之影片商共505家，超越世界紀錄。

3.15 迦納當局宣佈中共3名外交官「不受歡迎」，中共駐迦使館提出最強烈抗議。

3.17 美國太空人在太空完成太空船對接任務。

3.21 美國艾佛萊兄弟合唱團於台北美國軍官俱樂部做勞軍演唱。

3.25 台灣省製片人協會調查，台視設東南部轉播站後，嘉義以南台語片生意減少3成。

3.25 中共新華社發表聲明，強烈抗議印尼政府宣佈「暫時封閉」新華分社。

3.25 中共《人民日報》發表戚本禹等〈翦伯贊同志的歷史觀點應當批判〉的文章。

3.26 劉少奇和夫人王光美啟程訪問巴基斯坦。

3.28 台灣萬餘青年發表宣言，決心投筆從戎，戰鬥報國。

3.29 中共全國人大常委會今日宣佈通過「關於特赦確實改惡從善的戰爭罪犯的決定」。同日，劉少奇發佈特赦令。

3.31 工黨在英國國會選舉中獲壓倒性勝利。

4.2 中共《人民日報》發表戚本禹文章〈「海瑞罵皇帝」和「海瑞罷官」的反動實質〉。

4.4 中華民國外交部宣言，正式承認南美洲厄瓜多爾新政府。

4.5 美國眾議院今日通過將1艘驅逐艦及護航驅逐艦租借給中華民國的法案。

4.5 流行歌曲研究社開幕，由梁樂音主持。

4.7 台灣省議會40位省議員發表公開信，促請台灣省籍立委、監委與國代儘速自動辭職，以便早日改選中央公職人員。

4.9 省議員李萬居逝世。

4.10 第1屆「台灣文學獎」頒獎，七等生、鍾鐵民、鍾肇政、張彥勳、廖清秀獲頒佳作獎。

4.12 台灣民政黨領袖鄭萬福宣佈解散組織，自日本返台。

4.12 中共外交部照會印尼使館，向印尼政府提出嚴正要求，立即派船把自願返國的華僑送回中國。

4.16 美國國務卿魯斯克提出10項對華政策，尊重對我防禦承諾，維持我在聯合國之席位，同時增加與中共非官方接觸。

4.16 中共外交部照會印尼使館，就印尼打傷中共外交人員，向印尼政府提出最緊急最強烈抗議。

4.18 中共《解放軍報》發表社論〈高舉毛澤東思想偉大紅旗，積極參加社會主義文化大革命〉。

4.19 澳大利亞派遣4,500名士兵赴越南作戰。

4.30 英吉利海峽首次開始定期氣墊船航行。

5.1 美國軍事援華顧問團成立15週年，總統設盛大茶會款待美軍顧問團團員。

5.1 北部橫貫公路竣工。

5.2 陸軍4305部隊開創國軍集體留營紀錄，於台北火車站受各界及軍方熱烈歡迎。

5.4 楚戈、古渡等多人成立藝術評論人聯誼會。

5.4 中共政治局擴大會議在北京舉行。16日，通過516通知。

5.5 田徑女選手紀政在美國以10秒7創下我國百碼新紀錄。

5.6 省鐵路局及糧食局官員37人，因涉及盜賣黃豆案，被監察院彈劾，並移送懲戒。

5.8 東西橫貫公路拓寬工程完成。

5.9 據統計，去年台灣省各類房屋生產量計達100餘萬平方公尺，幾與1962～1964年3年間房屋生產量總和相近，創台灣省光復後空前紀錄。

5.9 第13屆亞洲影展閉幕，劉藝以「啞女情深」獲最佳編劇獎，「我女若蘭」獲最佳彩色片及最佳音樂獎，謝玲玲獲最佳童星獎，「啞女情深」中的王莫愁獲角色最難表演最佳女演員獎。「藍與黑」獲最佳影片。

5.14 歌星于璇與其印度夫婿拉瑪宣佈離婚。

5.15 中華民國1,500餘位大學教授，聯函美國人民，呼籲認清中共，支持我國。

5.17 中華民國立法委員300餘人聯合致函美國參、眾兩院議員，促其勿對中共產生錯覺，削弱維護和平的力量。

5.18 中共外交部照會印尼使館，宣佈中國政府決定派遣船隻接回受難華僑。

5.20 日本影星鶴田浩二來台與楊群合拍「龍虎雙俠」。

5.24 省主席黃杰報告，去年經濟成長率10%，出口總值4億9千萬美元，進口總值5億5,000萬美元，除去美援進口物資及自備外匯美金，純就銀行結匯而言，出超美金3,900萬元。

5.28 北部橫貫公路正式通車。

5.28 中共《人民日報》刊登報頭標語：我們要念念不忘階級鬥爭，念念不忘無產階級專政，念念不忘突出政治，念念不忘高舉毛澤東思想偉大紅旗。

6.3 北京新市委決定改組北京大學黨委，撤銷北大黨委書記陸平、副書記彭佩雲一切職務。

6.5 中共《人民日報》推薦一組歌曲：毛主席著作閃金光、工農兵，革命路上打先鋒、爹親娘親不如毛主席親等。

6.6 陸軍理工學院在羅雨人博士主持下，研習脈動雷射成功，對精密機械鑽孔、焊接、外科醫學手術、太空通訊都有特殊功用，如將來發展成武器，可壓制核子空中攻擊。

6.6 北京女一中高三學生寫信給中共黨中央、毛主席，強烈要求廢除「舊升學制度」。

6.6 美國無人太空船在月球著陸。

6.7 新任外交部長魏道明返國，與卸任外交部長舉行交接儀式。

6.10 中山文藝獎成立。

6.11 中共《人民日報》轉載《紅旗》雜誌社論〈無產階級文化大革命萬歲〉。

6.15 美國哈林籃球隊與印第安籃球隊來台表演。

6.18 凌波與金漢在香港結婚，隨即來台度蜜月。

6.20 總統明令公佈：特任孫科為考試院院長。

6.20 亞洲7國農業發展討論會在台北揭幕，會期10天，討論台灣省農業發展對其他國家之可適性。

6.20 中共《人民日報》發表社論：〈革命的大字報是暴露一切牛鬼蛇神的照妖鏡〉。

6.21 美國新任駐華大使馬康衛就任。

6.24 中華民國與美國政府同時宣佈美國國務卿於下月3日訪台。

6.27 省政府今日通令各縣市，強調縣市長不得批評政令，否則有損政府威信。

6.27 影星江青與歌星劉家昌在台北公證結婚。

6.27 中共高教部通知：研究生招生工作暫停。自本年起，全國停止招收研究生達12年之久。

6.29 查良鑑任最高法院院長。

7.1 省政府觀光局成立，蔣廉儒出任局長。

7.1 外貿會宣佈5種管制進口貨品開放進口，包括：車鈴、腳踏車、車鎖、電熨斗、保溫器。

7.3 中華民國旅美女學者李鈺琴，在李政道教授指導下，發現核子微粒有不平衡活動。

7.3 美國國務卿魯克斯訪華。

7.3 中共政府發表聲明，強烈譴責美國連續轟炸河內海防。中國援越抗美更加不受任何約束和限制。

7.3 倫敦美國大使館前發生抗議越戰活動。

7.4 專長鳳梨加工技術的台灣女工200人，今日應聘自基隆乘船至琉球群島的八重山列島鳳梨加工廠工作。

7.6 台北市45家旅社因燃燒生煤被處罰款。

7.8 中日香蕉貿易會議協議，高雄香蕉恢復輸日。

7.10 中華民國上半年輸出總額達2億7千萬美元，以紡織品居首位。

7.11 中華民國與馬拉威正式建交。

7.13 中共《人民日報》發表通欄標題「高舉毛澤東思想偉大紅旗，向以周揚為首的文藝黑線開火」。

7.14 台語片「內山姑娘要出嫁」公開上映。

7.18 省政府擬定5年長期計畫，整建阿里山為國際公園。

7.22 國防部長蔣經國與經濟部長李國鼎巡視大膽島防務。

7.30 板橋中學發生教員刺殺校長、訓導主任事件。

8.1 梅可望調任國防部法規司長，內政部令派李興唐為中央警官學校教育長。

8.7 中共新華社報導：中共中央決定大量出版毛主席著作。

8.10 歌唱家斯義桂返回台灣演唱。

8.11 美國前副總統尼克森訪台。

8.11 馬來西亞與印度尼西亞簽訂和平協定。

8.12 台視「田邊俱樂部」播出後，2萬7千多名觀眾登記表演。

8.18 毛澤東今日在天安門首次接見首都和來自全國各地的百萬群眾和紅衛兵。

8.19 中華民國與越南空軍臨時協定今日簽字。

8.22 中國青年黨領袖左舜生自香港抵達台灣。

8.24 監察院彈劾台銀董事長陳勉修、總經理毛松年等。

8.25 電影「鳳陽花鼓」因在湖口三元宮內拍攝一強暴鏡頭，引起鄉民抗議。

8.26 反共義士授田典禮在桃園縣舉行，有24位反共義士授田授產。

9.1 台北市第8信用合作社因連續兩天發生票據交換差出額無法填補的情形，決定今天起暫停票據交換業務，並由合作金庫支持。

9.3 中共新華社今日報導：中央批准大量出版《毛澤東選集》簡體字橫排本。

9.5 中共《人民日報》發表社論〈用文鬥，不用武鬥〉。

9.5 中共中央、國務院發出「關於組織外地革命師生來北京參觀革命運動的通知」。從此，開始了全國性的大串聯運動。

9.10 國學雜誌《書目季刊》創刊。

9.13 圍棋好手林海峰蟬聯日本名人。

9.16 韓國向中華民國購米3萬噸，在省糧食局簽約。

9.17 中華民國海軍陸戰隊第2師今日成立。

9.20 第21屆聯合國大會，以66：48票，7票棄權，通過15國「重要問題」案；並以57：46票，17票棄權，1票缺席，否決11國「排我納中共」案。並以62：34票，25票棄權，否決義大利等6國建議設立特別委員會研究「中國代表權問題」。

9.25 韓國主辦的3國女籃賽，中華隊6場全輸，為最後1名。

9.25 中共新華社報導：1962年以來，大陸有100多萬知識青年上山下鄉，走向農村。

9.29 阿根廷襲擊福克蘭群島。

9.30 中國大陸影劇導演文逸民、演員伍秀芳、民兵隊長張宗耀等投奔來台，召開記者招待會。

10.1 光復大陸設計委員會通過「厲行戰時生活方案」。

10.3 國防部長蔣經國今日接受美國雜誌訪問，籲請美國及時予我後勤支援。

10.4 行政院長嚴家淦宣佈：港澳左派財金各界士，立功起義來歸，政府一律歡迎。

10.8 中國石油公司與美國海灣石油公司在台北簽訂12年長期購原油公約，共購6,000萬桶，另借予我方美金1,500萬元，作擴充及增添設備之用。

10.10 台北火車站地下道正式通行，40萬人通過。

10.10 《文學季刊》創刊。

10.15 反共救國軍突襲閩江口，擊沉2艘中共砲艇。

10.16 鳳鳴廣播電台在高雄市成立。

10.19 總統蔣中正在台灣北部基地親校三軍「南昌演習」。

10.20 中影新片《還我河山》在中國戲院首映。

10.23 經濟部長李國鼎啟程訪問中東土耳其與黎巴嫩兩國，並出席羅馬世界糧食方案理事會。

10.26 美國詹森總統探望在南越的美國軍隊。

10.28 吳振南自日本返台，放棄台灣獨立運動。

11.6 台灣鳳梨罐頭輸出，數量高居世界第一。

11.9 美國太平洋陸軍總司令畢治上將，空軍副參謀長哈羅威上將，空軍戰術司令狄索威上將連袂訪台，與總統蔣中正會晤。

11.11 香港《文匯報》編輯主任兼採訪主任劉粵生投奔自由抵台。

11.12 紀念國父一百晉一誕辰，興建於陽明山之中山樓中華文化堂正式落成，總統親臨主持落成典禮，並發表紀念文。

11.12 大陸北京革命群眾和紅衛兵1萬多人舉行盛大集會，隆重紀念孫中山先生誕生100週年。

11.13 中共外交部照會印尼駐華使館，就印尼陸軍當局策劃襲擊棉蘭華僑的血腥事件向印尼政府提出強烈抗議。

11.13 亞運田徑選手姚麗麗因體檢未能通過而退出代表團。

11.17 中共《人民日報》再次發表歌曲「三八作風歌」和「三大紀律八項注意」，並加編者按語。

11.19 義大利建議就「中國代表權」問題成立特別研究小組，中華民國駐聯合國常任代表劉鍇聲明堅決反對。

11.27 中共《人民日報》報導：毛澤東先後8次共接見了1,100多萬外地師生和紅衛兵。

11.28 第2批1,000多名印尼受害華僑乘光華輪回到大陸。

11.29 聯合國大會通過中國代表權問題為重要問題案，否決中共入會案和義大利等6國所提成立特別委員會研究中國代表權問題一案。

12.2 中華航空公司台北至西貢直達航線班機開航。

12.2 白崇禧上將病逝台北市。
12.3 高雄加工出口區舉行落成典禮。
12.4 總統蔣中正茶會款待亞洲運動會選手，並接見自日本返國度蜜月的棒球員王貞治夫婦。
12.6 中共《人民日報》刊登「把戲劇界的祖師爺、反黨分子田漢鬥倒、鬥垮、鬥臭」的材料。
12.7 田徑選手姚麗麗接受變性手術，維持女性性別。
12.12 紀政因腳踝受傷，退出亞運5項運動比賽，但獲得跳遠金牌。
12.14 中華民國10項全能運動選手吳阿民在亞洲運動會中奪得金牌。
12.16 大陸京劇表演藝術家馬連良逝世，終年65歲。
12.17 傾共之《香港新晚報》長期撰稿人胡褒，攜眷投奔台灣。
12.17 教育局表示，各大夜總會、舞廳、觀光飯店申請在聖誕節前後增加通宵節目，將一律不准。
12.18 大陸北京10萬人集會聲討美國轟炸河內和慶祝南越民族解放戰線成立6週年。
12.20 在曼谷舉行的亞洲運動會閉幕，中華民國獲5面金牌、4面銀牌及10面銅牌。
12.20 行政院決定，民營銀行在撤退大陸前所有債務一律暫緩支付。
12.22 台灣省首次民政會議揭幕。
12.22 羅德西亞退出英聯邦。
12.24 教廷駐華使館正式升格，高理耀受任為大使。
12.24 胡適夫人江冬秀控鈴申告文星書店負責人蕭孟能盜印胡適遺作。
12.28 中共在大陸西部上空又成功地進行一次新的核子試爆。
12.29 蔣宋美齡續當選世界10大女性。

1967

1.1 郵政存簿儲金提高存款限額，每戶最高額6萬元。
1.1 北市開始實施商品公開標價，以公制為準。
1.1 各縣市成立「戶警聯繫中心」。
1.1 《純文學》月刊創刊。
1.7 省民政廳宣佈1966年戶口普查數字，本省常住人口共為12,974,633人。
1.9 金門發行50元面額新台幣。
1.9 省政府通過修正台灣省社會救濟調查辦法。
1.10 美國國務院強調，中華民國政府因受正式保證的約束，如未經美國同意，不作反攻大陸的試探。
1.10 澳門關閉中華民國救總辦事處。
1.11 省政府通令各縣市成立文化工作執行小組，取締違法出版品。
1.13 國軍於金門東北擊落中共米格19軍機2架。
1.13 總統任命高玉樹為台北市長。
1.13 省教育廳頒佈命令，公私立高中高職應屆畢業生，寒假准予補習2週，非畢業班不得援例。
1.14 協助三輪車工友轉業計程車司機的財源，台灣銀行決定貸款3千萬元。
1.14 遷台後首任委內瑞拉駐華大使奚博海，向總統呈遞到任國書。
1.15 南投縣第5屆縣長補選，林洋港高票當選。
1.19 女青年音樂指揮郭美貞在美獲國際音樂比賽指揮獎（與代表西德、法、西班牙3國之青年共同獲得首獎）。
1.20 空軍氣象衛星接收站於北部架設完成，開始工作。
1.24 鼓勵省民開發山地，開墾人可獲所有權，省府會商決定開發方針，准人民申請開發，達到「以山養山」政策。
1.27 省主席黃杰與日本工營株式會社社長簽訂曾文水庫設計工程技術合約書。
2.1 總統明令公佈設置動員戡亂時期國家安全會議（撤銷原國防會議），特派黃少谷為祕書長；下設國家建設委員會、國家安全局、國家總動員委員會、戰地政務委員會及科學發展指導委員會等組織。
2.2 加彭政府宣佈在華設立大使館。
2.4 中華民國留美學生成立「留美中國同學聯合會」，總部設於美國紐約。
2.6 內政部發表台閩戶口普查初步統計，常住人口為13,512,143人。
2.14 省教育廳宣佈，1967年初中入學考試不考常識，但對國文和算術2科占分比例則由過去之5比5改為6比5。
2.17 內政部修正戶口及住宅普查方案，增查「祖籍」一項。
2.17 日本第2次佐藤榮作內閣成立。
2.21 台北市國校高年級開始實施分科教學。
2.22 印尼總統蘇卡諾去職，將政權移交蘇哈托。
2.24 澳門僑胞回台接待安置專案小組成立。
2.27 省政府通過桃園縣中壢鎮升為縣轄市。
2.28 行政院公佈「軍用不動產管理規則」。
3.1 司法院大法官會議解釋現職監委不得兼任新聞紙雜誌發行人。
3.1 國家安全會議國家建設計畫委員會正式成立，其下設有政治、財經、軍事、文教4組。
3.2 教育部宣佈體育成績優良學生，可獲保送大專。
3.11 位於台北市的土地改革紀念館今日揭幕。
3.12 印尼臨時國民議會任命蘇哈托將軍出任代理總統。
3.15 陸軍總部宣佈「陸軍軍歌」已奉蔣中正總統親自修訂核定，並定於3月16日正式啟用。
3.21 立法院通過獎勵投資條例第3條條文修正案，將「國際觀光旅館業」納入獎勵投資範圍，可享免徵所得稅5年之優待。
3.24 大台北區自動電話系統今日全部完工。
3.28 立法院通過房屋稅條例，分住家、營業2種，一律按現值徵收，最高2%，最低1.38%。
3.29 戡亂時期國家安全會議科學發展指導委員會成立。
3.30 行政院核定後備軍人管理規則修正案，後備軍人出國回國手續將予簡化。
3.30 中華航空公司啟用波音727噴射客機。
4.1 全省第3次工商普查開始。
4.1 行政院公佈施行台灣地區戒嚴時期軍法機關自行審判及交法院審判案件劃分修正辦法。
4.3 聯合國協助都市建設實施方案簽約儀式在台北舉行。

4.4 澳大利亞總理荷特夫婦訪華。
4.6 中華民國與智利聯合宣佈進行農技合作。
4.6 教育部通過修改大專聯考特殊考生的保送和加分辦法，並決定自1968年廢除高中優良學生免試保送入大專學校的制度。
4.6 行政院通過「醫事檢驗人員管理規則」。
4.7 台北地方法院宣判台北市第8信用合作社惡性倒閉案，被告15人分別判處徒刑。
4.7 省政府接獲行政院令，省立師範大學於台北市改制時改為國立。
4.9 美國前副總統尼克森訪華。
4.10 金門黃龍水庫舉行竣工典禮。
4.11 省政府核定成立「台灣省水污染防治委員會」，加強水源污染的管理工作，促進全民健康。
4.12 秘魯副總統波拉夫婦抵華。
4.16 由反美的共產黨及社會黨支持的美濃部亮吉，當選為日本東京都知事。
4.17 退輔會向北美國際開發公司貸款籌設鋼鐵及電子器材工廠。
4.19 行政院公佈修正「行政院原子能委員會組織規程」。
4.19 內政院公佈修正戰時新聞用紙節約辦法，各報新聞紙篇幅增為兩大張半。
4.22 省教育廳公佈台灣省立公私立初級中學、職校新生入學體育考試實施要點。
4.26 教育部決定於1967學年度辦理暑期及夜間師專，採學分選修制，授予專科學資。
4.28 立法院通過修正軍人撫卹條例。
4.30 全國女童軍第1次檢閱大會在台北市女師專舉行。
5.1 經濟部核准設立中日合資台灣畜產公司。
5.2 羅素主張的「審判越南戰犯」在斯德哥爾摩開庭。5月10日判決美國有罪。
5.3 省政府公佈實施修正「台灣省特定營業管理規則」。
5.5 立法院通過「政府向國外借款及保證條例」。
5.5 高院宣判油商行賄案，16名被告，11人處徒刑，另外5人無罪開釋。
5.6 副總統嚴家淦取道東京赴美訪問21天。
5.7 省水產試驗所台南分所表示，蝦苗人工繁殖試驗成功。
5.8 土銀通過漁業貸款辦法。
5.8 亞洲人民反共聯盟執行委員會議在台北市中泰賓館舉行，由亞盟中國總會理事長谷正綱擔任主席，決議第1次世界反共聯盟大會於今年9月在北市舉行。
5.10 行政院制定「各級都市計劃委員會組織規程準則」。
5.10 世界廣告協會中華民國分會今日成立。
5.11 香港九龍地區勞工和警察發生激烈衝突。
5.11 行政院通過台北市於7月1日改制為直轄市。
5.12 台銀實施新結匯辦法，貿易商須提出確保債權授權書。
5.12 台北市奉准於改制後能夠設立市銀行。
5.15 中美基金委員會核准第一筆森林工業原料貸款由中興紙廠獲得，此筆款項將用以變更林相。
5.17 教育部核定台北市、新竹縣、台中市、高雄市先行試辦初中初職入學考試加考體育，但加考體育成績不和學科成績平均計算。
5.17 香港發生左派暴動，數千名香港民眾與3千名鎮暴警察發生激烈衝突。
5.18 行政院通過修正「各機關優先錄用退除役官兵實施辦法」。
5.19 立法院通過醫師法修正案。
5.20 中國農民銀行在台復業。
5.23 立法院通過分類職位公務人員考試法。
5.23 台北市改制直轄市籌備委員會成立，由高玉樹市長任主任委員，下設立6小組進行籌備。
5.24 中共總理周恩來發言表示支持香港左派暴動。
5.25 行政院核准高雄加工區增加紙器、玩具及遊艇外銷事業。
5.25 世銀決定貸款1,700萬元，做為我國擴建11萬8千具電話基金。
5.26 立法院通過分類職位公務人員任用、俸給、考績等3個法案。
5.29 反共救國軍部隊登陸山東支援敵後游擊隊作戰，與中共駐軍發生戰鬥。
5.31 中油奉准闢建大林埔油港輸油站設施。
5.31 行政院核定人民出國探親辦法。
6.1 為反對省檢驗局改隸經濟部，省議會決議即行休會，並推派代表向行政院陳情爭取。
6.1 省教育廳決定籌款1億2千萬元，擬定2個計畫，發展工業教育，並決自1967學年度起開始實施。
6.2 美現代化驅逐艦「金伯利號」正式移交我海軍。
6.3 海外華僑回國投資服務中心今日成立。
6.3 教育部長閻振興在立法院宣佈，台大將於今秋辦理新制夜間部。
6.5 經濟部公佈實施僑外投資證券實施辦法。
6.6 阿拉伯國家與以色列開始戰爭(第三次中東戰爭開始)。
6.6 阿拉伯聯邦(埃及)封鎖蘇伊士運河，以色列軍占領迦薩走廊。
6.8 阿拉伯聯邦表示接受聯合國停戰決議。
6.8 行政院通過台北市改制過渡時期議會改為臨時市議會。
6.9 立法院通過後備軍人轉任公務人員條例。
6.10 台電解除工業限電，並受理新增或擴充用電之申請。
6.12 中華民國首艘自製巨輪(2萬5千2百噸級的散裝貨輪)銀翼號舉行下水典禮。
6.14 總統蔣中正親自主持首次國家安全會議。
6.15 新任美國軍事援華顧問團團長戚烈拉少將抵華。
6.17 省政府決定將省營樟腦廠以分期付款辦法讓售民營。
6.22 省政府宣佈調高台省鐵、公路票價，以期彌補台北市改制後之稅務損失。
6.24 台、港微波系統開放，兩地電話、電報通信系統將全天候暢通無阻。
6.25 台北市政府表示，台北市輔導三輪車工友轉業方案，收購三輪車部分自即日起開始實施，並輔導轉業。

6.27 中國玻璃纖維公司工廠落成正式生產，為我國第1座專業生產玻璃纖維之工廠。

6.29 以色列把新舊耶路撒冷市合為一個城市。

7.1 台北市改制，台北市臨時市議會成立。

7.1 三軍總醫院成立。

7.1 財政部台北市國稅局成立。

7.1 經濟部商檢驗局正式成立，台灣省檢驗局同時結束。

7.2 中華民國副總統嚴家淦、美國副總統韓福瑞、韓國總統朴正熙、日本首相佐藤榮作等4國領袖在漢城舉行非正式的高層會議，談論中共核子試爆、越戰及經濟合作等問題。

7.5 劃入台北市之省立學校今日正式更名。

7.5 省政府通令各縣市應即恢復設置國語推行委員會。

7.6 行政院就台北市改制為院轄市後法令適用問題作成決議，以「台灣地區」與「台灣省」區分之，並令檢討各部會有關法令。

7.6 行政院原則通過9年義務教育自1968年秋季起全面施行，全國採行學區制，並成立由政務委員陳雪屏召集的專案小組。

7.7 行政院特准中泰賓館成立舞廳。

7.12 省農林廳表示，決先由農會試辦農業保險。

7.13 行政院通過房屋稅條例，定1968年元旦起施行。

7.13 行政院通過修正對外投資辦法第2條條文，准許國人以現金對外投資。

7.14 新任美軍協防台灣司令部邱約翰中將抵台履新。

7.19 中華民國與馬爾他正式建交。

7.19 省議會通過修正台灣省各縣市實施地方自治綱要。

7.22 中華民國拆解廢船工業躍居世界首位。

7.23 美國底特律市發生有史以來規模最大的黑人暴動，造成41人死亡，1千人以上受傷。7月24日美國軍隊開始出動，引起全美國發生暴動。

7.24 遠東區第1位樞機主教田耕莘在嘉義逝世。

7.27 美國運通銀行在台分行開業。

7.27 總統發佈命令，行政院設人事行政局。

7.28 中華文化復興運動推行委員會今日成立。

7.29 高雄港第2港口闢建工程舉行開工典禮，由省主席黃杰主持。

8.1 教育部發佈交通大學設立工學院，任命鍾皎光為院長。

8.3 行政院通過9年國教實施綱要，經費逾31億由省市配額決定，實施條例草案送立院審議。

8.4 馬拉威總統班達訪華。

8.6 烏來纜車正式開放。

8.6 文星書店為梁實秋翻譯的莎士比亞全集舉辦出版紀念會，並展出其手稿。

8.7 行政院公佈國家科學委員會組織規程，以吳大猷任主委，適當時期仍擬將組織條例草案送交立法院審議。

8.8 由菲律賓、馬來西亞、印尼、泰國、新加坡等國組成的東南亞國協成立。

8.12 國家安全會議通過由總統依照臨時條款，以命令規定實施9年國民教育。

8.14 由國家長期發展科學委員會改組設置的國家科學委員會成立。

8.15 新海關法正式公佈實施，台南海關15日起按照新法執行。

8.18 台北縣和台北市互爭稅源之問題，財政部開會決定仍依現行法規處理，北縣爭稅失敗。

8.18 行政院核准設立台灣省防療局。

8.20 台北市議員林水泉，及青年學生顏尹謨、黃華、許曹德等247人因企圖武裝獨立被捕。

8.22 省議會通過修正公職人員選舉罷免規程。

8.26 行政院頒令台灣省政府，自1968年起實施9年國民教育。

8.28 省政府主席黃杰正式批准停職中的台中市長張啟仲先行復職，其涉及掛圖案之行政責任問題將另行移付公務人員懲戒會議處。

9.2 台北市政府通過人力三輪車即起停止發照。

9.7 日本首相佐藤榮作訪華。

9.9 行政院長嚴家淦與日本首相佐藤榮作發表聯合公報。

9.9 中華民國U2偵察機1架在大陸上空行蹤不明。

9.11 台北市改制後臨時市議會第1次大會揭幕。

9.12 高雄香蕉外銷數量逾6百萬籠，破43年來外銷紀錄。

9.12 亞洲土地改革與農村發展中心於台北成立。

9.13 省政府規定今後民間慶祝媽祖誕辰祭典，一律統一在農曆3月23日舉行。

9.16 人事行政局成立。

9.19 中華民國駐越大使館被炸，館員1人死亡，16人受傷。

9.25 世界反共聯盟於台北成立。

9.25 台北市教育局宣佈，各初中夜間部1968年度將停止，國中一律為日間部。

9.28 史學家錢穆夫婦自香港飛來台北定居。

10.1 省政府公佈實施新修訂6種地方自治法規。

10.6 行政院頒佈台灣省議會議員選舉罷免規程。

10.9 玻利維亞陸軍發佈前古巴工業部長切．格瓦拉已遭玻利維亞部隊槍殺，享年39歲。

10.10 台北市首屆市運大會揭幕。

10.12 台東麒麟山考古挖掘，由台大考古隊挖出石刻人像，為3千年前遺物。

10.14 苗栗南庄煤礦廠今日發生瓦斯大爆炸。

10.16 美國30個都市舉行反戰遊行。

10.18 蘇聯金星4號太空船成功著陸金星，並測量金星大氣。

10.18 解位颱風過境，北部災情慘重。

10.19 省警務處發佈解拉颱風災情：43人死亡，34人受傷，失蹤42人，房屋全倒206間。

10.20 日本前首相吉田茂去世，享年89歲。10月31日為吉田茂舉行戰後第1次國葬。

10.21 美國華盛頓有10萬人召開反戰集會，遊行隊伍靜坐在國防部前。

10.29 教育部聘王洪鈞擔任首任文化局局長。

10.31 曾文水庫動工興建。
10.31 由基隆港務局建造的遠東第1座觀光燈塔開放。
11.2 海軍接收之美援驅逐艦「安陽號」抵台。
11.3 教育部公佈大專學生暑假集訓實施辦法。
11.5 唐榮鐵工廠改名為中興鋼鐵廠，並遷至高雄新工業區。
11.10 教育部文化局正式成立。
11.11 國際開發協會貸予台灣省215萬美元，做為地下水開發基金。
11.15 《草原雜誌》創刊。
11.19 中央同意台灣省發行債券，以徵收都市保留地。
11.20 司法調查機關偵破大專聯考冒名代考「槍手」集團。
11.21 台北市政府決定收回圓山兒童樂園而動物園合併經營。
11.24 公務員懲戒委員會決定將台中市長張啟仲予以撤職。
11.27 國防部長蔣經國抵東京訪問。
11.28 聯合國會今日投票結果，以45票對58票，17票棄權，再度否決阿爾巴尼亞等12國所提的排我納中共案。
11.29 總統府公佈行政院人事任命案，財政部長俞國華、司法行政部長查良鑑、交通部長孫運璿與行政院秘書長蔣彥士。
12.1 台灣省防疥局正式成立，由林新澤任局長。
12.1 台北市「改善交通督導會報」正式成立，並召開首次會議。
12.2 全省第1座聚乙烯工廠——台灣聚合公司高雄廠落成。
12.5 立法院決議通過修正公務職位分類法。
12.5 野柳燈塔開始啟用。
12.7 行政院核准省政府發行「台灣省糧食實物債券」，做為興建曾文水庫經費來源。
12.8 美國贈送台灣最近型戰車一批。
12.13 省政府令羅立儒代理台中市長。
12.21 行政院通過在高雄設立造船廠。
12.21 台灣省第3期實施都市平均地權區域，省議會同意6處於1968年7月1日起實施，分別為台南學甲鄉、台東關山鎮、南投水里鄉、屏東內埔鄉、花蓮天祥、台中梨山等。
12.23 中華民國社區發展協會在台北市成立。
12.27 總統公佈任命陳樸生為最高法院院長。
12.31 宜蘭一群熱中台灣獨立運動的青年，於1965年祕密成立「台灣大眾幸福黨」，今年因林水泉案被破獲。

1968

1.1 為配合台電增闢電源煤炭運輸需要，鐵路局新建林口支線正式通車啟用。
1.1 台灣省的戶稅全部廢除。
1.1 《大學雜誌》創刊。
1.2 台灣糖業公司宣佈，將逐步減少種蔗面積，改種高價農作。
1.11 總統明令修正公佈「營業稅法」第7條，及「處理在華美軍刑案條例」第4條。
1.11 行政院核定通過修正「私立學校規程」，規定校（院）長應為專任，公務員不得充任董事等。
1.13 經濟部任命趙耀東為大鋼鐵廠籌建處主任。
1.13 台灣區青果同業公會對香蕉輸出提出5點建議，主張專責包銷。
1.16 毛澤東針對江青等人利用「伍豪事件」誣陷、攻擊周恩來的情況，指出：「此事早已弄清，是國民黨造謠污衊。」
1.17 台南市一家爆竹工廠爆炸，造成3人死亡，10人受傷。
1.19 立法院今日通過9年國民教育實施條例。
1.21 台灣省第7屆縣市議員及第6屆鄉鎮（市）長選舉投票，共選出縣市議員847人，其中國民黨籍者567人；鄉鎮（市）長312人，其中國民黨籍者占328人。
1.24 立法院今日通過道路交通管理處罰條例。
1.28 唐榮鐵工廠改組為省營業事，分兩天在台北、高雄發還民股。
1.31 中共新華社報導：毛澤東、林彪、周恩來、陳伯達、康生、江青觀看革命京劇樣板戲「紅燈記」。
1.31 前英國殖民地模里西斯獨立。
2.1 行政院通過商品檢驗法施行細則，以及保險法施行細則、保險業管理辦法。
2.5 西班牙駐華大使胡國材表示，西國政府感謝我在聯合國安全理事會中支持直布羅陀歸屬西國。
2.12 台聚公司高雄聚乙烯工廠竣工。
2.14 教育部公佈大專院校預備軍官初選組織規程，規定由各大專院校設委員會負責考選。
2.16 台北縣林口鄉附近上空發生空難，造成21死亡、失蹤，42人受傷。
2.16 台灣省體育會工商體育協會成立，嚴慶齡為會長，辜振甫等任常委。
2.22 行政院通過基本工資暫行辦法，每月600元。
2.22 教育部宣佈高中生保送大專辦法自1968學年度起予以廢止，惟高職、師範畢業生、體育特優者、或山地學生、蒙藏生、金門、馬祖畢業生仍可保送。
2.25 中共《人民日報》報導：中國駐緬甸使館強烈抗議緬甸政府非法把一些華僑判刑，愛國華僑在敵人法庭上齊聲背誦毛主席語錄，同緬甸反動派展開英勇鬥爭。
2.26 中華民國駐日大使館發表聲明，將嚴重抗議日本與外蒙古建立外交關係。
2.27 經濟部次長張繼正宣佈，政府編5期4年經濟建設計畫，以發展高級基本工業為主。
2.29 行政院決定洋菇、蘆筍、味精3工業再限制設廠1年。
3.1 外交部代理發言人于彭今重申：外蒙是中華民國領土一部份，反對任何與外蒙建交行動。
3.2 洛克希德公司推出世界最大的「銀河型」飛機。
3.3 省交通處長陳聲簧表示，南部橫貫公路7月1日開工，總預算3億元，4年完成。
3.4 交通部公佈上月16日民航空運公司波音72失事原因為駕駛員疏忽，未控制高度所致。
3.4 省教育廳表示，世界糧農組織答應自今年7月起，每年提供我75萬美元的食物，辦理學童營養午餐，為期3年。

3.5 美國國際開發總署駐台代表處將結束，中美基金將由我自行決定運用。

3.6 台北市政府興建的第一座行人陸橋舉行落成儀式，開放通行。

3.9 行政院人事行政局公務人員訓練班職前訓練第1期結訓典禮於今日舉行。

3.10 中共外交部向印度政府提出強烈抗議。抗議印度警方非法闖入中國駐印使館。

3.12 台北市國父紀念館今日正式動工興建。

3.15 水泥公會通過「水泥責任外銷公約」，籌組中國水泥貿易公司。

3.15 南部工業區開發處成立。

3.16 全省首批平價住宅在台南市興建完成。

3.16 中共新華社報導：香港發生將長城電影公司人員傅奇、石慧「遞解出境」事件。中共外交部向英國政府提出強烈抗議。

3.19 中華民國捐贈食米衣物等物資給予越南，由駐越南大使胡璉負責移交。

3.22 由林彪製造的「楊成武、余立金、傅崇碧」事件發生。

3.27 蘇聯太空人加加林飛機失事不幸身亡。

3.31 大陸音樂家馬思聰，投奔美國後，首次來台訪問。

4.2 財政部宣佈愛國公債自1969年度起停止派募。

4.2 交通部決定成立「觀光發展中心」。

4.4 美國黑人運動領袖暨諾貝爾和平獎得主金恩於曼菲斯遭槍擊喪生，各地爆發黑人抗議行動（警方進行大規模逮捕，造成2千多人傷亡）。

4.8 台北縣政府正式公告江子翠地區開始實施禁建，已興工之建築一律停止。

4.9 馬星航空公司宣佈，因華航片面降低票價，故22日起開始停飛台北，收回華航吉隆坡、新加坡線航權。

4.10 省政府核定成立南部橫貫公路工程處，負責辦理南部橫貫公路工程，定7月1日開始動工。

4.10 立法院副院長倪文亞與台大教授郭婉容結婚。

4.11 新加坡馬星航空公司照會我民用航空局，22日起停飛台北航線。5月2日，恢復通航。

4.12 我國首座遠洋漁業基地，高雄前鎮漁港落成。

4.16 就美國黑人牧師馬丁路德·金恩被槍殺一事，毛澤東發表聲明支持美國黑人。

4.19 台灣大學考古隊地質學教授林朝棨在台東縣長濱鄉八仙洞發現史前遺址。

4.21 台灣省第4屆省議員及第6屆縣市長選舉舉行投票，20位縣市長當選人中，3名非國民黨提名；71名省議員當選人中，有10名非國民黨籍。

4.26 立法院今日通過廢止處理漢奸案條例。

4.27 省政府今日決定廢止戶籍謄本有效期間為3個月之規定，指出戶籍謄本的證明力不因時間之久遠而失效。

4.29 台北地方法院初審大專聯考槍手代考案，宣判被告105人中，82人判有期徒刑3個月至5年2個月，4人無罪，19人尚未宣判。

4.30 中華文化復興運動推行委員會訂定推行「國民生活須知」。

5.1 省政府宣佈調整田賦、營業稅率，所增收入支應今年秋天開始實施的9年國民教育之用。

5.1 道路交通處罰條例和道路交通安全規則開始施行。

5.2 行政院通過公文處理授權案，包括土地買賣屬內政部、礦業屬經濟部、菸酒屬財政部、鄉鎮土地屬省政府等。

5.4 做為僑生活動中心之用的「僑光堂」正式落成啟用。

5.10 三軍總醫院揭幕。

5.10 越戰和平談判在巴黎開始。

5.14 台北到寮國永珍電話開放。

5.16 牟紹恆與牟奇玉於1945年參加中共兒童團，來台後未自首表白，國防部對其判刑5年，監察院於本日提案糾正。

5.21 交通部民航局核准環島客運班機由華航接替民航空運公司。

5.21 台東紅葉少棒隊贏得全省兒童棒球錦標賽冠軍。

5.21 北京50萬人舉行示威遊行，支持法國、歐洲、北美工人罷工。

5.25 高雄縣大崗山自來水工程破土興建，六龜大橋亦興建完成通車。

5.25 省教育廳通令各級學校音樂教師，除了正統音樂外，不得教唱流行歌曲，以消弭靡靡之音。

5.27 台大醫院完成台灣醫學界第一次腎臟移植手術。

5.27 中華民國第一次全國文藝會談在台北市揭幕。

5.30 台北市長高玉樹為其子舉行冥婚典禮。

5.31 省教育廳長潘振球正式宣佈，9年國教準備工作完成。

6.2 第4屆省議會正式開議，謝東閔、蔡鴻文當選正副議長。

6.5 台北市對外公佈台北市公車民營辦法。

6.5 美國民主黨總統提名候選人羅勃·甘迺迪於洛杉磯遭遇狙擊，6日死亡。

6.6 省議員李存敬今日於省議會表示教科文經費實際上未達憲法所規定之總預算比例，把學費、代辦費列入為提高教育經費比例是不合理的。

6.8 總統蔣中正接見日本編輯訪問團言明：廢除「吉田書簡」等於廢除中日和約。

6.11 交通部宣佈不再核准製造65c.c以下機車。

6.11 香港共黨分子進行示威活動，香港政府出動武裝鎮暴警察展開鎮壓行動。

6.11 印度軍用飛機多次侵犯中國領空，中共新華社奉命對印度入侵行為提出嚴重警告。

6.13 北京市高級人民法院公審印度駐華使館間諜魯冠南，宣判驅逐出境，立即執行。

6.14 台聚公司PE原料首次外銷。

6.15 台北水牛文庫開始出版。

6.18 郵局發行「清明上河圖」郵票，民眾搶購熱烈。

6.25 台北市今起禁行人力三輪車。

6.25 中共新華社報導：印尼西加里曼

丹已有4千華僑被迫害致死。
6.28 東部產業道路通車典禮及「長虹」、「花蓮」兩座大橋落成典禮今日舉行。
6.28 林海峰今日榮登日本圍棋本因坊寶座。
6.30 為實施九年國民教育，教育部核定公佈134所新設國民中學。
6.30 熱衷於台灣獨立的青年學生秘密組織「筆劍會」遭查獲被捕。
7.1 歐洲共同市場成立關稅同盟。
7.1 中華民國駐華大使周書楷與其他49個國家的外交官在美國簽訂禁止散佈核子武器條約。
7.2 經合會能源規劃發展小組成立，孫運璿為召集人。
7.4 省電影製片協會表示，本年上半年彩色片數量打破歷年紀錄。
7.5 南部橫貫公路開工。
7.10 總統蔣介石主持國家安全會議，通過「國家建設計劃綱領」與「動員戡亂時期綜合指導綱領」。
7.12 省政府同意將台灣合會儲蓄公司改為台灣儲蓄銀行。
7.13 交通部長孫運璿表示今後4年投資18億5千萬元發展民用航空事業。小港機場並於明年6月開放為國際機場。
7.22 第2屆亞洲盃女子籃球錦標賽在台北揭幕。
7.23 青果產銷聯營委員會完成改組。
7.27 台東縣文獻會表示，台東縣成功鎮麒麟山史前遺址巨石文化層的年代已測定，距今約3千年，相當於商晚期周初期之遺物。
7.27 交通部電信局表示，明年衛星地面電台落成之後，將開放自動國際電話。
7.28 可口可樂在台灣上市。
7.29 教育部令：大專落第考生准在原校留級就讀。
7.31 民主台灣聯盟事件爆發，陳永善（筆名陳映真）、李作成、吳耀忠、丘延亮、陳述禮等36人被捕判刑。
7.31 第一座調頻電台——中國廣播電台開播。
8.1 行政院今日通過公立大學院校主管行政工作人員（包括院長及系主任）的任期，決定每任3年，可連任1次。
8.1 尼克森認為越戰應降級。
8.4 日本部分工人、青年、學生抬著毛主席像、高唱「大海航行靠舵手」，前往參加同中國貨船船員的聯歡會。
8.5 雷根表示將競選美國總統。
8.8 張寶樹接替谷鳳翔，擔任中國國民黨中央委員會秘書長。
8.10 留美學生陳玉璽被判處7年徒刑，罪名為參與中共在日本之報社工作。
8.12 中華民國兒童保育協會舉行成立大會。
8.12 洛杉磯發生種族騷亂。
8.22 教皇首次訪問南美。
8.25 紅葉少棒隊與日本少棒隊舉行友誼賽，以7：0獲得大勝。
8.25 中共中央、國務院、中央軍委、中央文革發出「關於派工人宣傳隊進駐學校的通知」。
8.28 教育部長閻振興表示，今後供應台東縣紅葉國民學校學童營養午餐及教科書，以酬贈紅葉少棒隊成就。
8.29 青果產銷聯營委員會抗議日本輸入組合延滯台蕉卸船。
8.31 前台北市議員林水泉等人以叛亂罪名被判死刑。
9.1 港聯影藝企業股份有限公司成立，今後國內彩色影片毋需再送到日本沖洗，該公司即可完成。
9.1 中共《人民日報》、《紅旗》雜誌、《解放軍報》發表長篇社論〈把新聞戰線的大革命進行到底〉。
9.2 伊朗發生大地震，死傷超過11,000人。
9.3 中國電視公司於台北市成立。
9.5 西藏、新疆革命委員會成立。至此，大陸29個省、市、自治區全部成立革委會。
9.7 中央通過「節約愛國方案」，鼓勵儲蓄，健全股市，倡用國貨。
9.9 台灣省實施9年國民教育慶祝大會暨全省4百多所國民中學舉行聯合開學典禮今日舉行。
9.10 台灣與史瓦濟蘭王國正式建交。
9.10 首批紙箱包裝台蕉輸日。
9.11 政府決與日本三菱、華僑董浩雲合資設中華造船廠。
9.12 行政院通過修改道路交通管理處罰條例，增設交通法庭。
9.12 省政府公佈，部分山地管制區，經國防部同意，准予開放遊覽區10處，管制遊覽區3處。
9.12 行政院決定有限度開放小汽車及觀光用冷氣大客車進口。
9.16 省府通令各縣市政府，凡省境內仍有地名荒誕、音意不雅、書寫不一致等地名應全面更改。
9.18 中華世界運動會代表獲國際奧林匹克委員會承認。
9.26 棕色新5元券開始流通。
9.27 中共《人民日報》發表〈農業學大寨〉社論。
9.30 台東縣太麻里鄉25戶人家，被洪水沖走，下落不明。
10.1 省警務處發表艾琳颱風災情：死亡24人，失蹤20人，受傷23人。
10.1 閩南語歌壇人士召開座談會，討論閩南語歌曲的興衰問題。
10.3 高雄第2加工出口區經行政院通過設立。
10.4 台北市城中區5家咖啡館，因燈光太暗不符規定，遭警察局取締處罰。
10.5 中興鋼鐵廠今日落成，台鋁軋片廠開工。
10.5 中共《人民日報》發表〈柳河『五七』幹校為機關革命化提供了新的經驗〉。五七幹校由此盛行全國。
10.6 縱貫線鐵路桃園站發生車禍，14節車廂翻覆，司機死亡。
10.10 國際奧林匹克委員會通過我中華民國名稱，取代10年來所用的台灣名稱。
10.12 經濟部長李國鼎表示，以內銷貼補外銷將逐年減少。
10.13 中共第8屆12中全會開幕，會期至10月31日止，會中決議開除劉少奇黨籍，並除去其一切職務。
10.16 國立中央大學在台復決，舉行開學典禮。
10.17 日本作家川端康成獲得諾貝爾文學獎。
10.19 田徑女選手紀政，在墨西哥第19屆世界運動會女子80公尺低欄決賽中以10秒4奪得銅牌。

10.20 甘迺迪遺孀賈桂琳嫁給希臘船王亞里士多德．歐納西斯。
10.24 中共《人民日報》報導駐津某部農場解放軍幫助知識分子在靈魂深處爆發革命。
10.25 第1屆全國圖書雜誌展覽在台北舉行。
11.1 台北市臨時市議會同意台北市與越南西貢市締結為姊妹市。
11.3 楊傳廣發起1人1元籌建體育館運動，獲得省主席、教育部及民間的熱烈捐助。
11.4 行政院5期4年經建計劃初步編訂完成，以發展出口為主之輕工業為重。
11.4 馬爾他總理兼外長鮑茲奧里維爾抵台訪問。
11.5 美國總統大選今日舉行，共和黨尼克森擊敗民主黨韓福瑞當選第37任總統。
11.5 第1位黑人婦女獲選為美國眾議院議員。
11.9 台灣第1所專為山地青年興建的「和平鄉青年活動中心」於台中和平鄉落成，正式啟用。
11.13 中華民國捐贈食糧千噸予聯合國世界糧食組織。
11.19 聯合國大會以58票對44票，23票棄權，否決排我納中共案。
11.22 台灣區第1屆公路接力賽今日開幕舉行。
11.23 桃園縣南崁國中學生游賢同遭老師陳慶忠毆打致死。
11.24 政府發表統計數字，去年全年交通事故死傷1萬479人。
11.27 就第135次中美大使級會談會期問題，中共外交部新聞司發言人發表談話。
11.27 中共《人民日報》公開發表批判電影〈劉少奇訪問印度尼西亞〉文章。
11.28 世界銀行宣佈，提供台電5千萬美元貸款建水利電廠，由政府作保，為期25年，款息6.5釐。
11.28 聯合國統計報告指出，5年來我移居美國者逾50萬人。
11.28 大陸著名教育家徐特立今日在北京逝世。
12.1 尼克森推派李辛吉擔任美國國家安全事務顧問。
12.4 空軍後勤單位承修美軍飛機，首批今日出廠。
12.6 中華民國都市計畫學會成立。
12.7 交通部訂定觀光旅館分為五等。
12.9 唐榮與豐田簽約，決定產製特種車輛。
12.10 大陸著名戲劇家田漢因受江青迫害逝世。
12.12 行政院通過高雄機場開放為國際機場，並撤銷台南技術降落站。
12.13 台北市第1家民營公共汽車——欣欣客運公司，核准成立。
12.14 教育廳通令全省國中嚴禁惡補。
12.18 大陸著名史學家翦伯贊因受迫害逝世。
12.22 毛澤東最新指示：知識青年到農村去，接受貧下中農再教育很有必要。全國開展了知識青年上山下鄉運動。
12.23 台省主席黃杰宣佈，加緊建設台灣省，決定「量出為入」原則。
12.26 台灣大學考古隊前往台東縣八仙洞做進一步發掘工作。
12.27 中共於新疆羅布泊進行大氣層核子試爆。
12.28 行政院觀光政策審議小組決定，將觀光旅館業列為獎勵項目，減免稅捐。
12.29 本省砂眼罹患率降至5%。
12.29 亞洲蔬菜中心在台南成立。

1969

1.1 經濟部國際貿易局及中央銀行外匯局正式成立。
1.1 聯合國世界衛生組織核定以技術支援協助台北市完成衛生下水道設施。
1.1 毛澤東新語錄今日發表：清理階級隊伍，一是要抓緊，二是要注意政策。
1.1 利里．康斯坦丁爵士成為英國第1位黑人貴族。
1.2 中華航空公司C-47型國內班機於屏東南太武山失事，24人死亡。
1.3 經濟部國貿局公佈「改進香蕉品質方案」，決定外銷仍然維持五五制。
1.3 中共外交部照會印度駐華大使館，強烈抗議中共駐印度大使館遭暴徒襲擊事件。
1.4 羅友倫接任國防部總政治作戰部主任。
1.4 台北市教育局表示，台澎地區國民中學學生制服統一規定式樣業經教育部、省教育廳、台北市教育局討論定案。
1.4 中華民國消費者協會成立。
1.8 台東八仙洞出土舊石器時代文化遺址。
1.9 行政院公布實施「外銷品沖退稅捐辦法實施細則」。
1.9 根據外交部統計資料，全球138個國家中，67國與中華民國有外交關係。
1.9 行政院核准公賣局與美商合作生產Marlboro（萬寶路）香煙。
1.11 中國航運股份有限公司開闢中南美洲、東南非洲客貨運環球航線之「東方麗華」號，今日由基隆啟航。
1.14 立法院通過國有財產法。
1.16 省教育廳長潘振球表示國中1年級學生決定不予留級。
1.20 尼克森就任美國第37任總統。
1.20 由黃俊雄率領的「真五洲劇團」，在今日世界松鶴廳演出木偶戲「六合大忍俠」。
1.27 北愛爾蘭新教領袖揚．佩斯利被捕入獄。
2.1 經濟部國營事業管理委員會今日成立。
2.1 基隆至台北間的長途電話直接自動撥號正式開放。
2.1 北市警局通令，凡發現在鈔票上加印廣告字眼者，以妨害國幣懲治條例移送法辦。
2.3 為響應「1人1元運動」，台製影星張美瑤、夏台鳳等在基隆活動中心義賣照片。
2.3 亞西爾．阿拉法特成為巴勒斯坦解放組織新領導人。
2.5 「新城型雞瘟」在嘉義流行，12萬隻雞死亡。
2.6 行政院通過設置研究發展考核委員會。
2.6 美國加州州長雷根聲明加州大學柏克萊分校進入非常狀態，對學生運動採取嚴厲措施。
2.7 前高雄縣縣長余登發，經公務員懲戒委員會決議，予以撤職，並停止任用兩年。
2.8 中共新華社報導：上海工具廠成功地製造了加工精密齒輪滾刀的新機器——高精度新型鏟磨機。
2.8 波音747巨型噴射客機首航。
2.11 台灣銀行發行四季獎券。
2.16 行政院新聞局公開表示近5年來平均經濟成長率，我國居亞洲第1位。
2.20 梁實秋、蔣復璁主編的《徐志摩全集》，由台北傳記文學出版社出版。
2.22 少年棒球邀請賽在台北結束，太平隊獲得冠軍。
2.23 中國民主社會黨主席張君勱在美國逝世。
2.24 遠東航空公司國內班機墜毀於台南縣，36人死亡。
2.26 國史館館長羅家倫呈請辭職，總統令黃季陸為國史館館長。
2.27 何懷碩於中美文化經濟協會舉行畫展。
3.1 敘利亞發生政變，國防部長阿塞德接掌政權。
3.2 中共、蘇聯於兩國邊境烏蘇里江之珍寶島發生武力衝突，造成雙方多人傷亡。雙方各自發表聲明，抗議對方侵犯國境。
3.5 中華代表隊赴日參加首屆亞洲橄欖球賽。
3.6 韓國片「秋霜寸草心」乘勝追擊，在台北推出續集。
3.7 中華民國觀光學會成立。
3.10 台中青果社舞弊案，8名嫌犯移送法辦。
3.10 韓國以「太過殘忍」為由，禁止港台武俠片進口。
3.14 我國第1艘10萬噸油輪伏義號裝載原油9萬8千噸首航返國。
3.14 省政府宣佈，50c.c.機車駕駛人應持用駕駛執照。
3.15 中共、蘇聯兩國再度發生衝突。
3.18 今日發生日環蝕天文奇景。除台灣、海南諸島、東南沿海一帶看到日偏蝕外，中國主要城市皆看到日環蝕。
3.19 台北北投公路完成，今日舉行通車典禮。
3.21 蔣中正總統公佈「動員戡亂時期自由地區中央公職人員補選辦法」。
3.24 警方突擊檢查台北市牯嶺街舊書攤，查獲6千餘冊誨淫書刊，3萬3千餘張色情圖片。
3.28 教宗保祿6世任命于斌晉升樞機主教。
3.29 國民黨10全大會揭幕。
3.29 中共《人民日報》連續報導駐清華大學、復旦大學、遼寧大學工、軍宣隊談教育革命的文章。
3.31 許席圖等37人因籌組「統一中國促進委員會」，企圖與中共進行和平統一被捕判刑。
4.1 高雄小港機場對外開放為國際貨運站。
4.1 中共第9屆全國代表大會於北京召開。4月14日通過新黨綱，明白表示林彪為毛澤東之接班人。4月28日中央委員會總會（一中全會）決定由毛澤東、林彪、周恩來、陳伯達、康生組成中央政治局常務委員會。
4.1 法國正式退出北約。
4.4 國民黨十全大會通過黨章修正案，刪除副總裁一職，增設中央評議委員主席團。
4.4 新竹縣油羅溪橋通車，本省北部山線公路完成聯結。
4.6 南部橫貫公路動工，西起玉井，東迄海端，預定4年完成。
4.6 前國府聞人張治中在北京逝世。
4.7 國民黨第10次全國代表大會通過「積極策進光復大陸案」及「策進全面平均地權及貫徹耕者有其田綱領」。
4.8 蔣中正連任中國國民黨總裁。
4.9 基隆市民所擁有的龍宮貝殼，經鑑定是世界第5枚，也是最完整的1枚，掀起全省各地尋找龍宮貝熱潮。
4.14 平劇名伶張遏雲於國軍文藝中心演出「亡蜀鑑」。
4.16 捷克共黨中央執行委員會決定恢復保守派幹部比拉克等10人之名聲。4月17日第一書記杜布切克被撤換，由胡塞克接任。
4.19 中共反蘇電影「新沙皇的反華暴行」開始上映。
4.19 林彪所題「大海航行靠舵手，鬧革命靠的是毛澤東思想」被譜曲發表。
4.25 高雄港實施香蕉裝船一貫作業。
4.28 毛澤東、林彪分別當選中共「中央委員會」之主席、副主席。
4.29 中央銀行總裁徐柏園因青果合作社案遭免職，由財政部長俞國華兼任。
5.1 台北市各公民營市場實施以公制計算。
5.2 中央政府各部會開始實施夜間辦公，以應戰時需要，每月第1個週5實施。
5.7 基隆中學學生周振隆殺死導師江新同。
5.7 中共新華社今日報導：新加坡發生中國銀行新加坡分行人員被迫害事件。
5.9 省立博物館今日展出飼養活化石龍宮貝。
5.11 中共《人民日報》宣佈大陸已經成為一個既無內債、又無外債的國家。
5.12 世界少年棒球協會正式同意中華民國加入。
5.13 馬來西亞首都吉隆坡發生馬來人與當地華人因民族對立而引起之暴動，總理拉曼今日宣佈進入緊急狀態。5月15日暴動擴大至全國各地。
5.17 內政部宣佈：戡亂時期台灣地區戶政管理辦法實施「戶警合一」制度，已經行政院核定，定7月1日起開始實施，並試行1年。
5.17 警方取締「晨舞」、「午餐舞」措施，獲台北舞廳公會支持。
5.21 歌星鄧麗君拍攝第1部電影「謝謝總經理」。
5.24 澎湖珊瑚大量銷日，總額達2千萬元。
5.24 中共政府就中蘇邊境問題發表公開聲明。
5.30 越南總統阮文紹訪台。
5.31 台電決定全部恢復工業用電。
6.5 聯合國發表調查報告指出，世界經濟加速發展，我國成長速度高居首位。
6.6 屏東縣青果社舞弊案調查結束，260名被告移送偵辦。
6.6 越共成立南越臨時革命政府。
6.8 美國公開宣佈分階段從南越撤出

美軍。
6.12 經濟部今日擬定彩色電視機產製原則。
6.12 行政院通過動員戡亂時期自由地區中央公職人員增選補選辦法施行細則。
6.12 中共中央發出文件要求「不經中央批准、不能再創作毛主席像章」、「不要搞忠字化運動」。
6.13 公務員懲戒會決議，台北縣長蘇清波因處理農會售地案違法失職，予以休職10個月。
6.14 教育部決定國中學生原則上可以能力分班。
6.19 原台灣空軍教官黃天明、學員朱京蓉駕機飛抵大陸。
6.19 《中華詩學》月刊創刊。
6.23 聯合國祕書長宇譚發表「人類社會面臨之各項問題」報告書，申訴世界環境惡化造成之危機。
6.25 行政院局部改組：蔣經國出任副院長，國防部長黃杰、財政部長李國鼎、教育部長鍾皎光、經濟部長陶聲洋、央行總裁俞國華，另陳大慶出任台灣省政府主席。
7.1 台中青果社舞弊案，共有40人被起訴。
7.1 台灣省各縣市教育科今日改制為教育局。
7.1 台灣地區戶政業務交警方接辦，實施戶警合一辦法。
7.1 經變性手術後，姚麗麗告別體壇，正式做一名「觀光小姐」。
7.2 台北市民營有有巴士公司舉行通車典禮。
7.4 西班牙領袖佛朗哥將軍給予直布羅陀人民西班牙公民權。
7.6 外交部次長楊西崑以特使身分訪問非洲25國。
7.7 北縣瑞芳煤礦瓦斯爆炸，25人死亡，56人受傷。
7.7 《文藝》月刊創刊。
7.8 中蘇雙方於黑龍江八岔島發生武裝衝突，雙方互相公開譴責對方侵犯。
7.9 台北市警方以「妨害善良風俗」將一名穿迷你裙的小姐處以一日拘留。
7.10 行政院決定廢止現行會計年度，改為曆年會計年度。
7.11 台灣省去年煤產5百萬噸，不數需要，決開放進口。
7.11 中共《人民日報》從今日開始發表一系列批判小說《上海的早晨》的文章。
7.17 中共《人民日報》刊載文章讚揚革命樣板戲「紅燈記」、「沙家濱」、「智取威虎山」，批判電影「不夜城」、「紅日」、「兵臨城下」。
7.20 美國阿波羅11號太空船登陸月球，阿姆斯壯及艾德林2名太空人完成人類首次登陸月球表面。
7.25 美國總統尼克森於關島宣佈協助強化亞洲各國自立及削減美國之援助等方針（關島主義、尼克森主義）。
7.28 中華台中金龍少棒隊今日打敗日本隊，取得世界少棒聯盟太平洋區代表權。
7.30 吳濁流文學獎基金會成立。
8.6 生命線自殺防台中心成立。
8.13 中亞之中蘇邊境發生大規模武力衝突，雙方分別發表抗議書。
8.18 基督教安息日會教派在山地傳教時，禁止教徒在週6工作或上課，省教育廳函請警務處予以調查糾正。
8.20 中共反蘇電影「珍寶島不容侵犯」在大陸各地上映。
8.20 中共政府向蘇聯政府提出強烈的抗議，指出蘇聯政府指使蘇軍在中蘇邊境製造一系列挑釁行為。
8.20 美國黑豹黨首領博比．西爾斯今日被捕。
8.22 高雄地方法院宣判高雄青果運銷合作社舞弊案，被告吳振瑞等23人被判處徒刑。
8.22 由楊麗花與張帝主演的電影「張帝找阿珠」上演。
8.23 中華台中金龍少棒隊奪得第23屆世界少棒賽冠軍。
8.27 金門延平郡王祠舉行落成典禮。
8.28 中國商隊通過中國、巴基斯坦之間傳統的「絲綢之路」。
8.29 歌星姚蘇蓉在高雄因演唱被禁歌曲「負心的人」，被處以扣留演員證。
8.31 台北縣窯業公會表示，紅磚生產過剩，窯廠多已停產或停工。
9.1 台灣造船公司自造10萬噸油輪「有巢號」舉行安放龍骨典禮。
9.1 利比亞發生軍事改變，廢止王制，建立共和政體，格達費出任革命委員會主席。
9.3 越南民主共和國（北越）總統胡志明去世，享年79歲，由孫德勝出任主席，范文同出任總理。9月9日發表遺書，呼籲北越共黨團結一致，打敗美國，統一越南。9月23日由副總統孫德勝接任總統。
9.5 台北市政府決定將仁愛路變更為商業區。
9.6 教育部下令查禁托兒所、幼稚園與私立小學教授幼兒英語。
9.11 周恩來在北京機場與參加胡志明葬禮歸途中的蘇聯部長會議主席柯錫金會談。雙方進行了包括邊界問題在內的坦率談話。
9.13 台北縣政府公告新莊、五股、泰山、蘆洲、三重擴大都市計畫地區實施禁建2年。
9.15 台中地方法院宣判台中青果運銷合作社舞弊案，被告34人分別被處徒刑。
9.16 自由主義學者、台灣大學哲學系教授殷海光去世。
9.19 政府決定國語影片稅捐由40%減為20%。
9.21 中共中央軍委授予珍寶島自衛反擊戰孫玉國等10人「戰鬥英雄」稱號。
9.22 台北市興建五分埔平價住宅，分配一級貧戶居住。
9.23 中共今日成功進行首次地下核爆試驗。
9.25 尼克森宣佈繼續用B-52型飛機轟炸北越。
9.28 經濟部長陶聲洋在美病逝。
9.28 警務處發佈「艾爾西」颱風災情，死亡50人，失蹤22人，房屋全倒6千多間。
9.29 中共在西部地區上空成功進行一次氫彈爆炸。
9.30 柏楊（郭衣洞）在《自立晚報》上改寫大力水手漫畫，以「匪諜」罪名被捕，判刑12年。
9.30 全美台灣同鄉會於海外創辦會刊《望春風》。

10.1 總統令，孫運璿任經濟部長，張繼正任交通部長。
10.5 警務處發佈「芙勞西」颱風災情，死亡49人，失蹤31人。
10.10 美國民航局宣佈，尼克森總統批准中華航空公司在美國本土和日本大阪與東京之間的航線。
10.11 中國航運公司6艘萬噸貨櫃船開闢中美航線。
10.15 國際貨幣基金決定特別提款權配額，我國為4.6%，首年分配為1.3億美元。
10.15 林海峰獲得圍棋「名人」榮冠。
10.16 中國青年黨元老左舜生在台北逝世，享年77歲。
10.17 林彪之子林立果被任命為中共空軍司令部辦公室副主任兼作戰部副部長。
10.18 台電採購核能反應爐，由美國奇異公司得標。
10.19 中華民國與國際原子能總署簽訂第2次保防協定，並決定購買6具原子反應器。
10.21 台南左鎮鄉菜寮溪發現大批古代生物化石、石器、陶片，其年代在百萬年以前，犀牛、象獸骨化石與亞洲大陸屬於一類。
10.24 立法院今日通過工人最高重量負荷公約。
10.31 中國電視公司開播。
11.1 台灣省林口特定區開發處成立。
11.2 省新聞處今表示，台灣每公頃稻產量達6,376公斤，居世界首位。
11.3 世界中文報業協會第2屆年會在台北揭幕。
11.3 連續劇「晶晶」在中視播出。
11.5 蘇聯作家索忍尼辛遭蘇聯作家協會開除會籍。
11.7 台灣省漁業局禁止使用硼砂為蝦防腐劑。
11.11 聯合國大會表決「中國代表權問題」，以56票比48票否決承認中共為中國代表之重要問題提案，另有21票棄權。
11.11 中華民國第1屆發明展覽會今日揭幕。
11.12 台北市國父紀念館動工。
11.12 中共前國家主席劉少奇因遭受林彪、江青迫害在開封逝世。
11.13 內政部決定禁用家庭用DDT。
11.15 台北市第1屆市議員48人投票選出，國民黨籍議員占43名。
11.15 苗栗縣通霄鎮鎮民代表洪水木被罷免，為本省實施地方自治以來首件罷免案。
11.15 台北大橋通車。
11.15 美國華盛頓發生反越戰大示威。
11.20 行政院通過設立台中潭子加工區，以發展輕工業為主。
11.21 美日發表聯合公報，美國同意於1972年將琉球交予日本統治。
11.22 中華顧問工程公司成立。
12.2 台電決定興建梧棲發電廠。
12.6 台灣氯乙烯公司成立。
12.10 國防部特別指示三軍部隊全面協助農民割稻。
12.11 達見水庫大壩開工。
12.13 教育部公佈認可申請留學的214所美國大學名單。
12.15 國防部函請有關單位，停止公教人員捐出1日所得作為勞軍。
12.15 美軍1架C-130運輸機墜毀高雄縣，8人罹難。
12.15 交通部決定南北高速公路為不收費公路。
12.15 中華電子投資公司成立。
12.16 立法院通過刑法第235條條文修正案，加重散佈販賣猥褻文圖之刑罰。
12.20 中央公職人員增補選投票，計選出國大代表15人，均為國民黨籍；立法委員11人，其中8名為國民黨籍，3名為無黨籍。
12.20 北縣雙溪礦業公司本坑發生災變，2死3重傷，38人輕傷。
12.24 美國第七艦隊改為隨時巡邏台灣海峽（以往是常時巡邏）。
12.25 台北市首屆市議會成立。
12.25 全國大專院校第1屆田徑運動大會揭幕，首度與中學運動會分開舉行。
12.26 行政院核定免役、禁役、緩徵、緩召實施辦法。
12.26 行政院通過香蕉、洋菇、蘆筍外銷臨時稅減為3%。
12.27 內政部今日成立基本工資審議委員會。
12.29 太空人阿姆斯壯在台中空軍基地宣慰美軍。

1970

1.1 英國法定成年年齡從21歲降低至18歲。
1.2 美國副總統安格紐與太空人賽南來台進行訪問，賽南代表尼克森總統以1塊月球岩石獻贈總統蔣中正。
1.2 台北市民林水木涉嫌用味精買選票，地方檢查處提起公訴。
1.5 雲南通海發生7.8級地震。死15,621人，傷26,783人。
1.6 影片「地道戰」、「地雷戰」開始在大陸上映。
1.10 美國國務院公開宣佈：將以1個中隊18架F104星式噴射戰鬥機軍援我國。
1.13 針對有人登廣告購買美金，財政部表示與外匯管理辦法抵觸，已通令取締。
1.13 影星英格麗褒曼來台度假5天。
1.18 北市龍山分局權充理髮店，39名長髮嬉皮少年被請入理髮。
1.21 教育部宣佈，今後留學日本限攻讀理、工、農、醫等科系。
1.24 台北縣新店鎮粗坑煤礦發生瓦斯爆炸，18人死亡，3人受傷。
1.24 熱愛中國，濟貧救孤的「小婦人」艾偉德安葬關渡基督教墓地。
1.25 影星張美瑤與柯俊雄今日在台北結婚。
1.29 台灣省議會通過省政府提案，各級民意代表無需留用自衛槍枝，一律徵借。
1.29 高雄市警察局規定，今後凡未成年女子與有夫之婦充當舞女或特定營業侍應生，須由關係人陪同到警察局辦理申請。
1.30 台灣省水產實驗所宣佈，人工繁殖烏魚成功。
1.31 台灣省自治法規修改委員會決議：村里長無人競選時，可由政府委派。
1.31 美國國防部宣佈，贈台灣F100型軍刀式戰鬥轟炸機34架。
1.31 警備總部明令通緝前台灣大學政治系主任彭明敏。
1.31 半年來在各大歌廳演唱的14歲少女蔡咪咪宣佈重返學校。
2.1 高等法院指定基隆市為台灣全省保護管束青少年實驗區。

2.2 中華航空公司開闢台美航線，以波音707噴射客機首航飛往美國舊金山。
2.3 首屆全國兒童美展揭幕。
2.5 體壇女傑紀政參加加拿大多倫多室內田徑賽，以6秒5成績創50碼低欄世界紀錄。
2.8 由余光主持的「青春熱門音樂會」在中山堂舉行2天。
2.9 巴勒斯坦解放組織領導人阿拉法特赴莫斯科參加會談。
2.11 省礦務局成立，首任局長由田維五擔任。
2.11 台北市中興醫院自1名67歲婦人腹腔取出1個懷了40年，已經石化的胎兒。
2.12 新竹、竹北間鐵路大車禍，觀光號追撞平快車，造成10人死亡。
2.13 楊碧川（新竹縣人，學生）、鄧聯風（高雄市人，學生）因主張台灣獨立被處徒刑10年。
2.15 本省第1座夜間郵局——台北夜間郵局開始營業。
2.15 中視在電影界一片反對聲中，播出國語老片「長巷」。
2.17 自由杯籃球賽結束，飛駝、亞東分獲男女冠軍。
2.22 紀政在加拿大國際室內運動會上打破女子低欄50公尺世界紀錄。
2.23 內政部宣佈去年查扣不良出版品共423萬件。
2.25 中共特使郭沫若應邀參加尼泊爾王太子婚禮並進行訪問。
2.28 台灣電視史上首部連續劇「晶晶」播映完畢。
3.1 黃俊雄製作的布袋戲節目「雲州大儒俠」，即日起在台灣電視公司演出。
3.2 青果產銷團體代表8人，赴日本大使館抗議台蕉輸日所受的不平等待遇。
3.2 以色列與敘利亞發生自「六日戰爭」以來最嚴重的武裝衝突。
3.4 新任美軍顧問團長泰萊少將抵台履新。
3.5 共有97國簽署的核子武器禁止擴張條約於華盛頓、莫斯科、倫敦等地正式生效。
3.6 第1部彩色電視影集「錦繡人生」開拍。
3.6 高雄旗津國小家長聯合要求學校，不要讓學童每天攜帶掃帚、水桶上學。
3.10 北縣石碇鄉文山煤礦災變，7礦工死亡。
3.11 台中監獄5名重犯逃獄。
3.12 日本大阪萬國博覽會之中國館，舉行揭幕式。
3.16 由28家毛紡織聯合組成的中聯紡織公司於今日成立。
3.16 美國商務部統計，去年輸往美國紡織品，台灣占第3位，較前年增加53.2%。
3.17 來自國外的28位土改人員在桃園土地改革訓練所展開為期9週的課程。
3.20 三位數郵遞區號制度開始實施。
3.21 美國阿波羅12號登月太空人康拉德、比安、戈登訪台，萬餘青年聚集聽講登月經歷。
3.21 巴解主席阿拉法特今日訪問中國大陸。
3.23 施亞努今日宣佈成立柬埔寨流亡政府。
3.24 中華民國同意接受菲律賓總統下令遣返之109名華人。
3.26 火窟雙屍命案在近年審查後，嫌犯張韻淑由死刑改判無期徒刑。
4.1 吳三連、葉榮鐘等人所撰之「日據時期台灣政治社會運動史」開始在《自立晚報》連載。
4.5 中共《人民日報》發表署名文章〈打倒洋奴哲學〉。
4.10 歷史博物館展出月球岩石，首日參觀人士超過5萬。
4.12 由《台灣文藝》主辦的第1屆吳濁流文學獎頒獎。
4.15 中央研究院院長王世杰今日獲准辭職。
4.16 行政院核定「禁止青少年涉足有傷風化場所暫行辦法」。
4.17 影星陳厚病逝紐約。
4.18 行政院副院長蔣經國今起飛美訪問10天。
4.19 省政府定野柳、烏來、石門水庫、日月潭、阿里山、恆春、碧潭、太魯閣、澄清湖及八卦山等10風景區為特定區，分期進行整建維護。
4.22 世界銀行宣佈貸款4,450萬元，協助台灣電力公司完成今年至1973年擴充發電及輸配電力計畫。
4.23 行政院通過國防部組織法。
4.24 去年台茶外銷2,150萬公斤，創最高紀錄。
4.24 教育部文化局召開國片輔導座談會，教育部長、中國國民黨第4組和第6組主任出席指導。
4.24 中國大陸成功發射第一顆人造衛星升空。
4.25 美國紐約時間12點15分，行政院副院長蔣經國在紐約曼哈頓區布拉薩酒店門口遭「台灣獨立聯盟」成員黃文雄和鄭自財兩人狙擊行刺未果。
4.28 中共政府發表聲明支持在寮國、越南和中國邊境某地召開的印度支那3國會議。
4.30 愛國獎券發行滿20年，盈餘共14億餘元。
4.30 美軍開始派往柬埔寨進攻共軍根據地。
5.2 美國防部正式宣佈由鮑伯格繼任美軍協防台灣司令。
5.3 在菲律賓被判罪華僑首批33人遣返台灣。
5.4 中共政府發表聲明強烈譴責美國擴大印度支那戰爭。
5.4 美國俄亥俄州立肯特大學4名學生遭槍殺。
5.5 菲律賓《華僑商報》于長城兄弟被菲政府控以顛覆罪，由專機遞解來台。
5.5 中共總理周恩來致函施亞努，承認柬埔寨王國民族團結政府。
5.6 總統蔣中正特任錢思亮為中研院院長。
5.6 中視連續劇「情旅」播出男女主角誤會冰釋的高潮戲。
5.7 行政院通過由閻振興接掌台大。
5.11 省議員李鶩母女，因共同偽造有價證券，各判刑7年。
5.11 毛澤東會見越南勞動黨中央第一書記黎德壽。
5.12 中共中央轉發國家計委「關於進一步做好知識青年下鄉工作的報告」。
5.13 田徑女傑紀政在美以10秒整創世界100碼紀錄，以22秒7創220碼世界紀錄。

5.14 日本小說家川端康成及作家代表團抵台，出席亞洲作家會議。

5.17 大專院校游泳比賽中，沈露露等沈家3姊妹共得6面金牌。

5.20 毛澤東發表「全世界人民團結起來，打敗美國侵略者及其一切走狗！」的聲明。

5.24 中華民國駐菲律賓大使館凌晨3點被暴徒投擲一土製炸彈，幸無人傷亡。外交部為此向菲政府提出抗議。

5.24 行政院新聞局表示近年來國民所得逐年增加，惟農家所得增加較緩慢。

5.24 全國少棒賽結束，嘉義七虎隊獲得冠軍。

5.25 中華人民共和國政府1970年向越南民主共和國政府提供經濟、軍事無償援助補充議定書今日在北京簽字。

5.27 內政部擬定「輔導國民中學首屆畢業生就業職業訓練計畫」，將訓練2萬6千名國中畢業生。

5.28 立法委員郭國基今日病逝，享年70歲。

6.4 立法委員趙文藝質詢表示，目前電視節目不佳，尤其是歌仔戲和布袋戲已使許多學童逃學，農人廢耕。

6.5 由於立法院的關切，台視與中視決定減少方言節目時間。

6.6 教育部設立「中華樂府」，研究傳統音樂。

6.7 打扮成印第安人模樣的1名少婦，在台北市西門町被北市警察局城中分局取締，罰鍰120元。

6.8 台灣省警務處通令全省執行整肅青少年儀容工作，台北市共取締奇裝異服青少年181名。

6.12 受電視播出歌仔戲與布袋戲影響，全省1萬餘名地方戲從業人員正面臨失業。

6.14 日本作家川端康成來華訪問。

6.19 影星歸亞蕾以「家在台北」獲亞洲影展最佳女主角。

6.22 高雄港3名外籍船員，因頭髮過長，被港警所以違反善良風俗為由，強制剪短。

6.23 周恩來、郭沫若會見《蘇俄是社會主義國家嗎？》一書作者新谷明生等4人。

6.26 杜布切克被開除出捷克共產黨。

6.27 中共中央批轉「北大、清華關於招生（試點）的請示報告」。

6.28 政府為提高國民所得，嚴禁工廠雇用未滿14歲員工。

6.29 軍方人士調動，原任參謀總長陸軍一級上將高魁元轉任總統府參軍長，繼任者為空軍二級上將賴名湯。

6.29 受電視布袋戲「雲州大儒俠」影響，1名小學6年級學生離家上山求師。

6.29 最後一批美軍撤出柬埔寨。

6.30 中國大陸向羅馬尼亞提供無償物資援助議定書在北京簽字。

7.1 王昇等諸位將領晉升上將。

7.1 中國石油公司高雄小港儲油槽破裂，原油5萬噸外溢，附近魚塭和海水遭污染。

7.1 中華民國對外貿易發展協會宣佈成立。

7.2 福建閩江大橋通車。

7.4 紀政於美國洛杉磯參加第47屆全美女子田徑錦標賽，打破220碼世界紀錄。

7.5 台視推出電視劇集「風蕭蕭」。

7.6 副總統嚴家淦代表總統應邀訪問日本。

7.10 台北市輪船公會成立。

7.12 田徑女傑紀政在德國以22秒4創女子200公尺世界紀錄。

7.12 新聞局表示為推動全民儲蓄，政府決定勸導人人開戶存款，薪水工資一律轉入存款戶。

7.17 張俊彥成為台灣省首位國家工學博士。

7.20 今年參加救國團活動人數共20萬6千餘人，為歷年來最多的1次。

7.22 中國國民黨中央常務委員會決定降低電影娛樂稅率，國片自原來的40%降低為30%。並將電影事業納入「文化事業」範圍。

7.22 警方今日大破竹聯幫，於台南捕獲3主腦：陳啟禮、陳大偉、張如虹。

7.28 內政部對外公佈閩台地區人口統計數，共計1,455萬4,050人。其中男性776萬9,183人，女性688萬4,867人。

8.1 中華電視台成立。

8.2 一貫道負責人林忠在彰化縣被警方逮捕。

8.6 台灣地區扶輪社與馬偕醫院創設生命線週年，總計已挽回1,600人的生命。

8.11 越南總理陳善謙抵台訪問。

8.12 中華航空公司花蓮飛台北班機在台北市近郊福山失事，計13人死亡，1人失蹤，17人輕重傷。

8.14 前馬尼拉《華僑商報》社長于長城及其弟于長庚涉嫌叛亂案審理終結，于長城交付感化2年，于長庚交付感化3年。

8.15 作家白先勇創設「晨鐘出版社」。

8.16 參加中蘇邊界談判的蘇聯外交部副部長伊里切夫抵達北京。

8.20 警務處通令基隆港務警察所，凡披頭散髮不男不女的外籍人士入境，不必強制剪髮後才准上岸，應採勸導方式。

8.21 駐台美國陸軍於台北成立太平洋區新總部。

8.25 世界少棒賽在美國威廉波特揭幕，中華七虎隊首戰以2比3敗給尼加拉瓜隊，喪失衛冕資格。

8.27 國民大會全國聯誼會決議，促進速於釣魚台群島建立行政區。

8.27 明德水庫竣工。

8.30 省政府投資40億元，推行9年國民教育2期計畫，自下學年度起實施。增加清寒獎助金名額，每年約為4萬2千人。

8.31 中國國民黨中央常務委員會決議，國民黨籍縣市長今後不再兼任縣市黨部主任委員。

9.2 中共外貿部發言人發表公開談話，強調中華人民共和國並未同南非和羅德西亞白人殖民當局進行任何貿易。

9.4 前《自由中國》雜誌負責人雷震服刑期滿出獄。

9.4 薩爾瓦多・阿葉德今日當選智利總統。

9.5 國際貨幣基金董事會通過將新台幣之平價定為每元抵合0.22216克純金，以及新台幣40元折合美金1元。

9.7 芙安颱風掠過本省，造成41死亡，45人失蹤，33人受傷，房屋傾倒逾千間。
9.12 巴勒斯坦解放組織在約旦炸毀3架被劫持的飛機。
9.16 經濟部國際貿易局長汪彝定公開抨擊日本進口台蕉制度，已令人無法容忍。
9.16 經合會決定將高雄大社工業區改為石化工業區。
9.16 省衛生處的一項調查顯示，高雄加工出口區女工患近視者占72％。
9.19 教育部將「大專畢業生徵集常備兵服役規定」通知各大專院校，規定大專畢業生服役期限，陸軍一律2年，海空軍為3年。
9.21 教育部與內政部同時頒佈「禁止青少年涉足妨害身心健康場所辦法實施細則」。
9.27 赴釣魚台作業漁船400艘受琉球巡邏艇干擾，宜蘭基隆漁業界人士請求政府保護。
9.28 女導演唐書璇所拍電影「董夫人」在台北試映。
9.29 中共領導人董必武、周恩來兩人致電沙達特，哀悼埃及總統納瑟逝世。
10.2 美軍1架C-130飛機於新竹插天山附近失事。
10.3 台灣造船史上第1艘巨型油輪「有巢號」下水典禮。
10.5 本年度金馬獎揭曉，「家在台北」獲最佳影片。
10.5 影星白蘭結婚並宣佈告別影壇。
10.5 沙達特接任埃及總統。
10.7 第1屆雜誌展覽在中央圖書館揭幕舉行。
10.7 高雄市布商公會簽訂公開標價與不二價公約。
10.8 中非共和國總統卜卡薩今日來台訪問。
10.8 警備總司令部召開會議，加強取締嬉皮、奇裝異服、長髮，3家電視台及治安、教育等有關機關均與會。
10.8 縱貫鐵路彰化、台南間雙軌今日通車。
10.9 柬埔寨宣佈成立共和國。
10.16 世界銀行貸款2,000萬美元，助台灣發展農業。
10.23 台灣省社會處通告各人民團體，開會辦公應講國語。
10.30 台北市議會通過建議政府，在各國中校園塑置總統蔣中正銅像，並將圓山更名中正公園。
10.30 台灣銀行發行五元面額硬幣。
11.1 警備總司令尹俊宣稱，持械搶劫案件將依軍法科刑。
11.1 陽明山與日本箱根湯本溫泉鎮結為「姊妹觀光勝地」。
11.8 台灣首座核能電廠開工興建
11.9 於1944－1945年、1959－1969年任法國總統的戴高樂於今日去世。
11.10 波音747巨無霸型客機安然降落台北松山機場，為台灣航空歷史寫下新頁。
11.11 台北、台中、高雄3地方法院成立少年法庭。
11.12 聯合國開始進行辯論中國代表權問題。
11.12 美國軍事法庭審理美萊村屠殺案主角卡利中尉。
11.16 中共中央向全黨傳達陳伯達反黨問題。全國開始展開「批陳整風」運動。
11.17 台灣兒童王太城在55國手工藝展中獲首獎。
11.17 美國眾議院通過決議，承認總統擁有緊急作戰權力。
11.18 台灣省政府決定本年度起給予蘭嶼國中學生全部公費。
11.20 第25屆聯合國大會否決中共入會案，中華民國續保聯合國席位。
11.23 高雄市女警隊成立。
11.27 台灣電視公司布袋戲節目「雲州大儒俠」播畢。
11.27 同性戀解放陣線首次在倫敦進行遊行。
11.30 司法行政部長王任遠指出凡結夥搶劫者，今後一律依法處以死刑。
12.1 中央頒授前任省糧食局長李連春二等卿雲勳章，酬庸其對糧政所作貢獻。
12.4 聯合國大會特別委員會通過，賦予巴勒斯坦人自決權。
12.11 監察院彈劾台北市長高玉樹，列舉8項違法事實，即送公務員懲戒委員會，兼涉刑責兩案，送司法機關偵辦。
12.11 田徑女傑紀政在亞洲運動會100公尺決賽中，以11秒6佳績獲得金牌。
12.13 紀政在亞洲運動會場因腿傷復發，退出比賽。
12.14 中共《人民日報》發表署名陶第文的批判日本影片「日本海大海戰」的文章。
12.16 波蘭格但斯克造船廠發生暴動，6人死亡。
12.17 榮總完成首次「心臟主動脈瓣膜」及「二尖瓣膜」人工移植手術。
12.17 蘇聯《真理報》攻擊作家索忍辛，稱之為「敵對分子」。
12.21 監察委員陶百川建議政府研定憲法臨時條款，在自由地區及海外僑界增選1批立法及監察委員。
12.22 青山水力發電廠落成。
12.27 紀政與其教練瑞爾在台北結婚。
12.30 台灣今年對外貿易額，總值30億美元。

國家圖書館出版品預行編目資料

走過百年：20世紀台灣精選版1900-1970 / 徐宗懋著. -- 二版. --臺北市：台灣書房, 2010.01
面；　公分. --(閱讀台灣)

ISBN 978-986-6318-08-5 (平裝)

1.臺灣史　2.現代史

733.29　　98022503

閱讀台灣　　8V18

走過百年——
20世紀台灣精選版1900-1970 (180.6)

作　　者　徐宗懋
主　　編　Meichiao
編　　輯　程于倩
校　　對　謝芳澤
封面設計　童安安

發 行 人　楊榮川
出 版 者　台灣書房出版有限公司
地　　址　台北市和平東路２段３３９號４樓
電　　話　０２－２７０５５０６６
傳　　真　０２－２７０６６１００
郵政劃撥　１８８１３８９１
網　　址　http://www.wunan.com.tw
電子郵件　tcp@wunan.com.tw
總 經 銷　朝日文化事業有限公司
地　　址　台北縣中和市橋安街１５巷１號７樓
電　　話　０２－２２４９７７１４
傳　　真　０２－２２４９８７１５

顧　　問　元貞聯合法律事務所　張澤平律師

出版日期　2010年1月 二版一刷
　　　　　2011年1月 二版三刷
定　　價　新台幣450元整

台灣書房

台灣書房